世界最強の
エンター
テインメントが
生まれるまで

Disney's
ディズニーランド
Land

リチャード・スノー［著］
井上舞［訳］

Walt Disney
and the Invention of the Amusement Park
That Changed the World

ハーパーコリンズ・ジャパン

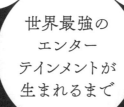

Japanese translation rights arranged with
SCRIBNER, A DIVISION OF SIMON & SCHUSTER, INC.
through Japan UNI Agency, Inc., Tokyo

Published by K.K. HarperCollins Japan, 2021

父親ほど遊園地に（ディズニーランドでさえも！）熱狂できなくとも、
その父親をいつも温かい目で見守ってくれる、
レベッカ・スノーとウィリアム・スノーに感謝を。

中年期に差しかかると……どうやら、誰もが同じような道筋をたどるらしい。
退屈な芸術家は、退屈なビジネスマンへと変貌する。
1955年に、ウォルト・ディズニーが自身の名を冠した遊園地をオープンしたと聞いたとき、
はっきり言って、目新しいものは期待していなかった。

だが、それは間違いだった。
ディズニー氏は傑作を生みだしたのだ。

——オブリー・メネン

「彼女に期待しすぎじゃないのか」わたしは思いきって言った。「過去は繰り返せないよ」
「過去は繰り返せないだって?」ギャツビーは信じられないというように叫んだ。
「もちろん繰り返せるさ!……なにもかも、まえと同じようにしてみせる」

——F・スコット・フィッツジェラルド『グレート・ギャツビー』

目次

おもな登場人物

ウォルター（ウォルト）・イライアス・ディズニー……ディズニーランド創業者
ロイ・オリバー・ディズニー……ウォルトの兄
リリアン（リリー）・ディズニー……ウォルトの妻

初期からのスタッフ

アブ・アイワークス……アニメーター。ウォルトとともにミッキーマウスを生み出した
ヘイゼル・ジョージ……スタジオ付きの看護師。ウォルトの良き話し相手
ウォード・キンボール……アニメーター。鉄道コレクター
ロジャー・ブロギー……機械部門責任者
ハーパー・ゴフ……美術担当
ビル・ウォルシュ……脚本家。のちにディズニーのテレビ番組のプロデューサーとなる
ケン・アンダーソン……美術監督
ジョン・ヘンチ……クリエイティブチームの一員。ミッキーマウスの公式肖像画を描いた人物
ハーバート・ライマン……アニメーター。ディズニーランドの完成予想図を描いた人物

ディズニーランド計画に携わったその他の人々

ナット・ワインコフ……ディズニーランド計画プロジェクト・アシスタント
ハリソン・“バズ”・プライス……スタンフォード研究所（SRI）エコノミスト
C・V・ウッド……プライスの上司。のちにランド計画のジェネラル・マネージャーに就任
エド・モーガン……アロー社の共同経営者。ランド内アトラクション製造担当
カール・ベーコン……アロー社の共同経営者。ランド内アトラクション製造担当
アール・ヴィルマー……ランド内鉄道と鉄道馬車の建設担当
リチャード・“ディック”・アーバイン……建築家兼芸術家
マーヴィン・デイヴィス……美術監督
ハリエット・バーンズ……模型担当。イマジニアとして女性で初めて雇用された
フレッド・イェイガー……模型担当。バーンズの上司
ボブ・ガー……自動車デザイナー
チャック・ボヤージン……アメリカン・ビルディング・メンテナンス責任者。ランド内清掃担当
バン・アースデール・フランス……ランドのスタッフ育成担当
ジョセフ（ジョー）・W・ファウラー……元海軍大将。造船担当およびランドの建設統括
モーガン・“ビル”・エヴァンス……造園会社経営。ランドの景観担当
ジャック・エヴァンス……ビルの弟。ランドの景観担当
ルース・シェルホーン……景観デザイン担当

ハリウッドスターたち

フェス・パーカー……俳優。“デイビー・クロケット”を演じた
アート・リンクレター……人気タレント。ウォルトの友人

第1章 1955年7月17日 日曜日 午前4時

ウォルト・ディズニーは、この数時間というもの、パークの中を所在なげにうろついていた。誰も助けを必要としていないようだった。というより、ウォルトひとりの助けで事足りるようには見えない。辺りには数百人もの人間が、真っ白な照明の光の下、のこを引き、ペンキを塗り、ハンマーを打ちつけ、上げ下げするフォークリフトの間をぬって、人形をあっちに置いたりこっちに置いたりしている。喧騒《けんそう》は延々途切れることがなく、戦時中の軍需工場さながらの振動が響いていた。

みなが160エーカー（約64万平方メートル）の大都市をつくりあげようと、最後の仕上げにかかっていた。なかには、これから大急ぎで始める、という作業もあった。2年前まではオレンジの木以外何もなかったこの南カリフォルニアの土地に、「遊園地」などというありきたりの言葉では言い表せないほど斬新なものが現れようとしていたのだ。

塔が建ち並ぶおとぎ話の城の周辺には、1世紀前のアメリカ西部の風景や、危険に満ちたジャングルの川を再現したエリアが広がっていた。そこでは、ロケットで月へひとっ飛びし、ガレオン船に乗ってピーター・パンのネバーランドを訪れ、若き日のマーク・トウェインさながらに、船尾外輪船（後ろに大きな輪がついた船）でミシシッピ川を下ることもできる。まだ誰も体験していないさまざまなアトラクションの周りには、本物の蒸気機関車が走っていた。すでにボイラーには火が入り、シュッシュッポッポッと音を立てながら、間近に迫ったデビューを今か今かと待っている。

　はるか向こう、闇に沈む田園地帯を見やると、広報部の人間たちが、この新たな遊園地「ディズニーランド」への道を指し示す標識を立てようとしていた。

　この国の生みの親であるウォルト・ディズニーは、この夜ばかりはバスローブ（ランド内をうろつくときのおなじみの格好だった）を着ていなかっただろう。緊張しているときにいつもするように、心を落ちつけようと何かしらの作業に手を染めていたはずだ。

　当然、ウォルトは緊張していた。不安はときとして怒りを呼ぶ。もっとうまくやれたのにと思うことが山のようにあった。窓枠のそこかしこから、あわてて塗ったペンキが垂れ落ちているのを目にして（ウォルトの目は些細《ささい》なことも見逃さない）眉をつり上げたウォルトに、部下たちは嵐がやってくるのを覚悟しただろう。ジャングルクルーズの初代船長《スキッパー》のひとりだったビル・サリバンもこう言っている。「みんな知ってたよ。ウォルトが左の眉を上げたら、まずいぞってね」

　ウォルトはぶらぶらと、未完成のパーク内を歩きつづけた。ぶらぶらというと、もっとのんびりした動きをイメージするかもしれない。53歳でやや太り気味、ヘビースモーカーだったウォルトだが、この数カ月、彼が驚くほどすばやく動き回れるということにみな驚かされてきた。機械仕掛けのワニや、まだ水の張られていない川床をチェックしようと車で移動していたスタッフが、徒歩のウォルトに追い抜かれることもあった。

作業現場に構えたスタジオでは、ウォルトの左眉はしょっちゅうつり上がっていた。ときとして、ウォルトは冷たく、よそよそしく、ほめ言葉などめったに口にしないようなところもあったが、偉そうにすることはなかった。パーク完成を控えて大所帯となった作業員たちと一緒に、よくテントで豆とソーセージの煮込み料理を食べていたものだ。

ウォルトは、美術監督のケン・アンダーソンに出くわした。もう何日も立ちっぱなしで、ふらふらになりながらアトラクションに絵を描いていたアンダーソンに手を貸そうと、ウォルトも筆を取った。

作業が終わると、ウォルトはアンダーソンとメインストリートをくだり、タウンスクエアへと向かった。20世紀初頭の商店が建ち並ぶ、夢いっぱいの空間だ。

ふたりは縁石に腰かけ、オレンジ郡の大地ににぶい光を放つ路面電車の線路を眺めた。線路は舗装すらされていない。ウォルトはお気に入りのチェスターフィールドのタバコに火をつけたが、吸い終わらないうちに作業員がひとり走ってきた。「『トード氏のワイルドライド』に電気が通ってません！　誰かが電線を切ってしまったらしくて」

アンダーソンがしぶしぶ立ち上がる。「大丈夫だよ、ウォルト。わたしが見てくるから」そう言うと、騒音が響く闇の中へと消えていった。

　空気は重く、息苦しい。ひどく暑い一日になりそうだった。それでも、ノアの洪水みたいな大雨になるよりましだ。つい最近も、ここは水浸しになったばかりなのだ。この辺で休もうと決め、ウォルトはタウンスクエアの建物のひとつである消防署に歩いていった。裏手の階段をあがり、2階のアパートに入る。小さな部屋だが、半世紀前の上流中産階級の家を思わせる、かわいらしい装飾が施されていた。

　ウォルトは、これまでに下してきた数えきれないほどの決断を振り返り、果たして自分の決断は正しかったのかと考えた。細い窓の向こうでは、目の回るような大騒ぎが繰り広げられている。配管工が直前までストライキをしていたせいで、水飲み場とトイレのどちらを設置するかも決めなければならなかった。「喉がかわいたらペプシ・コーラを飲めばいい」ウォルトはひとりつぶやく。「でも、通路で用を足すわけにはいかない」

　その通路も、まだできていなかった。遠くのほうから、アスファルトを注ぐトラックの恐竜のようなうなり声が聞こえてくる。オープンした暁には、明るい太陽の下、大勢の人々――政治家、映画スター、鉄道会社の重役、それに山のような子どもたち――がその道を歩くことになる。

　外では、縁石を敷こうとする作業員と、配線を台無しにされたテレビ局のスタッフが怒鳴りあい、罵りあう声がますます大きくなっている。ウォルトは遊園地の建設だけでなく、かつてないスケールのテレビ番組でホストも務めることになっていた。この大々的な番組のため、ニユーヨークからサンフランシスコに至るまで、全米のテレビ局から機材がかき集められた。アメリカン・ブロードキャスティング・カンパニー（ABC）は、開園セレモニーの日まで何も放送しないというわけにはいかないので、何週間もかけてテレビ番組を撮りためていた。〈ABC〉はディズニーのメインスポンサーだった。ウォルトは、番組を提供する代わりに資金を提供するよう、〈ABC〉側と取引していた。

〈CBS〉や〈NBC〉といった古参のテレビ局は、食指を動かさなかった。ディズニーの番組は放送したいが、遊園地産業とかかわる気はない、というわけだ。当時、遊園地の建設はリスクが大きいうえ、いかがわしい産業だという認識が広まっていたからだ。

どうして遊園地なんかつくるの？　ウォルトは、妻のリリアンにたずねられたことがあった。遊園地なんて不潔だし、うんざりするじゃない、と。恐ろしく有能なビジネスマンだった兄のロイも、同じ疑問を抱いていた。「ウォルトもそのうち諦めるさ」最初のうちは、ロイも周囲の人たちにそう言っていた。だが、ウォルトは諦めず、結局ロイも運命をともにすることにしたのだった。

ウォルトはベッドに入った。

ここまで長い道のりだった。カンザスシティの農家の息子で、家計を支えるため、夜明け前の雪道で寒さに震えながら新聞配達をしていたウォルト少年は、今やすっかり有名人になった。低俗でもの珍しいだけだったアニメーションを、ほぼ独力で高い利益を生む芸術へと成長させたのだ。それでも今は、ミズーリ州にいた少年時代と同じくらい、心もとない気分だ。

「なぜ遊園地を？」パークの足場の陰でジャーナリストに質問されたとき、ウォルトの答えはいたってシンプルだった。「この20年というもの、何か自分だけのものが欲しいと思っていたんだよ」

もちろん、理由はそれだけではない。ウォルトはアニメーションをつくるのに疲れてしまったのだ。1941年には、スタジオでストライキが起こるという苦い経験をし、第二次世界大戦が終結する頃には、ご多分に漏れず、ウォルトも不満と先行きの不安を感じていた。

大衆が求めるものを敏感にかぎ取るウォルトは、世間の人々も自分と同じ思いをしているに違いないと考えた。安らぎを得たいという、ディズニーランドのような場所を求める人々の存在に気づいたのだ。

現在とはご立派なもので、今このときこそが、かつてないほどの驚異に満ちた瞬間なのだと思わせる。一方で、過去は「物事が単純だった頃」というもっともらしいカテゴリーに収まりがちだ。1950年代という「今」は、ダンスパーティーや温和なアイゼンハワー大統領、車が2台停《と》められる車庫、エルヴィス・プレスリー、そして世界の産業界を席巻《せっけん》する戦勝国アメリカといった、見せかけのイメージによって燦然《さんぜん》と輝いていた。

だが、時代が輝いて見える人はほんの一部で、みなどうにか前に進んでいる状態だった。終わったはずの戦争は人々の心になお暗い影を落とし、共産主義への恐怖は高まるばかり。アメリカ人のほとんどはこの当時、どこかしら不安を覚えていた。

ウォルト・ディズニーが思い描いたディズニーランドは、殺伐として不安と疑惑に満ちた時代への解毒剤となるもの、あるいはより良い未来を力強く肯定するものだった。もちろん、客を楽しませ、お金を落としてもらえる場所でなければならないが、ウォルトはそれと同時に、アメリカの過去を引き合いに出すことで、ディズニーランドを訪れる人々に、未来は安全で豊かだという希望を抱いてほしかったのだ。

ウォルトは生命保険を担保にし、別荘を売り、ありったけの借金をした。そしてウォルト自身そうあってほしいと願い、人々にも同じ目で見てほしいと願った世界を、三次元の形で再現しようとした。

だが、この計画に賛同を得るのは容易ではなかった。当初から投入された150万ドルは、その多くが無駄遣いに終わっている。

開業を翌日に控えたその日、タウンスクエアにアスファルトが敷かれる音を聞きながら、ウォルトは総額1700万ドル（現在の価値にして1億6000万ドル）にもなる経費について思いを巡らしていたに違いない。1920年代に自身初の大ヒットとなったアニメのキャラクター「オズワルド・ザ・ラッキー・ラビット」の権利を奪われたときのように、ウォルトにはもう何も残っていなかった。

それでも、ウォルトはディズニーランドをつくったのだ。

窓の外では重機の騒音が鳴り響き、ウォルトはほんの数時間しか眠れなかっただろう。午前6時にはベッドを出て着替え、テレビ番組のリハーサルに向かおうとした。だが、出鼻をくじかれる。夜間に消防署の塗装作業が行われ、アパート部分にも塗られたペンキがすっかり乾いて、ドアが開かなかったのだ。

ウォルトは人生で最も重要な一日を迎えるために、警備員を呼んで外に出してもらわなければならなかった。

第2章 ディズニーランドとの出会い

ウォルトたちの話を始める前に、わたしとディズニーについて少し話しておこう。人間というものは、人生の早い段階で、ふたつのタイプに分かれるのではないだろうか。サーカスが好きなタイプと、遊園地が好きなタイプだ。

わたしは物心ついたときから、遊園地が好きなタイプだった。サーカスに行くと気が滅入《めい》って仕方なかった。無気力にこちらを見つめる退屈そうな動物たち。陰気な冗談を飛ばすピエロ。ショーは長ったらしくてまとまりがなく、水着みたいな衣装を着た団員たちが、テントのてっぺんの暗がりからぶら下がり、自らの命を危険にさらしては、わけもなく人を怖がらせる。

それに引き換え、遊園地はどうだ。そこは明るく輝く小さな街で、好きなところをぶらついて、ミニカーを運転したり、飛行機を摸した乗り物に乗って、夏の自然な風を感じながら空を飛んだりできるのだ。ジェットコースターでしなやかな木のレールを急降下し、夕暮れの中で影が姿を消して夜が訪れる、その静寂の一瞬を待ちながら、回転木馬のバンドオルガンが響かせるスネアドラムの音に耳をすませる。夜の遊園地では、どの建物も謎めいて見え、赤と白に塗られたタマネギ型のドームや尖塔が、色とりどりの照明に浮かびあがっている。

わたしの両親は、サーカスも遊園地もさほど好きではなかったが、年に数回、ニューヨーク州にあるプレイランドに連れていってくれた。1948年、わたしが生後8カ月のときに、わたしたち家族はマンハッタンからブロンクスビルに移り住んだのだが、プレイランドのあるライという町は、そのブロンクスビルの近くにあった。

ブロンクスビルは、ニューヨーク都市圏から鉄道で移動できる郊外として早くから栄えた町だ。マンハッタンのミッドタウンまで30分ほどの場所にある。

20年近くのブロンクス時代を振り返ると、あの町とこの本のテーマはどこか重なっているように思える。ブロンクスを清らかで、他に類を見ないほど美しい町にするためにさまざまな心配りがなされていたことに、わたしはいつしか気づいていたのだ。町には木々があふれ、そこかしこに芝生が広がっていた。わたしや友人たちは、何も考えずに走り回っていたが、土地の持ち主は嫌な顔ひとつ見せなかった。

わずか2ブロックほどの商業地区でさえ、子どもが楽しめるものがたくさんあった。見るからにわくわくするおもちゃ屋はもちろん、肉屋のショーウィンドウには、肉のサンプルや牛の部位を示すおなじみのイラストの代わりに、アルプスの町の模型が飾ってあり、オブジェの滝から本物の水が流れ、青と白に塗られた漆喰《しっくい》の川を通って、小さな沼の水面を波立たせていた。ドラッグストアに軽食堂があった時代で、30セントもあればハンバーガーやフライドポテトが食べられた。

それだけでなく、ブロンクスビルには、さりげなく目を引くものがあった。住宅建築だ。1950年代半ば、「テーマパーク」などという言葉になじみがなかった時代に（ディズニーが最初のテーマパークをつくるまでは、誰も聞いたことがなかったはずだ）、わたしの故郷は見事にその概念を実現していたのだった。

ブロンクスビルで暮らし、開業したボーマンという名の設計士がいたのだが、彼は建築の歴史に造詣が深かった。ボーマンの設計したさまざまな家の横をよく自転車で通り過ぎたものだが、そうした家々には過去の時代のディテールが顕著に表れていた。チューダー朝様式の半木骨造を見事に再現した建物や、屋根のデザインを工夫して歴史ある趣を表現している家もあった。

郊外の住宅地の真の姿がそこにはあった。バラ色のレンガ造りのねじれた煙突が目を引くエリザベス朝様式のマナーハウスが、広大な敷地に堂々と建っている。そこから90メートルほどの地所には、大きな塔の灰色の胸壁も見える。そのマリオン窓を、少年だったわたしや友人たちは何の気なしに見上げていたが、エリザベス女王の時代には、同じような窓から、鷲鼻の紳士が雨に濡《ぬ》れる野原を見渡し、チャンネル諸島の戦況に思いを巡らせ、荒れるに任せるままの耕作地から目をそらしていたかもしれない。だが、わたしの記憶にあるのは、15メートルほどのエメラルド色の芝生と、その向こうで開店準備をしているアイスクリーム屋のトラックだった。

風景と家々が調和していた。夏の日、映画館から帰ってくる子どもたち。頭上には古いオークの木が枝を茂らせ、スレート屋根のひさしからこぼれる太陽の光が、オークの葉の形をした影を落としている。こうした風景の中で、子どもたちは自然について多くを学ばなくとも、その美しさがわかるようになる。

わたしも手入れの行き届いた芝生や家々がつくり出す夢のような雰囲気の中で、安心で素朴な空気に包まれながら日々の生活を送っていた。これ以上ないくらい、快適な少年時代だったのだ。

だからこそ、最近になって思うのだ。わたしはディズニーランドで――少なくとも、ディズニーランドの人気を支えている要素に囲まれて育ったのではないかと。

プレイランドに話を戻すと、わたしは「オールド・ミル」という乗り物が大好きだった。先が平らになった小型船に乗って炭鉱の中をゆっくりと進み、チカチカとした明かりに照らされる坑夫たちの横を通り過ぎ、最後に水のカーテンに突っ込んだかと思ったら、なぜかびしょ濡れになることもなく、ボートは明るい光の中に戻っている。この乗り物が一番のお気に入りだった。だが10歳の頃、ブロンクスビルの図書館で『Good Old Coney Island（古き良きコニー・アイランド）』という本を借りてむさぼるように読んで以来、「オールド・ミル」にはもはや満足できなくなっていた。コニー・アイランドこそが、アメリカを代表する遊園地だと悟ったからだ。

わたしがしつこくせがむものだから、父はわたしと友達のテッドを車に乗せ、コニー・アイランドに連れていってくれた。

日が高く昇り、すばらしい夏の日の日曜日だった。コニー・アイランドは、長らく衰退の一途をたどっていた。それでも、辺りはキラキラと輝き、賑《にぎ》やかな声が響いている。ちょっとやそっとでは勝てそうにないコイン投げゲームに、4つのローラーコースター、そしてスティープルチェイスが待っていた。スティープルチェイスは、ジェットコースターとメリーゴーラウンドを合わせたような乗り物で、パビリオンの周囲を4つのレーンがうねうねと走っていて、その上を木馬にまたがって横並びで走るというものだった。

わたしはスティープルチェイスに乗っている間、空を仰ぐこともなく、長きにわたってニューヨーカーたちを魅了してきた海にも目をくれず、ひたすら下の地面を見つめていた。そこには、興味をそそるがらくたが山をなしていた。壊れたか修理中のジェットコースターの部品や、油にまみれた何かの機械、クレオソートの缶のようなものも転がっている。テッドとわたしは木馬を降りると、父と合流した。

楽しい1日だったが、終わってみると虚《むな》しさがこみあげた。というのも、わたしの心はすでにディズニーランドに奪われていたからだ。コニー・アイランドの古びた栄光は、わたしの空想の中で燦然と輝くディズニーランドの前でかすんでいた。

コニー・アイランド訪問からさかのぼること数年前、両親が中古のテレビセットを買ってきた。年季の入った初期のテレビで、ウォルナットのカバーに覆われ、奥に金色の布張りのスピーカーが頼りなげに収まっていた。その上に、リンゴほどの大きさしかない灰色の画面が乗っかっている。それからは水曜日の夜になると（見逃したことは一度もないと思う）、いち早くテレビの前に座り、『ディズニーランド』に夢中になった。

ウォルト・ディズニーは、ディズニーランド開園までの苦労に満ちた日々を過ごしながら、〈ＡＢＣ〉の要求に応じる形で、8カ月にわたるテレビ番組を放送していた。番組名は、シンプルに『ディズニーランド』だった。そして毎週、番組の中で新しく誕生する遊園地をアピールしたのだ。数本のアニメと、ドナルドダックの騒々しいおしゃべりの後、20分にわたってジャングルクルーズの風景やトゥモローランドの中、フロンティアランドの射撃台などが紹介されていた。

この番組は、未来の顧客となるわたしの心をがっちりとつかみ、ロサンゼルスに連れていってくれと両親にせがみはじめた。車を30分走らせればたどり着けるプレイランドとは違って、簡単には聞き入れられるはずもなく、願いが叶《かな》うまで数年かかった。それでも、ついにその日がやってきた。

１９５９年、両親は12歳のわたしをトランス・ワールド航空のプロペラ機にゆだねた。果てしなく回るプロペラが、わたしを大陸の向こう側へと連れていってくれた。パイロットのバッジを胸に（客室乗務員がシャツに留めてくれた）飛行機から降りたわたしを、サンタモニカに住む叔母のジェーンと叔父のウィンが出迎えてくれた。

南カリフォルニアらしくよく晴れた日だった。というより、いつにないほどの快晴だった。冷戦の緊張が不穏な空気を漂わせていた時代ではあったが、アメリカは前年の不況から脱したところで、アイゼンハワー大統領はハワイとアラスカを合衆国の州に迎え入れた。南カリフォルニアは、新たな郊外のライフスタイルを確立し、それがアメリカ全土に広まっていった。それにディズニーランドが手を貸し、変化を加速させたといえるだろう。

宿題でアラスカについて調べたときは「ツンドラ」という言葉の意味を知ったくらいで、歴史的なことにはまったく関心を抱かなかった。49番目と50番目の州に対する興味は、待ちに待ったディズニーランドへの思いに比べると、ないに等しいものだった。ディズニーランド行きは、2日後に迫っていた。わたしの期待は最高潮に達していた。

その期待が裏切られることはなかった。

それどころか、期待以上だった。

ディズニーランドに到着するやいなや、それまで植物など見向きもしなかったわたしが、色とりどりの花でかたどられたミッキーマウスに夢中になった。小高い丘の向こうに鉄道の駅が見え、完成したばかりのマッターホルンの山が顔をのぞかせている。それは外から目にできるディズニーランドのほんの一部だった。

中央エントランスのトンネルをくぐると、そこは明るい太陽に照らされた20世紀初頭の街並みで、バンドが音楽を奏でていた。かなりのアップテンポで演奏されていたが、そのもの悲しいメロディにぐっときた。馬にひかれた鉄道馬車がやってきて、客を小旅行へ連れ出していく。向かうのは、このタフト大統領時代のアメリカとはまったく別の幻想的な世界で、はるか遠くに、三角旗がはためく中世の城が建っている。わたしは即座に理解した。ここは今まで訪れたどんな遊園地とも違う。ディズニーランドは、ひとつの国なのだ、と。

ミッキーとミニー、グーフィーがいたのは覚えているが、キャラクターとの出会いを喜ぶには少し大人になりすぎていた。わたしが何よりわくわくしたのは、ランド内を走り回れることだった。

叔父のウィンは戦時中、潜水艦に乗った経験もあったものだから、ディズニーがつくった船に興味津々だった。ディズニーランドで見たのは、よくある客席をしつらえた張りぼての船などではなく、明らかに造船所で製造された、本物の金属の船だった。

叔父はいたく感心した様子で、船のハッチがおろされると、こう叫んだ。「こりゃすごい！においまで本物じゃないか！」

短い航海が終わると、叔母はわたしの自由にさせてくれた。

続いてガレオン船に乗り込んだわたしは、寝室の窓から夜のロンドンの街へと飛び出し、海を越えて、ピーター・パンとフック船長が果てしない戦いを繰り広げるネバーランドの山をぐるっと一周した（山の頂はきらきらと光っていて、そのとき蛍光塗料というものを初めて目にした）。それからトムソーヤ島へと続く広々とした川でいかだ下りを楽しみ、ウィルダネス砦《とりで》では胸壁の守りにつき、ライフル銃をぶっ放した（引き金を引くと、迫力満点の音が響いた）。

フロンティアランドのリバー・クルーズでは、火にまかれる開拓者の小屋の横を通り過ぎ、先住民の襲撃で戸口に倒れる住人の姿（この陰気な場面は、のちに賢く優しい老酋長《しゅうちょう》が部族の言い伝えを説く場面へと取り換えられた）を眺めた。トゥモローランドの「オートピア」は、人生で初めてガソリンエンジンの車を運転するチャンスを与えてくれた（いまだに妻は、わたしの運転はいまいちだと言っている）。

ジャングルクルーズでは、失われた民族が残した朽ち果てた神殿に、くねくねと身を揺らすヘビが待ち受けていた。迫り来るカバを、スキッパーがすばやく銃で撃退する。まさに、ディズニーランドのショーの真骨頂だった。

こうして、次から次へとアトラクションを堪能したわたしに、叔父と叔母は、最後にもうひとつだけ楽しんでいいと言ってくれた。

神殿やライフル、空飛ぶガレオン船よりも、わたしの心に強い印象を残したのは、メインストリートだった。それは、ウォルト少年が見た、アメリカの小さな町の風景だった。夕暮れの中、照明が灯《とも》り、建物の賑やかな装飾が浮かびあがる。その前を、馬車が静かに通り過ぎていく。わたしは、ずっとここにいたいと思わずにいられなかった。それはある意味、現実となる。世紀の変わり目の頃のアメリカにすっかり心を奪われたわたしは、カリフォルニアから家に戻っても、その熱が冷めることはなかった。そしてアメリカの歴史のさまざまな側面に関心を広げ、その知識で生計を立てるようになったのだ。

とはいえ、ウォルト・ディズニーが残してくれたものを、ずっとありがたがっていたわけではない。16歳の頃にはすっかり嫌気がさし、20代になると、ウォルトがつくったものは、不毛で、ワンパターンで、退屈な自己満足だと思うようになっていた。

だが、人というのは時とともに変わるもので、１９８０年代になると、４歳児の父親になったわたしはディズニー番組をまた観《み》るようになった。そして、ウォルトのアニメーションが思っていたよりはるかに想像力に富んでいて、ただ感傷に浸っているだけではないことがわかったのだ。

そうして、最初にディズニーランドを訪れてから30年後、わたしは強い関心を抱きながらふたたびアナハイムの地を踏んだ。ディズニーランドは、ひとりの男の強烈な個性が花開いた空間だった。何もかもが完璧な現代のテーマパーク（それもウォルトあってこそ存在するわけだが）のように、「すばらしい場所にするための要素の寄せ集め」ではない。もちろん、ディズニーランドはすばらしい場所だ。美化されすぎて現実的ではないと批判されているほどだが、現実のことを考えずに1日や2日過ごさせてくれるなら、喜んでそうしたい。だが、わたしが知りたいのは、ウォルトがつくり出した在りし日のアメリカが、歴史家たちの言う「子どもだまし」にすぎないのか、ということなのだ。

ディズニーランドにおける過去の再現は、ゲートをくぐった瞬間から始まる。最初に出迎える建物はメインストリート駅で、ほとんどの人が駅に入ってくる列車を目にするはずだ。磨きあげられ、ペイントが施された軌間９１４ミリの蒸気機関車「マッコイ」だ。雰囲気たっぷりのかすれた汽笛の音は、これ以上ないほどリアルだが、これから行く先にはファンタジーの世界が待っている。

駅の向こうには、ディズニーランドのメインストリートが延びている。1900年代風の商店が建ち並ぶ通りを何ブロックか歩いていけば、ファンタジーランド、トゥモローランドといったさまざまなエリアにたどり着く。アメリカ中西部の町をモデルに、美しく整えられた街並みが続く。細部にまで手が込んでおり、窓の上部にはカラフルな日よけがかけられ、クイーン・アン様式の壮麗な装飾が、これでもかと施されている。といっても、やりすぎな印象はなく、陽気で心が和む。なぜなら、すべてが計算されているからだ。この通りを設計したのは舞台装置のデザイナーで、昔ながらの舞台美術の技を利用して、視点をうまく誘導している。通りに建つ建物は、1階は実物大の8分の7、2階は8分の5、3階は2分の1のサイズでつくられている。その結果、目の前の建物は実物大に見えて、実際はずいぶん小さく、子どもの頃に見た風景を思い起こさせるのだ。

ウォルトが最初に記憶しているメインストリートといえば、ミズーリ州マーセリーンのカンザス・アベニューだろう。1906年、ウォルトの父はその地に農場を買ったが、じきに所有地を競売にかけ、その後カンザスシティに移って、新聞の販売権を買い取った。9歳になる頃には、ウォルトは朝3時半に起き、仕事に出ていた。「冬には1メートル近く雪が積もっていた」と晩年ウォルトは語っている。「ぼくは小さかったから、鼻まで雪に埋もれていたよ。いまだにその夢を見てうなされるんだ。冷たい朝に何よりほっとしたのは、アパートへの配達だった。新聞を床に置き、暖かいアパートの廊下に寝そべって、ちょっぴり居眠りしながら体を温めていた」

夏の仕事は少し楽だった。ウォルトの父は子どもがおもちゃを持つのをよしとしなかった。「運のいい朝は、大きなポーチのある家に配達に行くと、その家の子どものおもちゃが放り出されていることがあった。ぼくはまだ暗い朝の4時に、そのおもちゃで遊んだものだ。それから泣く泣く、新聞配達に戻った」

仕事に明け暮れ、休みも楽しみもほとんどなかった子ども時代の経験が、ウォルトのアニメーションに大きな影響を与え、どんなに成功していたライバルたちも敵《かな》わないほどの強靭《きょうじん》な精神をウォルトに授けてくれたのではないだろうか。子どもたちを夢中にさせる理由もそこにあるだろう。滑稽さと同時に、本物の恐ろしさ、危険を感じられるからだ。

ウォルトはディズニーランドの中に、「牙」ともいえる要素を盛り込んでいる。ファンタジーランドの「トード氏のワイルドライド」もそのひとつだ。かわいらしいアンティークの車に乗ってコースを進んでいくと、最後にトード氏の死と地獄が待っている。それでも、ウォルトは自分のつくった小さな町を、絶対的に安全な場所にしようとした。少年の日の朝、あのポーチで感じた安らかな気分が永遠に続くようにと願ったのだろう。ウォルトの古き良き時代にかける思いは、メインストリートに留まらなかった。ミシシッピ川を下るのは、竜骨から組み立てた蒸気エンジンの船尾外輪船。同じ川に浮かぶのは、精巧に複製した、18世紀の3本マスト商船だ。ウィルダネス砦も再現した。そして技術の発達に応じて、オーディオアニマトロニクスと呼ばれるロボットを開発し、蝋人形《ろうにんぎょう》のような表情でぎこちなく信念を語る、等身大のリンカーン大統領を登場させている。

メインストリートは今もわたしに強烈な印象を与えるが、それは「歴史を想像する」ということが持つ力だと考えている。もちろん、ウォルトが見た過去が、そっくりそのまま再現されているわけではない。かつてマーセリーンを走っていたカンザス・アベニューは、轍《わだち》の跡が残る土の道で、街路樹もなかった。だが、現代のわたしたちには粗野で未熟に思える道でも、当時そこに暮らしていた人々の目には、まったく違うものに見えていたはずだ。ウォルトは建築様式を巧みに再現し、当時と同じ装飾を施して、人間的、物質的に進歩した時代の自信をそこに映し出そうとした。そうした楽観主義的な見方は、歴史という物語の一面を語るに過ぎないかもしれない。作家シンクレア・ルイスは、ディズニーランドのメインストリートを偽善と、見せかけ、破滅的な野心に汚されたものとみなした。それが間違いだとは言わない。でもウォルトだって間違ってはいないのだ。

ディズニーランドは開園当初から、厳しい、そしてあからさまな敵意にさらされてきた。さまざまな論争や酷評を呼んできたが、エンターテインメントの在り方について、新たな視点をもたらしたはずだ。毎年何千万もの人々が世界各地のディズニーランドを訪れ、その人の波はやむことがない。

ディズニーランドに対する批判はいまなお続いている。だがそれは、時計職人のような精密さと、芸術家としての信念、ギャンブラー並みの大胆さでディズニーランドをつくりあげた男そのもののように、ディズニーランドが唯一無二の、強烈な存在だという証でもある。

ディズニーランドがおもちゃの列車をきっかけに誕生したのかどうかは定かではないが（デ

ィズニーランド誕生神話は枚挙にいとまがない)、〝愉快なウサギ〟に裏切られ、それに代わるキャラクターとして、同じくらい〝愉快なネズミ〟を思いついた若きアニメーターによって生み出されたのは確かだ。ウォルト・ディズニーの優れた伝記を書いたスティーヴン・ワッツは、ウォルトを「20世紀で最も影響力のあったアメリカ人」と称している。

第3章 ネズミにつけるにはひどい名前

ウォルトことウォルター・イライアス・ディズニーは、フローラとイライアス・ディズニーの4番目の息子として、1901年に誕生した。父親は、厳格なプロテスタントの職業倫理と社会主義が入り混じった思想を抱く、一風変わった堅物で、家庭内を明るくしていたのは、優しい母親だった。ウォルトの兄ロイはこう言っている。「不機嫌な父にも冗談を飛ばせるような、すばらしい母でした」夫の機嫌が直らないときも、息子たちが幸せに過ごせるよう力をつくした。子どもを甘やかしていると夫にとがめられないよう、パンの裏にこっそりバターを塗って食べさせるような母親だった。父親は、ほどなくして誘惑の多いシカゴ郊外の町から、ミズーリ州マーセリーンに引っ越すことを決めた。

ディズニー家の農場は、どこもそうだっただろうが、手間ばかりかかり、結局その労力が報われることはなかった。父イライアスは、肥料を使うことはアルコール依存症の人間にウィスキーを飲ませるようなものだと考えていたので、肥料を用いることを拒み、それは当然の結果を招いた。

　ウォルトの兄たちは、夜明け前から暗くなるまで働いたが、ウォルトは手伝うには幼すぎたので、そこら中を駆け回っていた。楽しくて仕方なかったようだ。遊び相手になる動物たちもいた。背中にまたがれるブタや、後々も「親友」と呼ぶほどかわいがったマルチーズもいた。マーセリーンのささやかなメインストリートも愛していた。だが、そんな幸せな時間は1911年に突然終わる。父はウォルトたちを連れてカンザスシティに移り、ウォルトは数年にわたって、早朝から新聞配達にいそしむことになる。田園生活は永遠に失われてしまったのだ（その頃、アメリカという国全体から失われつつあったのだが）。それでも、動物の友達はウォルトのアニメーションに欠かせないものになり、理想のメインストリートはディズニーランドという未来の楽園へと通じていたのだった。

　ウォルトは、短い間だったが、新聞配達よりずっと楽しい仕事をしていたことがある。カンザスシティのミズーリ・パシフィック鉄道で「新聞売り」を務めていたのだ。列車の中で、乗客たちに新聞やお菓子、タバコ、雑貨を売って歩く仕事だ。「青いサージ生地に金ボタンのかっこいい制服を着て、ひさしのついた帽子をかぶり、襟にキラキラしたバッジをつけていると、大物になった気分だった」のちにウォルトが語ったところによると、「この仕事はわくわくしたが、儲《もう》けにはならず、短期間で終わってしまった」という。わくわくした気分は、みじめなほど少ない稼ぎの埋めあわせをしてくれた。「列車が駅へと入っていくと、わたしは車掌の後ろのステップに立ち、プラットフォームにいる子どもたちのうらやましそうな視線を浴びて悦に入っていた」この時代の多くの子どもたちと同様、ウォルトも列車のスピードやパワー、瞬く間に変わっていく車窓の景色に興奮していたのだった。「鉄道は社会の中で大きな位置を占めていた」とウォルトは言う。「蒸気エンジンは迫力があって、刺激的だった」

ひょっとしたら、ウォルトは賃金の安さなど気にしていなかったかもしれない。だが父親は別で、間もなくウォルトは新聞配達の仕事に戻ることになる。早朝からの新聞配達に疲れ果て、小学校では居眠りばかりして、成績も悪かった。だが大きくなるにつれ体力をつけたウォルトは、カンザスシティ・アート・インスティチュートの土曜の絵画クラスに通うようになった。これも、マーセリーン時代の楽しかった記憶が影響している。隣人だったシャーウッド医師の評判の馬、ルパートを絵に描いて、小銭を稼いだときの感激が頭に残っていたに違いない。

1917年、人生に満足していなかった父イライアスは、ぱっとしない仕事をどうにかしようとシカゴに戻り、オー・ゼルというゼリーの会社を運営することにした。ウォルトはシカゴの高校に入学し、学校新聞でカエサルを風刺する漫画を描き、シカゴ美術学院のクラスで学んだ。

家族のために働きに働いてきたウォルトは、逃げ出したくてたまらなくなっていた。年齢のせいで従軍を拒否され、16歳だったウォルトは出生証明書の日付をごまかして、1918年9月、救急車の運転手として赤十字に入隊する。やがて11月11日に休戦を迎え、その直後にウォルトも終戦処理のためフランスに送られるが、やることは山のようにあり、忙しい日々を過ごすことになる。それでも、救急車に色を塗ったり、仲間たちのジャケットに10フランで絵を描いたりする時間はあった。

ウォルトは1919年の秋、アメリカに帰国した。しまり屋で社会主義の色濃い父親に嫌気がさした兄たちは家を離れており、ウォルトも同じように家を出た。

ゼリー工場で働く気もなく、カンザスシティで新聞社の求人に応募したものの採用されなかったウォルトは、ペスマン＝ルービン商業アートスタジオという会社に入った。それから数週間は、広告のレイアウトを考えたり、コピーを書いたり、地元の映画館のプログラムの表紙をデザインしたりと、有意義な時間を過ごしていた。だがクリスマス時期が過ぎると、会社に殺到していた仕事がぱったりと来なくなり、やはり短期間で首になった同僚のアブ（ウッベ）・アイワークスと一緒に、1月の通りに放り出されたのだった。

ウォルトはアイワークスと馬が合い、共同で事業を始めるという楽天的な計画を持ちかける。そしてふたりは、会社を立ち上げたのだった。社名は当初〈ディズニー＝アイワークス〉だったが、のちに〈アイワークス＝ディズニー〉に変更した（これはウォルトの謙虚さからではなく、「眼鏡の会社《アイワークス》」だと誤解されないようにという配慮だった）。

事業は数週間で行き詰まってしまうが、ウォルトはカンザスシティ・スライド社で仕事を得て働きはじめ、のちにアイワークスも雇われることになった（アイワークスはウッベというファーストネームを、より短く耳なじみのいいアブに変えていた）。この会社は、映画館で上映する地元企業の広告用フィルムを手がけていた。アニメーションの黎明期《れいめいき》だったとはいえ、当時のフィルムはお粗末なものだった。バリ島の影絵人形のように腕や脚の曲がった真っ黒なカットアウトを白い背景に乗せ、それを少しずつ動かしてコマ撮りを繰り返すという具合だ。

ウォルトは長いキャリアの中でもそうだったように、ここでもすぐさま高度な手法を編み出すことになる。アニメーションについて書かれた教材を見つけ、カメラを借り、実験を始めた。そして、アニメーション制作にはセルロイドが素材として最適だと気づく。透明なシートの一枚一枚に、ニワトリが飛び跳ねたり、ネコが走り回ったりしている姿を順番に描き、それを小屋や街角のような静止画の背景の上に置いて、続けて撮影するのだ。

ウォルトはラフォグラム・スタジオを立ち上げて短いアニメーション広告を制作するようになり、その後、おとぎ話を下敷きにしたアニメーションも手がけている。やがて実写の少女とアニメのキャラクターが登場する『アリスの不思議の国』という意欲作を完成させたが、結局、1923年に破産してしまった。

初期のアニメーション業界の中心地といえばニューヨークであったが、ウォルトは兄ロイのいるロサンゼルスに身を寄せた。『アリスの不思議の国』のサンプルをニューヨークに送っていたところ、映画の配給会社を経営していたマーガレット・ウィンクラーの目に留まる。当時人気のアニメーション「フィリックス・ザ・キャット」の放映権を失おうとしていたウィンクラーは、ウォルトに6話分の「アリス」のエピソードを制作するよう依頼する。ロイを経営マネージャーに迎え（この後、ロイは生涯にわたってウォルトを支えつづける）、スタッフを雇うことにしたウォルトは、アイワークスを説得して仲間に引き入れた。スタッフの中には、1925年に秘書として雇ったアイダホ出身のリリアン・バウンズがいた。リリアンとウォルトは、その数カ月後に結婚した。ふたりは一緒になって幸せだったに違いないが、リリアンはハリウッドにも、ウォルトの映画にも、さほど関心を抱くことはなかったという。

1927年には、『アリスの不思議の国』は勢いを失っていた。マーガレット・ウィンクラーは配給ビジネスを夫であるチャールズ・ミンツの手にゆだねるようになり、ミンツはユニバーサル・ピクチャーズに配給できる新しいアニメーションを制作するようウォルトにせっついていた。そこでウォルトが生み出したのが、『オズワルド・ザ・ラッキー・ラビット』だった。この作品がなかなかの成功をおさめたことから、1928年の初め、ウォルトは報酬の交渉のため、リリアンと一緒にミンツに会いに行った。だが、ミンツはさらに低い額を提示したのだった。そしてウォルトは、「オズワルド」の権利はユニバーサルにあることや、ミンツがアイワークスを除いた、ウォルトの雇ったアニメーターたちをごっそり引き抜いていたことを知る。冷酷なミンツは言い放った。「この金額で手を打つか、それともわたしがきみの会社を乗っ取るか、そのどちらかだ。きみのところの主だったスタッフは、みんなわたしと契約を交わしたんだよ」

ウォルトはさっさとミンツのもとを去り、リリアンと共に打ちひしがれた気分で長い帰路についた。だが、不安げに列車に揺られている間に、ディズニー・アニメーションの新たなキャラクターがひらめく。ミッキーマウス誕生の経緯にはさまざまな説があるが、リリアンが浮かない顔で「アメリカ中西部の緑の野原がヤマヨモギの木立や砂漠に変わっていく様を眺めている間」に、ウォルトは「モーティマー」というコミカルなネズミが登場するシナリオを書いていたという。ウォルトはその内容をリリアンに語って聞かせたのだが、先行きに不安を感じていたリリアンは、重々しくてもったいぶった「モーティマー」という名前に妙に引っかかるものを感じ、それまで夫の仕事に口を出したことはなかったが、このときただ一度、後々に大きな意味を持つ発言をした。「モーティマーなんて、ネズミにつける名前じゃないでしょ！」

ウォルトは「モーティマーマウス」という響きが気に入っていたのだが、少し考えたのち、もっと親しみやすい名前を思いつく。それこそが「ミッキーマウス」だった。

ロサンゼルスに戻ると、ウォルトとアイワークスはミッキーマウスの制作に取りかかった。丸い頭に丸い耳。2つボタンのついたショートパンツ（当時は手袋をはめていなかった）。なかなかいい感じだった。

ミッキーマウスは『プレーン・クレイジー』に登場する飛行士として誕生した。当時話題になっていたチャールズ・リンドバーグの大西洋横断にあやかって人気を集めることを期待していた。続いて、2作目となる『ギャロッピン・ガウチョ』というアメリカ南西部を舞台にしたドタバタ劇もつくられた。『プレーン・クレイジー』も『ギャロッピン・ガウチョ』も無音声のアニメーションで、ウォルトは満足しなかった。1927年、リンドバーグの成功と話題を二分していたのがアル・ジョルソンを主役とするトーキー映画（映像と音声が同期した映画）『ジャズ・シンガー』だった。全編音声ありではなかったものの、その斬新さで業界を変えるほどの人気を博していた。そこでウォルトは、ミッキーマウスの3作目を制作するにあたってオーケストラと編曲者を雇い、音声つきのアニメーション『蒸気船ウィリー』を完成させた。『蒸気船ウィリー』は一大旋風を巻き起こした。ほかのアニメ・キャラクター同様、「オズワルド」があっという間に人気を失うのをよそに、ミッキー、そしてウォルト自身も、誕生からわずか数年で大スターの地位を獲得する。アメリカ初の映画コラムニストでゴシップの女王ルエラ・パーソンズも、こんなことを言っている。「ハリウッド・スターの9割は、ミッキーマウスほどファンがいないようね」

初期のミッキーは、がさつで堕落したキャラクターだった。ビールをがぶ飲みし、ミニーマウスとみだらなダンスをし、タバコを吸う。しかも、いじわるだった。だが人気が高まるにつれて性格も外見も柔らかくなり、単なるアニメのキャラクターという枠を超え、今やディズニーという巨大な企業を象徴する教皇大使のような存在となっている。

ウォルトのつくるアニメーションは、次第に繊細で滑らかになっていった。カラー・アニメーションの制作にも乗り出し、ついにはアカデミー賞も手に入れたのである。ウォルトは1933年、メディア史の研究家が「最も成功した短編アニメーション」と評する『3匹の子ぶた』を発表。挿入歌の《狼なんかこわくない》は、大恐慌からの新規巻き返しを歌った挑戦的なバラードとなった。この成功を、ウォルトはこう語っている。「重要なのは、業界や民衆がこういったアニメーションを『ただ跳びまわるだけのネズミ』以上のものとして認識したということだ」続編が期待されたが、ウォルトは乗り気でなかった。そのそっけない断り文句は、ショービジネス界の警句ともいえるだろう。「ブタ以上のものをブタでやろうとしても、無理に決まってるさ」

こうした言葉からもわかるように、成功はしたものの、短編アニメーションをつくることにウォルトは飽き飽きしていた。そこで1934年、初の長編アニメーションの制作に着手する。『白雪姫』に50万ドルの予算を投じたが、結局製作費は150万ドルまで膨れあがり、完成までに4年もかかってしまった。1937年の公開を迎える頃には、ハリウッドで「ディズニーの道楽」とまで言われていた。

だが、『白雪姫』は大成功をおさめ、1938年最大のヒット、そして過去最大の興行成績をあげたサウンドフィルムとなった。650万ドルもの収益は、『ピノキオ』やさらに難解な(度が過ぎているといってもいい)『ファンタジア』の制作につぎ込まれた。それからの数年間が、ディズニーランド構想に乗り出すまでのウォルトの人生の中で、最も充実した時期であった。

だが、じきに雲ゆきが変わりはじめる。続く2作の長編は『白雪姫』ほどヒットしなかった。ヒトラーのポーランド侵攻に始まった戦争が、ヨーロッパ市場の活気を失わせたことも理由のひとつだ。予算は縮小し、会社の株式を公開せざるを得なくなった。大幅な給料カットのせいで、スタジオは深刻なストライキに入る。ストライキは5週間で終結を迎えるが、ウォルトの中には生涯にわたって不満がくすぶりつづけることになった。ウォルトはますます厳格に(専制君主というスタッフもいた)、よそよそしくなり、政治的にも保守に傾いていった。ストライキなど、共産主義者のやることだと考えていたのだ。

このストライキ騒動によってわき起こったウォルトへの反感が、不機嫌な独裁者といったレッテルよりもはるかに暗い評判を呼んでしまったのかもしれない。ウォルトは反ユダヤ主義だという説を今日も信じている人もいるが、その証拠となるエピソードはほとんど見あたらない。それどころか、ウォルトは自分の雇った弁護士が、ユダヤ人だからという理由で何人かの作曲家を侮辱したと聞き、その弁護士を解雇している。娘がユダヤ人の少年とデートしても気にしていなかったし、1955年には、ブナイ・ブリス（ユダヤ人コミュニティーの共済組織）のビバリーヒルズ支部から「今年の人」に選ばれている。ウォルトのよからぬ評判を、商品部門のトップでありユダヤ人のケイ・ケイメン（彼とインガソル社のおかげで、ミッキーマウス腕時計という大ヒット商品が生まれた）は、組織を代表する立場で否定している。「ディズニーには旧約聖書に登場するよりも多くのユダヤ人がいる」

戦争の影が忍び寄り、ウォルトのスタジオも不毛の数年を迎えることになる。訓練用映画の制作部門を立ち上げ、『Four Methods of Flush Riveting（リベットを平らに打ち込む4つの方法）』といった短編アニメーションを発表するなどしたが、1945年になるとウォルトは疲れ切り、負債も抱えていた。戦後、にわか景気でコマーシャル映画の需要が増えたときは、『The ABC of Hand Tools（工具のＡＢＣ）』といった作品にも取り組んだが、ウォルトが意欲を取り戻すことはなく、1946年、12本を制作した時点でこのシリーズの制作をストップしている。

戦後の時代、多くの人々と同じような感情をウォルトも抱いていた。「ふたたび立ち上がることなど、とてもできそうになかった」とウォルトは述べている。娘のダイアンも、こう書き残している。「戦争が終わった直後は、父をやる気にさせるものは何もありませんでした。わたしにはわかっていました。自分のやっていることに、父はちっとも満足していないと」

だが、ちょっとしたものがウォルトを喜ばせることになる。それは、ウォルトが確立し、ウォルトこそが第一人者だと誰もが認める分野とは、まったく関係のないものだった。

1947年のクリスマス時期、ウォルトは自分自身にプレゼントをする。「子どもの頃からずっと欲しいと思っていた」というライオネル製の電気鉄道セットだ。真夜中に鉄道ごっこをして遊べるよう、それはオフィスの横に設置された。側線を引いたらどうだろう、ちょっとした背景も必要だな、それから……趣味に熱中する人やコレクターなら、どんどんエスカレートするウォルトの気持ちが理解できるだろう。

1950年代の初頭、『ニューヨーク・タイムズ』の映画評論家ボズレー・クラウザーがウォルトを訪ね、長年憧れてきた人物の意外な姿に失望したことを語っている。「ウォルトはアニメーション映画への関心をなくしてしまい、模型の機関車や列車を組み立てるのにおかしなほど夢中になっていた。ファンタジーを生み出すという創造への意欲は、おもちゃづくりに消えてしまったらしい。わたしは悲しい気持ちで彼のもとを去った」

第4章 鉄道博覧会

ディズニーランドの創造に最も大きな影響を与えたのが、鉄道だった。具体的にいうと、ウォルトが「所有していた」鉄道だった。あのライオネル製の鉄道セットのことではない。踏切や信号、レール、枕木も揃《そろ》った、屋外を走る正真正銘の鉄道だ。目玉となるのが本物の蒸気機関車で、大人数人が乗った貨車を引っ張れるほどのパワーがあった。ウォルトは機関車を走らせるために家を新築し、その敷地に800メートルほどの鉄道を引いたのだ。

こうしたアイデアは、スタジオ付きの看護師だったヘイゼル・ジョージの言葉がヒントになっている。

アメリカ中西部の農家の息子にとって、ポロはなじみのあるスポーツではなかっただろうが、ウォルトは1930年代、ポロに夢中で、一時期はポニーを19頭も所有していたほどだ。うまくはなかったものの、激しいプレーを好んだ（兄ロイの息子でウォルトの甥、ロイ・E・ディズニーは、こんなエピソードを語っている。「父のチームとウォルト叔父さんのチームの試合を見ていたとき、誰かに叔父さんはどの人って訊かれて、『さっき馬から落っこちた人だよ』と答えたんだ」)。主治医は、痣《あざ》の絶えることがないウォルトを本気で心配していた。そしてある日、試合中にボールが強く当たって落馬し、頸椎《けいつい》を骨折したウォルトに、ポロをやめるよう指示したのだった。

ウォルトはポニーを売りに出したが、首の痛みには生涯悩まされた。1940年代の後半には、仕事が終わるとオフィスの隣の部屋に行き、治療台にうつぶせになって、首に氷とホットタオルの湿布と、ヘイゼル・ジョージの力強いマッサージを受けるのが日課になっていた。

ウォルトは治療以上に、ヘイゼルとの時間を心待ちにするようになった。ヘイゼルは1941年のストライキのときに雇い入れた、皮肉屋で、頭の回転が速く、はっきりとものを言う女性だった。「ウォルトは男性といるより女性といるほうが落ちつくようでした」とヘイゼルは言っているが、その言葉の通り、ウォルトはヘイゼルといると気が楽になり、ふたりで嬉々《きき》としてスタジオの噂話《うわさばなし》に花を咲かせていた。

ヘイゼルはウォルトの面倒をよく見た。ウォルトが「うつぶせのままだと今日のごほうびのスコッチが飲めない」と文句を言うと、ヘイゼルはさっとストローを差し出し、たちどころに問題を解決する。ヘイゼルは誠実だったが、ウォルトを甘やかしはしなかった。ウォルトが起業家らしく「死んだあと、空からこのスタジオを眺めて、何もかもめちゃくちゃになってるのを見るなんて嫌だよ」と延々と嘆いていると、ヘイゼルはこう答えた。「どうして行き先が天国だって思うのよ」(これを聞いたウォルトは、「生意気なやつめ」とにやりとしたという)。

1948年になると、ヘイゼルはウォルトが危険なほどのうつ状態に落ち込み、当時でいう

「神経衰弱」になりかけていることに気づく（1931年頃にも、同じような状態に陥っていた）。のちに、この頃のことをウォルトはこう語っている。「神経が完全にまいってしまっていた。もうめちゃくちゃだった……事業が大きくなるにつれ、スタッフへの期待も大きくなっていったが、その期待は裏切られ、状況は厳しくなるばかりだ。金、金、金。経費はかさみ、いつだって予想した収益をはるかに上回っていた。イライラのし通しだった。電話にさえ出られないほど追い詰められて、叫び出したかった」

ウォルトは気晴らしにリリアンと全米横断の旅に出たことで、いくらか気力を回復する。「結婚してから、ふたりで旅に出たのなんて初めてだった」という旅行から帰ってくると、ウォルトは「生まれ変わった」気分だと言った。

だが、金の問題は残っていた。収益が望めないのだ。最後の作品『バンビ』から6年も経っており、『シンデレラ』は完成のめどが立たない。ウォルトのスタジオは、アメリカという国同様、戦後の低迷期に入っていたのだった。ウォルトは苦しみ、不愛想になり、怒っていないときは、よそよそしくなった。

ヘイゼルは、休暇を取るべきだと忠告した。「最高」のアイデアが思い浮かんでいたのだ。

ウォルトは短い間、ミズーリ・パシフィック鉄道で新聞売りをしていたことや、ライオネル製の鉄道セットのことを、ヘイゼルに話していたのだろう。ヘイゼルは、鉄道が一堂に会する催し物、シカゴ鉄道博覧会が近く開催されるという記事を見つけていた。シカゴ科学産業博物館の後援で、ニューヨーク・セントラル鉄道やノーザン・パシフィック鉄道をはじめとする30

を超える鉄道会社が、ミシガン湖畔の広大な敷地で展示を行うというのだ。

ウォルトはすぐさま興味を示し、行ってみたいと言った。ヘイゼルはウォード・キンボールと一緒に行くよう勧めた。「そいつはいい」とウォルトは言った。「キンボールは気のいいやつだ。大きな蒸気機関車を裏庭に走らせるなんていう、すてきな趣味を持ってるからだろうな」


アニメーターのウォード・キンボールは、ウォルトが唯一「天才」と称した男だった。『ピノキオ』のジミニー・クリケットや、『ダンボ』の親しみやすいカラスはキンボールの手によるものだ。このカラスは、のちに差別的だと批判されたりもしたが、ダンボを助け、飛び方を教え、映画の中のどんな白いキャラクターよりも際立っていた。またキンボールはスタジオ内で「列車男」として知られていて、機関車を描くとなったら、真っ先にキンボールが指名されていた。『たのしい川べ』でトード氏がハイジャックする蒸気機関車や、『ダンボ』の頑張り屋のサーカス列車ケイシー・ジュニアもデザインしている。

キンボールは、鉄道コレクター、それも筋金入りのコレクターだった。最初は模型やおもちゃだけを集めていたのだが、そのうち本物を飾りたいと思うようになり、1938年には、製造から60年という古い機関車をカーソン・アンド・コロラド鉄道から買い受けた。趣味に熱中するキンボールが、理解のある相手と結婚できたのは運がよかった。キンボールの妻ベティは、1台だけでは寂しそうだから、もう1台手に入れたらどうかと夫に提案したのだった。ふたりは、ボールドウィン・ロコモティブ・ワークスがネバダ・セントラル鉄道のために製造し、長らく引退していた１８８１年製の機関車を４００ドルで購入した。キンボール夫妻は、そのいかにも使い古した雰囲気と、レール間隔が狭いところが特に気に入っていたという。

鉄道の「軌間」とは、列車が走るレールの、レール頭部の内側の間隔を指す。南北戦争以前の鉄道は、軌間の幅に定めがなく、そのせいで何かと不便を強いられた。目的地までの軌間がばらばらなので、何度も乗り換えないといけなかったのだ。１９５０年代、バルチモアから南へと移動する乗客は、ニューオーリンズにたどり着くまでに8回もの乗り換えが必要だった。１８６９年、大陸横断鉄道の完成に伴い、ようやく合理化が図られる。軌間が（どういうわけか）１４３５ミリと定められると、それを機にその他の鉄道にも普及し、現在では国際的な標準軌となっている。

標準軌が重い貨物の運搬や、都市間の急行列車に用いられる一方、作業負担の軽さから、狭軌の鉄道も発達していった。９１４ミリ軌間（狭軌）の鉄道は整備が楽なので、プランテーション鉄道や森林鉄道、鉱山鉄道、人口の少ない地域を結ぶ線に活用された。軌間は車両サイズと比例するため、狭軌を走る機関車や車両は通常よりも小さいものになり、愛らしい印象を受ける。実用的でありながら、おもちゃのような魅力が感じられるのだ。

キンボールは、カリフォルニア出身のソプラノ歌手にちなんで「エマ・ネバダ」と名づけた機関車を何年もかけて修復し、１９４２年には２８０メートルほどのレールを敷いて、実際に走らせるようになった。ほどなくして、2台目の機関車が仲間入りしている。こちらは木材を燃料とする機関車で、ハワイの砂糖プランテーションで使われていたものだ。キンボール夫妻は、シエラネバダ山脈という変わった場所にハネムーンに出かけたのだが、人気もなくさびれた林業や炭鉱の町々を散策していて、かつての集落にぽつんと残っていた建物を見つけた。「グリズリー・フラッツ」という名の郵便局で、家に帰ってから自分たちの鉄道にその名をつけたのだった。こうして「グリズリー・フラッツ鉄道」は、アメリカで唯一の、裏庭を走る個人所有の鉄道となった。

　社交好きなキンボール夫妻は、スチームアップ・パーティー（steam upには「蒸気で曇る」「酔っぱらう」という意味がある）を開いては、友人たちのために機関車を走らせた。ウォルトは1945年に初めて動くグリズリー・フラッツ鉄道を目にしている。キンボールは、ウォルトにスロットルを回してみるよう勧めた。ウォルトが運転室に入るのは、ミズーリ・パシフィック鉄道で働いていたとき以来だった。このときのことを、のちにキンボールは語っている。「あの日の夕方、ウォルトはスロットルを引くと、蒸気をあげ、ベルと汽笛を響かせるエマ・ネバダを見て、それまで見たこともないような満面の笑みを浮かべていたよ」

　そのときの興奮が忘れられなかったのだろう。ヘイゼルからシカゴ鉄道博覧会のことを聞いたウォルトは、さっそく電話をかけた。

「やあ、キンボール。ウォルトだ。シカゴの湖のそばで、すごい鉄道博覧会があるらしい。鉄道の歴史の中で、最も大きな博覧会になるって話だから、ぜひとも行ってみたいんだよ」

　それはキンボールも同じだった。「ウォルトは博覧会に間に合うよう、2日後には出発しなきゃならないと言うんだ。博覧会のことは新聞で読んでいたが、歴史にその名を刻んだ機関車を修復し、火入れして、車両をつなぎなおし、本物の線路のそばで走らせると書いてあった。わたしはウォルトに『すごい、見てみたいよ』って返事したんだ。またとないチャンスだからね。喜んでお供すると伝えたよ」

それから2日後、ウォルトはキンボールと一緒にサンタフェ鉄道のスーパーチーフ号に乗り、東を目指した。ウォルトは最初のディナーからリーダーシップをとろうとしたが、鉄道に詳しいキンボールは、メニューを見ずとも食べたいものは決まっていた。「噂の『サンタフェ・ビーフシチュー』を食べるのを楽しみにしていたんだ。肉の表面に焼き目を入れてから、野菜と煮込むっていうやり方でね。すばらしい味だと、鉄道仲間の間でも評判だったんだよ。だから、スーパーチーフ号に乗って、サンバーナーディーノ山脈のケイジョン峠を抜けながら、そいつを食べようって心待ちにしていた」

ウォルトは給仕係に「フィレミニョンをレアで」と注文した。キンボールは「評判のビーフシチューを」と言ったのだが、ウォルトににべもなく却下される。

「ビーフシチューだって、何を言ってるんだ！」不満そうに鼻を鳴らすと、注文を変えさせた。「こいつ、本当はフィレミニョンって言うつもりだったんだよ」

キンボールは、上司ぶって偉そうに言うウォルトに驚いた。ウォルトはそもそもフィレミニョンなんて好む人ではなかった。しばらく経済的に苦しい時期が続く中で、安く食べられる屋台の食事が大好物になっていたのだ。

1956年に、ウォルトの娘ダイアンがこう書いている。「父はフライドポテトやハンバーガー、デンバーサンドイッチ（オムレツが挟まったサンドイッチ）、ホットケーキ、缶詰の豆、ごった煮やシチュー、ローストビーフのサンドイッチが好物でした。ステーキや高級な肉はさほど好きではありませんでした」１９５０年代、帰宅したウォルトに夕食は何かとたずねられたときのことを、ディズニー家のコック兼家政婦のセルマが語っている。「ステーキだと申しあげましたら、『ああ、ステーキか』といかにもがっかりしたように、沈んだ声でおっしゃったものです」

だが、スーパーチーフ号に乗ったウォルトは、鉄道で過ごした少年時代を思い出していたに違いない。ウォルトの頭の中では、食堂車での豪勢な食事といえば、大皿にのったヒレステーキと決まっていたのだ。

ともかく、その晩ウォルトとキンボールはフィレミニョンを食べた。そして48時間の道中、ウォルトが采配を振ったのだった。隣のキンボールの個室をノックし、大声で叫ぶ。「キンボール、こっちに来いよ。酒でも飲もうじゃないか」

酒というのはスコッチだった。ウォルトは革の携帯用バーを持参しており、カットクリスタルのデカンターからスコッチを注いでくれたが、キンボールはスコッチが嫌いだった。「灰汁《あく》を飲んでいるみたいだったよ」

だが、見返りもあった。ウォルトと出会った人はみな、彼のことをすばらしい話し手だと言っていたが、キンボールもそう思った。ウォルトは部下たちと仲良くすることはめったになかったし、ストライキのあとは、輪をかけてよそよそしくなっていた。それがここにきて、会社から自由の身となり、ウォルトは自分の生いたちや将来の夢、新しく登場したテレビのことなど、話しに話した。ストライキで味わった苦い思いを引きずってはいたが（「どうしても忘れられないようだった」とキンボールは語っている）、旅行中、ウォルトはリラックスし、喜びにあふれていた。

「戦後初の大規模な野外博覧会」とパンフレットで銘打った催しを実現するのに、鉄道各社に与えられた準備期間は6カ月しかなかったが、すばらしい博覧会となった。メインイベントの「Wheels a-Rolling（車輪は回る）」は、湖を背景に140メートル近くの長いステージで行われた。2階建ての建物ほど高さのあるパネルをステージ両端に羽のように配置し、その後ろから、1日2回、過去1世紀の間に登場した車両が出現し、アメリカにおける鉄道の隆盛を振り返るというショーだった。

博覧会の主催者たちは、未来の可能性を見事に示してみせた。チェサピーク・アンド・オハイオ鉄道は、軽量の新型列車「トレインX」のために設計した客車の実物大模型を披露している。トレインXは「1時間に約240キロのスピードを出せる」という触れこみだった。ショーの最後は、近代化の勝利宣言で締めくくられた。博覧会のガイドブックでも詳細に述べられている。「今日の世に、もはや未開の地はない！　近代の交通網は、あまたの困難を乗り越えたのだ！　偉大なる進歩、スピードへの冒険と、成長は目前に迫っている。そして最後に、鉄道事業の新たな奇跡である巨大な蒸気機関車と、堂々たるディーゼル車が、ゆっくりと、そして威厳を持って、カーテンの向こうから現れるのだ」

とはいえ、博覧会は全体的にみると、哀愁に満ちていた。大型の近代蒸気エンジンは、確かに立派だった。全長約26メートル、総重量約340トンもの列車を走らせた鉄道会社もある。だが恐竜と同じで、極限まで大きくなると、あとは絶滅が待っていた。つまるところ、この博覧会のテーマは過去だった。1830年代から始まり、1848年のシカゴに現れた「パイオニア号」、リンカーンの霊柩《れいきゅう》列車、大陸横断鉄道の完成を記念した「ゴールデン・スパイク」、1893年に登場し、時速100マイル（約160キロ）を超えた世界初の「車」と称された、ニューヨーク・セントラル鉄道の背高車両「999」……。「Wheels a-Rolling」が描いたのは、歴史における最後の雄姿だったのだ。

キンボールもウォルトも、博覧会にすっかり魅了されていた。シカゴ科学産業博物館の館長であったレノックス・ロアが、ふたりが来ていることを聞きつけ、舞台裏を案内してくれた。「何でもやりたい放題だったよ」キンボールは語っている。「5、6キロほど、機関車を運転させてもらった」キンボールが運転したのは、1893年のシカゴ万国博覧会のために複製されたデウィット・クリントン号だった。アメリカで4番目につくられた蒸気機関車で、「ジョージ・ワシントンと握手しているような気分だった」という。

ふたりは「Wheels a-Rolling」を繰り返し観た。リンカーンの霊柩列車が現れるたびにウォルトは涙し、ついには1870年代のシルクハットとフロックコートを身につけて「列車が流れるように進み、甘いギターの調べが響くなか、イギリス出身の実業家フレッド・ハーヴィーが荒れ放題の開拓地だった南西部の町々に、健康的なウェイトレスと健康的な食事を紹介する」場面に、エキストラとして参加したほどだった。

ウォルトを何より感動させたのは、博覧会に彩りを添えるさまざまな展示物だった。博覧会のガイドブックを見れば、そこに並んだ言葉がディズニーランドにも反映されていることに気づく。「鉄道博覧会は、広々とした展示場にて、楽しい時間とすばらしい野外劇、貴重な学びの機会を提供します。その昔、木材燃料の蒸気機関車に、人々が疑うような目を向けていた時代に思いをはせていると、次の瞬間、巨大な流線形の列車が姿を現し、新時代の到来を告げるのです。どの展示物も魅力にあふれ、感動のドラマのさまざまな場面を描き出しています。線路の周囲には本物そっくりの風景が再現されており、素朴な先住民の村や、フロリダの行楽地、ニューオーリンズの古き良きフレンチ・クオーター……あるいは懐かしの、カラフルな西部のダンスホール、そして南西部のエキゾチックでロマンあふれる数々のアトラクションに心奪われることでしょう」

ウォルトは特に、シカゴ・アンド・ノースウェスタン鉄道の展示物に感銘を受けた。「シカゴの最初の鉄道駅を複製したもので、構内は劇場になっていて、来場者の人気を集めていた。古風な趣の建物を眺めていると、ぬかるみだらけの辺境の地で、炭鉱労働者や商人、農家、先住民たちの貿易の中心地だった、1世紀前の名もなきシカゴの姿を思い描くことができた」という。ウォルトたちは、会場の入口からデッドウッド・セントラル鉄道の狭軌鉄道に乗り、19世紀の炭鉱町を再現したエリアへ向かい、時間になれば間欠泉が噴き出すイエローストーン国立公園の模型を堪能した。

ニューオーリンズのフレンチ・クオーターの街を模したエリアでは、南部料理のガンボが食べられた。給仕係や炭鉱労働者、ダンスホールの女の子たちは、当時の服装に身を包んでいた。展示物は全体として調和がとれており、アメリカの成長が立体的に表現され、歴史の教訓が肌で感じられた。「テーマパーク」という概念はまだなかったものの、ウォルトはまさにその「テーマパーク」を訪れていたのだった。

キンボールとウォルトは数日にわたって博覧会を楽しんだ。さらに、もうひとつの重要な訪問先である「ヘンリー・フォード博物館とグリーンフィールド・ビレッジ」に足を延ばした。1929年に開設された、アメリカの歴史的な建物や街並を再現したデトロイト郊外の博物館だ。自動車会社フォード・モーターの創設者であるフォードもウォルト同様、アメリカの田舎を愛し、一方で、その田舎を支えた労働というものに激しい嫌悪を抱いていた。フォードのつくった「村《ビレッジ》」はアメリカが農業の国だった時代、そしてそれ以上に、社会に変化をもたらした産業時代への哀悼を示したものだ。フォードはトーマス・エジソンの研究所（および、元々研究所があったニュージャージーの土を貨物車7台分）、エジソンのところで働いていた労働者たちが暮らした寄宿舎、デトロイトにあったエジソンの電灯会社（フォードは若い頃、エジソンという大精力家のもとで働いていた）などを買い取っている。さらに、ジョージ・ワシントン・カーヴァー（アメリカの植物学者）が生まれた奴隷小屋、ハーベイ・ファイアストーン（アメリカの起業家）が幼少時を過ごした農場や、若き日のリンカーンが弁護士をしていた裁判所といった、憧れの人物の家や建物を集めていた。ディテールにこだわるところも、フォードとウォルトの共通点だった。ライト兄弟の家を移築する際、石造りの土台を固めていた漆喰まで手に入れたほどだ。

フォードが試みたのは、過去の再現ではない。彼は、最も自分の心に響く風景を形にしようとした（グリーンフィールド・ビレッジには、時計職人の店は3つもあるが、フォードが嫌っていた銀行はひとつもない）。そしてそこに、フロリダの川を進む船尾外輪船や、蒸気機関車も仲間入りさせたのだ。

グリーンフィールド・ビレッジは、もっぱらひとりの人間の個性を反映したものだった。ウォルトがつくろうとしていたのも、そういうものだった。ウォルトと仕事をしていたある人間の言葉を借りれば、それはまさに「ウォルト・ディズニーの人生のロードマップ」だった。

第5章

庭を走る蒸気機関車

帰路についたウォルトは、自分にとっての「グリーンフィールド・ビレッジ」や「鉄道博覧会」のアイデアを膨らませていた。帰りの列車では、スコッチを片手にキンボールと話し込み、メモを書きつづった。「ウォルトの頭の中には、ディズニーランドがすでにできあがっていた」とキンボールは言っている。「閉園後に自分で運転して楽しめるよう、実物大の機関車は外せないと考えていたはずだ」

スタジオに戻ってから数日後の8月31日には、ウォルトは「ミッキーマウス・パーク」と名づけた構想の草稿を書きあげている。「メイン・ビレッジには鉄道駅があって、周りには緑の公園が広がっている。公園にはベンチが並び、野外ステージに水飲み場もあって、木々が立ち並ぶ。そこで腰かけて休み、子どもたちが遊ぶ姿を母親や祖母たちが見守っている。さわやかで、くつろげる、居心地のよい空間だ」

「公園の周りに街をつくる。一方の端に鉄道駅が、もう一方には町役所があり、町役所の隣に消防署と警察署がある。消防署には、小さくても本当に使える消防車を置く」劇場や映画館、おもちゃ屋、模型店、マジックを売る店もある。「昔懐かしいキャンディ工場で、今はどこにも売っていないようなキャンディを売る。最高の材料だけを使って、ここでしか手に入らないキャンディだとわかるようにする」

「メイン・エントランスからは鉄道馬車が出ていて、歩きたくない人を乗せて、鉄道駅のほうへと通りを進んでいく」

「ウェスタン・ビレッジには、雑貨店とジュースの販売カウンター、食堂がある。ウェスタン博物館のようなものも欲しい」

「ポニーがいる囲い場もあって、子どもたちが乗馬を楽しめる」

「それから駅馬車。ウェスタン・ビレッジからは駅馬車に乗って、農場、インディアン・ビレッジ、古い水車小屋を巡ることができる。特別なルートになるはずだ」

「ロバ列車は、ロバをつないで、運転手がひとりでも手綱が握れるようにする。子どもが10人乗れる」

ウォルトが思いをこめて草稿に書きつづったアイデアは、のちに現実のものとなる。だが鉄道博覧会から帰ってきてまず実行されたのは、自分の鉄道を敷く土地を見つけることだった。

1939年にウォルトのスタジオに加わったロジャー・ブロギーは、機械部門の責任者で、ウォルトがライオネル製の鉄道セットを組み立てるときに手を貸したのだが、そのとき、ウォルトにこうたずねられた。「こいつは電気で走る鉄道だが、本物はどんな感じなんだろう?」

その答えを、ウォルトはシカゴで見つけていた。蒸気機関車は存在感があった。まさに「生き物」であり、ウォルトのアニメーションがそうであるように、人生に刺激を与えるものだった。ウォルトはキンボールから西部鉄道の熱狂的な愛好家たちのグループのことを聞き、そのひとりを紹介してもらった。ディック・ジャクソンという人物で、荷棚やスペアタイヤ、クラクション、ヘッドランプといった自動車の補修部品の販売で財を成し、それを12分の1サイズの(模型の1インチ(2・54センチ)は実物の1フィート(30・48センチ)に相当する)鉄道につぎ込んで、ビバリーヒルズの自宅の庭に走らせていた。

ウォルトが訪ねていくと、ジャクソンは大人の乗客も乗せられると語り、実際に蒸気機関車を運転させてくれた。1920年製のボルチモア・アンド・オハイオ鉄道の客車で、現物の設計図から組み立てたものだった。まさにウォルトが求めている蒸気機関車だった。

ウォルトは、ミニチュアの蒸気機関車の製造を手がける小さな工場があることも知った。だが、そこで製造されている機関車は、ウォルトの目には退屈に見えた。陰気で暗い色をした、衰退しつつある北アメリカの蒸気機関車のみじめな姿を再現したものだったのだ。

同じく鉄道好きだったブロギーは、ウォルトを別の愛好家に紹介した。ワーナー・ブラザースの音響技師ジェリー・ベストだった。ベストはただ模型を組み立てるだけでなく、アメリカでも有数の鉄道歴史家で、写真、図面、模型といった膨大なコレクションを所有していた。ベストからセントラル・パシフィック鉄道の「173型」を紹介され、ウォルトはたちまち魅了された。ベストはこう語っている。「わたしが見せた機関車の写真と小さな模型が、ウォルトを夢中にさせた。ウォルトは、これほど美しく均整のとれた蒸気機関車はない、ぜひとも模型を手に入れたいと言った。彼はデザインを見る目に優れた人だった」

ウォルトは確かに見る目があった。細長く丸っこい車体に、真鍮《しんちゅう》の金具がつやつやと輝く１７３型は、クリッパー（大型の快速帆船）のように美しかった。車体をケープ・ホーンからカリフォルニアまで解体して運び、大陸横断鉄道が開通した際に西海岸で稼働していた、当時を代表する旅客機関車で、「４－４－０」（車軸配置の国際的記法である「ホワイト式分類」で、「先輪４・動輪４・従輪０」を意味する）の「アメリカン・タイプ」として知られる機関車だった。

ベストに１７３型の写真を借りると、翌日、ウォルトはさっそくブロギーのオフィスに持っていった。「つくりたい機関車のデザインが見つかったよ」

セントラル・パシフィック鉄道は、当時すでにサザン・パシフィック鉄道に吸収合併されていたが、１７３型の設計図は保管されていた。ブロギーはその設計図を手に入れ、それを基に８分の１スケールの模型をつくるための作業計画を練りはじめ、４カ月かけて、ギアから駆動ロッドに至るまで、35枚の綿密な機械設計図を書きあげた。そして、スタジオの機械工房での部品のカット、小道具制作部で鋳造のための木型の彫り出しなど、さまざまな作業を12名のスタッフに割り当てた。みな、ウォルトのスタジオで、アニメーション制作に用いる精密で複雑な装置を扱ってきたスタッフだった。

ウォルトは毎日作業場にやってきて、進捗状況を確認した。ある日、ウォルトは珍しいほどおずおずとブロギーに言った。「きみたちの仕事を邪魔したくないんだが、ぼくだけお楽しみを味わえないなんて公平じゃないだろう。手伝わせてくれよ」

ブロギーは作業台をひとつ片づけると、翌日からたったひとりの生徒のために、機械工の授業を始めた。ウォルトはめきめきと上達した。「ウォルトにはびっくりさせられたよ」とブロギーは言っている。「ウォルトはいろんな意味で、気難しい人だった。だから、機械工房ではうまくやっていけないだろうとみんな思っていたが、ウォルトには機械いじりの才能があったんだ」

ブロギー自身も気難しい人だった。作業場では（本人の耳に届かないところで）「暗黒のプリンス」として知られていた。だが、ウォルトとブロギーはお互いに気持ちよく働いていた。「ウォルトには、一度教えるだけでよかった。それで理解してしまうんだ」ウォルトの上達の速さのせいもあったが、ふたりの間には一体感があった。ブロギーのような優れた機械工は、完璧主義者であるものだが、彼の生徒となったウォルトもまた、完璧主義者だった。

ウォルトは、ジュエリー用の旋盤で小さなホイッスルを磨き、ボイラーを囲む手すりの支柱にミニドリルで穴を開け、とことんディテールにこだわった（将来、ディズニーランドのあらゆる面にそれを求めることになる）１７３型のミニチュアが完成に近づいていくのを楽しんでいた。

ウォルトは１７３型を単なるお飾りではなく、鉄道の動力にするつもりだった。そうなると、走らせる場所が必要になる。１９４９年の初め頃、ウォルトは妻リリアンを連れて、ビバリーヒルズとベルエアーの間にあるホルムビー・ヒルズという場所に、未開発の丘地を見に行った。ふたりの娘、ダイアンとシャロンは10代になろうとしていたし、もう少し大きな家を新築してもいい頃だった。リリアンもウォルトもその土地が気に入った。だが妻のほうは、夫が心を動かされた本当の理由に気づいていなかったはずだ。起伏に富んだ地形と、なだらかに広がる低地、そしてすばらしい景色。動く列車から見たら、さぞかしいい眺めだろう。

ウォルトは6月1日、キャロルウッド通り355番地の土地を購入し、17部屋の家が建てられることになった。快適だがハリウッドの大物の住宅にしては質素なものだった。ウォルトは線路を引く場所を決めるため、敷地の地形図をブロギーに送り、ブロギーはその仕事を部下の機械製図工エディー・サージェント（彼も鉄道マニアで、暇を見つけては、いちから蒸気機関車の模型をつくるような男だった）に任せた。サージェントは線路の図面を作成したが、最初の案はウォルトにとっては物足りないものだった。「ぼくが求めているものはこれじゃない。線路が走ってるのは低地のところだけじゃないか。線路は家の周りをぐるっと一周するものじゃないと。たっぷり走らせる場所が欲しくて、5エーカー（約2万平方メートル）の土地を買ったんだぞ！」

サージェントが次に考えたのは、全長800メートルほどの線路だった。この線路には切り替えが11か所もあり、約1・6キロの距離を、同じルートを繰り返すことなく機関車を走らせることができる。この案はたちまちウォルトに受け入れられたが、問題もあった。

リリアンが納得しなかったのだ。ウォルトはこうぼやいている。「リリーは、家を一周する線路なんてもってのほかだって言うんだ。庭の真ん中を横切ることになるからって。友達が来たら、カードゲームをしながら、大きな窓から見える景色を楽しみたいんだと」

ウォルトは計画が行き詰まったことを、スタジオの撮影用地《バックロット》の建築責任者だったジャック・ロレックスに話すと、ロレックスは庭の下を通る27メートルほどのトンネルを掘ったらどうかと言った。そうすれば、カードゲーム中の景観を妨げずに済むと。

多額の費用がかかる解決策だった。ロレックスはトンネルに入ったときに出口の光が見えないよう、S字にトンネルを掘るよう提案したからだ。実際に工事が始まると、ロレックスは思い直した。乗客に神秘的な印象を与えるためにトンネルをカーブさせるなんて、本当にやる価値があるのか？　そこで、ウォルトにトンネルを直線にしたほうが安あがりだと伝えた。「安くあげたいなら、最初っからトンネルなんて掘らないよ」ウォルトは言った。そしてスタジオに戻ると、秘書に言い渡した。「トンネル建設にいくらかかったのかは、ぼくには絶対に教えないでくれ」

鉄道橋にはさらに高額の費用がかかった。全長14メートル、高さ2・7メートルもある橋で、その規模からロサンゼルス市の建築基準法の認証を得る必要があった。つまり、公共の鉄道橋と同じ基準を満たさなければならない。鉄道橋は木製で、厚さ5センチ、幅10センチのアカスギの木材が使用されていた。ブロギーいわく、「何もかも1880年代と同じやり方でつくらないといけなかった」からだ。

だが、線路を敷く頃になると、このやり方に誰もがうんざりしていた。洗濯ばさみくらいの犬釘を延々と枕木に打ちつけていく作業の大変さを想像すると、怖じ気づいて当然だ。線路の設置には、ブロギーが理想主義への揶揄《やゆ》も込めて「ライオネル・メソッド」と呼んでいた手法が用いられた。枕木や犬釘など諸々《もろもろ》の部品を3メートル分、前もって組み立てておき、それをつなげていくという、おもちゃの列車をつくるときのやり方だった。

1949年の12月に最初の線路が敷かれ、線路がすべて完成したのは翌年の5月だった。ウォルトは、自分の鉄道を「キャロルウッド・パシフィック鉄道」と名づけている（本物の173型が活躍したセントラル・パシフィックと同じイニシャルだというのも気に入っていた）。蒸気機関車にも名前がつけられた。クリスマスの1週間前、作業場に現れたウォルトは、ブロギーに言った。「蒸気機関車にぴったりの名前を思いついたよ。『リリー・ベル』って呼ぶことにする。リリアンに捧《ささ》げてね。彼女も喜んでくれるんじゃないかな。それでなくとも、この鉄道計画のことは、ぼくの好きにさせてくれたんだからね」

ブロギーのほうも、ウォルトに知らせたいことがあった。その日の朝、蒸気機関車のエンジンを初めて動かしていたのだ。圧縮空気を使ってテストしてみたところ、駆動装置もスムーズに作動した。あとは火を入れるだけだった。

それを聞いたウォルトは、こんなことを言って、ブロギーを驚かせた。「火入れは、次の土曜のクリスマス・パーティーでやったらどうだろう」ブロギーは、蒸気機関車の試運転をスタジオで、しかもスタッフの前でやるというアイデアに、あまり乗り気ではなかった。蒸気は圧縮空気とはけた違いのパワーがあるし、どんな欠陥があるかもわからないのだ。

そこから数日間は大忙しだった。運転室は間に合わないにしても、燃料や水、機関士を運ぶ炭水車は、目標の日までに完成させなければならなかった。ブロギーの部下たちが最後の仕上げをしている間に、小道具スタッフが、スタジオに約90メートルの線路を敷いた。そしてクリスマスの日の朝、ブロギーが機械工房からエンジンと、全長2メートル、重さ160キロの炭水車を運び、線路の上に設置した。

ペンシルベニアから取り寄せた特殊サイズの石炭が火袋に入れられ、炭水車からくみあげた水をボイラーへと流す。点火すると、圧力がかかったエンジンがうなり、金属音を立てた。やがて最大圧に達すると、安全弁が働き、余分な蒸気を排出する。ウォルトが汽笛のバルブを引いた。洞窟のようなホールに、驚くほど威厳に満ちた4和音の汽笛の音が響き渡った。

最初の乗客は決まっていた。ウォルトは炭水車にまたがり、車体の前から突き出した2本の杭《くい》に足を乗せると、スロットルを倒した。蒸気がシリンダーへと送られると、ピストンが動き、動輪が回転する。しばらくすると、車輪は線路の上を滑るように走り出した。次第にスピードを上げ、シューーッと甲高い音を立てながら、鼻にツンとくる石炭の煙をまき散らしていく。こうしてリリー・ベルは、歓声をあげるスタッフたちと、心からほっとした様子のブロギーの前を、ちょっぴり誇らしげに通り過ぎていった。

リリー・ベルは、翌年の5月、スタジオからホルムビー・ヒルズに移され、ようやく専用の線路を走ることになった。まだ作業中の庭師たちに囲まれながら、ウォルトは自分のつくった機関車にしばしば見とれていた。リリー・ベルは存在感があった。真っ赤な動輪、ボイラーには青いスチールのカバーがピカピカ光る真鍮のバンドで留めつけられ、カリフォルニアの太陽を浴びて輝いている。ウォルトのディテールへのこだわりがあふれていた。例えば、１８６０年代は手のかかる部品だったヘッドライトを、リリー・ベルは同じくらい手をかけて再現している。深紅のきらびやかなライトで、サイドパネルには、スタジオのアーティストによって当時風のイラスト（片側にはヨセミテ渓谷の風景、反対側には雄のヘラジカ）が描かれていた。

細部にまで至るウォルトのこだわりようは、かの画家サルバドール・ダリをも驚かせている（ダリは短い期間だったが、ウォルトと作品の共同制作に取り組んでいた）。ダリは本物の列車のように「ちょっとした悲劇」に見舞われるんじゃないかと、皮肉な想像までしたという。「脱線させられたり……模型列車を襲うギャングが現れるかもしれんぞ！　なにせ、模型じゃ考えられない完璧さだからな」

リリー・ベルには、機関車と同じくらい精巧な貨物列車と、ウォルトが自らの手でいちからつくりあげた（制作に丸1年かかったという）黄色い車掌車、そして6人乗りの無蓋貨車も仲間入りした。他の車両には、19世紀に製造された本物と同じ素材が使われているが、無蓋貨車だけはアルミニウムの鋳物である。だが、金属の上に木目模様を施し、触れてみなければ金属だとわからないほど木の質感が表現されている（この技術は、のちにディズニーランドでも活《い》かされることになる）。

この壮大なおもちゃは、ひとたび走り出すとすぐに人気者になった。ウォルトはパーティーを開くことにあまり熱心ではなかったが、キャロルウッド・パシフィック鉄道を主役にした集まりはたびたび催し、有名歌手や人気子役、映画プロデューサーに大物俳優など、ハリウッドスターたちが訪れるようになった。ゲストはみな列車に乗った。パワフルなリリー・ベルは900キロ以上の重さの荷を引く力があり、一度に11人まで運ぶことができた。列車は小さな丘から「イエン・シッド渓谷」(Disneyを逆からつづったもので、ウォルトが名づけた)へと下り、乗客たちは、鉄道橋ではその高さに(列車に乗っていればなおさら)少々ひやりとし、あの法外な費用をかけて建設された、どこに向かうかわからないトンネルの暗闇を楽しんだに違いない。プールのそばにウォルトが用意したアイスクリーム・パーラーに立ち寄って、気分転換したこともあっただろう。

キャロルウッド・パシフィック鉄道の評判は、ハリウッドの外にも伝わっていた。『ルック』誌は、ディズニーがリリー・ベルの設計図や鋳型を販売するちょっとした商売を始めたと興味深い記事を掲載した。ウォルトの鉄道見たさに押しかけてくる、見ず知らずの人間もあとを絶たなかった。

それからの2年というもの、週末になるとパーティーが開かれ、リリー・ベルの汽笛と澄んだベルの音が鳴り響いていた。そして1952年の春、運転手役だったとあるゲストが、時速65キロ近くまで強引にスピードを上げたせいで、リリー・ベルは脱線し、高圧の蒸気を吹き出しながら横転してしまった。衝撃で汽笛がボキリと折れてしまったという。

そこに5歳の女の子が様子を見にやってきて、足をやけどしてしまった。大した怪我《けが》ではなかったが、ウォルトの反応は違っていた。「もうこれまでだよ」とブロギーに言った。「こいつをどかしてくれ。スタジオに戻して、機械工房にしまっておくんだ」

ウォルトは、キャロルウッド・パシフィック鉄道をこんなに早く終わらせるつもりはなかった。さらなる計画があったのだ。転車台、同時に数台の列車を走らせることのできる閉塞信号システム、機関車庫なども増やすつもりだった。すでにブロギーは貨物機関車の製造に取りかかっており、ウォルトのほうも、鉄道に国際色を与えようと、イギリスの蒸気機関車の8分の2サイズの縮尺模型を手に入れていた。

だが結局は、そこでおしまいだった。リリー・ベルは製図台の下に押し込まれ、車両たちも倉庫にしまいこまれた。

女の子がやけどを負った事故の翌日、ウォルトはスタッフたちとリリー・ベルの回収に取りかかった。ブロギーは線路を歩きながら、「ウォルトのレイアウトのすばらしさや、線路や車両の設計や制作を通して自分たちがいかに多くのことを学んだのか」を語っていた。キャロルウッド・パシフィック鉄道の完成に、ウォルトは5万ドルをつぎ込んでいた。半分は路盤と景観の整備に、半分をリリー・ベルや車両をつくるのに費やしている（何かと手をかけたために、ずいぶんと費用がかかった）。それなのに、ここでやめるなんておかしいじゃないか、というのだ。「ウォルトは諦める人じゃない」ブロギーは言った。「だから、何かほかの考えがあるに違いない」

ブロギーは正しかった。突然の計画中止の理由は、脱線事故だけではなかったのだ。ウォルトは自分の鉄道を愛していたが、これまでにやってきたことを、もっと大きな計画に活かせると気づいたのだ。昔ブロギーに、「こいつは電気で走る鉄道だが、本物はどんな感じなんだろう？」とたずねたことがあった。その答えを知るのに、もはやキャロルウッド・パシフィック鉄道では不十分だと感じていたのだった。

ブロギーも言っていたように、ウォルトは鉄道づくりを通して実に多くのことを学んでいた。何よりも、景観にまで配慮した全体的な運営システムをつくることで、訪れた人々に体験を提供できると学んだのだ。次々と流れるように切り替わる風景、小さいながらも本物そっくりの鉄道橋、くねくねと曲がる謎めいたトンネル、その暗闇を抜けるときの太陽の輝き……。それは、自分の手で完全にコントロールできる小さな世界だった。そして訪問者たちは、ただ座ってスクリーンを眺めるのではなく、その世界の一員になれる。

それから数年後、美術監督のマーヴィン・デイヴィス（ウォルトはまだ構想段階だった遊園地建設のために20世紀フォックスからデイヴィスを引き抜いている）は、列車を見せたいとウォルトに呼ばれた。「本当に興奮したよ。ウォルトはディズニーランドをどんな場所にしたいのか、そのアイデアを伝えようとしていたように思う。キャロルウッド・パシフィック鉄道を、次にやりたいことのサンプルとして示したんだ。ウォルトが家につくった鉄道と、ディズニーランドで実現しようとしていることの間には、はっきりとしたつながりがあったんだ」

第6章

衰退する遊園地

鉄道のほかに、自分の遊園地にはどんなものが必要か、ウォルトの頭の中にはいくつもの未完成のアイデアがあった。一方で、不要なものについてははっきりとしていた。1950年代の初頭、ニューヨーク市で最も有名な海辺の観光地を訪れたウォルトは、衝撃を受け、リリアンにこう語っている。「コニー・アイランドを見たら、遊園地をつくる計画を諦めそうになるよ。どこもかしこもさびれて、荒れ放題じゃないか。働いている人たちも、すごく不愉快だ。この場所全体が、人間というものを信じる心を壊しかねない」

安っぽい遊園地になり下がってしまった、長い不況の時代のコニー・アイランドを巡る間、ウォルトを取り囲んでいたのは、かつての遊園地王国の亡霊ともいえる尖塔《せんとう》や、人気を失った音楽だった。だがウォルトは、この場所が、自分がつくろうとしているものの未来を予見しているとは思わなかった。

19世紀の遺産である万国博覧会も、同じ運命をたどっていた。ウォルトが子どもの頃は、万国博覧会もまだ人気を博していた。最も大規模な博覧会のひとつで、1893年に開催されたシカゴ万国博覧会には、父親が大工として携わっており、当時の話をよく聞いていたという。青年時代のウォルトが、野心的な博覧会といわれた1939年のニューヨーク万国博覧会を訪れていたかどうか定かではないが、そうした博覧会が人を感動させる体験を提供する場だということは理解できる年齢だった。万国博覧会が、市政の隆盛をアピールしつつ、娯楽目的で開かれていることは、訪れたことのない人でも知っていた。

実際には、何百万という人が万国博覧会を訪れている。自動車が普及する以前から開催されていたが、4人に1人のアメリカ人が、1893年のシカゴ万国博覧会に足を運んでいる。歴史家のニール・ハリスはこう書いている。「アメリカでの万国博覧会は、すばらしい景色を背景に、より進化した生活への展望を人々に思い描かせるものだった。その規模の大きさと斬新さ、めくるめく驚きのなかで、万国博覧会は巨大なエクスクラメーション・マークのように時代を象徴していたのだ」

万国博覧会の開催地は郊外で、いわば市民公園のはしりでもあった。アメリカにおける市民公園の代表格といえば、1857年、マンハッタンの北に開設された「セントラル・パーク」だ。造園設計家のフレデリック・ロー・オルムステッドと、建築家のカルヴァート・ヴォークスが設計している。緑の芝生とごつごつした峡谷からなる、自然のままの姿をとどめたようなセントラル・パークは、ブルックリン・ブリッジ・パークと同様、実のところすべて人の手によってつくられている。セントラル・パークの木々や空き地は、暑く、窮屈な都市生活を強いられているニューヨーカーたちに、憩いの空間を提供した。あまりの人気ぶりに、オルムステッドは目を覆ったという。開設から20年後、オルムステッドは公園が「すっかり堕落してしまった」と不満を漏らしている。問題は、公園で過ごしに来ている人々にあった。人々はもちろん、静かな環境を気に入ってはいたが、何より楽しく過ごしたかった。セントラル・パークは次第に騒々しくなり、それがオルムステッドの目には、消耗と破壊に明け暮れているように映ったのだろう。

セントラル・パーク同様、万国博覧会も来場者の数を増やし、その状況はしばらく続いた。1876年のフィラデルフィア万国博覧会は、アメリカで最初の公式な万国博覧会だった。フェアモント・パークに、21・5エーカー（約8万7000平方メートル）もの広さの本館をはじめ、200ものパビリオンを設置した。本館は、終了までの短い期間だったが、世界で最も大きな建物となった。フィラデルフィア万国博覧会は（後に続く博覧会もそうだったが）、来場者の心をしっかりつかんでいた。入場するにはお金がかかるが、中に入れば最高レベルの建築物が並び、緑あふれる遊歩道を歩いていくと、最先端の技術や、これぞ芸術品というべき金細工や彫像が、広大な空間に展示されているのだ。

万国博覧会の来場者たちは、おおむね物静かだった。1893年のシカゴ万国博覧会の様子が書き残されている。「ヴェルサイユ宮殿やフォンテーヌブロー宮殿の庭をほめそやすような人々には、この品位にあふれた空間を、これほどまでに恭しく、真剣に見て回ることはできないはずだ」

だが時代とともに、万国博覧会というイベントは、騒々しい副産物を生み出していく。ときには同じ会場で、けばけばしいショーや、恐怖をあおる遊具、異国の食べ物、モロッコの市場にいる気分になれる見世物、当時勃発していた戦争にちなむレクリエーションなどが提供された。

　博覧会の役員たちは節操がなく、催し物が来場者数の増加に貢献していた。民衆が少々過激な催し物を楽しんだことは間違いないだろう。シカゴ万国博覧会で一番人気だった高さ80メートルの観覧車「フェリス・ホイール」が展示を終了した際には、暴動が起きたほどだった。万国博覧会は、規模は大きいとはいえ、結局のところ催し物、つまり一過性のものだった。それに、博覧会はひとりの興行主ではなく、町全体の尽力によって実施されるため、完璧なものにするための潤沢な資金があった。

　一方、万国博覧会の人気を後押ししたであろう遊園地はというと、そうはいかなかった。ウォルトが幻滅したコニー・アイランドも、万国博覧会並みの大盤振る舞いをしていた時期もあるにはあった。20世紀前半には、ディズニーランドの先駆けともいえる豪華な小都市が3つも建設された。「スティープルチェイス・パーク」「ルナ・パーク」そして光り輝く「ドリームランド」だ。どの遊園地も入口はひとつで、それぞれが入園料を取り、厳重な監視のもと、手の込んだアトラクションを次々と提供していった。

　ドリームランドにはディズニーランドを彷彿《ほうふつ》とさせるアトラクションがあった。1907年の季刊誌『ラウンド・ザ・ビーチズ』には、こうある。「巨大な建物の中に設置された『スイス沿岸の旅』は、実にすばらしい。そこでは、スイスのアルプス山脈が美しく再現されている。建物の巨大な入口はプロセニアム・アーチ（客席側から見て舞台を額縁のように区切る構造）になっており、このアトラクションの美しさを物語っている。ロビーでは、雪を頂く山頂、轟《とどろ》く滝、広大な氷河、水しぶきをあげる激流など、アルプスの風景の類がないほど精巧な模型を目にすることができる。建物内部には、スイスの山々が驚くほど本物そっくりに複製されている。縮尺を小さくしていくことで奥行きが感じられる。アトラクションに乗れば、緑豊かなアルプスのふもとから吹いてきた風のように、さわやかな気分になれる」

　コニー・アイランドの3つの遊園地は、形だけでも教育的に見せようとしていたところがある。スティープルチェイスのパンフレットには、パークの発電所の「天井や壁は、フランクリンからモールスまで、電気の歴史を描いた油絵に覆われ、きらきらした石がちりばめられている」と書かれている。また、「エンジンや発電機には白地に金をあしらったコーティングを施し、貴重なアンティークのテーブルには工具が、美しいモザイクのテーブルには油入れが置かれている」とある。白い手袋をはめたパークのエンジニアは、「大学の卒業生で、発電所の説明だけでなく、実際の操作も行っていた」という。

　ドリームランドは見た目からして「万国博覧会」だった。中央には、セビリアのヒラルダの塔を模した約110メートルの高さの塔があり、その周りを白亜の建物が取り囲んでいた。だが、そんな豪華さに収益が見合わなかった。コニー・アイランドがオープンするのは、メモリアル・デー（アメリカの休日で、5月の最終月曜日）からレイバー・デー（9月の第1月曜日）までの短い期間だった。したがって、戦争記念碑のような建造物は建てられない。建物はすべて木や漆喰でできており、厳しい冬の気候に耐えられず、非常に燃えやすかった。ドリームランドは、電気系統の故障が原因と思われる火災で１９１１年に焼け落ち、輝かしい歴史に終止符を打った。

第一次世界大戦が終結すると、地下鉄が開通し、ニューヨーカーたちはコニー・アイランドに気軽に訪れることができるようになった。夏には大勢の人が押し寄せ、25万人ほどだった１日の入園者数が、１９２０年代には１００万人にまで膨れあがった。だが人々が使えるお金は少なく、娯楽を提供する企業の進出もほとんどなかった。そして不況と戦争がやってきて、ウォルトが訪れた頃には、コニー・アイランドは半世紀前の状態に逆戻りしており、ウォルトも幻滅してしまったのだ。雑誌『パシフィック・マンスリー』は、コニー・アイランドについての辛辣な記事を掲載している。「老朽化した施設が、ほとんど手入れもされないままごちゃごちゃと建ち並んでいる。ソーセージとザウアークラウトの臭いがする薄汚い売店。節操なくものが売られている低俗な食堂。腐ったビールや汗の臭いが鼻をつく、下品なダンスホール。見掛け倒しのショーに、やかましい客寄せ。いかさま師とぺてん師のるつぼといった雰囲気で、えげつなさと陳腐さの極みだ」

だが、コニー・アイランドは絶頂期は短かったものの、全米中に2万か所もの「小型版コニー・アイランド」を生み出す原動力になった。それらの遊園地は、伝統的な遊園地として人々の記憶に残っている。メリーゴーラウンドやジェットコースター、びっくりハウス、観覧車、電飾の滝といった、ヨーロッパの元祖から受け継ぎ、1世紀ちょっと前には斬新だった要素が、今でもそれなりの輝きを放っているのだ。

ウォルトが少年時代を過ごしたカンザスシティの家から15ブロックほど北に、「エレクトリック・パーク」という遊園地があった。他の似たような遊園地と同様に、エレクトリック・パークも路面電車の賜物《たまもの》だった。路面電車の運用会社は、週末になるとほとんど乗客がいなくなるという問題に直面していた。経費を回収できるほどの乗客がいなくとも、電力会社には電気の使用料を支払わなければならない。

そこで、土曜日や日曜日にも電車に乗ってもらうため、路線の終点――森の中や湖のほとり、海のそば――に遊園地を建設したのだ。20世紀の初頭には「トロリー（路面電車）・パーク」が次々と誕生したが、それぞれのパークが、より娯楽性を高めるために経費をつぎ込むことになる。

メリーゴーラウンドやローラーコースターの製造では随一といわれるフィラデルフィアのトボガン・カンパニーは、広報誌『プレイ』に〝美〟にあふれた社説を発表している。「遊園地には美が必要だとわたしたちは考えます。民衆は、サーカスみたいな楽しい場所を求めている。じゃあみんなに娯楽を与えようじゃないか。金儲けとはもちろんそういうものです。でもわたしたちは、複雑で、困難で、神経をすり減らす時代に生きています。リラックスできなければ、やっていけません。遊園地が娯楽にあふれているのは、当たり前のことなのです。当たり前に備わっていない要素こそが〝美〟であり、それが遊園地にお金を払いつづける理由になるのです」

「よく手入れされた緑の芝生や、花々、清潔なトイレ、座り心地のいいベンチ、木陰の散歩道、真新しいペイント、それらはすべて〝美〟です。誠実な入場料、それも〝美〟です。安全が確保された乗り物、十分な飲み水、礼儀正しいスタッフ、食事ができる場所、そういったものも、すべて〝美〟なのです」

「〝美〟はよい結果をもたらしてくれます」

このコラムは、1929年5月号の『プレイ』に掲載された。それから、遊園地がオフシーズンに入って1カ月も経たないうちに、株価が暴落し、その後の不況の中で、他の業界同様、遊園地も苦しい時代を迎えることになる。やがて状況が好転すると、人々はより新鮮で、より変化に富んだ娯楽に飛びつきはじめる。映画、飛行機旅行、テレビ、そして何よりも、車だった。遊園地を生み出した路面電車もそうであったように、遊園地もまた衰退していく。

最初に犠牲になったのが〝美〟だった。「誠実な入場料」も後に続く。アメリカ随一の遊技機製造会社であったH・C・エヴァンスは、1933年に出版した遊園地・カーニバル用遊具のカタログの中で、客をあざむくさまざまな商品を驚くほどあけすけに披露している。「わが社の鋳造アルミニウム製ミルクボトルは、旧式の木製ボトルを大幅に改良したものです。丈夫で、ペイント加工により見た目は従来のボトルと変わりません。ボトルを約30センチのボードの上にピラミッド状に積み上げ、プレーヤーが3球以内にボトルをすべて倒せば勝ちとなります。とてもシンプルなゲームですが、わが社のボトルには特殊加工が施されており、オペレーターの操作がなければ、プレーヤーがボトルを倒すことはできません」また、「エヴァンスのキャット・ラック」という商品では、的となる高さ50センチほどの4匹のネコはしっかりとしたキャンバス地でできており、重くて倒れないことがプレイヤーにはわからないつくりになっているという。

カタログには「万国博覧会ストライカー」という商品も紹介されている。木槌《きづち》を振りおろして目盛りを跳ねあげ、基板上部に取りつけられたベルを鳴らすというゲームのミニチュア版だ。「今までにないほど扱いやすく、何度も楽しめる、くせになるハンマーゲーム」で、「毎回、目盛りが下がるたびに調整器が働くので、制御も簡単」だという。

H・C・エヴァンス製のゲームに、「運が左右する」ものは何ひとつなかった。どれも不正操作が可能な「いかさま」ゲームだった。

この頃の遊園地は、あちこち塗装がはげてみすぼらしく、遊具は手入れもされないままで、スリルをうたった乗り物には、スリルどころか本物の危険が待っていた。来園者はお金をだまし取られるばかりか、怪我をすることもあったのだ。

作家エリック・ホジンズは、1946年の名作小説『Mr. Blandings Builds His Dream House（ブランディングス氏　夢の家を建てる）』で、戦後、コネチカット州の郊外に移り住んだ主人公の苦労を語っている。その続編では、郊外の暮らしになじんでいく主人公の姿が描かれたが、その中に、ウォルトがまさにつくろうとしていた遊園地に対して、多くのアメリカ人が当時抱いていた心情を代弁した一節がある。

「シャマラグ湖はランズデール・タウンの中心から10キロほどの入り組んだ丘の間にある湖

で、水は清らかで冷たかった。湖の片側にはうらぶれて荒廃した遊園地があり、ブランディングス夫妻は、娘のベッツィーが家にいるときはたいてい、それの存在を意識していた。周りを広々とした美しい松林に囲まれたその遊園地は、思春期の若者たちには、愛を交わしあうのに絶好の場所だった。ミセス・ブランディングスは、あんなものさっさとなくなればいいのにと願っていた」

第7章 ミニチュアの国

ミセス・ディズニーは、ミセス・ブランディングスと同じ気持ちだったに違いない。ウォルトはかつて、リリアンにこうたずねられたと記者に話している。「どうして遊園地なんかつくりたいの？　遊園地なんて汚いし、大人には楽しい場所じゃないでしょ。そんなビジネスに、なぜ手を出そうとするの？」

このリリアンの問いかけに、ウォルトはディズニーランドの萌芽《ほうが》期に繰り返したのと同じ答えを返している。「まさにそこがポイントなのさ。ぼくの遊園地は、そんなものにはならない。清潔で、家族全員が一緒に楽しめる場所にするつもりだ」

清潔さは、ウォルトの遊園地とほかの遊園地との違いのひとつにすぎない。キャロルウッド・パシフィック鉄道の建設よりずっと以前から、ウォルトはいつか自分もアトラクションのようなものをつくりたいという願望をにおわせていた。１９３７年、『白雪姫』のクリスマス試写会に出席していた人は、その最初の例を目にしているはずだ。

『白雪姫』は、12月21日、ロサンゼルスのカーセイ・サークル・シアターで封切られた。〈NBC〉ラジオのアナウンサーが、4万人の観客が詰めかけたという現場で実況中継している。「紳士淑女のみなさん、信じていただけるかはわかりませんが、こびとの国が、ハリウッドはウィルシャー大通りの片隅にやってきました。ウォルト・ディズニーは、映画に出てくるドワーフの小屋をここに再現したのです。高さ3メートルほどのこぢんまりとした小屋で、わたしが入るのはちょっと大変ですが、今この町にいる子どもたちは、みんなもう中を見ているんですよ。小屋の外には、黄色や青、ピンクに塗られた1メートル近くもある巨大なキノコが立っていて、目を光らせた不気味な木が、映画で白雪姫に襲いかかったように、長い腕をこちらに伸ばしてきます」

「あちらには、こびとたちの小さな水車があって、スポットライトに照らされたダイヤモンドの鉱山が、会場を大いに盛り上げています。それから、こびとたちの庭です。ゆうに2ブロックはあるでしょうか。切り株や毒キノコ、花など、不思議な彫像に埋めつくされています。庭には小川も流れ、水車が回り、滑稽な姿の7人のこびとが中世のおとぎ話に出てくるような、古めかしい衣装を身につけ、鉱山でダイヤを掘ったり、庭を耕したり、小屋に出たり入ったりと、歌って踊るすばらしいショーを繰りひろげ、子どもも大人も楽しんでいます」

『白雪姫』のアニメーターのひとりは、この展示にいささか落ち着かない気分になったという。「あの夜で一番記憶に残っているのは……こびとの衣装です。雰囲気づくりのために、スタジオは初めて着ぐるみというものを用意しましたが、見た目が設定資料とはまったく違っていて、ただの思いつきでつくったようにしか思えませんでした。観客が怖がって逃げ出さなかったのが不思議なくらいです」

観客の反応は予想を超えていた。カーセイ・サークル・シアターでの試写会の後、『ムービー・ミラー』誌は「白雪姫の島」という記事を掲載している。「こびとの国へ旅をした旅行者の話に興味をかき立てられたわたしたちは、徹底的な調査の末、核心を突く情報を入手した。島の正体は、カリフォルニアの普通の道路に囲まれた公園で、そこに7人のこびとの国がつくられていたのだ。制作費は1万ドルで、さらに電気代と警備員(4人いた)の人件費に6500ドルかかっている」

「島には、山や願い事を叶えてくれる井戸、不思議に満ちた森があり、どれもこれも映画に出てくる本物そっくりだが、楽しさは2倍だ。警備員の話によると、公開初日、この展示を見ようと1時間に1000台以上の車が詰めかけたそうだ」

こびとの国の住民たちは、試写会が終わると国を去り、代わりに漆喰の人形が置かれた。だが、それではもろすぎる(しゃべってくれるのを期待した子どもたちが、『おとぼけ』を突っつくのをやめなかった)とわかり、のちにコンクリート製に変わっている。『ムービー・ミラー』誌は、単なる観客から参加者へという、ウォルトが「7人のこびと」の展示で確立した変化についても触れている。「こびとの小屋や、彼らの働く姿、いじわるな女王が登った山など、『白雪姫』で目にする不思議な場面の数々は、紙の上にアニメーターたちが描きこんだ色とりどりの線にすぎない、そう思われるかもしれない。だが、カーセイ・サークル・シアターでの4カ月の上演期間中、50万人もの人々が、その世界を実際に手で触れて感じ、写真にもおさめているのだ」

それから10年後、ウォルトは「7人のこびと」で行った斬新な試みを、立体的な見世物として再現している。規模は小さくなったものの、野心に満ちていた。

ウォルトはリリー・ベルを制作する以前から、ミニチュアというものに熱中していた。1939年にサンフランシスコで開催されたゴールデン・ゲート国際博覧会では、「ソーン・ルームズ」という展示が人々を魅了した。シカゴの芸術家ナルシッサ・ニブラック・ソーンの趣味（建築史上でも類を見ないほど、真剣かつ精密につくられたものを表現する言葉としては、趣味という言葉は貧弱すぎるだろう）から生まれたものだった。1932年、ナルシッサは職人たちを率いて、12分の1スケールのミニチュア部屋の制作を始めた。13世紀から1940年頃のヨーロッパ、アジア、アメリカの住宅の、応接間、台所、寝室、玄関などを、極めて精巧に再現したのだ。夫の通販事業で財政的に恵まれていたナルシッサは、13人の熟練した職人を雇うことができた。彼らの手によって、マッチ棒のような床板が敷かれ、米粒ほどのサイズにカットされた水晶がシャンデリアにつるされた。

その展示はウォルトを魅了した（ウォルトだけでなく、長きにわたって大勢の人を魅了してきた。シカゴ鉄道博覧会は、悲しいかな跡形もなく消え去ったが、68ものミニチュア部屋がシカゴ美術館で展示され、今も人気だ）。ウォルトは熱心にミニチュアを集めはじめ、1951年には、友人への手紙にこう書いている。「この趣味に救われているよ。ミニチュアを眺めていると、その世界に没頭できて、仕事の悩みなんか忘れてしまうんだ……少しの間だけでもね」しばらくすると、ウォルトは自分でもミニチュアをつくりはじめた。キャロルウッド・パシフィック鉄道の車掌車用にと、10センチほどの鋳鉄のストーブをつくったときは、その出来ばえにいたく満足していた。「設計図も自分で引いて、すごくかわいらしいものに仕上がった。火格子に火掻《か》き棒、扉もついていて、細かい部分もちゃんと動くんだよ。すっかり夢中になってしまって、何個かつくったんだ。ブロンズに、黒に、ゴールドのもあるよ！　当時の雰囲気に合うイラストをペイントしたやつもある」

その後ウォルトは、キャロルウッド・パシフィック鉄道の施工図も含めて、ミニチュア・ビジネスを始めようと思いつき、いくつかのミニチュアをマンハッタンのアンティーク店に25ドルで売りに出した。そのうちの2個を、ナルシッサ・ソーンが購入してコレクションに加えたと聞いたとき、ウォルトは卒業試験に合格した気分だったに違いない。

1948年、ディズニーは実写映画『わが心にかくも愛《いと》しき』を発表し、新境地を開いた。ジェレマイア・キンケイドという名の元気いっぱいの中西部の少年と、いたずらっ子の黒い子羊が主人公で、筋があるようなないような、そんな物語が展開される。特にこれといった出来事が起こるわけでもないが、ウォルトは気に入っていた。背景となったのが、のちにディズニーランドのメインストリートで再現される時代だったからだろう（映画に登場する田舎の駅舎のセットは、ウォード・キンボールのものになり、グリズリー・フラッツ鉄道の駅舎となった。キンボールは喜んでいたが、ウォルトが数年以内に、映画のセットや実際の駅舎以外の目的でこの駅舎を使いたがっていると知り、青ざめたという。ウォルトがディズニーランドに置きたいから駅舎を返してくれと言ったとき、キンボールは自分の鉄道に常設するために費やした経費を考えて、きっぱりと断っている)。

この映画が公開されてからしばらくして、ウォルトはアニメーターのひとりにこう言っている。「人が絵を描いたり色を塗ったりするのをただ見ているだけなんて、もううんざりだ。自分の手で何かをつくろうと思う。だから、きみを個人的に雇いたい。古い西部の町の風景を24枚描いてほしい。ぼくが人形をつくって、ミニチュアの場面を再現するよ。数が揃ったら、移動展覧会をするんだ」ウォルトが考えていたのは、ディズニーランドの原型となる「ディズニーランディア」とでもいうべきものだった。

ウォルトがつくった最初の場面は、「キンケイドおばあちゃんの小屋」だった。ジェレマイアの厳格で怒りっぽい祖母の住む小屋だ。「ほとんど全部、ウォルトがつくったと思います」と模型職人のフレッド・イェイガーは語っている。「渓谷で拾ってきた小石を暖炉の材料にしたと、ウォルトが話してくれたのを覚えています。家具もいくつか自ら手がけていましたが、どれも見事な出来でした。船長の椅子をつくったときは、木材を曲げられるよう圧力釜で蒸したものだから、リリアンをひどく怒らせてしまったと言っていました」

「キンケイドおばあちゃんの小屋」は、ナルシッサ・ソーンのお眼鏡にかなうものだった。そこにはすべてが揃っていた。水車が回り、壁には火打ち石がかけられ、安楽椅子には聖書が置かれており、縮尺も仕上げも完璧だった。だが、肝心のおばあちゃんの姿はなかった。1952年の冬、カリフォルニアで「暮らしの見本市」が開催されたとき、試運転がてら、ウォルトはこの小屋を展示した。そこでキンケイドおばあちゃんは、2分間のナレーション(声優は、映画でもおばあちゃんを演じたビューラ・ボンディが務めた）で家庭の知恵を語って聞かせた。

観客の反応を見にやってきたスタジオの人間はこう言っている。「誰もが小屋に見入っていました。立ち去ろうとしないんです。ショーを終わりまで見たら、また最初から見たいと居座るんですよ。観客を整理するのに、ショーを25分間、中止しないといけなかったくらいです。ウォルトは、うまくいったと思っていたはずです」

次の場面となる「バーバーショップ・カルテット（床屋の服装をした男性四人組によるコーラス）」も形になろうとしていた頃、ウォルトは「ディズニーランディア」をどう売り出そうか考えていた。21両の列車で全米の町々を回り、入場料を払った観客に、ウォルトがいうところの「目に見えるジュークボックス」を楽しんでもらおうという構想だった。レコードの音楽を鳴らす代わりに、ミニチュアの舞台装置で四人組が歌っている場面を再現するのだ。

抜け目のないビジネスマンにしては、センチメンタルな考えと言わざるを得ないが、ウォルトは、いろんな町や鉄道にキンケイドおばあちゃんの世界が受け入れられ、設置にかかる経費さえ負担してくれるのではないかと期待していた。だがそれは、まったくの見込み違いだった。提示された申し出の中で、まだましに思えたのは、車両基地の側線を1舞台につき1カ月1万3000ドルで貸し出す、というものだった。だが、貨物ヤードを何度か訪れたウォルトは、ごちゃごちゃと並ぶ機械の間を危なっかしく通り抜けて、ようやく展示車両にたどり着く子どもたちの姿を想像し、落胆したのだった。

では、デパートかどこかにジオラマを設置して、見物客の落とす小銭で収益をあげればよかったのだろうか。この案に対してブロギーは、メンテナンスの経費を補填できるだけの収益は望めないと語っている。

そのメンテナンスは、高くつくことが予測できた。ウォルトが中身にこだわろうとしたためだ。四人組の人形たちは機械仕掛けにして、複雑に入り組んだワイヤーとシリンダーで動かし、オペラ歌手のようなしぐさで《ダウン・バイ・ザ・オールド・ミル・ストリーム》を歌わせるつもりだった。

ウォルトのミニチュア愛が薄れることはなかったが、このやり方を続けても、労力がかかる割りに人気が期待できないと感じはじめていた。ブロギーは、ディズニーランディア計画に突然終止符が打たれたとき、その場に居合わせている。彼はそのとき、四重唱のミニチュアづくりに取り組んでいた。「床屋の椅子に座る男と、その後ろに立つ床屋をつくるところまで来ていたのに……全部中止になったんだ」

ウォルトはブロギーにこう告げたという。「こういうのは、本物でやろうじゃないか」

第8章 始動

自分の鉄道をつくったときも、ウォルトは「本物」の蒸気機関車にこだわったが、今度の「本物」は、もっと大きくという意味だった。ディズニーランディアのようなミニチュアではなく、もっと大きなものに挑戦すべきだと気がついたのだ。鉄道博覧会からの帰りに走り書きした、あの「ミッキーマウス・パーク」のようなものをつくりたい、と。ウォルトの想像力はとどまるところを知らず、メインストリートのアイデアは「ひとつの国」へと発展していった。そこは、古き良き西部の姿を今に留《とど》め、訪れた人々がジャングルの川下りを楽しむことができる。不思議の宝庫である、未来へ捧げる場所であり、ウォルトのアニメーションを基にしたファンタジーの世界へといざなってくれる場所となる。

ウォルトはこっそりと、スタジオの中から夢の実現を手助けしてくれるスタッフを集めはじめた。のちに大きな戦力になったのが、最初に声をかけた人物だった。

ハーパー・ゴフは、コロラドの少年時代から、絵を描くのが得意だった。20代になると、ニューヨークで雑誌のイラストレーターとして活躍するようになり、ハリウッドに移って仕事の幅を広げ、ワーナー・ブラザースで『海賊ブラッド』『ヨーク軍曹』『決死のビルマ戦線』『カサブランカ』といった作品の、セットのデザインや絵コンテを担当した。

1951年、ゴフは妻と休暇でイギリスを訪れた。熱狂的な鉄道ファンだったゴフは、ロンドンに到着すると、ハイ・ホルボーンにある〈バセット・ローク〉の店に直行した。〈バセット・ローク〉はイギリス随一の模型列車メーカーで、蒸気機関車からおもちゃの電気機関車まで、あらゆる模型を扱っていた。「バセット・ロークは、機関車で有名だった」とゴフは言う。「店に古い時代の機関車が置いてあって、気に入ったわたしは、店員に『こういうのが欲しかったんだ』と伝えた」

だが、店員は残念そうに、ほかのお客様と商談中ですと告げた。そう言われると、ますますその機関車が魅力的に見えてきて、ゴフは食い下がった。よくよく話を聞いてみると、競争相手は買うかどうか悩んでいるという。午後に戻ってきて返事をするので、それまで取りおいてもらえないか、と言ったらしい。その方にお会いになりますか？ 店員はゴフに声をかけた。

「午後に店に戻ってみると、ひとりの男がいて、あの機関車を買っていた。それからわたしのほうを向いて、自己紹介したんだ。『ウォルト・ディズニーです。この機関車を買いたいと言ったそうですね。うちには鉄道があるんですが、あなたもお持ちですか？』ってね。ひっくり返りそうになったよ。ウォルトはわたしの職業をたずねてきた。アーティストだと答え、自分が手がけたダグラス・エアクラフト・カンパニーの『エア・ビュー』という写真集のことを話した。戦時中、戦場の様子を自社の航空機とともに紹介した雑誌だ。話を聞いたウォルトは、最後にこう言った。『アメリカに戻ったら、わたしのところに来てくれませんか』」

ゴフは言われた通りにした。スタジオを訪れたとき、ウォルトは『コロネット』や『エスクァイア』に掲載されたゴフの作品に目を通していた。ウォルトに雇いたいと言われ、ゴフは困惑した。「『わたしはアニメーターではないんですが、お手伝いできることはあるんでしょうか?』と訊くと、ウォルトは、実写映画の制作を考えていて、本物の俳優とセットで映画を撮るつもりだと話してくれた。それなら、ワーナー・ブラザースでの経験が活かせると思ったよ」

ウォルトがゴフに与えた初めての仕事は、映画の絵コンテを描くことで、ゴフはピンとこなかった。「ウォルトは、魚をテーマにした短編映画の構想を話してくれた。水中カメラで、クジラや魚の姿を撮影したいというんだ。『海底2万マイル』というタイトルも決まっていた。『有名な小説のタイトルなんだが、映画のタイトルも同じにして、海の中の美しい場面をたっぷり見せたいと思っている』とウォルトは言っていた」

それからウォルトは出張でヨーロッパに旅立ち、ゴフは仕事に取りかかった。今までとまったく違うやり方で。「サイレント映画の『海底六万マイル』は子どもの頃のお気に入りの映画だった」とゴフは語っている。だが、ゴフが描いたのは、楽しげに泳ぐネズミイルカの姿ではなかった。ジュール・ヴェルヌの小説を実写映画にするのだからと、ゴフは大胆にも、約2・5メートル四方のパネルに絵コンテを描いていった。

幸いにして、ゴフには才能があった。同僚によると、「ゴフには、描いた絵の世界の中に、見る者を引き込む力があった」という。さらにゴフは、ヴィクトリア朝最盛期の雰囲気を表現するのが得意だった。出張から戻ってきたウォルトは、ゴフが指示された通りのスケッチをまったく描いていないことに（当然ながら）腹を立てたという。

だが、いら立っていたウォルトも、ゴフが描いた、19世紀中期の繊細な鉄細工と、ベル・エポック風の豪華な室内装飾に彩られたノーチラス号の内部や、恐ろしげで風変わりな潜水艦のスケッチを目にして、次第に心を奪われていく。ウォルトは当初、十分な大きさの防音スタジオがないと言っていたが、ある日、ゴフはウォルトから連絡を受ける。「来てくれ。『海底2万マイル』の映画をつくるんだ」

『海底2万マイル』がまだ試作段階のうちから、ウォルトはゴフをディズニーランディアの美術担当に任命しており（結局は制作中止になった男性四重唱のアイデアを思いついたのはゴフだった）、ゴフはしばらくの間、『海底2万マイル』の仕事から離れていた。そんなとき、ウォルトがやってきて、前置きもなく、ゴフにこうたずねた。「ナッツベリー・ファームに行ったことがあるかい？　実に楽しい場所じゃないか？」

カリフォルニア州ブエナパークにあるナッツベリー・ファームは、１９２０年代、ウォルターとコーデリアのナッツ夫妻が、ボイセンベリー・ジャムや農場でつくった保存食を売りはじめたのをきっかけに誕生した。妻コーデリアが、近所で評判のお手製の鶏料理をメニューに加えると、カリフォルニアの住民たちの人気を集めるようになる。１９４０年代になると、ウォルターはレストランへの案内を待つ客たちが退屈しないようにと、西部のゴーストタウンから建物を移築した。こうして本物そっくりのゴーストタウンができあがり、1950年代前半には、ナッツベリー・ファームに観光客が押し寄せるようになった。

ディズニーのスタジオでは、それまでナッツベリー・ファームのことなど話題にもならず、ゴフはウォルトから唐突に話を振られ、どう答えていいのかわからなかった。すると、ウォルトは続けた。「ぼくも、ああいうものをつくろうと思っているんだよ」そのことについて話し合いたいと、ゴフをオフィスに連れていった。メインストリートの街並みのスケッチを始めたゴフは、これこそ自分にふさわしい仕事だと感じたという。「わたしはコロラドのフォート・コリンズに生まれました。父が地元の新聞社を経営していて、そこで大きくなりました。とても賑やかな町で、いかにもという雰囲気の銀行や、ヴィクトリア朝風の市庁舎もありました。わたしが生まれた1911年当時、町はそうした建物にあふれていたのです。メインストリートのデザインに取り組みはじめたとき、フォート・コリンズの町の写真を持っていたのでウォルトに見せました。ウォルトはとても気に入ったようでした。ディズニーランドの市庁舎はフォート・コリンズのものを真似《まね》てデザインしており、銀行やほかの建物も同じです」

ゴフはこう言っているが、熱心なディズニーの歴史編纂者《へんさんしゃ》であるジム・コルキスによると、ディズニー社内の調査では、メインストリートの市庁舎のモデルはミシガン州ベイ・シティの郡庁舎だとされているという。フォート・コリンズ市庁舎とベイ・シティ郡庁舎は、どちらも重厚なボザール様式で、中央に塔がある点など確かによく似ているが、ベイ・シティのほうがディズニーランドの市庁舎により近いといえるだろう。

基になったのがどの建物かはさておき、ゴフのデザインした市庁舎は、ディズニーランド構想の中でも最も初期に実現したものとして、今日もその姿をとどめている。ウォルトはゴフのデザインを気に入っていたが、何もかもがスムーズに運んだわけではなかった。「ミッキーマウス・パーク」をどこに設置するかという、根本的な問題が最も難題だった。

ウォルトは最初、スタジオのバックロットに目をつけた。古いセットや不要になったものがあれやこれや保管されている場所だ。そこでスタジオの制作部の責任者に、もう何も置かないようにと伝えた。「遊園地をつくるんだ」だが、バックロットは2・5エーカー（約1万平方メートル）ほどの広さしかなく、すぐに計画変更を余儀なくされた。

次にウォルトは、バーバンクに建てた近代的なスタジオ（『白雪姫』の利益で設立した）の道向かいに広がる16エーカー（約6万5000平方メートル）の土地にしようと決め、敷地をうろうろと歩き回り、あっちこっちでしゃがみ込んでは、子どもの視線で観察した。このときのことを、あるスタッフが語っている。「よく窓際で仕事をしていたので、スタジオとリバーサイド・ドライブ近くの川に挟まれた、何もない場所をときどき眺めていました。週末に仕事をすることも多かったのですが、ある日曜、ふと外を見ると、ウォルトが1メートルくらいの歩幅で歩きながら、裸の土地をうろうろしているんです。何かの長さを測っているんだろうなと思いました。あっちの方向にまっすぐ歩いていったと思ったら、今度はこっちというように。わたしはウォルトにたずねました。『向かいの空き地でいったい何をしていたんです?』すると、ウォルトは遊園地のアイデアを話してくれました」

ウォルトはこの頃になると、「ミッキーマウス・パーク」という名前は子どもっぽすぎるし、遊園地の内容が限定されてしまうと考えるようになった。いつから「ディズニーランド」という名前になったのかは定かではない（ディズニーランディアから派生した名前であることは明白だが）。初期の頃からディズニーランド建設にかかわっていたスタッフによると、「突然ウォルトの口から飛び出した名前で、響きもよかったから、それで決まりとなった」という。

新聞が新しい遊園地について報じたことで、人々は「ディズニーランド」という名前を知ることになる。1952年3月27日発行の『バーバンク・デイリー・レビュー』に掲載された、「ウォルト・ディズニーのおとぎの国計画、ここに始まる」という見出しの記事だった。ディズニーランドは、「アメリカらしい風景にあふれ、宇宙船や潜水艦などの乗り物や、ミニチュアの動物を集めた動物園、展示ホールを有する」場所になると紹介されている。ウォルトの言葉も引用されていた。「ディズニーランドは、博覧会であり、展示会であり、遊び場であり、コミュニティー・センターであり、現代の暮らしの美術館であり、美と魔法の名所でもある」建設には150万ドルの費用がかかるとあった。

記事の最後は、意外にもこう締めくくられている。「ディズニーランドは商業的な事業ではないと、ディズニーの役員たちは請け合っている。遊園地の施設は、子ども会やPTA、公共や社会福祉を目的とするグループに開放する予定である」これは、バーバンク市の公園保養施設管理委員会のご機嫌を取るための甘言――はっきり言ってしまえば、嘘《うそ》――だった。公園の委員たちはすぐさまプロジェクトを了承したが、市当局はそう簡単にはいかなかった。

ウォルトはゴフを連れ、地図とゴフが描いたスケッチを持って市当局を訪れ、ありったけの熱意を込めて計画を説明した。ディズニーランドは、昔懐かしい建物を忠実に再現し、清潔で上品な環境を備えた、教育的な施設になる予定で、「金儲けを優先しただだっ広い遊園地」なんかより、ずっと小さくて親しみやすい遊園地です、と。

民衆の心を読むことに長《た》けていたウォルトは、市当局が納得していないことに気づいていた。プレゼンテーションが終わると、役人たちが話し合いをしている間、ウォルトは椅子に腰を下ろし、ひじ掛けを指で叩《たた》きはじめた。そのしぐさは、眉を上げるのと同じく警告のサインだということを、ウォルトと一緒に働くスタッフは知っていたので、冷や汗ものだった。結論が発表されたとき、その答えをウォルトは予想していた。「バーバンクに見世物小屋のような場所は必要ない。市民が川に落ちるところも、メリーゴーラウンドが一日中がたがた回っているところも見たくない」

年老いた役人たちに健全な公共娯楽の必要性を説かれ、ウォルトもいい気持ちはしなかっただろうが、反論はしなかった。それどころか何も言わず、ゴフに合図すると――ゴフは役人たちに「鼻であしらわれた」と感じていた――スケッチをまとめ、部屋を出たのだった。

そもそも不愉快な会合などに骨を折る必要はなかったかもしれない。実のところ、このリバーサイド・ドライブ沿いの土地ではうまくいかないと、ウォルトは考えはじめていた。ウォルトのビジョンを展開するには小さすぎるのだ。

その点は当初から建築家たちに指摘されていた。その建築家というのは、チャールズ・ラックマンとウィリアム・ペレイラで、ウォルトはふたりに3000ドルを支払って、ゴフの描いたスケッチや初期の構想を基に、ディズニーランド全体の設計図を作成させていたのだった。

ふさわしい建築家を見つけるのは簡単ではなかった。ウォルトがつくりたいと考えるものに、モデルが存在しなかったからだ。ラックマンとペレイラを選んだのは、1954年にオープンしたマリンランド（当時は世界最大の海洋水族館だった）の設計者だったからだ。水族館は遊園地とは別物だが、スーパーやオフィスビルの設計よりも、想像力を必要とするはずだとウォルトは考えたのだ。

1952年の春、初めて顔合わせをしたときのことを、ラックマンはこう語っている。「ウォルトは頭の中にはっきりとしたイメージが浮かんでいるようだった。現在とは異なる時代の通りや商店、ミッキーマウスを先頭にディズニー映画のキャラクターが行進するパレード、まばゆい照明、バンドの演奏、さまざまなレストラン、背景を彩るディズニー・アニメの場面やセット、不思議の国を流れる川、おしゃべりをする機械仕掛けの人形、歌を歌う鳥、オープンの日に自ら運転するモノレールといったものを」

そうしたものを、いったいどこにつくろうというのか？　ラックマンは場所が知りたかった。ウォルトはスタジオの窓の外に目をやり、リバーサイド・ドライブのほうを指さした。「すぐそこに、土地を用意している」それを聞いたラックマンは、土地が小さすぎると感じ、そうウォルトに伝えた。するとウォルトは、のんきにこう言った。「きみたちなら、うまくやってくれるだろう」

そう簡単な話ではなかった。ラックマンによると、「週を追うごとに、提案される遊園地のサイズがどんどん大きくなっていき、ウォルトは悲鳴をあげていた」という。

50エーカー（約20万平方メートル）まで到達し、金切り声を発したウォルトに、ラックマンは手を引くと伝えた。これほどの規模のプロジェクトを実現するには、もっと大きな土地が必要です。スタジオ近隣の土地では間に合わないし、ひょっとしたらロサンゼルス市内では無理でしょう、と。

ラックマンとペレイラは、友好的にウォルトのもとを去った。ウォルトは、自分の求めるものを与えてくれるのは建築家ではないと考えるようになった。それは、友人の建築家ウェルトン・ベケットにも言われていたことだった。「ディズニーランドを設計できる人間なんていないさ。自分でやるしかないよ」

自分でやるということは、スタジオの人間がやるということだった。ウォルトが求めていたものは、建築というよりも映画に近かった。スタッフたちは客の行動パターンや立地については何もわからないだろうが、色やストーリー展開にかかわること、観客に違和感を与えずに場面を大きく切り替える方法については知識があった。ディズニーの建物、ディズニーの国は、セットのデザイナーたちの手でつくればいい。

ウォルトに雇われていた期間は短かったが、ふたりの建築家は、それぞれディズニーランドにとって極めて重要な貢献を果たしている。ペレイラは、入口をひとつにすることの重要性を強調した。入口がひとつなら、そこから先の入園者の行動をコントロールできる。「入口をふたつ以上つくるなら、成功は見込めないでしょう」とペレイラはウォルトに忠告している。

一方のラックマンは、ウォルトとスタンフォード研究所（SRI）を結びつける役割を果たした。のちにラックマンとパーティーで顔を合わせたウォルトは、ディズニーランドのための土地がなかなか見つからずに困っていると打ち明けた。するとラックマンは、ハワイにフットボール場用の土地を探すことになった際、SRIが最高の場所を見つけてくれたことを話し、研究所のロサンゼルス事務所の連絡先を教えてくれたのだった。

翌日、ウォルトはその連絡先を、ディズニーランド計画のプロジェクト・アシスタントであったナット・ワインコフに手渡した。ワインコフはディズニーのスタジオには珍しいタイプの人間で、てかてかの頭に口ひげを生やし、真っ赤なベストを着て、がむしゃらに仕事をこなす、ひと昔前のハリウッドによくいたおしゃべりな興行主という感じだった。SRIに電話したワインコフは、第一声でこう言った。「あんたらの仕事は、いったい何だって？」

ワインコフと話をしたのは、ハリソン・〝バズ〟・プライスという名のエコノミストだった。ワインコフの問いかけに、プライスは一瞬、「シマウマが種馬に、何をやっているのかたずねるジョーク（種馬はシマウマに「その気取ったパジャマを脱いでくれたら話してやろう」と答える）」で返してやろうかと思ったが、明日そちらに行って話をすると答えた。そのときプライスは、そもそも何をやってほしいのか、ワインコフに問いかけることもしなかった。そして話し合いが終わったとき、プライスはようやく、ウォルト・ディズニーが聞いたこともないような遊園地をつくろうと計画していて、それを建てる場所を探していると知ったのだった。

第9章 バズとウッディ

ワインコフのあけすけな質問に対し、返ってきたのはすばらしい回答だった。SRIは1946年、スタンフォード大学の理事たちによって、科学や経済、技術の研究を行い、急速に発達する西海岸地域に貢献すべく設立された。研究所の最初のプロジェクトは、グアユールゴムノキが天然ゴムの原料になるかどうかの調査だった。この初仕事となる経済学的調査は、アメリカ空軍の委託によるもので、緊急時のゴム増産の可能性を探ることが目的だった(結果、うまくいかないことがわかったのだが)。ほかにも深刻化するスモッグの問題にも取り組み、1949年、パサデナにて「第1回全国大気汚染会議」を開催している。また経済部門では、西海岸に支社を展開したい企業の候補地選定のために、さまざまな角度から調査を行っており、その業績がウォルトの期待に応えることになったのだ。

いわゆる高尚な研究を行っていたSRIは、ディズニーからの依頼を「プロジェクト・ミッキー」と呼んで軽視していたが、プライスは最初から真剣だった。「バズ」という気楽な雰囲気のニックネームとは裏腹に、プライスは何事にも真剣に取り組むタイプだった。

プライスにとって、数字は幼い頃から高貴で神聖なものだった。「わたしはずっと、数字に恋をしてきました。数字の持つ特殊性にひかれていたのです。子どもの頃、レコードを集めていたときも、ジャケットに『再生回数』を記録していました。スキー場では自分が滑ったときのターンの回数（465回）を数えていたし、数字好きが行きすぎて、強迫観念のようになっていました」大人になったプライスは、ジョギングを始めたときも、走るたびに距離を記録し、「フィットネスクラブの会費やトレーニングウエア、ソックス、駐車場、アディダスのシューズなどの経費」を計算し、1キロ走るのにいくらの費用がかかるかまで割り出している。

1921年にオレゴンで生まれ、サンディエゴで育ったプライスは、カリフォルニア工科大学を卒業し、インガソール・ランドの機械エンジニアになった。自分に自信がなかったプライスだったが（「21歳の頃、わたしは年齢よりも若く見られがちで、不安でおどおどしていて、カードゲームをやれば負けるタイプで、周囲に認められたいと必死でした」）、実際はうまくやっていた。アメリカ空軍の戦略爆撃調査団の一員となったとき、のちに人生をかけて取り組むことになる仕事のヒントを得る。ドイツの工業地帯への空爆作戦の効果を検証する調査団で、異例の配属先だったが、インガソール・ランドはアメリカでも最大手の機械メーカーだったため、プライスにその仕事が回ってきたのだ。「わたしの仕事は、工作機械や資本設備、ボールベアリング、ドイツ軍の生産効率、空爆による製造阻止と復旧などに関して、報告書の草案を作成することでした。その当時は、将来活かせる技能、つまり数字を使って報告書を書くというスキルを身につけているとは思っていませんでした」

戦争が終わり、インガソール・ランドに戻ったプライスは、すでに高いレベルだった資質に磨きをかけるため、スタンフォード・ビジネススクールに入学する。「親会社」のような場所に戻ったつもりだったが、「まったく新しい場所――これまでにないコンサルティングや、データに基づく応用研究を行う、新たな職業」へと導かれていることに気づく。その場所こそが、指導教官が「工業経済学」と呼んでいた分野に特化した、SRIの経済部門だったのだ。プライスは夢中になった。「われわれの仕事は、それぞれの依頼に対し、数字に裏づけられた専門的な助言を示すことです（プライスは数字という点をうれしそうに強調していた）」

ワインコフからの電話を受けて、プライスはすぐさま数値をはじき出す作業に取りかかり、ふたつの仮報告書をまとめた。ひとつはディズニーランドの候補地、もうひとつは「経済的観点からの実現可能性」――どのくらいの来園者が見込め、どのくらいお金を落としてくれるかについての報告書だった。

プライスは、ディズニーランド候補地に設けた事務所でウォルトと面会した。そこは質素な木造の建物で、移動住宅のようだったという。SRIからもうひとり、C・V・ウッド（「ウッディと呼んでくれ」とテキサス訛《なま》りの声で言っていた）が同行していた。ウッドはプライスの上司で、彼とはまるで正反対の人物だった。背が高く、せかせかしていて、おしゃべりで愛想がよく、33歳だが20代にしか見えなかった。持って生まれた自信の強さでプレゼンターの役割を果たし、内気なプライスとはバランスの取れたコンビだった。プライスによると、ウッドは機械工学の学位を持ち、一緒に働いた誰よりも「すばやく計算ができる男」だったという。「広さ、時間、速度、量、予算、経費、頻度といったものや、さまざまな物理的変数、位置関係などをあっという間に暗算できる人だった」ウッドはセールスマンとしても優秀で、人を安心させる落ちつきがあった。どことなく羽振りがよく、テキサスの雄牛のような荒っぽい魅力がある一方で、東部の名門校で身につけたような上品さも漂わせていた。

ウッドはたちまちウォルトの計画に夢中になった。それも無理はなかった。ウォルトの計画は何もかもがすばらしく聞こえたのだ。だが、プライスは違った。「普通の遊園地では考えられないような、奇妙な計画でした。当時の遊園地は、たいてい格子状にレイアウトされ、4方向からの入場が可能でした。ところが、ディズニーが示したコンセプトでは、ひとつしかない入口から、20世紀初頭の雰囲気を再現したメインストリートが延び、町の広場のような円形の空間に続き、そこから放射線状に、トゥモローランド、ファンタジーランド、フロンティアランド、アドベンチャーランドという、それぞれテーマの異なる4つのエリアへと分かれていました。しかも遊園地というものは極力オープンにしたがるものですが、ディズニーの遊園地は、周囲を高い盛り土に囲まれて、外からは見えないのです。遊園地におなじみの観覧車や定番の愛のトンネルではなく、独自にデザインした乗り物や展示、アトラクションも用意するとウォルトは語っていました。乗り物は物語や何らかの設定を下敷きにしてつくるようです。何より驚いたのは、スリリングな乗り物がひとつもないことでした」プライスには、ジェットコースターという「遊園地の王様」が存在しない遊園地など想像できなかった。だが一番の問題は、この突然変異のような遊園地を、2年以内にオープンさせる予定だということだった。

ウッドのほうは、すばらしいアイデアだと考えていた。そこで、ディズニー側の求める条件を確認した。土地は平坦《へいたん》であること。人がほとんど住んでおらず、なおかつ車でアクセスがしやすい場所であること。海の近くは避けること。ウォルトは、砂まみれのバケーション客が園内を水着でうろうろするような場所にしたくなかったのだ。太平洋と人気を分けあうのも嫌だった。ディズニーランドだけを目的に訪れる場所にしたかった。具体的な要求もあった。場所は南カリフォルニアで広さは150エーカー（約60万平方メートル）ほしいという。

プライスはウォルトにたずねた。「南カリフォルニアに、思い入れのある場所や、ここがよさそうだという場所はありますか？　あなたが候補にあげられている範囲は、相当広い」

ウォルトは大して助けにならなかった。「いいや、きみたちが見つけてくれ」

「ソーガスに映画スタジオをお持ちですよね。そちらはいかがですか？」

「だめだ。場所はきみたちで見つけてくれ」

プライスとウッドがウォルトから得られたのは、わずかばかりの情報と契約書だった。プライスが次の提案の場で、「ほかの遊園地や公共の娯楽施設における市場動向を調査し、その情報を基に、経済的に実現可能性のあるモデルを決定する」と説明したところ、ウォルトはすぐさま賛成した。土地の値段が高騰しかねないので、遊園地建設のことはくれぐれも秘密にするよう、ウォルトは特に念を押した。こうして、プライスたちは正式にウォルトと契約した。

SRIは12週にわたって調査活動を行い、ウォルトは候補地の調査に1万ドル、実現可能性の報告に1万5000ドルのコンサルタント料を支払うことになった。

プライスとウッドは、すぐさま候補地になりそうな場所に足を運んだ。最終的に、5つの郡（ロサンゼルス郡、サンバーナーディーノ郡、ベンチュラ郡、リバーサイド郡、オレンジ郡）の71か所を回った。ウッドは車の中で、テキサスでおなじみのピクルスを食べながら、だらだらとしゃべっていた。土地の所有者と商談する場面では、ウッドも力を発揮できるだろうが、この初期の段階では、ほとんどの仕事がプライスに託されていた。「やるべきことは明確でした」半世紀後に、プライスはこう語っている。「不思議なことにプレッシャーは感じていませんでした」プライスは住宅市場の中心となる場所を探した。誰もがアクセスしやすい場所を選べば、みんなディズニーランドの顧客になってくれるはずだからだ。そして、ロサンゼルスのダウンタウンに近い鉄道駅から東に5キロ足らずの場所を見つけたのだが、町に近すぎるし、殺風景で、しかも地価が高すぎた。

プライスとウッドは、もっと難しい予測に取り組むことにした。10年後、人口の中心になっている場所はどこだろう？　その答えは、社会や技術の変化によって左右されるものだった。アメリカの州の中でも、カリフォルニアは第二次世界大戦の恩恵を受けた州だ。1945年までに、政府は350億ドルもの税金をカリフォルニア州に投入している。1945年5月8日に欧州戦線勝利の日を迎えると、造船ブームも沈静化していったが、その先に待ち受けていた冷戦による軍事支出やNASAの成長によりカリフォルニアの発展は続き、それから10年のうちに、カリフォルニア州の経済は日本を上回る規模になっていた。国民がこぞって西部へ移住するようになり、カリフォルニアはニューヨークと並び、全米で最も人口密度の高い州となった。なかでもロサンゼルスは、東部の町ではありえないような無節操な拡大を続け、高速道路の建設とともに広範囲に及ぶ大都市圏を形成した。

プライスとウッドは、建設が予定されている高速道路を調査した。その結果、プライスによると「北はサンフェルナンド・バレー、東はポモナ、南東はサンタアナまで候補地の範囲を広げることができた」という。サンタモニカには期待できる点が多かったが、ウォルトが嫌っていた海が近くにあり、実際に高速道路が開通するのは、ディズニーランドがオープンしてから5年後くらいになりそうだった。

プライスは南カリフォルニアで育ったものの、地域内の気候に違いがあるなど思いもしなかった。サンフェルナンド・バレーとポモナは内陸で、海岸部に比べて夏の気温は12度も高く、冬は7度も低い。気候的には好ましくない場所だった。

結局、プライスとウッドは、人口の中心は南東であるオレンジ郡へすでに移っていると結論づけた。調査を進めるうちに、ふたりは掴《つか》みどころのないゴールを「アメーバ」と呼ぶようになっていた。だが最後には、このアメーバは「アナハイム」という真の姿を現したのだ。

第10章 オレンジ郡

アナハイムという名前を、コメディアンのジャック・ベニーの人気ラジオ番組で知ったというアメリカ人は多いだろう。番組は、お約束のギャグとなったアナウンスでしばしば中断される。「5番線から列車が出発します。行き先は、アナハイム、アズサ、および、ク・カ・モンガ！」この3つが、おかしな名前の田舎町の代表というわけだ。

当時のアナハイムは、北に向かって曖昧に広がる、名ばかりのコミュニティーにすぎなかった。ロサンゼルス郡は、年に3万8000戸もの一戸建て住宅を分譲していた。アナハイムの町は、ふたりのドイツ系移民、バイオリン奏者のチャールズ・コーラーとフルート奏者のジョン・フローリングによって設立された。ふたりは1850年にジャーマニア・コンサート協会の招きでサンフランシスコへとやってきたのだが、その地でブドウと出会い、音楽の道を捨ててブドウ栽培に乗り出したのだった。ワインづくりの知識はなかったが、ふたりは1万2000ドルの資金を投じ、ロサンゼルスにブドウ園を購入する。驚いたことに、このブドウ園は当初から成功をおさめ、1857年には年間約40万リットルものワインを生産するようになっていた。そして同じ年、50人のドイツ系アメリカ人たちが集まり、元のブドウ園から40キロ南の広大な土地を買い上げ、ワインの生産共同体を設立したのだった。

近くにはサンタアナ川が流れており、旧世界と新世界の融合という意味も込めて、ドイツ語の「ハイム（家）」と、川の名前にちなんだ「アナ」という言葉を合わせて町の名前とした。ワイン事業の成長はとどまることを知らず、30年足らずでアナハイムはアメリカのワイン生産の中心地となった。

だがその絶頂期に、ピアス病菌というバクテリアによって、ブドウが全滅してしまう。このバクテリアが引き起こすピアス病は、当時（そして現在も）有効な治療法がなかった。ワイン醸造業者たちは、クルミ、デーツ、オリーブ、ピスタチオなど、ブドウに代わるものを模索しはじめる。1889年、アナハイムはロサンゼルス郡から独立したオレンジ郡に吸収されたのだが、そのオレンジこそが、ブドウ被害の穴埋めをしてくれたのだ。

オレンジはスペイン人によってカリフォルニアに伝わり、1700年代にはフランシスコ会の伝道者たちが栽培を行っていた。当初は限られた地域でのみ栽培されていたが、1873年、エリザ・ティベッツという女性が、農務省に勤める友人に送った手紙をきっかけに、オレンジを取り巻く状況は大きく変わることになる。エリザの夫ルーサーはリバーサイドで農業を営んでおり、エリザは友人に、南カリフォルニアでよく育つ作物についてたずねたのだった。すると、その友人は最近ブラジルで見つけたという種なしオレンジ（ワシントンネーブルと呼んでいた）の挿し木を送ってくれた。育ててみると、甘くて果肉たっぷりのオレンジが大量に実り、果樹園見たさに遠くから人が集まるほどだった。「種なしオレンジのティベッツ」というありがたいニックネームで知られるようになったルーサーは、訪問者にオレンジの実を盗まれないよう、有刺鉄線で周りを囲わなくてはならなくなった。

ワシントンネーブルは、蒸し暑い海岸沿いの地域ではうまく育たなかった。そこで登場したのが、ウィリアム・ウルフスキルという男だ。ウルフスキルはニューメキシコで罠《わな》漁師をしていたが、１８３０年代にカリフォルニアに移住したのをきっかけに、農家に転身し、やがてブドウやレモン、オレンジの栽培で成功をおさめる。時は１８４９年、ゴールドラッシュでアメリカ史上最大となる、カリフォルニアへの人口移動が起こっていた頃だった。ウルフスキルは、1箱のオレンジのために、採掘者たちが法外な金額を支払うことに気づく。この需要に応えるため、ウルフスキルはワシントンネーブルの代わりに、ジュースの製造に適したバレンシアオレンジを開発したのだった。

バレンシアオレンジも、ワシントンネーブル同様、成功をおさめる。アーバイン・ランチという広大な農場が、12万エーカー（約485平方キロ）もの敷地の半分をバレンシアオレンジの森に変えている。１８８０年頃になると、ゴールドラッシュの熱気が消えかかるなか、農業は金の採掘を上回るカリフォルニアの主産業となっていた。

技術の発達も、この成長に一役買っている。南カリフォルニアの農作物は、当初はサンフランシスコに出荷されるのがほとんどだった。長い距離を移動させる間に果物や野菜が腐ってしまうため、東部まで運べなかったのだ。だが、冷蔵車が登場したことで状況は一変する。1877年、カリフォルニアのオレンジが、冷蔵の状態で、初めて東部へと運ばれた。そして20世紀初頭には、年間1200万箱ものオレンジが、当時広がりはじめていた広告業界の効果的な戦略もあいまって、東へと出荷されていった。1908年、カリフォルニア青果栽培者協同組合が「サンキスト」という名称を導入し、世界で最も有名なフルーツのブランドとなった。オレンジは健康と元気の象徴であり、太陽の光が降りそそぎ、心地よい風が吹く、そんな場所からの「食べられる親善大使」として広まったのだ。かつて、オレンジの木を見たこともなかったアメリカ人が、今ではひとりあたり年間40個も消費している。これは、オレンジ農家にとっては、年間6000万ドルの収益に相当する。

こうしてできた緑の王国のただ中に位置していたのが、アナハイムだった。バズ・プライスが視察に訪れたとき、アナハイムにはバレンシアオレンジの木々が生い茂っていたが、戦後の好況がアメリカ人の生活に変化をもたらしていた。住宅供給も急ピッチで進み、地元新聞の記者に「もうすぐここはオレンジ郡ではなく、トラクト（団地）郡になるだろう」とぼやかせたほどだった。投機家たちは土地を買いあさるようになり、かつてこの地に蔓延した胴枯れ病にふたたび見舞われ、土地を手放す農家もいたことで、その流れはますます加速する。地価は高騰し、その結果、税金も高くなり、オレンジ栽培は金のかかるビジネスになってしまった。この先、交通網が発達すると、土地の価格はさらに高くなることが予想された。ロサンゼルス郡とオレンジ郡を結ぶ道路として1939年に計画が発表され、1947年から開通に向けて建設が続けられていたサンタアナ高速道路が、間もなく完成しようとしていた。

　それでも、面積約２５００エーカー（約10平方キロ）、人口1万５０００人、警察官42人（勤務には自前の車が必要だった）のアナハイムは、静かな郊外の町としての雰囲気を保っていた。町には独房がふたつしかなかったが、トラブルメーカーを収容するには十分だった。さらには、ホテルが5軒とモーテルが2軒、合計87室しか泊まれる場所がなかった。それでも、アナハイムには野心が渦巻いていた。当時の市政担当官であったキース・マードックは、「新たな産業を誘致し、町の財政状況を向上させていくつもりだ」と語っている。だがそのマードックも、どんな産業が――それも恐ろしいほど斬新な産業が――アナハイムにやってこようとしているのか、想像もしていなかっただろう。

第11章 密かな買収

1952年の8月初旬、プライスとウッドは、SRIのロサンゼルス事務所でウォルトとロイに対面した。プライスは調査結果を報告した。2か所の候補地と、それからもう1か所、最近見つけたばかりの新たな候補地を提示した。アナハイムのボール・ロードとハーバー・ブルバードが交わる地点にある139エーカー（約56万平方メートル）の土地で、気候がいいせいか4000本のオレンジの木が育っていた。ほかの候補地と比べて気温の変化が少なく、霧もほとんど出ず、周囲に目立った工業施設もなく油井からも離れていて、サンタアナ高速道路ができれば賑わうことは間違いない場所だった。17名もの土地所有者と交渉することになるが、みな業者に土地を売りたがっていることは確認済みだった。1エーカー（約4000平方メートル）4800ドルという、ウォルトの想定を超える価格であったものの、土地購入にかかる税率が5・26パーセントと控えめ（近隣の土地だと6・95パーセント）だった。

ウォルトは「土地を見に行こう」と言った。そこで数日後、ウッドとワインコフとともに狭い道路に車を走らせ、ロサンゼルスから40キロ程度とは思えないほど遠くに感じる場所へと向かった。オレンジの木々の間から、農場の家屋や鶏小屋、風車などがぽつぽつと見えている。ウォルトは気に入ったようだった。車をとめると、ほとんど往来のない脇道に1時間ほどたたずみ、戦略について話し合った。話題の中心となったのは、秘密裏に事を進める方法だった。土地は密《ひそ》かに購入しなければならない。17名の所有者の誰かから、情報がもれるかもしれないからだ。そして土地がすべて手に入るまで、アナハイムの人々にも知られてはならない。市政の担当者たちとも交渉を続けていくことになるが、それはこちらの計画が固まってからだ。

ウォルトはまず、コールドウェルバンカーという不動産会社を雇い、表向きの購入者として立て、ボール・ロードの土地所有者たちの感触を探らせた。土地はできるだけ安く、そして極秘に購入しなければならない。地価が1エーカーあたり5000ドル程度の土地を、購入価格4000ドルで提示するなど、交渉はうまく進んでいるかに見えた。だが、バイキング・トレイラー・マニュファクチャリングという会社との交渉が難航した。所有していたのが最も広い面積の土地で、しかもサンタアナ高速道路の予定地に面していたのだ。ウォルトは不動産会社を通じ、1エーカーあたり5300ドルを支払い、さらにはバイキング社そのものを10万ドルという大金で買収すると持ちかけた。バイキング社は条件を受け入れ、ウォルトは土地に1万ドルの手付金を支払ったのだった。

だがその直後、バイキング社の人間から情報を仕入れたとおぼしき投機家が、バイキング社の敷地と隣接する20エーカーの土地を購入していたことがわかる。この「侵入者」は、自分が取引を持ちかけようとしている相手がウォルト・ディズニーだとは夢にも思わなかっただろう。ただ、誰にせよ、バイキング社の土地にあれだけの金額を支払ったのだから、自分が手に入れた土地も高値で欲しがるはずだと考えたのだ。

　カモにされた形のウォルトは気分を害し、1万ドルの手付金を棒に振ってでも、ボール・ロードの土地から手を引いてしまった。そこでプライスたちはひたすら候補地探しを続けたが、近隣の望ましい土地は、地価も、税金や公共料金も高いということがわかっただけだった。

　アナハイムはやはり魅力的な場所だった。ウォルトは当初の予定よりも早い段階で、アナハイム当局と同盟関係を結ぶことを決意する。ディズニー側には有利な点があった。その数カ月前、アナハイム当局から、宣伝効果を狙ったハロウィーン・フェスティバルを計画しているので、イベント中に開催するパレードのフロート（飾りつけをした台車）をウォルトのスタジオに提供してもらえないか、と頼まれていた。そこでウォルトは、ピーター・パン、ピノキオ、白雪姫をテーマにしたフロートと、のちにエッフェル塔並みの知名度を誇ることになる「眠れる森の美女の城」の試作版を加えた、6台の美しいフロートを制作したのだった。

　ディズニーの貢献度の大きさを実感したアナハイム当局は、パレードの名誉審査員として、スタジオから人を派遣してほしいとウォルトに依頼する。ウォルトはワインコフを指名し、10月31日、サーカスの舞台監督のような赤いベストを着たワインコフは、せわしなく動き回って、もじゃもじゃひげの人を「ひげコンテスト」の勝者に選んだり、美女コンテストでジョークを飛ばしたりして、終始にこやかにふるまった。といっても、ワインコフはただ親善大使として会場にいたわけではなかった。

その日の終わり、ワインコフはアナハイム商工会議所の会長アーン・メラーに近づき、ウォルトがオレンジ郡に計画しているものを極秘情報として伝え、手を貸してもらえないかとたずねた。メラーは、今すぐ市政担当官のキース・マードックに相談したいという。ワインコフが同意すると、メラーはその足でマードックを探し出し、商工会議所の裏手に停めてあった車の中で、3人の男は話をすることになった。

メラーと、当時34歳だったマードック（役職について3年ほどだったが、その後25年以上にわたって同職を務めることになる）は、ウォルトが探している土地のことや、最初の交渉が難航したことなど、ワインコフの話に熱心に耳を傾けた。ディズニーランドの話になると、メラーもマードックもその規模の大きさと複雑さに驚いていたが、そんなおとぎの国が本当につくられようとしているなら、ぜひともアナハイムに迎えたいと考えたようだった。

それから1週間後、メラー、マードック、ワインコフ、そしてウォルトは、1台のステーションワゴンに乗って、候補地を見て回るツアーに出発した。出だしは最悪だった。最初に訪れたのは、荒れ放題の墓地だった。ウォルトは死や葬儀というものをひどく嫌っており、土地を見るなりたじろいでしまった。マードックはきれいに整地すると請けあったが、ウォルトは「人生を楽しんだあとに待っているもの」を思い起こさせる場所に遊園地をつくりたくはなかった。「お客に墓の上を歩かせるなんてとんでもない」とウォルトは言った。「別の場所はないのかね」

幸い、候補地はほかにもあった。ラ・パルマ・アベニューにある土地で、オレンジの木と、人気のない砂利道が数本走っているだけで、ほかには何もないところだった。メラーはここなら地価もそう高くないと言った。

たちまち、車の中の空気が変わった。ウォルトは上機嫌で、お祝いに、ナッツベリー・ファームで鶏料理の夕食をとることになった。夕食の間、ウォルトはディズニーランドの構想や、手に入れた土地をどう活用するか熱く語っていた。

そのとき、偶然隣のテーブルにいた地元の不動産業者が、ウォルトの姿に気づき、何が起ころうとしているかを察知すると、数日もしないうちに、候補地の大部分にオプションをつけてしまった。それを知ったウォルトは、マードックによると「激怒した」という。またもや同じ目にあったのだ。ウォルトたちは、アナハイムには見切りをつけて、何キロも離れたガーデン・グローブの土地を探しはじめた。

だがメラーは諦めなかった。「(ディズニーランドを)ほかの場所に奪われてしまうという恐怖が、まさに原動力となった。われわれは、アナハイムを有名にする絶好のチャンスをものにしようと一致団結した」

解決策を編み出したのはマードックだった。2週間後の日曜日の朝、マードックはオフィスにこもり、オレンジ郡の北部に位置する不動産とその所有者を網羅した地図を前に、思案していた。「いまいましい地図を眺めながら、どこならディズニーランドを配置できるか考えていた」という。そして、当初の候補地だったボール・ロードの辺りを穴のあくほど見つめていると、あることに気づく。バイキング社の内通により利益を得ようとした人物は、ウォルトが手に入れたかった土地の最北端にあたる部分を、20エーカーだけ購入していた。一方、南端はチェリトス・アベニューに面していて、道を挟んでさらに南には、手ごろな価格で土地を売ってくれそうな農家の土地が広がっていたのだ。

マードックは急いで下調べを行い、越えなければならないハードルは確かにあるものの、公共の道路を閉鎖するのは可能だとわかった。

そして1週間後、メラーとマードックはバーバンク・スタジオを訪れ、ウォルトとワインコフと面談した。マードックは地図を広げ、土地の範囲にチェリトス・アベニューも含めれば、1ブロックほど南にレイアウトを移動するだけで、当初の候補地だったボール・ロードの土地と同じ広さの土地が手に入ると伝えた。

ウォルトはメラーとマードックにこう答えた。「道路を閉鎖できるなら、それで決まりだ」面談は握手で締めくくられた。

ウォルトはコールドウェルバンカー社とは手を切り、地域や住民に詳しく、開発業者とも交渉できるくらいこの土地に精通しているふたりの人間、つまりプライスとウッドに任せることにした。ボール・ロードの地所を確保するにあたってはウッドが優れたセールスの才能を発揮している。地元新聞に、ディズニーがサンフェルナンド・バレー（ボール・ロードから80キロほど離れている）に遊園地建設を計画中だという偽情報を流す作戦に出ると、土地の所有者たちもまんまとその話を信じたのである。ウッドの同僚のひとりがこう言っている。「ウッドは若々しく、カリスマ性があって、テキサス訛りのトークで魅了し、農家たちをオレンジの森から引っ張り出した。詳しいことはわからないし知りたくもないが……いつの間にか境界線が書き換えられていた土地もあり、みなディズニーに土地を売る気になっていた」

プライスは、ボール・ロードの地価は1エーカーあたり6200ドルまで上がる可能性があると見ていた。だが、ウッドは交渉により4200ドル以下におさえたのである。もちろん、必要に応じて譲歩もした。ときには訳のわからない条件を提示されることもあった。例えば、クラウセン一家は、今の家をそのまま残し、ディズニーランドが完成した後も、娘たちが園内にそのまま住みつづけられるのなら土地を売ってもいい、などと主張した。

メラーとマードックは約束をちゃんと守り、チェリトス・アベニューは無事に閉鎖された。だが、新たな問題も発生していた。土地のかなりの部分がアナハイム市ではなく、オレンジ郡内で特定の自治体に属していないエリアにあり、土地にかかる税率が高くなってしまうのだ。ウォルトは、ディズニーランドの敷地はアナハイムに併合されているべきだと考えていた。そこでメラーとマードックは、出鼻をくじかれるような訴訟合戦に巻き込まれつつも、巧みに事を運んでいった。あとは無所属の土地の地主と住民を、アナハイムへの吸収合併に賛成するよう説得するだけだった。地主たちは合併を熱狂的に支持し、56対2で法案は可決された。住民たちはやや後ろ向きだったが、最終的に56パーセントが賛成に票を投じた。

こうして、ウォルトは土地を手に入れたのだった。

ウォルトは長年、愛嬌《あいきょう》の塊のような人気タレント、アート・リンクレターと親交を深めてきた。アナハイムでの土地買収が一段落しようとしていたある日の午後、ウォルトは田舎をドライブしようとリンクレターに声をかけた。「ぼくたちは、オレンジ畑やほとんど誰もいないオレンジ郡の野原を横目に、40キロほどドライブした」とリンクレターは語っている。「大通りをそれて、オレンジ畑にそってしばらく走っていると、だだっ広い土地に出た。こっちを見ている数頭の馬と、打ち捨てられた小屋以外には何もなかった」ウォルトは静かな道路脇に車を寄せた。「車の外に出ると、ウォルトはディズニーランドのことを楽しそうに話しはじめた。トゥモローランド、ジャングルランド、ファンタジーランドと名づけた場所に、色鮮やかな建物が建ち並び、何千台もの車が駐車できる巨大な駐車場があって、と……」ウォルトは、マッキンリー大統領時代のアメリカを思わせる小さな町や、辺境の砦柵《さいさく》、空を飛ぶ海賊船、西部の川を水しぶきをあげて進む、背高煙突の船尾外輪船のことも話しただろう。

「話が進むにつれ、ウォルトはどんどん熱をあげていくものだから、ぼくは心配になっていった。40キロも車を走らせて、わざわざジェットコースターに乗りに来る人間がどこにいるんだってね」

ウォルトがやろうとしているのは、空中にアラベスク模様を描くようなものだ、リンクレターはそう思ったと言う。「人生で一番の過ち、それも破滅的な過ちを犯そうとしているウォルトに、どう声をかければいいのかわからなかった」

するとウォルトは、リンクレターを連れ出した理由を語りはじめた。「なあアート、ぼくの財力じゃ、ディズニーランドをどうにかするくらいしかできない。そのためには、全財産投げうつつもりだけどね。でも、ディズニーランドの周辺、今ぼくたちが立ってるこの場所は、あと何年かすれば、ディズニーランドで何日も休日を過ごす人たちのために、ホテルやモーテル、レストラン、会議場なんかが山ほどできるはずだよ」そして、こう締めくくった。「だからまずきみに、ここの土地を買うチャンスをあげたいと思ってね。5年もすれば、地価が数百倍にもなってるだろうから」

リンクレターはすっかり当惑してしまった。「言葉がなかったよ。ウォルトは間違ってると、わたしは思い込んでいたんだ」体のいい言い訳をするしかなかった。ここのところ、金に余裕がなくてね（そんなことはなかったのだが）。買うかどうかは、そのうち考えてみるよ。「そのうちじゃ手遅れになるぞ」ウォルトは言った。「今のうちに手を打っておかないと」

それからふたりは車へと戻りはじめた。「砂だらけの乾いた道を引き返したときのことは、よく覚えているよ。この一歩が百万ドル以上の価値はするわけか、って考えてたからね」

リンクレターは自分が「何百万ドル以上もの価値になった投資を断った」ことは、生涯忘れられなかっただろう。

とはいえ、誰がリンクレターを責められるだろうか。ウォルトが山のようなオレンジの木と数軒のくたびれた農家に87万9000ドルもの金額を支払ったと聞かされたばかりなのだから、断るのも無理はなかった。

第12章 ロイ・ディズニー

この時点では、ディズニーランドは夢がいっぱいに詰まった設計図と、いくばくかの農地に過ぎなかった。だが、ウォルトはもうすっからかんだった。ウォルトは全財産を投入し、「20年間支払いを続けてきた生命保険を担保にして借りた金も使い果たしていた」うえ、買ったばかりのパーム・スプリングスの別荘も売り払っていた。妻のリリアンは、「オズワルド・ザ・ラッキー・ラビット」の権利を失ったときも不安だっただろうが、このときは不安どころか恐怖を感じていたに違いない。「リリアンから大目玉を食らったよ。もしぼくに何かあったら、自分はどうなるのかってね」

当初から、スタジオはディズニーランド計画の助けにはならなかった。1940年、資金の枯渇により株式を公開したときから、ウォルトはウォルト・ディズニー・プロダクションの指揮権を失っていた。そこでディズニーランドのために別会社〈ウォルト・ディズニー・インコーポレイテッド〉を設立し、個人の所有としたのだが、ウォルト・ディズニーと名のつく会社がふたつもあるのはどういうことだと、ウォルト・ディズニー・プロダクションの株主たちや、ロイの反感を買うことになる。

そこで、ウォルトは自分のイニシャルを盛り込んだ〈WEDエンタープライズ〉という社名を思いつく。この会社は、1952年12月16日に法人化した。それから4週間、法律で義務づけられた告知が新聞に掲載されたことで、ウォルトが秘密裏に進めてきた計画は、衆人の知るところとなった。

屋号による営業許可書

下記署名のカリフォルニア州法人ウォルト・ディズニー・インコーポレイテッドは、次の事項をここに承認する。

1　カリフォルニア州において、**WEDエンタープライズ**の屋号で次の事業の取引を行っていること、あるいは今後、取引および営業を行うこと。

遊園地の設計、ならびに遊園地の遊具あるいは演芸、娯楽、教育にかかわる製品の設計および製造……

ここまでのさまざまな駆け引きを経て、ウォルトは兄のロイに協力を迫ったのだった。

ロイ・ディズニーは、60年前にマーセリーンで起きた出来事について語ったことがあった。「ウォルトがどこからかポケット・ナイフを見つけてきてね。そのときウォルトは5歳で、わたしは13歳だった。『おい、ナイフなんて持ってちゃ危ないぞ。怪我するかもしれないだろ』わたしはそう言って、ウォルトからナイフを取りあげたんだ」

ロイがこの出来事を思い出したのは、少し前に、ウォルトとつまらない口論をしたからだった。「(ウォルトは) わたしのことを威張り屋だといって責め、今度は自分が偉そうな態度で言うんだ。『ぼくが生まれたときから、兄さんは偉そうにしてきたじゃないか。ナイフを取られたことだって、覚えてるんだからな……』」

ロイは兄弟関係を、ウォルトとは別の角度から見ていたようだ。「マーセリーンの農場で暮らしていた頃は、ウォルトと同じベッドで寝なきゃならなかった。小さかったウォルトは、おねしょばかりしていた。以来、ウォルトにはずっとおしっこをひっかけられつづけている」

ウォルトとロイの話は、兄弟関係の最たる部分を表しているといえる。この兄弟は、実際にはうまくいっていた。共同のビジネスに不安が絶えなかったことを考えると、驚くほどだった。2年ほどお互いに口を利かなかったことがあったが、その間は会社が、下級役人たちがご機嫌取りに精を出す、お高くとまったルネッサンスの都市のようになっていた。

だが長い目で見ると、ウォルトとロイは温かい関係性で結ばれていた。ウォルトは言うまでもなく、想像力の豊かな人間だったが、ロイのビジネスマンとしての洞察力がなければ、その想像を形にすることはできなかっただろう。ロイがいなければ、ミッキーマウスは今頃、オズワルドと一緒にアニメの墓場にいたはずだ。

ロイのもとで働いていた人間は、こう語っている。「ウォルトは看板役者で、ロイは裏方でした。ある意味、ロイはウォルトと同じくらい天才でした。最後の1ペニーまでかき集めなければいけない事態に何度も陥りましたが、窮地から会社を救うのはいつもロイでした」

ウォルト・ディズニーは、気さくで人当たりがよく、自分のつくりあげた世界にみなを迎え入れ、「夢」を追いかけるのに情熱を注いだ人物として、アメリカ国民の記憶に残っている。だが、商売となると、ウォルトは容赦がなく、強情で、気安さなどみじんも見せなかった。一方ロイは、表に出ることを避けて通していたが、職場の人間たちによると、われわれがウォルトに抱いているイメージは、むしろロイのほうが持ち合わせていたという。

バズ・プライスはロイをこう称している。「驚くほど相手を信頼し、親密に接してくれる。ウォルトとはまったく別のタイプの人間だ。ウォルトはいつも張り詰めていたが、ロイはもっとリラックスしていた。ロイといると、とてもくつろいだ気分になれた。ロイには本心を打ち明けられるし、策を弄する必要も、情報を隠す必要もない。ロイが相手なら、何を言っても平気だった」プライスは、ウォルトよりもロイのほうがユーモアのセンスにあふれているとさえ考えていた。「ロイのほうが、人を笑わせるセンスがあったと思う。ウォルトはあの頃、（ディズニーランドをつくることに）毎日忙しすぎたんだ。もちろんウォルトもリラックスしたり、笑ったりすることはあったが、いつも何かに追われていた。ロイはというと、ちょっとしたことでも笑える人だった。一緒にいると、懐かしい家にいるような気分になって、わたしは軽口ばかりたたく生意気なやつになっていた。ロイは笑うのが本当に好きな人だった」

あるアニメーターも、こんなことを言っている。「ロイの肩にならば手を回せたよ。ウォルトにはできなかったけどね」

1957年、青少年のための福祉団体の慈善食事会に出席したウォルトは、めったに口にすることのない家族の話をした。「ぼくは幸運だった。兄がいたし、今も一緒にいてくれている。兄のことを愛しているよ。言い争いもするし、ときどき、兄ほど頑固な人間はいないと思うことがある。だが、兄がいなかったら、今頃どうなっていたかわからない。ぼくたちは、1923年にビジネスを始めたんだが、誓ってもいいが、兄がいなければ、不渡りを出して、ぼくは何度も刑務所に入っていたはずだ。お金のことは、ぼくにはさっぱりわからない。兄は、ぼくがまっとうな道を歩めるようにしてくれているんだ」

そのまっとうな道が、大いなる繁栄をもたらしたのだ。無論、いつもというわけではなく、平坦な道でもなかった。ウォルトは不機嫌になると、言葉に容赦がなくなることがあった。1936年の後半、『白雪姫』の制作が佳境に入っていた頃、ウォルトは配給会社をユナイテッド・アーティスツからRKOレイディオ・ピクチャーズに変えようとしていた。ロイのほうはユナイテッド・アーティスツに任せるのが賢明だと考えていたのだが、その正当性を主張したところ、ウォルトから当てこすりのような非難を浴びせられた。「兄さんがユナイテッド・アーティスツの肩なんか持つのをやめて、ちょっとでもディズニーのことを考えてくれるなら、話は簡単なのにな。ユナイテッドには、お詫《わ》びのしるしに、うちのスタジオと、商標権と著作権でもくれてやって、兄さんは安月給で雇ってもらったらどうだ。それでもあっちが納得いかないっていうなら、ぼくはミンツのところで仕事をもらうから、兄さんはまた掃除機でも売るんだな」

こうして、ウォルト・ディズニー・プロダクションはRKOレイディオ・ピクチャーズと契約を結んだ。

ロイ・オリバー・ディズニーは、1893年の生まれで、ウォルトより8歳上の兄だった。あとふたり兄がいたが、ロイが赤ん坊だった弟の面倒をよく見たので、ふたりは親密になった。ディズニー家の暮らしは楽ではなく、父親がジフテリアでふせっている間、ロイは10代半ばで実家の農場を切り盛りしていた。

カンザスシティに移ってから、ロイはしばらく新聞配達の仕事をしていたが、ほかのディズニー家の息子たちと同様、独り立ちできるようになると父のもとを離れ、最初は銀行員として働き、アメリカが第一次世界大戦に参戦すると、海軍に入隊した。護衛の任務でフランスに三度渡っている。周りの船がUボートに沈められるなど危険な任務で、帰国したときには結核にかかっていた。南西部の退役軍人病院で暗くわびしい入院生活を送ったのち、ロサンゼルスの北に位置する、カリフォルニア州のグレンデールに移った。そこで、のちの弟の言葉にもあったが、掃除機のセールスマンになった。だがどうにも嫌になったロイは、ある日の勤務中、会社に電話し、実演用の掃除機を置いてきた歩道の場所を伝えると、仕事を辞めてしまった（美徳のある時代で、会社が回収に行くと、掃除機はまだそこにあったという）。

それから間もなくして、結核が再発したロイは、西ロサンゼルスにある退役軍人病院に入院する。のちに、ロイはこう記している。「その頃、ウォルトがハリウッドにやってきたんだ。7月のことだった。わたしはソーテルの病院にいた。手紙で、ウォルトはニューヨークの誰だかに映画を売ったと言っていた。ある晩、天幕を張ったベランダに並んだベッドの中から、ウォルトはわたしを見つけ出した。夜の11時か12時頃で、ウォルトはわたしを揺り起こすと、先方がウォルトの申し出に同意したという電報を見せた。そして、『どうしたらいい？　一緒にきて、仕事を始めるのを手伝ってくれないか？』と言った。翌日、わたしは病院を出て、二度と戻らなかった」

それがディズニーという会社の始まりだった。ロイは帳簿つけはもちろん、再利用するためにセル画からインクをこすり落としたり、カメラを回したりと、人手が足りないときは何でもやった。といっても、カメラ回しは苦手だったようだ。ウォルトにも、こんなことを言われている。「（兄さんは）カメラマンが身につけなきゃならない、すばやい動きがどうしてもできなかった。だからスクリーンに映すと、映像がゆらゆら揺れていた」配給会社の人間にも、文句を言われている。「結局、カメラマンを雇うことになり、経費が余計にかさんでしまった」

アニメーターたちも雇わなければならなかった。絵については、ウォルトは驚くほど能力不足だったのだ。ロイも言っている。「ウォルトは、実際に絵を描くとなると、優れたアーティストというわけではなかった。『あえて手の込んだことをやりたがる』タイプだった。ウォルトの絵にはそれぞれ意味があったが、それを表現する技術がなかったんだ……。それはウォルトも自覚していて、もしいい人材を見つけたら、絵を描くのは任せるつもりだった」ウォルトは1924年以降、絵を描かなくなった。「アーティストとして描いたもので、満足のいくものはひとつもなかった」

スタジオが大きくなり、ミッキーマウスがアメリカにかつてないほど強力な魔法をかけると、ロイは会社の財政面の管理に全力を注ぐようになり、20世紀で最も成功したビジネスマンとの呼び声が高まっていく。1930年代、バンク・オブ・アメリカから数々の融資を巧みに引き出し、おかげで『白雪姫』は公開直後からけた外れの興行成績を記録することになる。

ロイは、会社の繁栄は手堅いビジネスではなく、完璧主義者の弟ウォルトの、途方もない、破天荒な想像力の上に成り立っているのだということを決して忘れることはなかった。

それでも、恐ろしい思いもした。ロイにとって最悪の瞬間は、1936年、バンク・オブ・アメリカに63万ドルの融資を頼みに行ったときだろう。週に2万ドルもの資金を食いつぶしている『白雪姫』の製作費を補足するためだった。ウォルトは言っている。「ロイは、製作費が100万ドルに達するまでは、どっしり構えていたんだ。当時のロイは、10万ドル以上の数字になじみがなかったんだろうね。ゼロが1個増えて、仰天してたよ。経費が150万ドルを超えると、まばたきすらしなくなった。というより、できなかった。すっかり麻痺《まひ》しちゃったんだな」

ウォルトがまたもや気が遠くなるような計画を立てていると聞いたとき（ウォルトから直接聞

いたわけではなく、ウォルトも計画当初のドタバタの間は何も言わなかった）、ロイはこう言ったという。「弟がまたとんでもないことを始めようとしている」そう言いながらも、諦めの境地だったかもしれない。弟が一度やると決めたら、断念させるのは無理だとわかっていたからだ。ロイは確信というより期待を込めてこう語っている。「ウォルトは遊園地についていろいろ話していますが、本当のところ、どこまで真剣なのかわたしにもわかりません。実際に遊園地を運営することよりも、遊園地にどんなものがあったらいいか、それを考えるのに関心を持っているんでしょう」ディズニーランドの件は、ロイにすれば「ウォルトのばかげたアイデア」のひとつだったのだ。

しばらくの間は、ロイもこの話をうまく避けてきた。ウォルトも言っている。「財政難だったから、遊園地の話をしても、誰も本気で取りあってくれなかった。ロイに相談しようとすると、きまって急に会計のことで忙しくなるんだ。だから言い出せなかったんだよ」

とはいえ、ウォルトはひとたびロイに打ち明けると、しつこく話題にするようになった。だが、ロイの反応はそっけないものだった。計画が進み、150万ドルほど資金が必要なんだとウォルトが言うと、ロイは1万ドルならスタジオから金を出すと答えたのだった。

それからWEDエンタープライズが設立されると、ウォルトからの要求はますます強くなった。看護師で話し相手のヘイゼル・ジョージがディズニーランド計画を応援するキャンペーンを社内で立ち上げ、資金の足しにしようと、社員から5ドル、10ドルと寄付を募りはじめた。ウォルトのビジョンを草の根レベルで支えるという感動的な支援活動は、実はロイの心を揺さぶり、この計画でもっと大きな役割を果たしてもらうための、ウォルトの策略だった。

ウォルトはディズニーランドを諦めるつもりはなかった。ロイは弟が『白雪姫』をつくりたいと言い出してぞっとしたときのことを思い出していたかもしれない。あのときは大成功の結果だった。とはいえ、どんなに勝つ見込みのある勝負でも、ロイのように用心深い人間を、また賭けに出ようという気にさせるのは難しい。それに、これまでウォルトが持ち出してきた大胆な計画は、すべて映画にかかわることだった。不動産の買収や、一般的には軽蔑されている遊園地ビジネスに、ロイが手を出そうとするはずがなかった。

雇った建築家たちや積み上がっていく設計図への支払いをウォルトがどうしているのか、ロイは不安を募らせていった。「でも、ウォルトにはたずねなかった」とロイは語っている。「ディズニーランドは、ウォルトの秘蔵っ子だったからね」

だがロイは好奇心に駆られ、ウォルトが懇意にしている銀行家に電話して、弟が金を借りに行かなかったかたずねた。「ええ、来ましたよ」と銀行家は答えた。「それでどうしたと思います？　お金を貸したんですよ」こうしてロイは、ウォルトが10万ドルの個人ローンを組んでいるうえ、自分の生命保険を担保にして25万ドルもの金を借りたことを知ったのだ。

ウォルトがバーバンク市議会とやりあっている最中に、ロイはついに折れた。リバーサイド・ドライブにディズニーランドをつくるのは難しいとウォルトがぼやいていると、ロイが口を挟んできた。「ああ、そういうやり方じゃあ無理だろうね」（ウォルトはロイが乗り気になったことに気づいたはずだ）「もっと大々的にやらないと」

第13章 世界のどこにもない場所

1953年9月、ハーバート・ライマンが自分のアトリエで絵を描いていると、電話が鳴った。かけてきたのはウォルトだった。「やあ、ハービー。今スタジオにいるんだがね」土曜にですか？　とライマンがたずねると、ウォルトは不機嫌そうな声を出した。「そうだよ。ここはぼくのスタジオなんだから、いついてもいいじゃないか」そこで口調が変わった。「こっちに来られないか？　来てくれるだけでいいんだ。入口のところで待ってるから」電話を受けたライマンは、こう言っている。「わざわざウォルトが電話をくれるなんて、何事かと思ったし、それにうれしかった。ただ、その理由が謎だった」

ハーバート・ライマンはイリノイ州バーノンで育った子ども時代から、絵を描く仕事につくと決めていたが、それは命が危険にさらされたことでつかんだ道だった。「絵を描くのが好きだったが、周りの人たちは、あたりさわりのない趣味くらいに思っていた」大学に入学する頃には、明らかに支障が生じていた。母親が断固として反対したのだ。ライマンの父親は外科医で、第一次世界大戦中にフランスのマルヌで戦死していた。母親は、息子に父親の跡を継いで外科医になってほしいと強く願っていたのだ。だが大学在学中、ライマンが猩紅熱《しょうこうねつ》で命を落としかけたことをきっかけに、母親もライマンの夢を認め、回復した息子をシカゴ美術学院に入学させた。ライマンは優秀な成績で卒業した。

1932年、ライマンは映画会社メトロ・ゴールドウィン・メイヤー（MGM）の美術部門で働きはじめ、『嵐の三色旗』『戦艦バウンティ号の叛乱』や、『オズの魔法使』のエメラルドシティのデザインに携わった。特に『オズの魔法使』において、その実力が発揮されている。ライマンは生き生きとした華麗な作風で知られる、第一級のイラストレーターだった。グリム兄弟の童話の森や、未来の都市、魔法の城など、ファンタジーの世界を雰囲気たっぷりに表現できた。

1938年、ウォルトはロサンゼルスのシュイナード芸術学校でライマンの作品を目にし、すぐさまMGMから引き抜いた。以降、ライマンはディズニーのスタジオで活躍し、『ダンボ』や『ファンタジア』の美術監督も務めた。だが1946年、ライマンはディズニーを離れ、20世紀フォックスに移った。「わたしはウォルトを見捨てた。それは犯罪行為といってもよかった（少なくとも、ライマンはそう思っていた）」

ウォルトから電話があったとき、ライマンはもうとっくに部下ではなくなっていたし、ウォルトに対してわだかまりを抱いていたかもしれない。それでも、ウォルト・ディズニーからの呼び出しを無視できるはずもなく、ライマンはいそいそと駆けつけた。

ウォルトはライマンを握手で出迎えた。「やあ、ハービー。『怪傑ゾロ』の屋敷で話そうじゃないか」ライマンが事情をたずねると、ウォルトはこう答えた。「ぼくたちは遊園地をつくることにしたんだ」

「それは面白そうですね。どこにつくるんです?」

「この通りの向かいにしようと思ってたんだが、それじゃあ敷地が足りないくらい大きなものになりそうなんだ。だから、別の場所を探しているところでね」

「名前は決まってるんですか?」

「ディズニーランドにしようと思ってる」

「なるほど、いい名前ですね。それで、今日お呼びいただいたわけは?」

ウォルトは、長い間この計画を頭の中で温めてきたとライマンに打ち明けた。ディズニーランドは今までの遊園地とはまったく違うものになること。それには、手持ちの資金では賄えないくらいの膨大な費用がかかること。だが、ウォルトはその金を工面する方法を思いついていた。新しく登場したテレビという騒々しい媒体を、映画業界は警戒していたが、ウォルトはそこに宣伝効果と資金調達の可能性を見出《みいだ》していた。

2日後の月曜日に、ロイはニューヨークに向かい、ディズニーの番組をテレビ局に売り込むことになっていた。好意的に受けとめられることを期待していたが(ディズニーのテレビ番組に対する業界の関心はかなり高かった)、ひとつ問題となる条件があった。ディズニーの番組を放送するテレビ局には、ディズニーランドに融資してもらいたい、ということだった。

テレビ局の重役たちは、斜陽産業である遊園地業界への参入にはあまり乗り気ではないだろうとウォルトも理解していた。だが、ディズニーのテレビ番組には魅力を感じるはずで、ロイには、空から見たディズニーランドの完成予想図という強力な説得材料を託すことにしていた。

俄然《がぜん》興味をひかれたライマンは、その完成予想図を見せてほしいと言った。

「それをきみに描いてもらいたいんだよ」

ライマンは唖然《あぜん》とした。「いや、できませんよ。土曜の朝10時に呼び出して、ロイが資金を集められるような傑作を今すぐ描けなんて、無茶を言わないでください。わたしもあなたも、恥をかくことになりますよ」

ウォルトは必死になって頼みはじめた。「おねだりする子どもみたいだった」とライマンは語っている。目に涙までためていたという。「ウォルトはそわそわと、行ったり来たりしていた。それから部屋の隅まで行くと、こっちを振り向いて、なだめすかすように言った。『ぼくも一緒にいるっていうなら、やってくれるかい?』」

結局、ライマンは引き受けた。「自分では力不足だとわかっていたが、ウォルトが土曜の晩も日曜の晩も寝ずにいるというなら、わたしもやるしかないと思ったんだ」

ライマンはさっそく作業に取りかかり、ウォルトは説明を始めた。「ここは魔法の場所なんだ。大事なのは城だ（ちょうどこのとき、ウォルトのスタジオは『眠れる森の美女』の制作を始めたところだった）。園内のどこからでも見えるように、高くしなきゃならない。みんなの注目を集められるようにね。メインストリートの先に中心となる広場をつくって、そこから車輪のスポークみたいに、放射線状にそれぞれのエリアに通じる道が延びている。ぼくは美術館やいろんな娯楽施設に行って、入場者がどんな動きをするか研究したよ。誰だって足が疲れてしまうんだ。でも、この遊園地ではそうならないようにしたい。年長の人たちが、子どもたちに『好きに遊んでおいで。ここで待ってるから、30分したら戻ってくるんだよ』って言えるような、休めるところをつくるんだ。ディズニーランドは、そうしたいと思わないかぎり、迷子になることも、疲れることもない場所にするつもりだ」

ライマンは、約110センチ×180センチの大きな薄紙に、ざっと三角形の線を引くと、その中に丘や川を描き込んでいった。川にはミシシッピの船尾外輪船と古風な横帆船。中庭には城とメリーゴーラウンド。ひとつしかない入口から城へと延びるのは、ヴィクトリア朝風の建物が建ち並ぶ大通り。それから、スペースをさまざまな「ランド」に分け、フロンティアカントリー、ホリデーランド、ミッキーマウス・クラブ、ファンタジーランド、リリパットランド、ワールド・オブ・トゥモロー、トゥルーライフ・アドベンチャーランドといった、仮の国の名前を添えた。

ミルクシェイクとツナサンドイッチで腹ごしらえし、ウォルトがくゆらせる紙巻タバコの煙を浴びながら、ライマンは週末ぶっ通しで作業を続けた。ライマンは、表現派の画家のような大胆な絵を描くこともできたが、そのとき手がけたディズニーランドの情景は、明瞭で、ウォルトの説明が忠実に再現されており、繊細で魅力にあふれていた。ウォルトが電話をかけてから40時間後、ライマンはペンを置いた。ふたりは、ついに仕上がったディズニーランドの予想図を眺めた。

ウォルトのビジョンとライマンの粘り強い技術から生まれた完成予想図は、このあと2年の歳月と何百万ドルという投資の末、カリフォルニア州アナハイムのかつてはオレンジ畑であった場所に出現し、世界中の人々の想像力をかき立てることになるものと、ほとんど変わらなかった。

辺境の砦柵、宇宙の空港、ジャングルの川、メリーゴーラウンドなどが、スチールの境界線の中におさまっている。それは、作業を始める際、ウォルトがライマンに熱っぽく語った通りだった。「ハービー、世界中のどこを探しても、ここにしかないような場所にしたいんだ。それと、線路に囲まれてなきゃならん」

第14章 崖っぷちのテレビ局

ウォルトがテレビ局を利用するというアイデアを打ち出したときには、ロイはディズニーランド計画に本気で取り組むようになっていた。ハーバート・ライマンが描いた完成予想図を携え、ディズニーのテレビ番組を売り込むため東に向かったのもロイだった。

テレビがこの世界に誕生して以来、ウォルトはずっと関心を寄せていた。『白雪姫』を制作していた1930年代半ば、ラジオ・コーポレーション・オブ・アメリカ（RCA）の社長であり〈NBC〉の創立者でもあったデイヴィッド・サーノフと面会し、ブラウン管の中で踊る灰色の小さなイラストを見せるため、ウォルトはニュージャージー州のカムデンまで足を運んだこともあった。

1936年にユナイテッド・アーティスツと決別したのは、彼らがディズニー映画のテレビ放映権を主張したという理由もあった。この時点ではまだ、テレビの視聴者は世界中で2000人ほどしかいなかったが、ウォルトはユナイテッド・アーティスツの要求を突っぱねたのだった。

ロイもテレビの可能性には気づいていた。1947年には、会社の役員全員にテレビを支給した。その翌年には、テレビを「朝から晩まで」観るという目的のためだけに、ウォルトがニューヨークで1週間を過ごしている。うんざりするような休暇から戻ったウォルトは、ヘイゼルに「テレビは将来有望だ」と認めている。

1948年には、テレビは映画業界を脅かすものではなく、むしろ助けとなりうる存在だとウォルトは公言している。このウォルトの意見は、それから数年もしないうちにマイホーム所有者たちがテレビに群がるようになると、映画業界でも大いに議論されるようになる。また、テレビの効果を認めていたとはいえ、ウォルトは慎重で、C・J・ラ・ロッシュという調査会社に依頼して、テレビという新しい媒体をうまく利用するための情報を集めさせた。ラ・ロッシュは1950年9月、「ウォルト・ディズニー・プロダクションのテレビ進出について」という報告書を提出している。それによると、最初は小規模から始めるのがいいとあった。シリーズものではなく、単発の番組で様子を見ようというわけだ。2カ月後、ディズニーはクリスマスの特別番組を放送すると発表した。

ディズニーのスタジオで脚本を書いていたビル・ウォルシュは、その当時、スタジオのロビーや駐車場でウォルトとしょっちゅう出くわしていたのだが、ある日突然ウォルトに呼びとめられ、こう言われたのだった。「やあ！　ぼくのテレビ番組のプロデューサーはきみにやってもらうよ！」

ないんですが」

ウォルシュは唖然とした。「ええっ？　テレビ番組のプロデューサーなんて、やったことがないんですが」

「やったことがある人間なんているかね？」ウォルトはそう返すと、話はそれで決まりとなった。

ウォルトの一言で新米プロデューサーとなったこのビル・ウォルシュという人物は、人生の大半をショービジネスの世界で過ごしてきた。「わたしは9月30日、ニューヨーク市で生まれた。どういうわけか、生まれた年（1913年）をよく忘れるんだ。そこだけ記憶に穴が開いてるみたいでね。ニューヨークにいたのは2週間ほどで、住みづらくなったんだろうね、オハイオ州のシンシナティに移り、そこで野外ショーをやっていた叔母と叔父と一緒に暮らした」ウォルシュは夏の間、中西部の町を叔母たちと巡業して回り、お菓子やチケットを売った。パーセル高校を卒業し、シンシナティ大学にスポーツ奨学生として入学。成績は最初からひどいものだったが、1年生のときに学内のミュージカル部のための脚本を書き、シンシナティの劇場で『タトル・テイルズ』を上演中だったブロードウェイ・スターのフランク・フェイとバーバラ・スタンウィックの目に留まったのだった。

そして、週12ドルの給料で、脚本のリライターとしてフェイたちのもとで働くことになり、正規の学校教育に別れを告げた。「フェイは薬でもやってたんじゃないかね。週に12ドルだぞ！大恐慌の時代に。その晩にはフェイたち一座と町を離れていたよ」

『タトル・テイルズ』はブロードウェイで上演されたが、ウォルシュいわく、「シンシナティで当たった」にもかかわらず、5週間しか続かなかった。フェイとスタンウィックはハリウッドに移り、ウォルシュも一緒についていった。そこで広報係の仕事をするようになる。「ブラウンダービー・レストランからテクニカラー、ダイヤモンド、フェイスクリームまで、ありとあらゆるものを宣伝したよ。女優のロレッタ・ヤングや、腹話術師のエドガー・バーゲンといった人たちの宣伝もね」

バーゲンはウォルシュの仕事ぶりを見て、ジョーク作家になれるくらいのユーモアのセンスを感じ取り、実際に書いてみないかとウォルシュを誘った。それからすぐに、ウォルシュはバーゲンとその相棒で片眼鏡の人形、チャーリー・マッカーシーのための台本を書きはじめる。そして1947年、バーゲンがディズニー映画『ファン・アンド・ファンシー・フリー』で役をもらうと、ウォルシュは映画のためにジョークを書き、共同作曲家として音楽にもかかわった。そのままディズニーに留まったウォルシュは、ミッキーマウスの連載漫画を執筆している(ウォルシュはこの仕事をとても気に入っており、すでにディズニーの重鎮となっていた1960年代まで続けている)。

ウォルトは、まったくの直観でウォルシュをテレビ番組のプロデューサーに選んだわけではないが、いささか奇妙な人選でもあった。というのもウォルシュは、必死になる価値があるかどうかもわからない媒体で成功する確率は「月に行くくらい低い」のだから、テレビに手を出すべきではないという文書をウォルトに送ったばかりだったのだ。

とはいえ、ウォルシュには熱意と、ジョークに歌、広報、連載漫画もこなせるほどの柔軟性があり、すぐさまクリスマス番組の制作に取りかかった。「ボンドでくっつけて金網で囲ったような、陳腐な番組になってしまった」とウォルシュは語っている。

こうして、1950年のクリスマスの午後、『ワン・アワー・イン・ワンダーランド』は放送された。番組は、腹話術師エドガー・バーゲンと相棒のチャーリー・マッカーシーが、大勢のティーンエイジャーたちが待つ休日のパーティーに出かけようとしている場面から始まった。そしてリリー・ベルにまたがって汽笛を鳴らす、パーティーのホスト、ウォルトが登場する。「これはね」とウォルトが語りかける。「30年間いい子でいたごほうびだよ」

それからウォルトは、『白雪姫』の魔法の鏡の精を呼び出し、あるゲストの願いを叶えるよう命令する。番組のスポンサーがコカ・コーラだったこともあり、そのゲストが「さっぱりする飲み物を」というお願いをすると、氷の山に突っ込まれた大量のコカ・コーラが載ったテーブルが現れ、みんな大喜びする。実際のところ、この番組そのものが、封切間近だったディズニーのアニメ映画『ふしぎの国のアリス』の宣伝だったのだ（魔法の鏡が叶えたふたつ目の願いは、『ふしぎの国のアリス』の試写だった）。

テレビの黎明期だったせいか、こうした押し売りのような自己アピールの番組であっても、評論家も視聴者も好意的に受け入れていた。コラムニストのジョン・クロスビーはこう記している。「子どもも大人も、あのディズニー氏の番組を視聴しており、公開予定のアニメ映画も人気が出るだろう。そのうち大勢がディズニーのクリスマス番組をもっと観たがっていた。テレビを持つ人のほとんどがディズニー氏が、またあのような番組を放送してくれることを願う」

ウォルトはその期待に応えた。今度はエドガー・バーゲンをお払い箱にして、自分ひとりがホストを務める『ジ・ウォルト・ディズニー・クリスマス・ショー』を放送したのだ。前年と同じく宣伝番組だが、やはり大好評だった。どのテレビ局も、ディズニーのレギュラー番組を放送したいと躍起になり、ロイが交渉にあたっていた。テレビ番組の制作はスタジオの負担になるとわかっていたため、ロイは時間をかけ、慎重に交渉を進めた。当時、テレビ番組は1シーズン26週で構成されていた。ディズニーには膨大な作品のストックがあったものの、それに頼りっぱなしだと、視聴者にすぐ飽きられてしまう。番組の大部分は新しい映像にすべきで、そうなると、半年ごとに26編の短編映画を制作しなければならなくなる。

それでも、ディズニーランドのために、ウォルトはテレビ番組を制作する必要があった。具体的には、ふたつの理由があった。ひとつめの理由は、ウォルト自身も口にしている。「ディズニーランドをつくるためには、テレビのような、大衆にアピールできる媒体が欠かせない。だから、ぼくはこう言ったんだ。『これこそが、ディズニーランドを実現させる道だ。テレビと手を結ぶのは、自然なことなんだよ』テレビに参入するかどうかは、ぼくなりの意見があったってことだ。どういう番組にするかはこっちが決めるという契約も結んだ。だから、ぼくのつくるテレビ番組でディズニーランドを取りあげるのは当然なんだ」

もうひとつの理由は、もちろん、ディズニーのテレビ番組を放送するテレビ局に、ランド建設の資金を出してもらいたいということだった。ディズニーランドは、数カ月、ひょっとしたら何年もかかったかもしれない交渉をスピードアップさせた。その結果、ハーバート・ライマンはウォルトのビジョンを完成予想図という目に見える形にしようと、プレッシャーに押しつぶされそうな週末を過ごすことになり、その翌日には、ロイが売り込みのためにニューヨークに飛んだのだった。

ロイは抜け目がなく、天性の親しみやすさも持ち合わせていたが、そもそもの計画に疑いを抱いているような相手を説得するとなると、弟ほど優秀な「使者」にはなれなかったようだ。何にせよ、ロイの売り込みはうまくいかなかった。ライマンの描いた美しい完成予想図を〈ＣＢＳ〉と〈ＮＢＣ〉に披露したが、契約には至らなかった。〈ＣＢＳ〉のウィリアム・ペイリーは、おなじみの「不安の種」を持ち出してきた。ディズニーランドは「コニー・アイランドの二の舞になる」というのだ。〈ＮＢＣ〉のデイヴィッド・サーノフも、こう言ったという。「ディズニーのテレビ番組は欲しいが、ふざけた遊園地なんかにどうして金を出さなきゃならんのかね」

最初の話し合いはそれで終わりで、ロイはカリフォルニアに手ぶらで帰ることになった。だが、サーノフもパートナー契約には興味を示しており（少なくともそう見えた）、〈ＲＣＡ〉社長のジョセフ・マコーネルとの交渉に臨むとき、ロイは期待していた。それでも数カ月も答えを引き延ばされ、ある日、とりわけいらいらするような話し合いを終えたロイは、〈ＲＣＡ〉のビルを出て宿泊先のホテルの部屋に戻ると、〈ＡＢＣ〉の社長レナード・ゴールデンソンに電話をかけた。

〈ＡＢＣ〉を最後に残しておいたのには理由があった。〈ＡＢＣ〉はいわばテレビ界のアナハイム、つまり最後の手段だった。1943年にラジオ局として開局し、『ローン・レンジャー』や『グリーン・ホーネット』といったシリーズで成功をおさめた〈ABC〉だが、1948年、テレビに参入してからは業績が低迷し、1949年には破産寸前にまでなっていた。業界内では、そのイニシャルをもじって「オールモースト（かろうじて）・ブロードキャスティング・カンパニー」と揶揄され、コメディアンのミルトン・バールにもジョークのネタにされている。「ロシアが爆弾を落とすっていうなら、みんな〈ABC〉に逃げ込めばいい。どうせヒットしないんだから」

レナード・ゴールデンソンは、先見の明があると評判のデイヴィッド・サーノフが「アニメ映画だって？　テレビは娯楽メディアにはならんよ」と言ってディズニーを突っぱねたことは、史上最悪の見込み違いだったと回想している。ロイがほかのテレビ局との交渉をついに諦めて〈ABC〉に連絡をしたとき、ゴールデンソンはこう言ったという。「ロイ、今どこにいるんだ？　わたしのほうから、すぐに会いに行くよ」

ゴールデンソンがテレビ業界に参入したのは、ディズニーに先駆けることわずか数年だった。ゴールデンソンは映画畑の人間で、製作・配給会社パラマウントで身を立て、その映画館チェーンの運営を任されていた。だが1948年、映画会社が独自の映画館を所有することをアメリカ政府が禁じたため、「必死になって、テレビ業界に飛び込んだ。避けられない流れだった」という。ゴールデンソンは1951年に〈ABC〉を買収したが、幸先《さいさき》はよくなかった。当時の状況について、彼はこう述べている。「ABCの放送ネットワークには、14局しか加盟していなかった。一方、CBSは74局、NBCは71局だった。スポンサーからの広告料は、コマーシャルを目にする視聴者数によって左右される。CBSの番組は、1時間につきわれわれの5倍の視聴者を獲得していたことになる。だが番組の制作費は、どこのテレビ局だろうが同じだった」

ゴールデンソンは、何をすべきかわかっていた。「わたしの立場としてやるべきことは、ハリウッドをテレビ局に引っ張ってくることだった」そこで、映画会社と同盟を結び、西部へとキャンペーンに出たのだった。当時、ワーナー・ブラザースは重役たちに対し、オフィスにテレビを置くことを禁止しており、映画に出てくる家には、それがどんなに裕福な家でも、テレビはなかった。したがって、どこに売り込みに行こうが、ゴールデンソンはけんもほろろに追い返された。MGMとの昼会食の席では、こんな言葉を浴びせられた。「きみは映画界の裏切り者だ。監督やプロデューサー、タレントたちを根こそぎテレビに持っていって、われわれが身動きできないようにするつもりなんだな」

「そんなのばかげてる」とゴールデンソンは返した。「次の映画の予告編を、アメリカ中の家庭のテレビで流せるとしたら、いくら払います？　100万ドル？　わたしが言いたいのはそれだけです」

ゴールデンソンの言い分は無視された。「わたしはテレビを、映画業界を活性化させるものとして売り込もうとしていた。だが、誰も取りあわなかった。テレビは映画の敵とみなされていた。収穫のないまま、ニューヨークに戻ったよ」

それでも、ゴールデンソンは諦めなかった。「ハリウッドに作品を提供してもらう方法を見つけなければならなかった。さもなくば、われわれは終わりだった」ロイ・ディズニーとホテルで面会したとき、ゴールデンソンは金のかかる遊園地計画に足を突っ込むというリスクを、あえて負うつもりだった。それしか道はなかったのだ。ディズニー番組を買うときは「ディズニーランド」とかいう商品も一緒に買わなきゃならなくなるぞと、同じ業界にいる友人から聞いていた。

そこで単刀直入に、ロイにいくらかかるのかとたずねた。「ウォルトが言うには、とりあえず2000万ドルから5000万ドルはかかるらしい」とロイは答えた。「だがわたしが思うに、1000万ドルは必要になりそうだ」それを聞いたゴールデンソンは、1500万ドルはかかるだろうと見積もった。「建設が終わったら人を雇って教育する必要があるし、オープン当初は損も出るだろう」

ゴールデンソンも、ペイリーやサーノフ同様、ディズニーランド計画が気に入らなかった。だが、自分もロイも、お互いが頼みの綱なのだとわかっていた。2日間の話し合いの結果、ふたりは取引成立の握手を交わした。

実際の契約に至るまでに、それから数カ月を要した。翌4月に、ディズニーはようやく〈ABC〉と協定を結んだことを発表した。〈ABC〉は50万ドルをディズニーランドに投資し、1時間のレギュラー番組に対し、最初の年は番組1本につき5万ドル、2年目は6万ドル、3年目は7万ドル支払うことになった。さらには、450万ドルまでの融資も保証した。

「われわれは、ディズニーランドの権利の35パーセントを所有し、開業から10年間、園内の食べ物の売店の収益を全額受け取ることになった。こいつは金鉱になるかもしれないと思った。もちろん、番組も手に入る。それがこっちの一番の望みなんだから。ディズニーとは7年契約を結び、オプションとして、8年目は年に500万ドル支払う。総額は4000万ドルで、テレビ番組の一括契約としては、史上最大規模だった」

〈ABC〉が巨額の資金を提供したことに後押しされ、長年ディズニーの書籍や漫画を出版してきたウェスタン・プリンティング・アンド・リソグラフィング・カンパニーも投資を決める。かくして契約がまとまり、ディズニーが企業として34・48パーセント、〈ABC〉も34・48パーセント、ウェスタン・プリンティングが13・80パーセント、そしてウォルト自身が16・55パーセントの配分でディズニーランドの権利を所有することになった。そして向こう2年間は、他の投資者の権利を買い取れないという条件もつけられた。

この契約が映画業界に与える影響にウォルトは気を配っており、「映画とテレビは共存できると確信している」と明言している。その証拠に、これまでになく費用のかかる映画を3本も制作しているんだから、と。『海底2万マイル』『わんわん物語』『眠れる森の美女』の3本が、劇場で公開されることになっていた。3本ともシネマスコープ（より幅広の画像が映写できる新しい技術で、当時のテレビ画面には収まらなかった）によって撮影されたものだった。

だが、20世紀フォックスの社長であるスパイロス・スコーラスは納得しなかった。「（テレビ局から）打診を受けてはいるが、受けるつもりはない。未来は映画館にあると信じているからだ。テレビに映画を売れば、映画館の売り上げに響く。この段階で、映画館業界に打撃を与えるようなことをすれば、破滅的な結果を招くだろう」一方で『ニューヨーク・タイムズ』紙は、ウォルトが「ハリウッドの一流プロデューサーとして、テレビ局と正式に同盟を結んだ初めての人物」になったことがもたらす効果を、本人以上に理解していた。その後の展開をはっきりと予見していたのだ。「これにより、エンターテインメント業界の形勢が、まったくの別物になる可能性がある」

といっても、ウォルトとビル・ウォルシュは、取引の条件をどう満たせばいいのか、ほとんど見当もつかなかった。

1954年4月、共同記者発表の場において、〈ABC〉とディズニーは「まったく新しいコンセプトのテレビ番組」を提供することを約束した。そしてそれは、「冒険、ロマンス、コメディなどさまざまなジャンルのシリーズ番組に、実写とアニメーション両方の技術を活用する」ものになるという。こうも盛りだくさんになったのは、ウォルトがゴールデンソンに手渡した、出まかせの寄せ集めのような、走り書きのメモのせいだった。以下はその一部である。

●過去のディズニー映画を紹介する30分のテレビ番組
●現在制作中の作品から抜粋した映像
●今後、制作予定の作品から抜粋した映像
●テレビ向けの特別映画（内容は未定）

●事物の歴史――面白い事実
●低俗な音楽――きみとぼく
●みんなで絵を描こう――そんなの簡単さ
●アートの内幕――いい料理人はアーティスト
●おとぎ話の由来――イソップ、ラ・フォンテーヌ、グリム

これ以外にも、「お絵描きコンテスト」「お話コンテスト」や「ディズニーランド・コンテスト」などを行い、「さまざまな商品」(「ディズニーランドで生まれ育ったポニーを進呈」といった、親たちを喜ばせるとは思えない計画だった)も用意されているという話だった。

散漫とした計画だったかもしれないが、ウォルトはひとつだけ心に決めていた。それは、番組のタイトルを『ディズニーランド』とする、ということだった。

第15章 アイデアを売り込む

計画段階とはいえ、ディズニーランドはテレビ番組の『ディズニーランド』よりもはるかに前進していた。土地の買収も完了し、資金も集まった。ウォルトは、スタッフにディズニーランドのことを発表すべき時がきたと思った。

もちろん、すでに噂は飛び交っており、何かが起きていることはみなわかっていた。だが、ウォルトは寝ても覚めてもディズニーランドのことで頭がいっぱいだった割りに、そのことを打ち明けたのはごくわずかのスタッフに限られていた。おそらく、スタジオ内で知っていたのは20人にも満たなかっただろう。

ウォルトは、この計画が容易に受け入れられるとは思っていなかった。バズ・プライスはSRIに託された次なる調査に取り組んでいたが、これといって役に立つような情報を集められずにいた。土地を探していたときよりも、プライスは苦労していた。「ふたつ目の任務は（1953年秋の時点でもまだ）ディズニーランドの実現可能性を調査し、工程表か計画マニュアルの形で提出することだったが、それは雲をつかむような話だった。比較できるモデルがほとんどなかったからだ」

そこで、モデル探しをすることになった。ハーパー・ゴフはこう語っている。「妻とふたり、アメリカ中を何千キロも旅して、情報を集めて回った。男性用トイレと女性用トイレの比率は、とか……窃盗はどの程度起こるのか？　車で来園する客の人数は？　駐車場の大きさは？　といったことを」

チカチカと光る照明に一瞬浮かびあがる楽しげな（あるいは恐ろしげな）セットを横目に、電気仕掛けの乗り物が、曲がりくねったレールをガタガタと進んでいく。そんなダーク・ライドに乗って、所要時間を計ったりもした。パイク（ロングビーチの娯楽施設）の「ハネムーン・トレイル」は1分38秒間隔でゲートを通過し、「ラフ・イン・ザ・ダーク」は乗客に1分34秒の「恐怖の笑い」を提供していた。

バズ・プライスは、最も有益な情報が収集できるのは、遊園地ではなくサンディエゴ動物園だと信じていた。「比較対象としても、市場の浸透度や入場者数、季節変動の予測に利用するにも、優れた実例だった」ディズニーランドもその予定だったが、サンディエゴ動物園は通年営業しており、「経済成果も分析でき、ディズニーランドのモデルになり得る」と考えたのだ。また南カリフォルニアで一番人気の観光スポットだったフォレストローン・メモリアルパークは、ディズニーランドは緑あふれる場所であるべきだというウォルトの信条を裏づけるのに役立った。

プライスは、伝統的な遊園地の業績も算出したのだが、その結果は残念なものだった。「入場者の平均滞在時間は2時間30分、平均支出額は1ドル50セントだった」

サンフランシスコのホイットニーズ・プレイランドは、さほど大きくない遊園地で、ウォルトは最初、大して気に留めていなかったが、訪れてみると多くの収穫があった。オーナーのジョージ・ホイットニーは活気あふれる起業家で、ウォルトは彼と面会を予定していた。だが、ホイットニー自身は多忙のためウォルトと会う時間がなく、代わりに息子のジョージ・K・ホイットニー・ジュニアが案内役を務めた。ウォルトは、遊園地によくある乗り物に興味はなかったが、ホイットニー・ジュニアのビジネスに対する理解力と、入場者をどう動かし、喜ばせ、満腹にさせているか、その簡潔で明快な説明にいたく感心した。それまでは「遊園地の関係者は雇いたくない」と言っていたウォルトだったが、プレイランドからホイットニー・ジュニアを引き抜き、ディズニーランドの乗り物の運営監督を任せたのだった。彼はディズニーランドの7番目の従業員であり、遊園地での職務経験がある唯一の人間だった。

プライスは数週間にわたる調査を、こう総括している。「われわれは、モデルを見つけ、現在考案中の遊園地における数字的な指針を適切に見極めるために、全米各地の娯楽施設、さらにはコペンハーゲンのチボリ公園（庭園と遊園地）を訪れた。そして、入場者数のピークや季節変動、ひとりあたりの支出額、群衆の密度、入場者数に対応できるアトラクションの定員、投資水準などを調査した。当時は、そうした項目には呼び名もなく、自分たちで考案するしかなかった」

考案、という言葉をプライスは2度用いているが、どちらにも意図がある。ディズニーランドの運営は、群衆の流れを読み、経済の予測を行い、建築上の問題を解決するだけでは不十分なのだ。これまでに実例のない試みであり、ライト兄弟が初めて空を飛んだときと同様、新たな発明が必要だったのだ。

ハーバート・ライマンが説得力のある完成予想図を必死に描いているとき、ビル・ウォルシュは、そこに添える、現在のビジネス用語では「ミッション・ステートメント」と呼ばれるものをひねり出していた。感動的な口調で、ディズニーランドが既存の遊園地――ベニヤ板の骸骨が暗闇でライトアップされ、バンパー・カーがやみくもにぶつかり合い、(倒せるはずのない)木のミルク瓶の山を客に倒させようとするような遊園地――とはまったく違うものであると宣言したのだ。

ディズニーランドの構想はごく単純なものです。それは、人々に幸福と知識を与える場所になる、ということです。

親と子が一緒に楽しめる場所であり、教師と生徒が物事を理解し学ぶための、より良い道を発見する場所なのです。年長の人たちは過ぎ去りし日々の郷愁にふけり、若者たちは未来への挑戦に胸を躍らせる。ここには、自然と人間が織りなす不思議の世界が広がり、人々を待ち受けています。

ディズニーランドは、アメリカという国をつくった理想と夢、そして厳しい現実を原点とし、同時に、それらに捧げるものなのです。そして、その夢や現実を、ユニークな手法で表現し、勇気とインスピレーションの源として世界に贈ろうとしているのです。

ディズニーランドは、博覧会、展示会、遊園地、コミュニティー・センター、現代博物館、そして美と魔法のショーを集約したものなのです。

ここは、人類の功績や喜び、希望にあふれています。こうした不思議を、わたしたちの生活の一部とするにはどうすればよいのか、それをディズニーランドはわたしたちに連想させ、教えてくれるのです。


これこそが、プライスが「実行可能性分析のハイライト」と呼んだものだった。1953年11月、シカゴのシャーマン・ホテルで開かれた遊園地経営者の年次総会兼展示会にて、プライスはそれを披露した。「スイートルームに、全米屈指の遊園地経営者を4名招待し、ウィスキーとキャビアをふるまった」プライスによると、その4人の顔ぶれはこうだった。「みな遊園地業界の大物だった。シカゴの〈リバービュー・パーク〉のウィリアム・シュミット、ニューオーリンズの〈ポンチャートレイン・ビーチ〉のハリー・バット、(シンシナティの)〈コニー・アイランド〉のエド・ショット、そして、サンフランシスコの〈ホイットニー・プレイランド〉のジョージ・ホイットニーだ」

こうした野外遊園地のプリンスたちに対し、プライスとナット・ワインコフ、C・V・ウッドは、ライマンの描いた完成予想図(補足となるイラストが何枚も添えられていた)を示しながら、

2時間かけて、建設予定の遊園地について説明した。実物大の船尾外輪船が浮かぶ川、岸辺にジャングルの動物を眺めながら、モーターボートで川下りができる熱帯の水路、こびとたちのダイヤモンド鉱山を通り抜け、ロンドンからピーター・パンのいるネバーランドまで飛んでいける電動の乗り物、いまだ構想が固まっていないトゥモローランド。20世紀初頭の街並みを再現した大通りや、城がそびえる中央広場。すべてが汚れひとつない豊かな景観に囲まれているのだと。

だが、「ディズニーランドはうまくいかないだろう」というのが、満場一致の反応だった。プライスは、否定的な意見（肯定的な意見はひとつもなかったのだが）を詳細に書き残している。「収入源になるはずのものが、明らかに足りない。ジェットコースターも、観覧車も、射的もなければ、玉当てのようなカーニバル・ゲームもない」しまいには、ディズニーランドには必要ないと考えているものを指摘される。「余興を売り込む客引きを置かないなら、カモたちは金を払ってまでショーを見ない」

また、「乗り物の収容定員が少なすぎて、収益が得られない」だけでなく、そもそも「独自の乗り物ではうまくいくはずがない」という。建設に費用がかかりすぎるし、故障しやすいからだ。「それに、客たちは違いもわからないし、気にしないだろう」

ウォルトお気に入りのアイデアも、一蹴されてしまう。「城や海賊船のようなものは、見ばえはするだろうが、所詮乗り物ではなく、経済的に考えるとつくる意味がない」し、メインストリートも「収益をあげないものばかりが並んでいる」というのだ。入口がひとつしかないのも致命的だと言われた。「大渋滞を引き起こすだろう。駐車場から近く、アクセスがしやすいよう、入口はすべての方角に設けるべきだ」

ジャングルクルーズは特に評判が悪かった。「動物が眠ってしまい、ほとんど客には見えない」

しまいには、こう言われた。「清潔で眺めのいい景観を維持するというこだわりは、経済的には自殺行為だ。客が気づきもしないようなものに金を使いすぎて、ウォルトは無一文になるだろう」

4人のうちのひとりは、プライスにこんなアドバイスを残している。「ウォルトに、金の無駄遣いをやめるように言うんだ。今まで通りの仕事に精を出して、遊園地ビジネスはビジネスをわかっている人間に任せておくんだとね」

酷評を並べられても、ウォルトは驚きもしなかった。

お客のことを「カモ」などと呼ぶ輩《やから》に、自分の思いが理解できるはずがない、と。『白雪姫』をつくったときも、ウォルトは同じくらい悲観的な批評に耐えた。そして、その『白雪姫』があるからこそ、スタッフたちをその気にさせられるのだった。

人をその気にさせるのは、ウォルトの得意とするところだった。ケン・アンダーソンは、『白雪姫』誕生の場面に居合わせた人物で、そのときのウォルトの言葉が忘れられないという。アンダーソンは1909年の生まれで、シアトルのワシントン大学で建築学を学んだ。成績優秀だった彼はヨーロッパに渡り、パリの高等美術学校と、ローマにある芸術財団アメリカン・アカデミーで奨学生として学ぶ機会を得た。短期間、MGMで舞台デザインの仕事をしたのち、1934年にディズニーのスタジオに入社する。最初は、ウォルトのために絵を描く機会はなかった。「ウォルトは両手を広げて受け入れてくれたわけではない。わたしは大勢の中のひとりに過ぎず、認められたいと必死だった。ウォルトは絶対君主だったからね」アンダーソンは、ウォルトが面白い人物だとは思っていなかった。「ウォルトは、ジョークとかそういう類の趣味があまりよくないと、密かに思っていた」ウォルトのユーモアはいささか低俗で「野暮ったさ」にあふれていたからだ。だが、最初に感じていた嫌悪感は、すぐに消えることになる。『白雪姫』の制作が進むにつれ、アンダーソンのウォルトに対する感情は、畏敬の念へと変わっていく。「ウォルトの信奉者になったんだ。スタジオ内で、わたしほどウォルトを崇拝していた人間はいないだろう」

1930年代半ばのある日の午後、ウォルトはアニメーターたちに50セントを支給して夕食に行かせ、戻ってくると、全員を防音スタジオに集めた。「当時50セントといえば5ドルくらいの価値があったから、うれしかったよ」とアンダーソンは語っている。「大衆食堂に行って、35セントでおいしい夕食を食べ、残りの金でデザートのパイを味わった。お腹いっぱいで会社に戻り、スタジオへと向かった。ウォルトから何かあるとか、そういったことは思いもしなかった。ただ、みんな上機嫌で集まっていた……。ともかく、ウォルトが夜の8時半か9時前くらいに下のフロアに下りてきて、われわれの目の前に立つと、新しい作品の構想を語り始めた。前置きもなく突然話し出したんだが、もう独壇場だった。本当にすばらしかったよ！

とてつもない世界に引き込まれて、この人のためなら何でもできると思った。これからやろうとしているのは、ものすごいことなんだとわかった。信じられないような、最高の気分だった。ウォルトの話を聞いていると、登場人物たちが動き出すのを感じた。こびとたちのキャラクターはほとんどできあがっていて……ウォルトは何もかも話してくれた。スタジオから出てきたときは真夜中になっていて、みな呆然《ぼうぜん》としていた。意識がもうろうとしたまま家に帰り、翌朝出勤すると、いつもの仕事ではなく、みんなで『白雪姫』をつくることになっていた」

それから20年の月日と数えきれないほどの成功を経て、ウォルトはふたたび、みなを奮起させるスピーチをすることになる。スタジオの広い映写室には、イメージ図や模型がところ狭しと並んでいた――列車、蒸気船、城、そして、トゥモローランドの呼び物として唯一決まっていたロケットに、ライマンの描いた完成予想図。数百人のスタッフは、15分間、自由に見て回る時間を与えられ、その後みなが席につくと、ウォルトがステージに現れ、話を始めた。

スタッフたちは、あの遊園地業界の大物たちが聞かされたのと同じ話を、プライスからではなくウォルト本人から聞くことになった。その反応は、ウォルトが望んだ通りのものだった。スタッフたちは前例のない事業にかかわるという期待に胸を躍らせながら部屋を後にした。

だが、熱狂が冷めてしまった者も多かった。ウォルトはどうやってディズニーランドの資金を捻出するかについても話をしたのだが、それを聞いたアニメーターのひとりはこう言っている。「最初の感動が薄れると、ウォルトの言ったことの衝撃が襲ってきた。われわれの負担は大幅に増えそうだった。毎週のように作品を制作し、放送スケジュールをこなすために、それを1年間続けなければならないのだ」

それでも、ディズニーランドの実現を疑う者はほとんどいなかった。アンダーソンはこう語っている。「余裕なんてなかったが、それでも、ウォルトがやるというなら、身銭を切ってもいいという気持ちだった」


そういうわけで、ディズニーランド計画が大っぴらになると、ウォルトはディズニーランドのスタッフを選びはじめた。アンダーソンはかなり早い段階からメンバーになっていたというが、強引に引っ張り込まれたようにも感じていた。「(ウォルトは)わたしの意思をたずねなかった。わたしなら、ウォルト個人のために喜んで働くはずだと思っていたんだろうね。それで、ディズニーからの給料はストップし、ウォルトから直接支払われることになった」

新しい仕事は、アンダーソンに向いていた。とはいえ、最初からうまくいったわけではない。「ウォルトは給料の支払いを忘れていたんだ」週払いで小切手を受け取るのが習慣だったアンダーソンは、日が経つごとに、給料はまだかとやきもきしはじめた。不安でたまらなくなったとき、ウォルトが何の気なしに声をかけてきた。「なあケン、先週、きみに給料を払うのを忘れていたっけ?」

アンダーソンは思い切って言った。「先週どころか、この3週間、払ってもらってませんよ」

「えっ、そうなのか? そいつは悪かった」

ウォルトはその場で、未払いの分も含めて——実際には4週間分、小切手を書いてくれた。

「もし『おっと、多すぎますよ』なんて指摘していたら、ウォルトは怒ったでしょうね。だから何も言いませんでした。そのまま小切手を受け取ったんです。それ以降は、ウォルトは毎週給料を支払ってくれました。しかも、スタジオでもらっていた額の3倍も支払ってくれたんです」

アンダーソンも含め、ハーバート・ライマンやハーパー・ゴフなど、スタッフの何人かは、すでにディズニーランド計画に巻き込まれていた。ウォルトが本当の意味で最初に雇ったのは、リチャード・〝ディック〟・アーバインだった。スタンフォード大学の卒業生で、芸術と建築学も学んでいた。第二次世界大戦中、ディズニーのスタジオで短期間働いたのち、20世紀フォックスに移り、そこで美術監督を務めていた。『三十四丁目の奇蹟《きせき》』が代表作で、1941年の冒険映画『砂丘の敵』では、アカデミー美術賞にノミネートされている。1952年にウォルトから電話があった時点では、アーバインは20世紀フォックスを辞める気などまったくなかった。

ウォルトは20世紀フォックスと連絡を絶やさなかった。自分の求めるものを理解してくれそうな、有望な人材が育つ場だったからだ。20世紀フォックスの撮影セットは、ウォルトが購入したアナハイムの土地の4倍の広さがあった。そして、西部の丸太の要塞や、19世紀のシカゴやニューヨークのロウアー・イースト・サイドを再現した街角、田舎の駅舎や野外ステージ、銃声の切れ間に静まり返る、うらぶれた小さな町の通り、実物大の（丘にあがっている）船尾外輪船など、ディズニーランドに置きたいと考えているものがパズルのピースのように転がっているのだった。

　ウォルトは20世紀フォックスの美術監督ライル・ウィーラー（『風と共に去りぬ』でアカデミー美術賞を受賞している）に電話をかけ、困っていると打ち明けた。「そっちで手が空いているやつはいるかい？」

「いいやつがいるよ」ウィーラーは答えた。「あいつがぴったりだと思う。大学で建築学を学んで、シュイナード芸術学校にも通ったらしい。すばらしい建築家で芸術家だよ、ディック・アーバインは」

　ウォルトは偶然にも、アーバインのことは以前から知っており、さっそく電話をかけ、どんな人材を求めているか――映画業界での経験が十分にあり、建築家との折衝役となれる人物――を説明した。アーバインは、ウォルトのもとで働くと答えた。

　だが、肝心の折衝は長くは続かなかった。アーバインはこう語っている。「（ウォルトは）自分のアイデアを実現するために建築家たちを教育しなきゃならないなら、最初から自分のスタッフにやらせればいいと考えた。そうすれば、建築家たちをどうこうしなくても、われわれがアイデアを形にできるってね。実際にアイデアが形になりはじめると、勢いがついて、ウォルトは夢中になり、いわばインハウスで作業を進めていくことになった」

　作業場となったのは、『怪傑ゾロ』のセットだった。ハーバート・ライマンを驚愕《きょうがく》させたあの週末の舞台になった場所だ。ウォルトは、1919年に作家ジョンストン・マッカレーが書きはじめたそのシリーズを映像化する権利を手に入れていた。スペイン領カリフォルニアの貴族で、だらしがなく臆病なドン・ディエゴ・ベガが、夜にはマスク姿の恐れを知らぬ剣士となり、ありとあらゆる悪人たちと、絶え間ない戦いを繰り広げるという物語である。これを基にしたダグラス・フェアバンクス主演の映画が1920年にヒットし、ウォルトもテレビのシリーズ番組をつくったが、当初はさほど思い入れがあったわけではなかった。2、3台本を書いて、陰気でなんとなくスペインの植民地風に見える調度品を置き（ウォルトが自ら集めてきたものだった）、ドン・ディエゴの大農園らしきものをこしらえていた。

美術監督のマーヴィン・デイヴィスによると、『怪傑ゾロ』のセットは「石膏《せっこう》ボードでつくった、今にも壊れそうな間に合わせの代物で、夏は暑く、冬は寒かった」という。デイヴィスは、建築家に仕事を頼めなくなったアーバインが声をかけて雇った、20世紀フォックスの元同僚だった。「『タイタニックの最期』では、バーバラ・スタンウィックと一緒に仕事をしたんだ。撮影セットで、山のようなミニチュアと、高さ20メートルを超える巨大な背景をつくった。その前に、16分の1スケールの湖を設置してみたら、本物の海らしく見えた。それを水面の高さで撮影すると、かなりリアルな場面になった」

デイヴィスは言っている。「わたしにとって、ディズニーに雇われてディズニーランドの仕事をするのは、新たな一歩だった。うまくいくはずがないと周囲から散々聞いていたから、死ぬほど怖かった。ありがたいことに、うまくいったわけだが。1953年に、いちからディズニーランドの仕事を始めた。乗り物の内装や構造にはほとんどかかわっていない。外装や屋外の設計をするのがわたしの仕事だった」内心はびくびくしていたかもしれないが、デイヴィスがそれを外に出すことはなかった。働きはじめて間もないうちから、ウォルト並みの強情さと注文の多さで知られるようになる。1955年、ウォルトの姪《めい》マージョリー・シューエルと結婚し、ついにデイヴィスはウォルトの家族の一員となった。

デイヴィスが初めてウォルトに会ったのは『怪傑ゾロ』のセットでディック・アーバインに紹介されたときだった。「(ウォルトは)わたしとディックを家に招待し、列車に乗せてくれた。とても感激したよ。あの列車こそ、ウォルト・ディズニーそのものだったからね」そして、この鉄道こそディズニーランドという大きな夢への第一歩で、ウォルトはこれを見せることで、ディズニーランドをどういう場所にしたいか伝えたかったのだと気づいた。

デイヴィスは、居心地の悪いオフィスで働いていた。「133枚ものスケッチやデザインを描いた。そもそも、ディズニーランドがどこにできるのか、そんなこともわからなかった。みんなで話し合ったアイデアを、形にすることから始めたんだ。列車は、楕円形《だえんけい》のルートで園内を一周すればいいとかね。結局、洋ナシ形のルートでいくことになった。それなら、その中にすべてがおさまると考えたんだ」

それからの長い年月、アーバインもデイヴィスも、ウォルトにとってかけがえのない人材となった。ふたりはWEDの核となる存在であり、ディズニーの歴史に、ドナルドダックと並ぶほどの確固たる名声を築いたのだった。

第16章 イマジニアたち

1960年代半ばに出版された、ウィルソン・フォレット著の『Modern American Usage: A Guide（現代アメリカ英語の活用ガイド）』には「テレスコーピング」という項目がある。この言葉はルイス・キャロルがいうところの「かばん語」、つまり「旅行かばんのように、ひとつの入れ物に複数の意味が詰め込まれている」言葉だが、フォレットの好みではないようだ。「バンドエイド」などは比較的「定着」している言葉として、しぶしぶながらも認めているが、40年後には「こうした独創的な合成語は、たとえそれが商品を指す言葉だったとしても、安っぽいとみなされるようになる」と述べている。

フォレットはWEDのスタッフを言い表す合成語については触れていないが、その言葉を知っていれば、どんな反応を示したか想像がつく。彼らは「エンジニアリング」の課題に「イマジネーション」で取り組んでいた、つまり「イマジニア」だった。

1音節で発音するには長すぎるというだけでなく、どこか尊大さも感じられる言葉だ（まるで、普通のエンジニアにはイマジネーションが必要ないとでも言わんばかりだ）。ウォルトは、この言葉の「考案者」としてバズ・プライスに礼を述べ、プライスを困惑させているが、実際にはディズニーランドで生まれた言葉ではない。１９４０年代、アルミニウムのメーカーであるアルコア社がつくり出したものだった。１９４２年、『タイム』誌の広告でこう宣言している。「わが社でのさまざまな取り組みを一言で表現する言葉を、ずっと探してきた。『イマジニアリング』がその答えだ。イマジニアリングは、イマジネーションを膨らませ、それをエンジニアリングで現実のものにする行為なのである」この言葉は、ユニオンカーバイド社（アメリカの老舗化学企業）にも広まり、ユニオンカーバイド社の社員たちがＷＥＤに籍を移す際に持ち込まれ、頻繁に使われるようになった。そしていつしか、ディズニーにとって切っても切れないほどの意味を持つ言葉となり、ＷＥＤエンタープライズはウォルト・ディズニー・イマジニアリングと社名を変更、１９８９年には商標登録を行った（シリアル番号：７３８０３３３２、登録番号：１５８４０９７）。

イマジニアという呼び名を使う以前から、ウォルトはそうした素質を持つスタッフを大量に必要としており、雇うときは即断だった。ディズニーランド計画をスタッフに披露したときの愛想のよさは、もはや消《き》え失《う》せていた。あのプレゼンテーションから1週間後、ジョン・ヘンチの製図台の横を通りがかったウォルトは、足を止めることなく、こう言い放ったという。「きみには、ディズニーランドの仕事をしてもらうよ。きっと気に入るはずだ」それだけ言うと、ほかのスタッフを召集するために、ウォルトはさっさと部屋を出ていってしまった。

こうしてディズニーランドのために働くことになったヘンチだが、すっかり仕事が気に入った。ある意味では、ヘンチ個人の嗜好《しこう》が、知らず知らずのうちにディズニーランドへと向かわせていたといえる。サンフランシスコやニューヨークで美術を学び、優れた製図工として才能を発揮する一方、絵の働き、すなわち、感情を目に見える形にするという、絵の視覚的メカニズムにも興味を持つようになった。だが、教師たちはそうしたことを教えてくれず、歴史の中で培われてきた色やバランス、視点の法則に従うよう指導するだけだった。絵を鑑賞する側の思考など、いちいち考えなくてもよいというのだ。

そうした無味乾燥な対応への失望が、ヘンチを映画の世界へと向かわせることになる。映画はより動的に、イメージを通して意思伝達する媒体だったからだ。１９３９年にディズニーのスタジオで働きはじめ、『ファンタジア』に携わると、ヘンチは子ども時代に魅せられた「色」にふたたび夢中になる。「色にはずっと、強い関心を抱いてきた。少年の頃、父と一緒に山へ釣りに出かけたときのことを覚えている。渓流でマスを2匹釣りあげた。虹色の体が日光を浴びてきらきら輝き、なんて美しいのだろうと思ったよ。あまりに美しくて、色鮮やかで、捕まえておくなんてできなかった。父は焼いて夕食にするつもりだったが、わたしは逃がしてやろうと言い張ったんだ」

ヘンチのディズニーでのキャリアは、この魚と色というふたつの組み合わせから始まっている。『ファンタジア』の「アラビアの踊り」で海の中の場面を担当したヘンチは、あることに気づく。「作業場にしていた寝室の壁が、ざらざらした漆喰に覆われていた。そこに黒い紙を当て、パステルをこすりつけると、海の下で怪しげに輝く光の効果が生まれた」さらに、「わたしが色っぽい女の子の絵が描けるとわかると、色っぽい魚を描くよう言われた。試行錯誤の末、どうにか満足できるものを完成させた」

それは満足以上のものだった。ヘンチは腕を見込まれ、1953年、ミッキーマウス生誕25周年記念の公式肖像画を描くよう、ウォルトじきじきの命を受ける。ヘンチはこの課題に没頭し、ミッキーマウスというキャラクターが世界に与える影響力を強く意識した。「ミッキーマウスは、絵という形をとった、命の象徴なんだ。ミッキーの体はいくつもの円が連なってできているが、その流れるように続く曲線によって、独特の構造が生まれている。それは、絡み合う人間の筋肉の輪郭を思わせる。曲線というものは、基本的に、生きている人間の動きを連想させる。わたしはミッキーを、躍動感を目に見える形にしたものだと考えている」考察はさらに続く。ヘンチによると、ミッキーマウスの曲線は、豊穣《ほうじょう》、再生、赤ちゃんと乳房、母親の胎内で感じた安心感を象徴するものであり、命の鼓動そのものだという。

ヘンチは独特の意見を持っており、その会話はフロイトの引用やユングの元型にあふれていた。ただうんちくを並べているのではなく、ヘンチはディズニーのおとぎ話がなぜここまで人を魅了するのか、それを真剣に考えていたのだった。無垢《むく》な旅人は、人生という旅をするうちに、危険に直面し、それを乗り越え、人類の根本原理ともいえる神話へと向かう、そうヘンチは信じていた。「喜びとは、生き残るという体験から得られると考えている。赤ちゃんが必死に生きようとするのもその体験のひとつで、絶対に諦めてはならないことだ。わたしたちは努力を続けている……生きるという体験を続けるために」暗闇に覆われた森から逃げ出し、恐ろしい魔女を出し抜いたとき、生きているということを強烈に実感する。「敵に打ち勝ち、生きのびたときに感じる喜びは、何よりも甘い。過去の苦しい戦いは、次はもっと強くなれるという暗示なんだ」

ディズニーランドの城をつくる際は、絵に描いたような幻想的な建物ではなく、もっと魅力のあるものにするべきだとヘンチは考えた。「わたしたちは胸に神話を抱いている。それは志であり、夢であり、生きている人間が誰しも持っている根本的なものなのだ。城は強烈な印象を与える。景色の中に高くそびえるという点で、山に通じるところがある。そして城には、安心感がある。中世の教会に抱くのと同じような感情だ。さらに城は、建造物としても存在感があり、人々が結集し、安全を確保し、守られる場所だといえる」ディズニーランドの城は、胸壁を見上げて立つ人々が、幼い頃から無意識に求めてきた、安心感を味わえる場所であるべきなのだ。

ウォルトは、ヘンチの留まるところを知らない空想を、妙に大げさなたわ言だと思っていたかもしれないが、ヘンチの仕事ぶりは、群を抜いてすばらしかった。「わたしは、いろんな部門の仕事をしていた。キャラクターのアニメーションを担当するチャンスはなかったが、アニメーションの効果や、ストーリー、レイアウト、背景、マルチプレーン・カメラ（セルアニメ制作に使用される特殊なカメラ）用の背景などの制作に携わった。それから、撮影について学ぼうと撮影部門に移り、3年ほど撮影と特殊効果の仕事をした。当時のスタジオは、そういう働き方を許してくれる環境だった。ウォルトに希望を伝えると、『もちろん。好きにしたらいい』と言ってくれたんだ」

ウォルトが誰かをほめるときは、あえて批判をしない、という回りくどい形をとることが多かった。イラストレーターのサミュエル・マッキムとスケッチに行ったとき、ウォルトはこう言った。「サム、うまく描けてるじゃないか」そのとき、マッキムの上司のジム・アルガーも同行していた。「後になって、ジムに呼ばれてオフィスに行った」とマッキムは語っている。「プライベートな話をするからと、ドアを閉めさせると、ジムは言ったんだ。『なあ、ウォルトがきみのことをほめただろう？　言っておきたいんだが、46年間ここで働いてきて、わたしがウォルトにほめられたのは2回だけだ。だから、今日のことをよく覚えておくんだぞ……めったにあることじゃない』」だからこそ、ウォルトがウォード・キンボールを天才と呼んだ話が語り草になり、ジョン・ヘンチのことを「ジョニーにはがっかりさせられたことがない」と言ったのを聞いて、みなが驚いたのである。

ここにきても、ヘンチはウォルトをがっかりさせなかった。ヘンチは最初から、ウォルトが遊園地というよりも、映画に近いものをつくりたがっていることを理解していた。「ディズニーランドのデザインでは、３Ｄ映画を制作する気持ちで取り組んでいた。わたしたちは、ショーや乗り物だけでなく、ゲストが体験する『すべて』のことが、物語の中の楽しいひとときになるよう願っていた。それは新しい信念だった。ゲストたちの心の奥底にある要求をくみ取り、それをアトラクションへと変えるのだ」

ウォルトはスタジオの中をうろうろしては、ディズニーランドをつくるための人材を集めていった。仕事が数週間、数カ月で終わる場合もあれば、その後何年にもわたって続く場合もあった。だが、ウォルトがあまりに多くのスタッフを引き抜くものだから、声のかかっていないメンバーは、WEDのぼろぼろのオフィス（ゾロの屋敷）は「人食い島」だと言いはじめたほどだった。

第17章 海軍大将

ウォルトがディズニーランドのための人材集めにいそしんでいるとき、ロイも自分のスタッフを雇っていた。そこでまず目をつけたのがC・V・ウッドだった。

「ウッドはおっかなくて、かわいい顔をしたギャングだと思っていた」ウッドのことを、高校の同級生は後々そう回想している。「タバコは吸うし、ジンは飲むし、口では言えないようなことを女の子にするし、人の車を勝手に乗り回すんだ。だが、イーグル・スカウト（模範男子）っていう、正反対の一面もあった」

単なるたとえではなく、ウッドは本当にイーグル・スカウト（最高位のボーイスカウト団員）だった。それ以外の話も、事実だったのだが（女の子のことは、口では言えないどころか、ウッドは取り巻きにしょっちゅう話して聞かせていた）。

ウッドの周りには、いつも取り巻きがいた。人にちやほやされるために生きてきたような男で、その方法を幼い頃から身につけていた。ウッドは、１９２０年、オクラホマ州に生まれた。ウッドの父親は、サンタフェ鉄道で制動手や車掌をしていた。鉄道は長い間、ウッド一家に大きな影響を及ぼしていたのは間違いなく、父親の名前は「コモドール・ヴァンダービルト・ウッド」で、息子の名前も同じにしたのは明らかだった。だが、ウッドは「ただのC・V・ウッド」だと自分の名前の由来を大っぴらにはしなかった。

ウッドが小学校に入る前に、一家はテキサス州のアマリロに引っ越したが、ウッドによると、その頃にはすでに、テキサスという土地に愛着があったという。オクラホマにいた5歳のとき、トム・ミックスが出演する西部劇（特に彼のロープさばき）のとりこになっていたのだ。

生涯のトレードマークともなる投げ縄の技を身につけようと、ウッドは熱心だった。祖父や、町に出入りするカウボーイたちから教えを受けたが、基本的には見よう見まねで覚えた。アマリロの小学校に入学する頃には、「ウェディング・リング」「メリーゴーラウンド」といった技のみならず、回転する輪に出たり入ったりする、難度の高い「テキサス・スキップ」さえもマスターしていた。

トム・ミックスばりの革ズボンに革のベスト、腰にはホルスターという、いかにもな衣装に身を包み、ウッドはテキサスっ子の仲間入りをした。小さい子というのはときに乱暴な態度をとるもので、派手な格好をしていたウッドは、地元の子どもたちに手荒い歓迎を受けたかもしれない。だが、ウッドにはそれをはね返すだけの力があった。

ウッドの最初の友人のひとりである、ユージーン・レモンがこう言っている。「あいつがロープを回して、左右にスピンしながら輪をくぐりはじめたのを見て、本当にびっくりしたし、うらやましく思ったよ」レモンがずいぶん昔の出来事を、まるで昨日のことのように話しているところを見ると、ウッドは、長続きする友情を育むこつをつかんでいたに違いない。ぱっとしない高校生活の中で（数学の難問を解けるほどの賢さを持ちながら、ウッドは勉強に熱心ではなかった）、「ボンバーズ」という取り巻きがウッドの周りには集まっていた。ボンバーズのメンバーはウッドに忠実で、ウッドも彼らに忠実だった。それから数十年間、彼らはさまざまな仕事をともに渡り歩いたのだった。

ウッドのやることは、献身と奔放さが入り混じっていた。ボーイスカウトでも、イーグル・スカウトまで昇りつめるほど熱心に活動していたが、山のようなワインを携えてハイキングに行くようなところもあった。

そんなウッドが入学したのは、意外なことに、宗教色の強い大学だった。ハーディン＝シモンズ大学という、アビリーンにあるバプテスト系の大学だった。素行の悪さにもかかわらず除籍をまぬがれたのは、ウッドの投げ縄が、大学のカウボーイ・マーチング・バンドの名物になっていたからだ。大学時代のクラスメートはこう語っている。「ウッドは入学したその日からトラブルメーカーだった。頭はよかったよ。それは間違いなかった。あいつが大学に通えたのも、あの投げ縄の技があったからだ。突拍子もないことをするやつだった。学部長の家に落書きしたり、小屋を焼いたり、しょっちゅう悪ふざけをしていた。見た目には、人柄のよさそうな優しい顔立ちをしていたが、中身は手のつけられないワルだった」

大学の最初の2年間は、人づきあいは派手だったものの、ろくに勉強もせずに過ごしたウッドは、1939年、本人によると石油工学の学位を取るために、オクラホマ大学に編入した。1940年の12月頃までは大学に通っていたようだが、その翌年の春、世界大戦による軍需で航空業界が活性化し、ウッドはコンソリデーテッド・エアクラフト・コーポレーションの職に応募する。リベット工として時給で働くつもりだったが、面接の途中で「ペテン師」の一面が頭をもたげ、自分は工学の学位を取得していると口から出まかせを言ってしまう。もちろん嘘だったが、まんまと検査部門のエンジニアとして採用されたのだった。

コンソリデーテッド社のサンディエゴ工場で働くため、ウッドは心のふるさとであるオクラホマ州を離れた。そして、悪ふざけはせず、イーグル・スカウトの精神で、これまでまともに訓練を受けたことがない仕事に飛び込んだ。最初の48時間を終える頃には、上司が1週間はかかるだろうと見ていた報告書を完成させていた。

さらには、ウッドのテキサス人としての性質が、カリフォルニアの太陽のもとで熟していった。複雑な数字的概念をたちどころに理解するという隠れた才能もあったが、ウッドは何よりも、友人をつくるのが得意だった。心のこもった握手、明るく大きな声、相手への共感と理解をうかがわせる真剣な表情、いくらインテリを装っても隠すことのできない純朴な田舎者の素顔(コーラを「味付きソーダ」などと呼んで、上司を大笑いさせた)、ほとばしる自信。自分よりはるかに優秀な同僚に悪い気を起こさせずにリーダーシップを発揮し、会議室では自然と威厳を醸し出す。週末になると、仲間を引き連れてメキシコの売春宿でどんちゃん騒ぎをするというお楽しみを流行《はや》らせたこともあった。優しそうな、どこか子どもっぽい顔つきで、ひっきりなしに下品なジョークをまくしたて、快楽に溺れる堕天使のような雰囲気だった。妙ななれなれしさと、プロらしい思い切りのよさを振りまくウッドは、男性からも女性からも好かれた。

ウッドはコンソリデーテッド社で出世を続け、27歳のときに爆撃機の製造を監督する主任工学エンジニアに任命される。ワシントン州に移ったウッドは、磨きのかかった人当たりのよさで、国防総省の人間とも懇意になる。そして権限を利用して、昔なじみの「ボンバーズ」のメンバーを何人も会社に雇い入れる。その中には、子どもの頃、ウッドの投げ縄に魅了されたユージーン・レモンもいたのだった。

戦争が終わると、ウッドはSRIに引き抜かれた。アナハイムのオレンジ畑を強引な値引きで買い取っている間、ロイはウッドのことを観察していた。1954年4月、ロイはウッドをロサンゼルスのバーに誘い、話をした。ディズニーランド計画のクリエイティブな面はウォルトが取りしきっていたが、建設や資金に関することは、ほとんどロイがやっていた。みなと同じく、ロイもウッドを気に入っていたが、ロイが目をつけていたのはそれだけではなかった。ウッドは、ディズニーランドはそもそも収益をあげるための事業だと、明確に理解していた。南カリフォルニアの広大な敷地に豪華な遊園地をつくるというのだから、それは金がかかる。ロイはウッドに、ウォルトの金がかかるアイデアをうまく処理する、ジェネラル・マネージャーになれる人材を探していると打ち明けた。建築の知識があることはもちろんだが、それ以上に、金の動きをしっかり見張れる人物じゃなきゃだめなんだ。

どうだ、やってみないか?

ウッドは迷わなかった。「わたしなら、計画を前に進められます」と答えた。「必要な金を集めて、建設し、管理できます。あなたとウォルトがどんな夢も実現できるようにします」

それから数日後、契約が正式にまとまった。C・V・ウッドは、ディズニーランドの執行副社長となった。ウッドはレモンに、「ディズニーランドってやつをつくることになった」と興奮した様子で話したという。

ウッドは、自分を雇うというロイの意見に、ウォルトも賛成するものだと信じて疑わなかった。だが、実際はそうでもなかった。

土地探しの日々の中で、ウッドのディズニーランドへの傾倒ぶりをウォルトは喜んでいた。懐疑的なプライスと比べると、なおさらだった。だが、ウォルトにとって、ウッドは新たな重役としての資質がないと思える人間のひとりだった。自身が人にこびへつらうタイプではないウォルトは、お世辞を言われても好意的に受けとめることはなかった。それに、人を笑わせることで帝国を築いたウォルトだったが、ジョークの類、特に下品なジョークを嫌っていた。ご機嫌とりには飽き飽きしていたのだ。ウォルトにとって、そんなものは退屈で、不毛で、何より見ていて楽しいものではなかった。「ウォルトは世俗的だったが、同時に取り澄ましたところもあった」とプライスは語っている。「それに、ユーモアにとてもうるさい人だった。ロイには、『気をつけるんだな。ユーモアのセンスが命取りになるかもしれないぞ』と言われていた。わたしが死亡統計のことでちょっとしたジョークを飛ばして、ウォルトに厳しくとがめられたことがあったんだが、そのときハービー・ライマンがこう言ってくれた。『みんな、きみが下品なジョークを言ったなんて思ってないよ。ウォルトにとって、死はどんなときでも、触れちゃいけない話題なんだ。ジョークを言うのは、ウォルトに任せておいたらいい』だから、同じ過ちは二度と繰り返さなかった」

ウォルトは、ウッドが誰に対しても厚かましい口をきくところが気に入らなかった。表向きには、ウォルトは新たに役員となったウッドを温かい言葉で迎え入れている。「きみは、計画を立てるのに力を貸してくれた。次はディズニーランドを建ててくれよ！」だが実際には、ウォルトはウッドに対し厳しい目を向け、彼が就任したところで「進展は期待できない」と、そっけなく冷たい言葉を残している。

ウッドという人間が、ディズニーランドの精神と同調することは結局なかった。だがウォルトは、計画初期の段階で、ディズニーランドの成功、というよりも、ディズニーランドが存在するために欠かせない人材を手に入れたのだった。

当初から、ウォルトは公共の場で群衆がどう動くかということに興味があった。ディズニーランドを、入場者が絶えず動き回る場所にしたいと考えていたのだ。その目的を達成するため、さまざまなアトラクション（ウォルトは、ウィンナー・ソーセージを意味するウィニーという俗っぽい呼び名をつけていたが、現在はその名を使わないようスタッフは指導を受けている）を用意するつもりだった。

ウォルトはホットドッグが好物で、仕事から帰ってくると、ウィンナーを2本冷蔵庫から出し、1本は自分ひとりで、もう1本を愛犬のプードル、ダッチェスと一緒に食べたものだった。ウォルトが次々ウィンナーを分け与えるものだから、ごちそうに目がないダッチェスは、部屋から部屋へとウォルトについて回ったという。

ダッチェスをひきつけたように、「ウィニー」は客も招き寄せるはずだとウォルトは考えていた。最初の、そして唯一ディズニーランドの外から目にすることができる「視覚的な磁石」（ヘンチはそう呼んでいた）が、入口からすぐのところにある鉄道駅で、そこにはピカピカの蒸気機関車がひっきりなしに行き来する。中に入ると、城に引き寄せられるように、群衆はメインストリートを進んでいく。ウォルトは、フロンティアランドの「ウィニー」となるものを、最初から心に決めていた。背の高い煙突に、木製の船体にレースのような渦巻き模様が彫り込まれた、ミシシッピ川の船尾外輪船だ。

船は、半世紀の間、アメリカの造船所では製造されることのなかった蒸気船を、細かい部分まで再現するつもりだった。

ウォルトがこの計画をウッドに話したところ、偶然にもウッドは、造船のことに詳しい元海軍大将のジョセフ・W・ファウラーと知り合いだった。ファウラーは1917年、海軍兵学校を卒業し、マサチューセッツ工科大学の大学院で学ぶ機会を得た（兵学校から選抜された2名のうちのひとりだった）。1921年、造船工学の修士号を取得すると、上海に赴任した。仕事は長江砲艦の設計で、その後の任務を通して、ファウラーは中華民国の元首となる蒋介石への嫌悪感を生涯持ちつづけることになる。それから、カリフォルニア州ヴァレーホのメア・アイランド海軍造船所で潜水艦の設計をしていたが、折しも真珠湾が爆撃を受ける。ファウラーの仕事は一気に増え、4000人の部下を率いて海軍造船所を運営することになった。戦時中、西海岸の造船所はどこも似たような状況だった。

1948年に一旦退役したが、数年も経たないうちに復職し、朝鮮戦争の間は海軍の供給システムの整備にかかわった。その後、軍からは退いたものの、仕事は続け、57もの政府機関のコスト削減業務に携わることになる。

ファウラーがC・V・ウッドと出会ったのはその頃だった。誘導ミサイル攻撃に対する陸・海・空3軍の統一措置を制定するため、SRIが調査を依頼され、ウッドがその指揮を執っていたのだった。

1954年、59歳になったファウラーは政府関連の任務から手を引き、カリフォルニア州ロス・ガトスに落ちつくと、ベイエリアの団地建設に携わるようになる。収益は大きかったが、戦艦を戦場に送る仕事に比べると、物足りなさも感じていた。ウッドがファウラーに電話をかけたのは、その年の春のことだった。下品な冗談をひとしきり交わしあうと（ウォルトと違い、ファウラーはジョークを好んだ）、ウッドは切り出した。「ジョー、会いたいんだがね。友人を紹介したいんだ」

ファウラーは、いいともと答えた。そして4月17日、ファウラーの自宅にウッドがやってきた。実際にはふたりの友人を連れてきており、ひとりはナット・ワインコフ、そしてもうひとりは、ウォルト・ディズニーその人だった。

飲み物を手に、ウォルトはすぐさま蒸気船の話を始めた。それから、その船が浮かぶ予定のディズニーランドのことも。打ちとけた雰囲気で、具体的な仕事の話は誰も口にしなかった。だが、別れの挨拶をするときになって、ウォルトがファウラーに言った。「ジョー、よければ来週、ディズニーランドを見に来てほしいんだが。飛行機のチケットを送るよ」

さっそくチケットが届けられた。翌週の月曜日、ファウラーは1泊分の着替えを鞄《かばん》に詰め、ロサンゼルスに向かった。妻には「映画ビジネスのことはさっぱりわからんが、明日の夜には戻れるだろう」と言い残したが、妻が夫に再会したのはそれから3週間後だった。

バーバンク・スタジオのオフィスでファウラーを迎えると、ウォルトは半時間にわたって、ディズニーランドのことをしゃべりつづけた。そして、「1時間ほど、席をはずす」とファウラーに言った。昨日撮影した映像の編集前のフィルムを観なきゃならないとのことだった。

「好きにしていてくれ。そこのボタンを押せば、コーヒーが出てくる。『ウォールストリート・ジャーナル』もあるよ」

だが、ウォルトは戻ってこなかった。しばらくして、戸口に秘書が現れた。

「ジョー・ファウラーさんですか？」

「そうです」

「一緒に来ていただけますか？」

「もちろん」

ファウラーは秘書の後について、廊下を進み、いくつか部屋を抜けた。そして、開いたドアの前で立ち止まった秘書はこう言った。「こちらがあなたのオフィスです。向かいのオフィスで業者が待っていますので、お話しください」それから、思い出したように封筒を手渡す。「こちらが、車のキーです」

「それが仕事の始まりだった。1週間くらいは、給料の話も出なかったよ」とファウラーは振り返る。

給料の話どころか、蒸気船の話さえも出なかった。会議に引っ張り込まれ、ファウラーはこの仕事がどういうものにせよ、船尾外輪船を1隻つくれば終わりというものではないことを理解する。だがファウラーは、難しい仕事に尻込みするような人間ではなかったし、この先に、団地建設などよりもっと興味深い世界が広がっていることにすぐさま気づいたのである。

そしてようやく、自分の仕事について詳しい話を聞くことができた。「ジョー、ぼくは頭の中で何をつくるか考えるから、きみの工学の知識でそれを現実にしてほしいんだ」

具体的に言うと、ファウラーの仕事は、1年後に開業予定であるディズニーランドの建設を統括することだった。ファウラーは戦時中、厳しいスケジュールで働いており、緊急事態にも慣れていた。「思い起こせば、ディズニーランドで携わった仕事で、ちゃんとスケジュールが定まっていたものなどひとつもなかった」

ウォルトは、ディズニーランドに蒸気機関車を走らせると決めたときから、蒸気船も必要だと考えていた。ウォード・キンボールも言っている。「ウォルトにとって、『マークトウェイン号』（そう名づけるとウォルトは最初から決めていた）とディズニーランド鉄道は、絶対に外せないものだった」ファウラーはそこから手をつけることになった。

マークトウェイン号の船体は、サンペドロのトッド・パシフィック造船所で製造された。8分の5スケールで設計された全長約32メートルの船で、蒸気船ナチェズや原子力潜水艦ロバート・E・リーといった「祖先」たちと違って、鋼鉄製だった。残りの部品は19世紀当時の材料を使うことになっていたが、20世紀には規格が厳しくなっており、アメリカ船級協会の基準を満たすよう成型、鍛造しなければならなかった。見た目は1850年代の船でも、祖先の船たちが苦しんだ、恐ろしいほど不安定で燃えやすいという弱点（500隻もの船がボイラーの爆発で崩壊し、マーク・トウェインも、弟のヘンリーをそうした事故で見送ることになる）まで引き継ぐわけにはいかなかった。

船を仕上げる工程には、昔のやり方がそのまま残っているものがある。船体を覆う板張りのすき間には、綿のロープを3本、デッキの板張りには2本打ち込み、モミ材の上部デッキは、防水の接着剤を塗布して、十分な厚みのズックで覆い、端を折って縁にたくし込み、表面を滑らかに整える、といった具合だ。

ミシシッピの蒸気船は薪《まき》燃料だったが、マークトウェイン号は石油燃料でボイラーを燃やし、蒸気が動力になる。ゆっくりと動くふたつの大きなエンジンには、それぞれシリンダーに油を送り込むための真鍮の給油装置が取りつけられていた。こうした装置は、トッド・パシフィック造船所ではなく、蒸気機関の知恵袋ロジャー・ブロギーの工房で形になった。ドア、手すり、プロムナードデッキの柵などは、バーバンク・スタジオの第3防音スタジオでつくられた。ファウラーは、できるだけアナハイムの近くで造船作業を進めたいと考え、「オペラハウス」を真っ先にメインストリートに建てるよう主張した。そうすれば、ディズニーランドの中に工房のスペースを確保できるからだった。丹念な調査によって再現されたマークトウェイン号の渦巻き模様は、その工房で切り出されたものだった。

歴史的な正確さは、すべてのものにおいて追求された。1世紀前の夜間航海灯も、どこから か探し出してきた。作業にあたった職人たちは、数十年前にはメインデッキに丸底の消火バケツが吊《つ》られていたことまで調べあげている（甲板員がほかの用事にバケツを使い、フックに戻し忘れて、もしものときに困ることがないように、自立できないバケツにしたという）。

海洋考古学の知識は持ち合わせていなかったファウラーだったが、与えられた仕事を見事にこなし、マークトウェイン号の製造は計画通りに進められた。だが、海軍大将のファウラーよりも、その昔に同じような川船をつくっていた一介の職人たちのほうが楽だったかもしれない。ファウラーは船だけでなく、それを浮かべる川までも建設しなければならなかったのだ。

第18章 ジャングルをつくる

船尾外輪船を浮かべる川づくりの第一歩が踏み出されたのは、1954年7月12日のことだった。まずは、ディズニーランドの敷地をブルドーザーで掘り起こすことになった。のちに世界を圧倒するエンターテインメントの舞台になるにしては、その始まりはずいぶんと地味なものだった。正式な着工式は8月26日に予定していたが、アナハイム市民の中には、お祭り騒ぎのような騒音を懸念する、建設反対派の人々が少なからず残っていた。着工式など行えば、抗議行動に発展しかねないため、結局は中止となった。それに、ただでさえ時間がないというのに、余計な行事を増やす余裕がないのは明らかだった。

ウォルトはマクニール・コンストラクションに工事を発注した。3代続く企業で、1868年から元請業者としてロサンゼルスの町づくりに携わってきた。そのマクニール社のブルドーザーが地面を掘り起こしてわかったことを、モーガン・〝ビル〟・エヴァンスはこう言っている。「あそこは砂地だった。それも、さらさらの砂だ。あの砂を使えば、いいコンクリートができたかもしれない。土がまったく混じっていなかった。砂しかなかったんだ。園芸向きの土地とはとても言えなかった」

砂地ということにビルが不安を感じていたのには、理由があった。ビルとジャックのエヴァンス兄弟は、ディズニーランドの景観づくりのために雇われたからだ。ふたりの仕事は、「アトラクションや乗り物の周りを緑でいっぱいにすること」だった。

エヴァンス兄弟は、植物とともに育った。ふたりの父親は広大な土地を耕し、飛びぬけて美しい緑地へと生まれ変わらせていたのだった。1920年代、商船に乗って外国を回ったビルは、南アフリカやオーストラリアといった遠い異国の地の種を手に入れ、持ち帰る。任務から戻ると、ビルは種を植えて育て、1931年には地元の苗床業者に珍しい植物の卸売りをするようになった。それから5年後、ビルとジャックは造園会社を立ち上げる。植物の種類の豊富さから、クラーク・ゲーブルやグレタ・ガルボ、エリザベス・テイラーといったハリウッド・スターを顧客に持つまでになった。

ウォルトはキャロルウッド・パシフィック鉄道の敷地を「ドレスアップ」する仕事をふたりに依頼し、その結果に満足すると、今度はとてつもなく大きな仕事を発注したのだった。「ぼくたちは、ディズニーランドの景観をつくったんだ」とビルは語っている。「ほとんど設計図もないまま、ありったけのブルドーザーを使って、1年足らずで仕上げた」

エヴァンス兄弟が怖じ気づいていたのは、オープンのその日から、ディズニーランドがずっと前から存在していたように見せなければならないからだった。そのためには、植物が十分に育っていなければならない。「オレンジ畑の敷地を空から撮った写真に、ディズニーランドの完成予想図を重ね合わせて、生えている木を残せる間は残しておいた。成長している木は、1本500ドルの価値がある。500ドルといえば、1954年当時にはかなりの大金だった。元の勾配が保てる場所なら、木をそのまま残しておける」与えられた予算は36万ドルだったが、それでは賄いきれない量の植物が必要だった。そのため、園芸プロジェクトに取り組んでいるというより、がらくた集めをしているような毎日だった。

ビルはカリフォルニア州運輸局の人間と知り合いだったため、道路整備のために木々が伐採されるとなると、その情報を前もって入手することができた。「サンタモニカやポモナ、サンタアナの高速道路に生えていた木は、みんなディズニーランドの木になった。掘り起こして捨てられるばかりになっていた木を、工事業者に1本につき25ドル支払って手に入れた。お金を払えば、業者は木を傷つけず、そのままにしておいてくれた。ぼくたちは急いで現場に行き、根っこの周りを縦横2メートルほどの箱で囲い、5トンから10トンくらいの重さになるそいつをアナハイムに運んで、植えなおしていった」

夕方になると、エヴァンス兄弟はハーパー・ゴフ（アドベンチャーランドの美術監督を任されていた）と一緒に近隣の家々を訪ねまわり、よさそうな植物を見つけると、売ってほしいとその場で交渉した。首尾よく運ぶこともあった。ビバリーヒルズでは、すばらしいバニヤンの木が、同じくらいすばらしい家の芝生に木陰をつくっていた。7000ドルの価値はある木だった。

ゴフはドアベルを鳴らし、応対に出てきた住人に、お宅の木を売ってもらえないだろうかとおずおずとたずねた。すると住人は笑い出した。「あのおんぼろの木のことかい？　もう飽き飽きしてたところだよ」ゴフたちは、代わりになる小さな木と引き換えに、立派なバニヤンの木を手に入れたのだった。

おひざ元でお宝を見つけたこともある。買い上げた土地に、カナリーヤシが植わっていたのだ。「１８９６年に、前の農場主が植えたものだった」とビルは語っている。「正面の芝生にどっしりと根を張った、堂々としたヤシだった。親子3代にわたって愛され、その木陰で結婚式をあげた家族もいる。所有者が土地を売ると決めたとき、この由緒あるヤシを保存してほしいと言ってきた。ウォルトは喜んでその条件に従ったが、ヤシの木は駐車場となるセクションCのど真ん中に立っていたため、元の居場所から慎重に掘り起こして、15トンのその巨体をアドベンチャーランドに運んだ」その木は、ディズニーランドで最年長の生き物として、「インディ・ジョーンズ」のアトラクションのそばに今も立っている。

ディズニーランドの景観づくりにおいて最も重要で、最も困難を極めたのが、ジャングルの深い森を再現することだった。園内には2本の大きな川が流れることになっていた。1本は、マークトウェイン号が浮かぶことになる、フロンティアランドのアメリカ河だ。もう1本は、アドベンチャーランドの「トロピカル・リバーズ・オブ・ザ・ワールド」で、この川は、湿地をボートで遊覧できる「冒険の川」という、ウォルトの初期のアイデアが基になっていた。１９５３年までは、この川はディズニーランドを半周し、湖のドックから客を乗せて熱帯の島を回る「水辺のサファリ」になる予定だった。

だが、ゴフはこのアイデアはうまくいかないことに気づく。そこで、ウォルトにこう言った。「客をボートに乗せて反時計回りに島を回ると、眺めるのは常に左側の景色だ。ボートを傾けるわけにはいかないから、客の半分は、横にいる人の肩越しに景色を見なきゃならなくなる」どちらの側の景色も楽しめるようにするには、ボートは島の中を突っ切るほうがよかった。

その案に対し、ウォルトは難色を示した。客がボートに乗り、島に向かい、クルージングし、ドックに戻るまで、ずいぶん時間がかかってしまうというのだ。ゴフは、モーターボートなら、島に着くまではスピードを出し、遊覧中はゆっくり進めると提案したが、ウォルトに却下されてしまった。そこでゴフは、うっそうとした森の中を進み、元の地点に戻るという円形のルートを思いつく。この案が、「ジャングルクルーズ」になった。

ジャングルの茂みらしくしようと、エヴァンス兄弟は、粒の粗い痩せた土に肥料をたっぷり与え、それらしい植物をどんどん植えていった。本物のジャングルを再現していたわけではない。ビル・エヴァンスは何度かジャングルを訪れ、面白みがないと感じていた。「本物のジャングルを歩いてみてわかったんだが、2日のうち1日は、ほとんど同じ景色の中を進むことになるんだ」そこで、こう考えた。「テレビで旅行番組を見ているような感覚で、いろんな風合いや効果を詰め込むことにした。ヤシの木に、木生シダに、ツル植物。迷い込んだら食べられてしまいそうな雰囲気を味わえる。オオバヤダケはジャングルの植物じゃないが、手に入りやすいのに十分役割を果たしてくれるし、ありきたりなトウゴマも効果抜群で、独特の風合いを添えてくれる」

「ブラジルやアフリカ、インド、アジア、東南アジアの植物を集めて、ひとまとめにした。どの植物も青々としていて、成長が早いせいか、一緒にしても相性がよさそうに見えた。ジャングルをつくるということは、人の手が入っていないように見せるということだった」

ゴフは、明らかに熱帯の植物ではないクルミの木を植えるという、独創的なアイデアを思いつく。「さかさまに植えることで、マングローブの（節くれだった根っこの）ような趣になった。そこに、オレンジの木の上半分をカットしたものを接ぎ木して、枝を増やしたんだ。すばらしい効果が生まれたよ」

雑多な雰囲気を出すためにオレンジの木を利用したのはいいが、それが長い間、トラブルのもとにもなった。庭師は毎朝、ジャングルに分け入り、クルーズ船の乗客が、メコンの三角州にオレンジがなっているのを目にしないよう、確認して回ることになったのだ。だが最後には、エヴァンス兄弟の努力は見事に実を結ぶ。ビルはのちに、当然のプライドを持ってこう語っている。「あの人工ジャングルは、北半球にあるジャングルの中では最高のやつだよ」

エヴァンス兄弟の仕事は、植物を植えるだけではなかった。「景観づくりのために、もうひとつ重要な仕事があった」とビルは語っている。「ウォルトは、ディズニーランドに来たお客さんたちに、インドの村やミズーリの自然、アフリカのジャングルを心ゆくまで楽しんでもらうために、高層ビルや送電塔、高速道路のインターチェンジが後ろに見えないようにしたかった。何もかも、視界から消さなければならなかったんだ。お客さんは、鉄道のレールをくぐり、ディズニーランドに入った瞬間、元いた場所のことは忘れて、ディズニーランドの世界へと引き込まれる。その邪魔をするものはいらないんだ。ぼくたちは、土を高く盛って外部の音を遮断した。木だけで音を防ごうと思ったら森になるくらい木を植えなきゃならない。だが、防音性の高い土ならもっと簡単な作業ですむ。盛り土をして、予算が許すかぎりの飾りつけをした。そうやって、20世紀をディズニーランドから消し去ったんだ」

盛り土は、建設の早い段階で完了していた。むきだしの土塁が、未完成の都市を囲んでいる。その側面は、アマゾン川やリオ・グランデ川の川床から集めた泥土で固められていた。土を盛る作業は、数台のブルドーザーがあれば事足りる、比較的簡単なものだった。問題は、盛り土の内側をつくる作業だった。デザイナーたちは、賑やかな商店や公共施設が並ぶメインストリートの立面図を描いていた。一方、アニメーターたちは、映画のように物語を伝える力のある、これまでにない動的な建築物や乗り物をつくろうと苦心していた。

映画というのはもちろん、『白雪姫』『ピーター・パン』『たのしい川べ』といったディズニー映画のことで、アニメーターたちは絵コンテを描くところから始めた。高度に進化したコマ漫画のようなもので、それぞれのコマに、動きがどう変化するかが描かれていた。アニメーターたちにとって、長年やってきたおなじみの作業だったが、筋の通った物語を展開させながら、最終的には立体になるものを絵コンテにするのは、みな初めてだった。20世紀初頭、コニー・アイランドが人気絶頂の頃には、ボートや電気仕掛けの車が、闇を抜け、ベネチアの宮殿やスイスのシャレー、炭鉱、あるいは風変わりな深紅の小部屋といった雰囲気満点の場面を進んでいた。だが、コニー・アイランドの経営者たちは、そうした影絵のような場面に、物語性を持たせようなどとは考えもしなかったのだ。

当時の遊園地業界には、参考になるものがなかった。ウォルトは視察した遊園地にも、それをつくる業者にも失望していた。ディズニーランドにはジェットコースターを置かないと決めていたため、客たちを乗せて水平面を不規則なルートで巡る、フラットな乗り物を想定していた。だがウォルトにとって、「キャタピラー」や「オクトパス」といった昔ながらの乗り物は、どんなにけばけばしい装飾を施したところで、骨組みや継ぎ目、チェーン、油まみれの歯車などが目につき、ファンタジーとは正反対の機械のがらくたなのだった。

そこで、ディック・アーバインは、北に560キロほど離れたマウンテンビューにある、小さな製造工場を訪れるようウォルトに勧める。ウォルトは乗り気ではなかったが、その訪問は、ディズニーランド、そして世界の遊園地業界にとって極めて重要な結果を生むことになるのだった。

第19章 アロー社

アロー・デベロップメント・カンパニーは、1945年、カリフォルニア出身のエド・モーガンとカール・ベーコンが仲間とともに設立した。どちらも幼い頃から発明にとりつかれ、機械いじりに没頭する少年時代を過ごした。16歳のとき、モーガンは屋上にジェットコースターをつくったのだが、友人が鎖骨を折る事故を引き起こしてしまい、両親の命令で取り壊すことになる。一方、化学に興味を持ったベーコンは、水素発生器をつくるが、キッチンで爆発し、祖母の手に大けがを負わせてしまう。そんなふたりが出会ったのは、戦争中、魚雷の発射係として従軍していた海軍の施設だった。

欧州戦線勝利の日、モーガンとベーコンは一緒に事業を始めることにした。ベーコンは当時を振り返っている。「町の弁護士に相談に行ったら会社の名前をたずねられた。うつむいたエドは、胸元のネクタイピンが目に入り、こう言ったんだ。『アローにします』」弁護士は賛成してくれた。「いい名前ですね。電話帳の前のほうに載せられますから」それから弁護士に、「アロー」は何をする会社なのかと質問されたが、まだ何も考えていなかった。

「会社を始めたときには、機械の組み立てと加工の知識しかなかった」とベーコンは語っている。「まずは作業場をつくった。レンガを積み上げて、全部自分たちで建てた」そこに使い古しの旋盤や研磨機を設置し、ヒューレット・パッカード社から機械加工の仕事を請け負うようになる。仕事が来るのはありがたかったが、要求も多かった。モーガンはこう言っている。「表に出したくない問題や、自分たちで対応したくない問題が生じたら、われわれに依頼する、というのがヒューレット・パッカードのやり方だった」

ベーコンによると、設立当初は「ありとあらゆるもの」をつくり、さまざまな企業の仕事をこなしていたが、ある新聞記事に目が留まった。サンノゼの遊園地が、7メートルほどの大きさのメリーゴーラウンド製造にかかる入札を募っていたのだ。モーガンの遊園地ビジネスの経験といえば、あの屋上コースターをつくったことぐらいで、メリーゴーラウンドの製造にいくらかかるか、見当もつかなかった。そこで、ニューヨーク州北部にある老舗のメリーゴーラウンド製造会社に手紙を書き、同じ大きさのメリーゴーラウンドの金額をたずね、その情報を基に、サンノゼからの高額な輸送費を差し引いて、仕事を入札した。

「メリーゴーラウンドのことなど、何もわからなかった」とベーコンは言っている。「でも、カーニバルの運営にかかわっている知り合いがいたんだ」ベーコンとモーガンは、カーニバルに出すメリーゴーラウンドのシャフトやギアのサイズを測り、内部の構造を観察させてもらった。それから会社に戻り、元のメリーゴーラウンドを、鋼鉄製のものにつくりかえたのである。モーガンによると、「それまでのメリーゴーラウンドは、すべて木製だった」という。「あれは、すべてが鋼鉄でつくられた最初のメリーゴーラウンドだった」

サンノゼの遊園地は、モーガンたちが手がけたメリーゴーラウンドを気に入り、アローは遊園地業界での足がかりをつかんだ。それから数年後、フレズノの遊園地のために14メートルほどの鉄製メリーゴーラウンドをつくったが、モーガンはこう語っている。「わたしたちが製していたのは、ほとんどが移動用のメリーゴーラウンドで、簡素なものだった。（伝統的なメリーゴーラウンドの）バロック様式風の装飾は、大部分が漆喰だったから、移動用には向かない。グラスファイバーを使うんだ。何日かしたら解体して次の会場に移動させることになるから、できる限り簡素にしなきゃならなかった。機械工学の観点から見ると、進歩的なつくりだった。だが、美的感覚からいうと、恥ずかしいことこのうえない代物だった」

アロー社は事業の手を広げはじめるが、戦後の物資不足により状況は厳しかった。その当時、唯一手に入ったのは、戦火をくぐり抜けたトラックで、走ることは走るが、床が焼け落ちていた。それでもモーガンたちは、軍の払い下げ品が市場に放出されたことが、自分たちに有利に働くことに気づく。飛行機の燃料タンクなどは、余るほど手に入った。「金がいくらあっても製造できないようなものが、1個10ドルかそこらで買えたんだ。木箱に入っていて、新品同様のものもあった。型板があったから、それを参考に、タンクのくぼんだ部分を切り離し、それを吊り下げて小さなロケット船の乗り物をつくった。値段も控えめで、飛ぶように売れたよ」

その後、板金製のミニチュア列車の販売を開始すると、売れ行きは上々で、1952年には、オークランド市にメリット湖を巡る遊覧船の製造を依頼される。そうして完成したのが「リル・ベル」だった。ガソリンエンジンの船尾外輪船で、2本の特大サイズの飾り煙突に、操舵室《そうだしつ》、大きな真鍮のベルで飾り立てられていた。リル・ベルがメリット湖で任務についた頃、モーガンはある新聞記事を目にする。「ディズニーランドの記事を読んで、わたしたちは思ったんだ。このチャンスをものにしない手はないぞって」そこで手紙を送り、リル・ベルのことを詳しく説明した。「新聞には、ウォルト・ディズニーが何をしようとしているのか、大ざっぱなことしか書かれていなかった。だが、ちゃんと返事が来た」

返事はディック・アーバインからだった。そして1953年1月6日、アロー社はレターヘッドに「列車、メリーゴーラウンド、電動遊具および飛行遊具」と宣伝文句の入った便箋で返事を送った。「船尾外輪船についてお問い合わせをいただき感謝いたします。現物の写真や情報をお送りできずに申し訳ありません。現在準備中ですので、用意ができ次第、お送りします」

その追加の資料が届くと、アーバインは納得し、アロー社ならディズニーランドの川船（海軍大将のファウラーを雇う前で、マークトウェイン号が完成するのは何カ月も先だった）を製造できるかもしれないと考えたのだった。

アーバインとウォルトは、マウンテンビューに向かった。アドベンチャーランドへと「さらわれて」きた、ブルース・ブッシュマンというアニメーターも同行していた。『ファンタジア』の制作に携わったブッシュマンは、ウォルトが考える「ファンタジーランドにふさわしい、一瞬で心奪われるような乗り物」がどういうものかを理解しており、映画のような動きのあるアトラクションを想像できる力があった。

モーガンとベーコンは、到着したウォルトたちに必死にリル・ベルをアピールした。とても興奮したと、モーガンは語っている。「オークランド市から、リル・ベルを乾ドックにあげて運び、洗って磨きをかけ、展示する許可をもらっていた」

だがウォルトたちがリル・ベルのほうに歩いてきたとき、モーガンはがっかりしたという。「彼らは立ち止まらず、リル・ベルの横をさっさと通り過ぎてしまったんだ。落ち込むっていうのは、ああいう気分のことをいうんだろうね」

写真では、リル・ベルの「小ささ」が伝わっていなかった。実際の全長は約6メートルで、歴史的な雰囲気を出すため、きれいにペンキを塗って磨きをかけていても、古びて見えるように仕上げていた。憂鬱な気分で立ちつくすベーコンとモーガンの前で、ウォルトは工房の中を歩き回り、つくりかけの乗り物や、蒸気機関車しか頭にないウォルトにとってはまったく興味がわかないガソリンエンジンの列車などにぞんざいな視線を投げていた。それからふと、小さな車の前で立ち止まった。フォードのモデルTを模してつくった車だったが、リル・ベルが川船らしく見えないのと対照的に、こちらは本物らしく見えた。角ばったフロントノーズ、真鍮のラジエーター、大きな車輪。それを見終わると、ウォルトは今にも帰りそうだった。

だが、ブッシュマンはウォルトを呼びとめ、部屋の隅で話しはじめた。そのときブッシュマンは「トード氏のワイルドライド」の制作に取り組んでいた。『たのしい川べ』をモチーフにした乗り物で、乗客は車に夢中のトードになって、予測不能にスピンする車を運転している気分を味わえる。トードの屋敷を抜け、夜のロンドンの街に繰り出し、すれすれのところで事故を避けながらターンを繰り返すのだ。ブッシュマンは、自分が考えたトードの車のスケッチを持ってきており、これから「本物の車をつくれる」業者を見つけなければならず、このモデルTはとてもいい仕上がりだということをウォルトに話した。そして、モーガンたちに乗り物のスケッチを見せてもいいかとたずねた。

ウォルトはあまり乗り気ではない様子で、きみがそうしたければかまわない、と不機嫌そうに言った。

そこで、ブッシュマンはモーガンたちに近づき、「すみません」と声をかけた。「このスケッチから実物の車をつくってもらえないでしょうか。これは最終案じゃありませんが、これに近いものを期待しています」

それで決まりだった。報酬の話は出なかった。試作品をつくっても、それが採用される保証はなく、施工図のようなものもない。モーガンたちに託されたのは、エドワード朝風のオープンカーを描いた楽しげなイラストだけで、モデルTと似ているところがあるとしたら、タイヤが4つ、ということだけだった。

それでも、またとないチャンス——本当にチャンスだとすれば、だが——だった。「わかりました」とモーガンは答えた。「できると思います」

思いがけず彫刻家のような仕事を求められたモーガンたちだったが、板金と飛行機から切り取った部品を使って、イラストの陽気な雰囲気を再現しつつ、機能的な乗り物をつくりはじめた。そしてこれならいけそうだというものができあがると、アーバインに連絡した。アーバインは、ウォルトとブッシュマンを連れて戻ってきた。

ウォルトたちは、できあがった車を吟味した。ボディは金属むきだしだったが（色づけはスタジオでもできるのでいいとして）、バランスが取れている。1910年代の車におなじみの下向きに傾いたボンネット、愉快な表情を添えるヘッドランプ、広々として、おかしなほど大きな座席……。3人の男たちはしばし話し合い、モーガンとベーコンは少し離れた場所で緊張しながら待っていた。永遠とも思える時間が過ぎ、ブッシュマンがふたりのところにやってきて、こう言った。「ウォルトはとても気に入ったようだ。きみたちの会社で引き受けられるというなら、車と、車を動かすシステムをつくってほしい」

仕事はそれで終わりではなかった。ブッシュマンが別の乗り物のスケッチを持ってきていたのだ。『ダンボ』に登場するキャラクターで、山腹を登る「ケイシー・ジュニア・サーカストレイン」だった。「トード氏のワイルドライド」よりもはるかに複雑なつくりだったが、ベーコンはうちでやりますと即答した。

だが、それは途方に暮れるような仕事だった。モーガンたちは、あのちゃちな移動用メリーゴーラウンドを懐かしく思ったかもしれない。とりあえず、トードの車からつくることにした。「ブッシュマンのスケッチから始めるしかなかった」とモーガンは語っている。「設計図なんてものはなかった。1枚もね。だから自分で実物大の原図を描いて、型板を取り、それを基に製造していった。型板があれば、板金からパーツを切り出すことができる。ベニヤの型板で、フェンダーやボンネットの輪郭を切り出した。最初にいきなり試作品をつくって、そこから型板をおこし、パーツへという流れだった」

モーガンたちは急場しのぎのやり方で進めるしかなく、ディズニーの工房をうらやましく思っていた。「わたしたちとディズニーとでは雲泥の差だった。彼らの仕事は見事としか言いようがなかった。溶接工なんて芸術家レベルだ。教本が書けるくらいのね。何においてもディズニーはそうだった。わたしたちは、生き残るためだけに仕事を引き受けることもあった。貧しい者は、貧しいやり方でやるしかないってね」

とはいえ、モーガンたちはいつまでも「貧しい者」だったわけではない。アロー社とディズニーはその後20年にわたって、厚い信頼関係で結ばれたパートナーであり続けたのだった。

第20章 ハリエットと模型工房

アロー社の職人たちが「トード氏のワイルドライド」を試行錯誤しながらつくっていた頃、ウォルトはそのアトラクションの雰囲気――トード邸の図書館を抜け、がたがたと揺れる爆弾入りの木箱をすんでのところでかわし、突進してくる機関車のヘッドランプをかすめながら、夜景に浮かぶタワーブリッジを眺める――を、高さ15センチほどのボール紙の模型ですでに味わっていた。

この小さな冒険の世界は、WEDの模型工房で生まれた。工房といっても、バーバンク・スタジオの駐車場に放置されていたコンテナの中で、それと比べると、「ゾロ屋敷」は宮殿のように見えた。窮屈で、がらくたが散乱していたが、ウォルトのお気に入りの場所だった。「社内でもめ事が起きると、ウォルトは秘書のドロレスに、『ちょっとバックロットに行ってくるよ』と言い残していました。つまり、わたしたちを訪ねてくるという意味です。ウォルトはこならひと息つけたんです。ちょっと足を延ばせば、わたしたちがいて、リラックスできる。

ここは、ウォルトにとっておもちゃ屋みたいなものでした」

そんな思い出話を語るのは、ハリエット・バーンズだ。彼女は事務員ではなく、クリエイティブな仕事でWEDに雇われた最初の女性だった。大恐慌の時代に生まれたバーンズは、父親に家政学を学ぶのなら大学に行かせてやると言われた。そこで家政学部に入学し、途中で専攻を美術に変えた。卒業後、百貨店チェーンでディスプレイ・デザインの仕事に就き、それからダイス・ディスプレイ・インダストリーズという、テレビ番組やラスベガスのフロアショーに使う大道具を制作する会社に引き抜かれ、ショービジネスの世界に足を踏み入れる。ダイス社が破綻したとき、ディズニーが求人を出していると聞き、応募したのだった。面接で女性を採用する予定はないと言われたが、バーンズは粘り強く交渉し、仕事を手に入れる（面接を受けられたのは、名前を「ハリー」だと勘違いされたからかもしれない、とバーンズは言っていた）。

バーンズは最初、テレビ番組で使う予定の小道具に色を塗る仕事をしていたのだが、上司に繊細な仕事ぶりを認められ、模型工房に異動になる。聡明《そうめい》なバーンズは、男性同僚たちからの際どい冷やかしをものともしなかった。それに、ボール盤を使わせたら彼女の右に出る者はいなかった。それでも、バーンズはこう言っている。「なにせ、1950年代でしたからね。わたしは派手な色の服を着て、ハイヒールをはき、手袋をして仕事に行ってました。女性はズボンをはかない時代です。それでも、高いところにあがる場合に備えて、小さな袋にズボンを入れて、いつも持ち歩いてました」

バーンズは、模型工房に配属されたふたり目のスタッフだった。ひとり目は、直属の上司のフレッド・イェイガーで、1937年にイリノイ大学の美術学部を卒業したイェイガーは、映画会社で模型セットをつくる仕事をしていたが、1953年、ディズニーが『海底2万マイル』の撮影のため、ネモ船長の潜水艦のミニチュアを制作できる人間を探していると聞いたのだった。それまでに携わった映画が、イェイガーの優れた腕を証明してくれた。『海底2万マイル』のプロダクションデザイナーだったハーパー・ゴフは、イェイガーと面識はなかったが、彼が手がけた小さなノーチラス号のことを覚えており、面接に来ないかと声をかけたのだ。バーンズは語っている。「ハーパー・ゴフはいい人ですが、すごく変わってました。フレッドがオープン前のディズニーランドに呼ばれて行ってみると、ジャングルクルーズの資材置き場でボートに腰かけてバンジョーを弾いている、真っ赤なヒゲにもじゃもじゃ頭の男がいたとか。『おいおい、おかしな男がいるぞ……』ってフレッドは思ったそうです。それがハーパーだったんですよ！　でも、ハーパーはすばらしい人で、フレッドをWEDに雇い入れたんです」

イェイガーの初仕事は、マークトウェイン号の模型をつくることだった。本当に美しい仕上がりで、彼の腕前はその後の仕事でも発揮されていく。ときには強烈なプレッシャーにさらされながら（バーンズによると、イェイガーは美術監督から午後5時に設計図を受け取り、午後9時までに模型を仕上げなければならないこともあったという）、小さく複雑な模型づくりに人生を捧げていると、怒りっぽい、頑固な性格になりそうなものだが、イェイガーは違っていた。彼はディズニーの主任クラスのスタッフの中でも、最も陽気な人物として知られていた。「フレッドほどすばらしく、一緒に働いて楽な人はいませんでした」と同僚たちも言っている。「フレッドは、叫んだり、声を荒らげたりする人じゃなかったと、みな言うでしょう。どんなに厳しい状況でも、うろたえたりしませんでした。いつも笑顔で、上機嫌でした。一緒に働くなら、フレッドみたいな人に限りますよ」

ウォルトはミニチュアへの情熱を持ちつづけており、車掌車用の小さなストーブをつくったときの喜びを忘れなかった。だが、模型工房は趣味以上のものだった。木を踊らせ、アヒルをしゃべらせた人間だけあって、完成予想図にこだわるのをよしとせず、「青一色」でよそよそしい感じのする青写真を嫌っていた。図面は嘘をつくが、模型は違う、とウォルトは言っていた。金の節約にもなる、とも。「模型をつくるのに5000ドルはかかるかもしれないが、5万ドルかけて実物を修理するよりも、ずっと安くつく」

イェイガーもこう述べている。「最初に立体的な模型をつくっておかないと、大変なことになる。言ってみれば、大惨事を回避するための模型をつくるのがわたしの仕事だ。楽しい仕事だが、チャレンジでもある」

バーンズいわく、「ディズニーランドにあるほとんどのものは、まずフレッドが模型をつくっていた」という。「フレッドは『眠れる森の美女の城』の模型をいくつかつくりましたが、タレット（小塔）の位置や配色など、それぞれ少しずつデザインが違っていました」

最初の城の模型は、20センチにも満たないものだった。「ハーバート・ライマンとアイヴァンド・アール（当時、スタジオの背景アーティストだった）が色づけをしました。アイヴァンドの城は、黒、赤、金色の3色を使った、とてもユニークなものでした。最後には、青い空により映えるという理由で、ウォルトはハーバートのパステルカラーの城を選びました」

それからバーンズとイェイガーは、ベニヤ板とメゾナイト（硬質の繊維板の商品名）を使って大きめの模型をつくった。エヴァンス兄弟が本物の植物でジャングルをつくっていた頃、バーンズたちは城壁を取り囲むミニチュアの緑地を偽造する方法を編み出していた。「マンザニータ（北米に自生する常緑低木）の小枝を使った」とバーンズは言っている。「フロリダから苔《こけ》も取り寄せました。湿地に生えていたものを袋に入れて送ってもらったんです。からからに乾燥してました。それをアルコールとグリセリンの溶液に浸すと、ふわっときれいに膨らみます。いつもバケツに一杯ほど用意しておいて、緑や茶色の顔料の入った袋に入れて振ると、見事に発色します。それを使えば、茂みでも林でも、何でもつくることができました」

ウォルトは、作業中に何度も現れた。イェイガーは模型を高いところに置き、ウォルトが立ったままの目線で眺められるようにした。それでも十分に観察できないとわかると、ロジャー・ブロギーが逆さ潜望鏡をつくった。ウォルトは鏡を張った管を上からのぞき込み、店の正面や、馬をつなぐ柱を間近に見ながら、メインストリートを散策している気分を味わった。

こういったことが、お世辞にも広いといえないコンテナの工房で行われたのだった。「あの頃、わたしたちの周りはがらくただらけでした」とバーンズは言う。「ベニヤ板のテーブルに模型を飾ったりしていました。わたしの『デスク』は丸のこの上にベニヤ板を置いただけの代物で、椅子は折り畳みのスツールでした。丸のこを使いたいときは、ヴァテル（ヴァテル・ロジャースは3人目の模型士だった）とフレッドがベニヤ板をどけて、切り出しがすむと、また元に戻すんです。ガレージで近所の人と作業しているみたいでした」

1年ほど経ったとき、ウォルトがフレッドに言った。「もっと広い場所に移ってもらおうと、あちこち探してみたんだ。それでだな、フレッド、あそこにある大きな倉庫はどうかな。以前は左官たちが作業場にしてたんだが、暑すぎるっていうんでもう使ってないんだ」

その倉庫は2階建ての高さがあり、トタン板でできていたため、中はとても暑かった。その難点を払拭できるほど強力な（あるいは電気代のかからない）空調も備えつけられていなかったが、とにかく広かった。ウォルトはこの案に乗り気だった。「フレッド、きみさえよければ、スペースはたくさんある。あそこを作業場にするんなら、大きな扇風機を設置するよ。それから屋根の上にパイプを走らせて、水を流すつもりだ。そうすれば、建物も冷やせるだろう」

そういうわけで、バーンズたちは倉庫に移ったが、コンテナと大して変わらなかった。「前の工房の裏手に大きな工房を構えましたが、手に入ったものといえば、いらなくなって捨てられた汚い家具と、妙な皮膚病だけでした。コンクリートむきだしのフロアで、ペンキやらポリエステルやら、いろんな原料を扱っていたし……それが部屋中に散乱していましたから。みんなスモックをはおっていましたが、肌荒れはおさまりませんでした。要は、残り物を押しつけられただけだったんです。一応、自分のデスクは持てたんですが、外に出て戻ってくると、ピンク色に塗られていたこともありました」

移転先では、あせもまで出る始末だった。「ウォルトは屋根に67本ものパイプを設置したんですが、その水がところかまわず落ちてくるんです！　玄関先に滝があるみたいでした。しかも、もう笑うしかないのですが、パイプは暑さ対策にはまったくならなかったんです。少しは涼しくなったかもしれませんが、部屋の中が湿っぽくなってしまいました。ペンキは乾かないし、蒸し器の中のブロッコリーになった気分でした」

バーンズたちは、管理スタッフに「パイプの水を止めてほしい」と伝えた。「ウォルトには知られないように」という注文つきで。ウォルトはよくよく考えて精一杯のことをしてくれたのだから、気を悪くしてほしくないと思ったのだった。

模型工房を立ち上げたばかりの頃、ウォルトは毎日のようにやってきた。バーンズたちも、自分たちの仕事を認めてくれている証だと喜んでいたが、ウォルトの訪問がいつもプラスになるとは限らなかった。

水びたしの工房に移ってから数カ月後、バーンズは、「イギリスの田舎風教会」の模型の窓にはめ込むステンドグラスの制作に取り組んでいた。「鉛線を組むのも、デザインや色決めも、すべてひとりでやりました。自分で機械を操作して、鉛を切り出し、角度をつけました。楽しかったですよ。打ち延ばしが自由にできるので、鉛が好きなんです。プレキシグラスの後ろにセルロイドを重ねるだけでもよかったので、実際にはそこまでする必要はありませんでした。でも当時、ウォルトも模型づくりが好きで、ディテールにこだわっていましたから、わたしたちもそうしたんです」

中世さながらの工程に取り組むバーンズは、作業台の上で、1枚の窓に360もの鉛のパーツを配置する作業をしていた。そこにウォルトがやってきて、興味をそそられ、組み合わせたパーツをさっと手に取った。「まだはんだづけが終わっていなかったんです！　だからパーツがそこら中に散らばってしまいました」バーンズたちは、「ウォルトが来るというなら、いじられてもいいように、何もかもきちんと接着しておくことを、ようやく肝に銘じた」という。

居心地のよい場所ではなかったが、模型工房ではさまざまな作品が生まれた。1954年、『リーダーズ・ダイジェスト』に、記者J・P・マクエヴォイによるウォルトのインタビュー記事が掲載された。記事の大部分は、当時ディズニーのスタジオが制作し、評判を呼んでいた自然映画についての話だった。「1本の花が開く場面を、24台もの自動カメラで撮影する」ところを目の当たりにしたマクエヴォイは、続いてこう記している。「スタジオ内のある建物を通りがかったのだが、そこにはすばらしいミニチュアの世界が広がっていた。過ぎ去りし時代の未開の地、ロケットが飛ぶ未来の宇宙、ディズニーのおとぎ話のキャラクターたちが幸せに暮らす、遠い遠いどこかにある夢の国……。壁一面に地図が貼られ、テーブルの上はジオラマや縮尺図面であふれ、スタジオの床や、作業場、廊下には、古風な機関車や外輪船、西部開拓時代の酒場、眠れる森の美女の城や、月まで飛んでいけそうな、光り輝くジェット式の宇宙船などがぎっしりと並んでいる。これこそが、『ディズニーランド』の混沌《こんとん》に満ちた『さなぎ』であり、ウォルトが実現しようとしている最新の夢なのだ。この1000万ドルをかけた遊び場は、来る7月、ハリウッドから車で1時間足らずの場所にオープンすることになっている」

第21章 本物の鉄道

ウォルトは、最も心ひかれるアトラクションに関しては、模型づくりを頼まなかった。「リリー・ベル」という完璧な模型があるのだから、改めてつくる必要がなかったのだ。

キャロルウッド・パシフィック鉄道の線路から姿を消したリリー・ベルは、ディズニーランドが産声をあげようとしている数カ月の間、機械工房の製図台の下に亡命していた。ぽつんと取り残されていたものの、完全に忘れ去られていたわけではない。スタッフもこう言っている。「ウォルトはたまにやってきては、エンジンの様子を見ていた。問題がないかどうか、いつも大事そうに手を触れていたよ」

実際のところ、ウォルトはリリー・ベルのために、文字通り「ビッグな」計画を立てていた。

1953年12月、ノーフォーク・アンド・ウェスタン鉄道は、工場から「SaクラスNo.244」という車両を「アウトショップ」した（「アウトショップ」とは、機関車メーカーが完成させた新しい車両を送り出すときに使う、いささかそっけない響きの言葉)。それまで全米各地の幹線を17万5000台もの蒸気機関車が走ってきたが、No.244はその最後を飾る標準軌の蒸気機関車だった。

そのNo.244が操車場で出番を待っている頃、ウォルトはかつて隆盛を極めた伝統を絶やさないよう、工房を立ち上げていた。

当初リリー・ベルは、セントラル・パシフィック鉄道の原型の8分の1スケールという「裏庭サイズ」だったが、それが8分の5スケールへと拡大されようとしていた。つまり、新たに製造する機関車は、実物大の3分の2ほどの大きさとなり、914ミリ軌間の線路を走ることになる。見た目も動きもより本物らしくなるのだ。リリー・ベルがディズニー邸の裏庭でひっくり返ったときは、ウォルトとロジャー・ブロギーが持ち上げて線路に戻してやったが、大きくなったリリー・ベルに同じような惨事が起こったら、修理にはクレーンやウィンチが必要になるだろう。信号機、側線、扇形機関車庫、水のタンクといった装備一式も、本物の鉄道らしいものをつくらなければならない。

ウォルトはブロギーに、何の前置きもなく、リリー・ベルの大々的な出世を伝えた。「ディズニーランドの鉄道づくりに取りかからなきゃならない。きみのとこでやれそうかい?」

そのときのブロギーは、ノーチラス号を攻撃する、恐ろしく手の込んだ巨大イカ(映画の4分の1はイカとの格闘に思えるほどだったが、それにより『海底2万マイル』はアカデミー賞特殊効果賞を獲得した)の制作を終えたところだったので、シリンダーヘッドや遮断バルブの世界に戻ってこられてほっとしたはずだ。「リリー・ベルという見本と、鉄道に関する情報は集まっていたので、ただ図面を出してディズニーランド用に拡大するだけでよかった」

実際には、そんなに簡単な話ではなかった。ウォルトは1日に何千人もの乗客を乗せ、年間通して運行するような鉄道を計画していたからだ。

だが少なくとも、そんな鉄道をつくるためには、より大きな機械工房が必要になることはウォルトも理解していた。その仕事は、ブロギーの鉄道仲間のジャック・ロレックスに託された。ロレックスは、スタジオの「インク&ペイント」部門の建物の裏手にあるスペースを与えられた。「購買部に、必要な設備と材料を発注してくれ」とウォルトは言うと、注意するまでもないことをつけ加えた。「余計なものは一切頼まないように。ここのところ、予算が厳しいからね」それから3カ月のうちに、ロレックスは新しい機械工房を立ち上げたのだった。

最初に手をつけたのは、巨大な黒板にリリー・ベルの5分の3スケールのスケッチを描くことだった。図面を信用していないウォルトだったが、このスケッチには満足した様子だった。「これだよ。ディズニーランドにぴったりのサイズだ」ブロギーはロレックスに、運転室をもっと大きくするよう伝えた。今度は本物の機関士と機関助手が乗ることになるからと。リリー・ベルの優美なプロポーションが少しばかり損なわれるが、ウォルトも了承した。

まずは、機関車の最初の1台（2台つくることになっていた）の製造が進められた。原型をできる限り忠実に再現しようとしたが、工学上の問題が持ち上がった場合は話が別で、ベルや蒸気ドームの位置を移動し、動輪の大きさを少し小さくするなどした。

ペンシルベニア鉄道やサザン・パシフィック鉄道の製図工として長年勤めあげたエド・リンゲンフェルターは、そうした問題にも対応できる人材だった。ブロギーやリチャード・バグリーらがデザイン面を担当する一方、リンゲンフェルターはエンジンの設計図を描いた。リチャード（エド）・バグリーは機械エンジニアで、すさまじいほど才能があると同僚たちにも評判だった。ウォルトが、思い描いたマークトウェイン号のエンジンをイラストにして渡したところ、バグリーはふたつの吸気口と複雑な排気弁からなる歯車装置にしてみせた。リリー・ベルの原型を設計したエディー・サージェントは、機関車が引っ張る車両のデザインを任されていた。ウォルトはサージェントに信頼を寄せていたが、いかにもウォルトらしく、すでに気に入った客車を見つけていたのだった。

ある春の日、ウォルトはグリフィス公園でディズニーランドの構想を練っていた。グリフィス公園は、ロサンゼルス近郊のロスフェリッツに位置する4300エーカー（約17・4平方キロ）のオアシスで、スピルマン・カンパニーによる1926年製の大きなメリーゴーラウンドが置かれている場所だった。ディズニーランド誕生の経緯には諸説あるものの、ウォルトはこう語ったという。「ディズニーランドを思いついたのは、ふたりの娘がまだ小さい頃だった。当時、土曜日は『パパの日』で、娘たちをメリーゴーラウンドに連れていき、ふたりがそれに乗っている間、ぼくはベンチに座ってピーナッツを食べていた。ひとりで座っているうちに、親も子も一緒に楽しめるような、家族公園のようなものをつくるべきだと感じたんだ」そのときウォルトが座っていたというベンチは、現在、ディズニーランドのメインストリートに建つオペラハウスに飾られている。

グリフィス公園がディズニーランドに与えた影響は、それだけではなかった。1952年12月、ロサンゼルスの蒸気機関車愛好家たちが資金を出し、グリフィス公園に「トラベル・タウン」を設立した。西部鉄道の歴史をテーマとする博物館で、機関車や車両が展示された。ウォルトは足しげく通っていたが、些細なことも見逃さないその目が、ディズニーランド鉄道にぴったりの展示物をとらえたのだった。1900年頃にオアフ・レイルウェイ・アンド・ランド・カンパニーの工房で製造された914ミリ軌間の普通客車だった。当時よく見られた小ぶりのサイズで、その特徴を際立たせる外見になっていた。側壁の高いところに、屋根に沿うように採光窓が並び、屋根はオープンデッキにかぶさるようにカーブしている。ウォルトはその客車を参考に、下絵を描いたに違いない。

ブロギーたちは、チョークを手にスケールの計算に取りかかった。「黒板に、実物大の車両をスケッチしたんだ」とブロギーは語っている。「客車の幅は3メートルだから、3メートルの車両と、標準サイズの2メートルのドアを描いた。それから、1・8メートルのドアが収まるように車両を縮小していった」そして、8分の5スケールのベニヤ板製の模型が完成すると、ウォルトは中に入ってみた。「ぼくでも1・8メートルのドアをくぐり抜けられるから、これで十分じゃないのか」ウォルトの身長は178センチなので、当然くぐり抜けられたはずだが、それで大丈夫だろうということになった（ディズニーランド鉄道のドアの大きさについて、文句が出たという記録も残っていない）。

車両はいちから製造されたのだが、金属部品や付属品に関しては、思いがけない幸運に巡り合った。当時はまだ狭軌の鉄道が運行中で、シアトルのC・M・ロフステッド・カンパニーから、8分の5スケール用の金具のほとんどを供給してもらえることになったのだ。

最初から最後まで、バーバンク・スタジオの防音スタジオで作業が行われたが、機関車の大きな部品は、地元の企業に製造を依頼した。ボイラーはディクスン・ボイラー・ワークス、車輪とフレームはウィルミントン・アイロン・ワークスにそれぞれ発注した。しかしボイラーとフレームが完成し、合体させる段になって、ウォルトはウィルミントン社の経営者から連絡を受ける。ウィルミントンは組合加盟の会社だが、ディクスン社は違うので、ディクスン社のボイラーにわが社の敷居をまたがせるわけにはいかないというのだ。ブロギーは、この難題をジョー・ファウラーのところに持ち込んだ。それから1週間のうちに、ファウラーはアナハイムの建設予定地に、扇形機関車庫の基礎と線路、そして、その場でフレームとボイラーを組み立てるのに十分な広さの建物を築いていたのだった。

ファウラーをディズニーに迎え入れることができたのは運がよかったが、ツキがふたたび巡ってくる。スタジオに1通の手紙が届いたのだ。それは、ファウラーが船や重量構造物に詳しいのと同じくらい、鉄道や鉄道事業について詳しい人物からの手紙だった。

ウォルトは、アメリカで誰よりも蒸気機関に詳しい人材を集めていた。だが、機関車というのは、たとえ完璧に動いたとしても、鉄道というさらに大きな機械装置のほんの一部でしかない。機関車は何千という部品が組み合わさった、幅広い機能を持つ基礎構造に支えられている。アール・ヴィルマーは、そうした部品のすべてに精通している人物だった。

ヴィルマーは、1906年、カンザス州ピッツバーグに生まれた。ピッツバーグという町は、その30年前に誕生したのだが、同じ年には町を走る鉄道が開通している。ヴィルマーは10代になったばかりの頃からカンザス・シティ・サザン鉄道で働いていた。機械工から始め、23歳で扇形機関車庫の主任になると、1943年に軍隊に入るまで長らくそのポストについていたのだった。

軍隊はベテランの鉄道技師を求めており、ヴィルマーは大尉に任命されて、1000万トンもの物資をペルー湾から東部前線へと運ぶ大隊を任された。「ロシアに占領されていたテヘランへと物資を運んだ」という。終戦を迎える頃には、ヴィルマーは少佐まで昇格し、ノルマンディー上陸と、それに続く連合軍の北上により壊滅状態となっていたフランスの鉄道再建の指揮を執っていた。

終戦後、カンザスに戻ったヴィルマーは、日々が平穏すぎると感じていた。1952年、ベクテル・コーポレーションが南アメリカから鉄を供給するための鉄道をつくることになり、ヴィルマーは妻と5歳の娘ジュディスを連れて、鉄道建設に携わるためベネズエラのジャングルへと向かった。2年ほど暮らしたが、娘には人里離れた熱帯雨林の村（村といっても、鉱山作業者のためにつくった間に合わせの村だったが）で受けるよりも、もっと優れた教育機会を与えたいと思うようになった。

ヴィルマー一家は帰国し、ふたたびピッツバーグで暮らすようになる。ジャングルにいる間、ベクテル社から十分な給料を得ていたため、急いで仕事を探す必要もなかった。戦後の不安定だが希望に満ちた時代にあって、またしても物足りなさを感じたヴィルマーは、家族を連れて今度はカリフォルニアに移った。そして1954年の秋、パサデナのアパートで『ロサンゼルス・タイムズ』の朝刊を手にとったヴィルマーは、ウォルト・ディズニーの新たな遊園地構想を紹介した記事を目にする。好奇心から読みはじめたのだが、蒸気機関車という言葉を見た瞬間、心を奪われたのだった。

ディズニーに手紙を書こう。それも、プロらしい手紙じゃなきゃだめだ。ヴィルマーは、その日の朝のうちに質屋に行き、小型のタイプライターを購入する。そして1954年9月22日、ヴィルマーはロジャー・ブロギー宛に手紙を送った。「拝啓　記事を拝読し、ディズニーランド計画に強い関心を抱きました。長年、鉄道事業および鉄道設備に携わってきた経験を活かせるのではと考えております」そう切り出すと、ヴィルマーは自分の職務経験を、エンジニア同士が会話を交わすように、ブロギーに詳しく書きつづった。そして最後を、ウォルトの心を動かすことを期待して、情熱的な言葉で締めくくった。「時代がどう変わろうと機関車がその役目を終えることは決してないと、固く信じております。そのわたしの信念を、ディズニーランドが証明してくれると思っております」

ブロギーはヴィルマーを昼食に招待した。食事が終わる頃には、ディズニーランド鉄道と、鉄道馬車の線路（メインストリート沿いに1キロほど設置する予定だった）の建設を、ヴィルマーが監督する話がまとまっていた。ヴィルマーが着任したとき、機関車づくりは順調に進んでおり、炭水車の建設計画に着手したところだった。ヴィルマーは出しゃばらずに現場を指揮し（穏やかで物静かな監督だったという）、みなが一致団結して作業にあたったおかげで、鉄道はディズニーランドで最初に完成したアトラクションとなった。

だが、最も高くついたアトラクションでもあった。エンジンと車両だけで（線路は計算に含めず）、25万ドルに達するほどの経費がかかっていた。

ウォルトは資金が底をつきかけていることに気づいており、それでも成果がはかばかしくないことに失望していた。ディズニーランドが「地面にぽっかりと空いた穴」にしか見えなくなってきたと、WEDのスタッフたちにしょっちゅうぼやいていた。

30万立方メートルを超える土が掘り起こされ、1万2500本のオレンジの木と700本のユーカリの木、500本のクルミの木が植え替え、あるいは切り倒された。マクニール・コンストラクションは、建物の建設が始まる前に、それぞれ約1・2キロの下水管とガス管、600メートルの排水管、約2・4キロの水道本管を設置しなければならなかった。そうした予備工事は、9月までに終わっている予定だったが、10月後半になってもまだ完了していなかった。といっても、すべてがマクニール社のせいではなかった。60もの下請け業者を束ねていた現場監督のF・M・フランツはこう語っている。「建設の観点から見ても、比類のない計画であったことは間違いない。南カリフォルニア、いや、全米のどこを探しても、前例のない建設だった」構想が独特だっただけに、計画も刻々と変化するのだった。

ジョー・ファウラーは、着任してからマークトウェイン号以外のプロジェクトにも目を向けはじめると、あることに気づく。メインストリートの建物には、建築家が見積もった以上の強力な基礎が必要だったのだ（最終的に、基礎のために約3800立方メートルものコンクリートを消費することになる）。さらに、海事に長けていたファウラーならではの発見もあった。マークトウェイン号の重量は150トンで、「その重さの船は、吊りあげて工房に運ぶことができない」のだった。そうなると、修理や定期的なオーバーホールのために、乾ドックにあげなければならない。乾ドックは簡単に建設できるものではなく、ウォルトも資金を出し渋ったが、人生を船の建設に捧げてきた男の忠告を無視できなかった。とはいえ、さらに土地を採掘することになり、いい気分はしなかったのだろう、その「穴」の横を通りかかるたびに、ウォルトはからかい半分、不満半分に、こう言ったものだった。「ああ、そうそう、ここが『ジョーズ・ディッチ（ジョーのどぶ）』さ」（今でも、「ファウラーズ・ハーバー（ファウラーの港）」というちゃんとした名前よりも、その名で呼ばれることが多い）。

ある日、ウォルトはハーパー・ゴフを連れて、敷地の真ん中に急ごしらえで建てた木製の展望台に上がった。ふたりは西部の開拓地並みに荒涼とした景色を眺めていた。「もう半分の金を使っちゃったよ」ウォルトはゴフに言った。「それなのに、何もできていない」そのときゴフは、ウォルトの目に涙が浮かぶのを見たという。「何にもね」

第22章 未開拓地の王

一方で、まだ土山でしかないディズニーランドの経費を払うため、ウォルトは〈ＡＢＣ〉との約束を果たそうと忙しくしていた。

何カ月もの間、スタジオはディズニーのテレビ番組としてふさわしいシリーズを考えてきた。「番組のテーマは『アメリカ』だ。そこは空想に満ちていて、人々は夢を抱き、偉大になる。できないなんて言う人は誰もいない。それこそがアメリカの精神だ。番組の中で、フロンティアランドやメインストリートを取りあげたっていい」番組は、そうやって形になっていった。毎週、異なるテーマを取りあげるが、どのテーマもディズニーランドの４つのランドのどれかと結びついたものになる。

シリーズを〈ＡＢＣ〉に売り込む際、ウォルトは不安だった。どう見ても利己的な内容だったからだ。〈ＡＢＣ〉の幹部たちは、これから提案する番組を「ひたすら続くディズニーランドのコマーシャル」だとみなすんじゃないだろうか?

そして1954年4月22日、〈ABC〉の会長ロバート・E・キンターにプレゼンテーションを行ったところ、ウォルトの不安は杞憂《きゆう》に終わる。「胸躍るコンセプトだ」とキンターは言った。「すばらしい番組になるだろう。これでいこうじゃないか」そしてこうつけ加えた。「きみのところの郵便係は大忙しになるだろうね」

そのファンレターを受け取ることになるであろう人物に、どんな役割を演じさせるかが問題だった。スタジオでは、誰が番組のホスト役を務めるか、話し合いが繰り返されていた。だが放送が近づくにつれ、ウォルトはアニメのキャラクターではなく、自分自身がホストになるべきだと考えるようになった。そのことを、ウォルトは『わんわん物語』の宣伝会議の場で、長々と、そして内省的なスピーチで表明している。「自分のことを俳優だなんて思っているわけじゃないが、ディズニーランドのことを語るとなれば、ぼくにだってできるし、発案者のぼくがやるべきだと思うんだ。良いか悪いかは別として、ぼくはこういう人間だからね。そこが戦略なんだよ。番組を軌道に乗せるのに、一番安全な方法なんだ。最初に道さえつくっておけば、誰かが引き継ぐこともできるだろう。ぼくを使えば使うほど、一番に覚えてもらえる。身の程はわきまえているつもりだ。でも、ぼくには話す権利があるし、自分が始めたビジネスだから、実際話もできる。このスタジオにいるみんなでやっていることなんだから、ぼくがホストでも問題ないはずだ」

「ぼくだって不安だよ。こんなのやりすぎじゃないかとね。ぼくの声は鼻声で、ナレーション向きじゃない。うぬぼれてるんじゃなくて、現実的になろうとしてるんだ。番組を軌道に乗せるにはこの方法しかないと思っているだけだ。ずっと結論を避けてきたが、視聴者に納得してもらえる人材が見つかるまでは、ぼくがやるべきだと思うんだ」

ウォルトがいる以上、ほかにいい人材など現れるはずがなかった。とはいえ、ウォルト自身はテレビ出演を楽しんでいたわけではなかった。「ぼくはみんなと同じ大根役者で、カメラの前に立つのは本当につらかった。みんながぼくを笑わせ、友好的な人物に見せようとしていたが、目の前にあるのは、冷たく光るカメラと、むっつりした顔でぼくを見つめるスタッフだけだった」舞台負けしているウォルトに同情し、よく気のつく看護師ヘイゼル・ジョージは、シェリーに卵を混ぜた飲み物のことを思い出す。そのカクテルは、ウォルトの喉を潤し、本番前の緊張もほぐしてくれた。ウォルトも「気に入っていた」とヘイゼルは語っている。

番組紹介は、「ウォルトのオフィスらしく見えるセット」で行われたが、いささか非現実的だった。セットの窓からは、ウォルトの「本物のオフィス」があるアニメーション・ビルディングが見えていたのだ。いつものことながら、ウォルトはディテールにこだわり、賞状や小物、写真など、現実のオフィスにあるものはすべてセットに置き、撮影が終わったらオフィスに戻すよう言い張った。撮影のたびにウォルトの所持品を移動させることになり、面倒な作業が増えたが、なじみの物に囲まれることで、ウォルトも落ちついて撮影に臨めたのだった。

番組の第1回は、10月27日に放送された。内容はいうなれば「ディズニーランド物語」だった。

「ディズニーランド」というあのおなじみの文字が画面に流れ、彗星《すいせい》のような光がその周りを囲んだかと思うと、ティンカー・ベルへと変わる。この『ピーター・パン』の妖精は、番組の案内役として入念に選ばれていた。チャーミングで人気もあるが、主役級のキャラクターでもない。番組が失敗に終わった場合、ミッキーマウスやドナルドダックに悪いイメージを残したくないというウォルトの考えからだった。

ティンカー・ベルが妖精の粉を振りまき、「ウォルト・ディズニー」という文字が現れる。そしてカーテンが開くと、ふたたび「ディズニーランド」の文字が現れ、その背後にオーロラのようなまばゆい光を放つ遊園地のイラストが浮かんでくる。《星に願いを》が流れ、威厳のある声（ウォルトの声ではない）で、こう宣言される。「これから毎週、この時空を超えた国にお越しくださったみなさんには、さまざまな世界のひとつをお見せしましょう。フロンティアランド――伝説の時代の、空想の物語と真実。［火打ち石銃と火薬筒のシルエットを背景に、最初は先住民、それから開拓者へと姿を変えたティンカー・ベルが登場する］トゥモローランド――来るべき未来への約束。［ティンカー・ベルが原子と原子核のラインを描き、ロケットが発射する］アドベンチャーランド――自然の領域である、不思議の世界。［回る地球のイラストが浮かぶ］ファンタジーランド――最も幸せに満ちた王国。［眠れる森の美女の城からティンカー・ベルが現れ、飛び去っていく］さて今週ご紹介するのは……ディズニーランド物語です」

バーバンク・スタジオの上空から、スタジオの大通りであり、大勢の人が行き交う「ミッキー・アベニュー」へとヘリコプターが下りてくる。ナレーターが「見たところ、今日も忙しい一日のようです」と語り、『海底2万マイル』の出演者、カーク・ダグラスとピーター・ローレがメーキャップをされ、ジェームズ・メイソンが巨大イカと格闘しているところが映し出される。「でも実は、今日のスタジオでは、いつもとは違うことが起きているのです。これまでにないことです。それを今から、ウォルト・ディズニーがお話しします」

ナレーションが終わると、ジョン・ヘンチが描いたミッキーマウス25周年の記念ポートレートを背に、ウォルトが登場する。「ようこそ。みなさん、この子のことはご存じかと思います。彼とは長いつき合いです。ミッキーとわたしは、もうずいぶん昔から一緒にやってきました。そして、たくさんの夢を叶えてきました。今日は、わたしたちの新しい、そしてすばらしい夢をみなさんと分かちあいたいと思います」そこでウォルトは、ディズニーランドの完成予想図へと向き直る。それはハーバート・ライマンが描いたものではなく、ピーター・エレンショウ（スタジオ所属のアーティストで、『メリー・ポピンズ』でアカデミー賞を受賞した）が手がけた大きな油絵だった。

「これについてお話ししましょう。みなさんがこれから番組の中で目にする場所が、ディズニーランドであり、この『ディズニーランド』という番組では、すべてディズニーランドにまつわることをお届けしていきます」

冷たい目をしたカメラを見つめながらも、ウォルトは落ちつき、温かみがあって、親しみやすく、優しそうで、いかにも「おじさん」という雰囲気だった。ディズニーランドのことを話すのが楽しくて仕方ないのが伝わってくるが、押しつけがましさは一切ない。仲間に接するように、視聴者に語りかけていた。みんな楽しみにしてくれているんだろう？　みんなのために、頑張って完成させるからね、と。ウォルトが心配していた「鼻声」は、まったく気にならなかった。

「南カリフォルニアのアナハイム市に近い、２４０エーカー（約97万平方メートル）の敷地、まさにこの場所に、われわれはディズニーランドをつくっています。地球上のどこにもないような場所にしたいと思っているんですよ。ここは祭りであり、遊園地であり、博覧会であり、アラビアンナイトの町であり、未来の大都市でもあります。そして、夢と希望、真実と空想がひとつになった場所です」

　そこでウォルトは、12分の1スケールでつくったメインストリートの模型へと移動する。模型工房の自信作で、建ち並ぶ建物は本物そっくりだ。ディズニーランドを訪れ、メインストリートを歩いた瞬間、誰もが前に見たことがあるとすぐに気づく、そんな仕上がりだった。ウォルトは案内を始めた。

「正面ゲートから中に入り、鉄道駅を通り過ぎて、階段を降りると、バンドが音楽を奏でる広場があります。その正面に延びるのは、アメリカの精神の道である、古き良きメインストリート、20世紀初頭の懐かしい町の風景です」

「アメリカは急成長し、町や村は都市になろうとしています。ガス灯が電気照明に取って代わられる日も近い。だが、それは少し先の話です。当時は、アメリカにとって最も大切な場所といえばメインストリートで、そこには開拓時代の香りと来る20世紀への期待が入り混じっていました」

「メインストリートの先、ちょうどみなさんが座っている辺りは、プラザとなります。プラザ、またはハブと呼ばれるその場所は、ディズニーランドの心臓です。そこを起点に、コンパスで円を描くように、ディズニーランドは4つの主要なパートに分かれていきます。この先、番組で紹介することになる（結局、実現しなかった）4つの異なる世界が広がっているのです。アドベンチャーランド、トゥモローランド、ファンタジーランド、フロンティアランドです。

［先住民のドラムの音が響き、砦柵と川船のイラストが背景に流れる］

「フロンティアランドのゲートをくぐると、過去の世紀の、わくわくするようなアメリカが広がっています。先住民の伝承や歌、物語、偉大な開拓者たちの言い伝えなどが眠る場所で、なかには、青い牛ベイブを連れた木こりポール・バニヤンのような、まったく伝説上の巨人もいます。一方で、実在の人物たちの真実の物語もまた、すばらしいものだ。このフロンティアランドのシリーズでは、過去に生き、伝説になった人たち、例えば、アライグマの毛皮帽子をかぶった議員として知られたデイビー・クロケットの物語などを語っていきます。デイビーはとても風変わりな人生を送った人物で、どこまでが本当で、どこからが空想の話かがわからないほどだ」

「ここで、デイビー・クロケットの物語を撮影するチームの監督、ノーマン・フォスターに登場してもらいましょう。物語は、デイビーの本拠地であったテネシー州のグレート・スモーキー山脈を舞台に繰り広げられます」

ディレクターズチェアに腰かけたノーマン・フォスターが、カメラや照明、数名の技術者を従えて、画面に現れる。フォスターも、ウォルトと同様、落ちつきと親しみが感じられた。

「明日、わたしたちはデイビー・クロケットの故郷へと向かうわけですが、以前撮影場所を探しに行ったとき、面白いことに気づきました。あちらの人たちは、今もデイビーの話をしているんですよ。何世代にもわたって受け継がれてきた歌を歌い、物語を語ってくれます。彼らの心の中には、今もデイビー・クロケットが生きつづけているんです。そのデイビーを演じることになる若者を、みなさんにご紹介がてら、テスト撮影したいと思います。名前はフェス・パーカーといいます。これから歌で、デイビーのことを教えてくれますよ。準備はいいかい、フェス？」

フェスは準備万端だった。バックスキンの服に毛皮の帽子というでたちの、手足の長い若者が登場する。フェスは、後ろで3人のカントリーボーイたちが奏でる伴奏に合わせて、ログキャビンのポーチでギターをつま弾き、歌を歌いはじめた。テネシーの開拓者で、3歳でクマを仕留め、先住民と戦い、議員になり、自由の鐘のひびを修理し、アラモへと向かった男の物語を歌にした、90秒のバラードだった。

トランペットのファンファーレにかぶさるようにして歌が終わると、話題はアドベンチャーランドへと移り、画面には、遠い異国――フォークランド諸島、ガラパゴス諸島――の野生の風景が映し出される。その次はトゥモローランドで、ウォード・キンボールが（鉄道マニアのキンボールなら、交通手段としてはまず選びそうにない）ロケットによる有人宇宙飛行の話を語る。ファンタジーランドの紹介が始まる頃には、埋めあわせのような映像が増えていく。ウォルトは視聴者に対し、すべては1匹のネズミ、ミッキーマウスから始まったことを思い出させ、ファンタジーランドは、「笑いの国」だと手短に説明する。1946年のディズニー映画『南部の唄』で、ジェームズ・バスケット演じるリーマスおじさんが「笑いの国」について語る場面が流れ、「ブレア・フォックスとブレア・ベアを出し抜くブレア・ラビット」のアニメーションへと変わる。番組の最後は、（あまり人気の出なかった）1951年の『ふしぎの国のアリス』の長々とした抜粋で締めくくられ、次週の予告映像はまったくといっていいほど紹介されなかった。

ごちゃまぜのような『ディズニーランド』という番組は、一般の視聴者からも批評家からもすぐさま人気を集め、〈ABC〉は〈NBC〉と〈CBS〉に肩を並べるテレビ局の最大手へとのし上がったのだった。9都市で行った調査によると、〈ABC〉は52パーセントの視聴者（〈CBS〉は26・5パーセントと後れをとり、〈NBC〉は14パーセントと散々だった）を獲得した。それまで『ディズニーランド』の放映時間帯にトップの視聴率を誇っていた〈CBS〉のアーサー・ゴッドフリーの番組は、ランキングの34番手へと後退した。ゴッドフリーは潔く受けとめている。「ぼくはディズニーが好きだ。水曜の夜は仕事をせずに、家でディズニーの番組を観ていたいよ」放送からわずか1カ月半で、『ディズニーランド』は当時権威のあった「シルバニア・テレビ・アワード」のベストシリーズ賞を受賞した。

いいニュースはさらに続いた。

「シルバニア・テレビ・アワード」を受賞して間もない1954年12月15日の放送ではフロンティアランドが紹介された。ティンカー・ベルの案内で「フロンティアランド」のタイトルが現れ、ウォルトがその住民のひとりを紹介する。「アメリカ国民に愛されてきた伝説や寓話《ぐうわ》のほとんどが、実在の人物の人生を基にしているということが、アメリカの民話の特徴でしょう。例えば、テネシーのデイビー・クロケットのような」そこで、あの歌が流れはじめた。

ウォルトは過去にも民話の英雄を基にしたアニメーションを制作しており、デイビー・クロケットでも作品をつくりたいと10年以上前から考えていた。実際に、その数年前、画家のトーマス・ハート・ベントンと契約を結ぶところまで計画を進めていた。だが結局、ベントンはスケッチを数枚描いたものの、愛想のよい手紙で辞退を申し出ている。「ディズニーの仕事は報酬に文句はないのだが、プロジェクトにかかわる画家が多すぎる」

テレビ番組の制作がスタートすると、ウォルトはフロンティアランド担当のスタッフにアイデアを求めた。ウォルトにはポリシーがあった。「選りすぐりの英雄じゃなくていい。アウトローや悪人をよく見せるようなこともしたくない」プロデューサーのビル・ウォルシュによると、番組で取りあげる英雄はあっという間に決まったという。「アメリカの伝統的な英雄をテーマにシリーズ番組をつくろうと考えていた。そこで最初にぱっと思いついたのが、幸運なことに、デイビー・クロケットだった」

だが、当初はこのテネシーの英雄に夢中だったウォルトは、絵コンテが進むうちに文句を言いはじめた。「ウォルトはデイビー・クロケットにあまり乗り気でなかった。先住民と戦ってばかりだというんだ。どうやって先住民たちを倒していったか、話がそればっかりになるじゃないか。ほかに何かないのか？　ってね。それで、絵コンテを練りなおして、言ってしまえば、ありとあらゆることを詰め込んだんだ。デイビーは、先住民たちと戦った。両刃のトマホークを振りかざすクリーク族の戦士とも戦った。それから議員となり、先住民たちにひどい仕打ちをしているアンディ・ジャクソン（第7代アメリカ合衆国大統領）に反発し、そのアンディ・ジャクソンが先住民を搾取しているのにうんざりして議会を去った。事実、デイビーはあらゆる手をつくしてジャクソンに対抗している。その後、西部へと移動したデイビーは、たくさんの冒険をし、ふたたび先住民との闘いに明け暮れた。カウボーイたち（初期のテキサス人たち）ともめ事を起こし、アラモの砦に向かうと、14日間そこで戦い、最後の日は砦を解放した。デイビーはライフルを振り回し、生きたように死んでいった。デイビーの前には、17人ものメキシコ人の死体が積み上がっていた」

「絵コンテを見たウォルトは、こう言った――ウォルトらしい言い草が忘れられないよ。『なるほど、だが、結局デイビーは何をしたんだ？』」

そして、誰がデイビーを演じるかも問題だった。ジェームズ・アーネスがぴったりだと思われた。核実験により生まれた巨大アリと人類の戦いという、不安の時代を反映するような映画『放射能X』に主演していた俳優だった。だが映画を試写したウォルトは、ある場面で、端役を演じていた俳優を指さして言った。「あれがデイビー・クロケットだ！」

ウォルトは、テキサス大学の卒業生で、30歳のフェス・パーカーを抜擢《ばってき》した。大学ではアメリカ史を専攻し、俳優でやっていけるかどうかを見定めようとしていたパーカーは、3年という期限を自分自身に設けていた。ディズニーと契約したときは、そう決めてからちょうど36カ月目だったという。

パーカーは長身（身長は198センチで、戦時中はずっとパイロットだった）で、ハンサムで、本人いわく、少しばかり歌が歌えた。ウォルトが歌ってみてくれと言ったとき、パーカーはギターを持っていた。「質屋で40ドルで買ったんだ。オーディションのとき、たまたまそれを持っていて、ウォルトに何曲か歌って聞かせたら、『オーケイ』って言われたんだ。それで気がついたら、仕事が決まっていた」パーカーは、ディズニーのスタジオで長期契約を結んだ最初の成人俳優だった。当初は馬の乗り方も知らなかったが、のみ込みが早く、ほどなくして撮影のために南部へと向かった。

1時間番組を3本（『デイビー・クロケット――インディアン・ファイター』『デイビー・クロケット議会に行く』『アラモのデイビー・クロケット』）放送する予定になっていた。

だが、編集の段階で、長さが少し足りないことがわかる。ウォルトは、ミートローフのつなぎにパン粉を使うように、イラストにナレーションをかぶせるなどして引き伸ばしたらどうかとウォルシュに提案した。だが、それでは足りない時間は埋められるかもしれないが、退屈になってしまうと気づく。何か、たとえば音楽とか歌が必要だった。

ウォルシュは語っている。「とっさにひらめいて、脚本を書いたトム・ブラックバーンに電話した。イラストと一緒に流す歌が必要なんだが、1曲書いてくれないかと頼んだんだ」

ブラックバーンは仰天した。「おいおい、歌なんて書いたことないぞ」

ウォルシュは、長い歌じゃなくても、ちょっとしたものでいいからと泣きついた。

「わかったよ。そこまで切羽詰まってるっていうなら」ブラックバーンは言った。このときスタジオは、ジョージ・ブランズという作曲家を雇い入れたところで、ブラックバーンはブランズとふたりで知恵を絞ることにした。

ブランズを雇っていて幸運だった。30分もしないうちに、「テネシーの山頂で生まれ……」というフレーズに続いて、「デーイビー、デイビー・クロケット、未開拓地の王」とコーラスが流れる歌が完成していたのだった。

ブランズが歌うのを聞いたウォルシュは、そのときのことをこう語っている。「最初の印象は、『これって歌なのか?』だった。ひどい歌だと思ったが、ほかの曲をつくる時間もなかった」翌朝、ブランズはウォルトに歌って聞かせた。「きみの歌じゃよくわからんが、いいんじゃないかな。少人数のグループに歌わせて、試しに吹き込んでみてくれ」

ブランズがつくったデモテープを、ウォルトは了承した。そしてウォルトは、その結果に驚愕し、大喜びすることになる。《デイビー・クロケットの唄》は、人々を夢中にさせたのだった。

《デイビー・クロケットの唄》は、『ディズニーランド』の番組内でほんの短い時間流しただけで大反響を呼び、クロケット・シリーズで完成版が流されると、ビルボード・チャートの1位まで上り詰め、ロングヒットとなった。最初にビル・ヘイズが歌ったレコードは、200万枚を売り上げた。それからも多くの歌手にカバーされ、さらに400万枚を売り上げ、最終的には1000万枚に達したのだった。

番組に携わったスタッフたちはみな、この成りゆきに腰を抜かした。ビル・ウォルシュも「アメリカ中が我を忘れたみたいだった」と言っている。なぜ番組がここまで成功したのか、ウォルシュは理解できなかったという。「先住民たちに銃をぶっ放して、大騒ぎする男の話じゃないか」

デイビー・クロケットと仲間のジョージ・ラッセル（演じたバディ・イブセンは、この番組でキャリアを築いた）は、セミノール戦争から連邦議会、アラモの砦へと番組が進むにつれ、アメリカの人々が自負する美徳（独立独歩で、自由を愛し、気取らず、我慢強く、土壇場になると冷静さを発揮する）を象徴する文化人となった。国民はこぞって、デイビー・クロケットとフェス・パーカーを受け入れたのだった。

全米22都市を回る宣伝ツアーに送り出されたパーカーは、ビートルズ並みの猛烈な歓迎を受けた。ニューオーリンズ空港に降り立ったときは、空港から町までの40キロに大勢の人が群がり、車が前に進めないほどだった。1954年から55年にかけて、クロケットの伝記は山のように出版され、かのウィンザー公爵夫人は、愛犬の3匹のパグに、トルーパー、ディズレーリ、デイビー・クロケットと名づけている。

もちろん、誰もがこの未開拓地の王に魅せられたわけではない。ジャーナリストで社会のご意見番だったマレー・ケンプトンは、クロケットのことを、酒場で騒いでは大口をたたいているだけで、「その人生と死がアメリカの産業界を潤わせたことは間違いないにせよ、伝説を誇張したあのキャラクターが成し遂げたような、人の役に立つことはほとんどしていない」人物だと評している。とはいえ、多くの人は、ウィリアム・F・バックリー・ジュニアのような、いかにも保守的な評論家の意見を支持している。バックリーは、デイビー・クロケットに対する批判的な見方は、「デイビーのおおらかな人生に対し、リベラルな評論家が抱いた反感」を表しているにすぎず、「デイビーは生きつづけるだろう」と述べている。

クロケットが存命中、アメリカ産業界に貢献したかどうかはさておき、死後に驚異的な経済効果をもたらしたことは確かだ。「バックスキン」のジャケット、プラスチック製のケンタッキー・ロングライフルと角型の火薬入れ（子どもたちは、救急箱からタルカムパウダーを拝借し、中に詰めていた）、卓上ランプ、バスタオル（広告は「子どもたちをお風呂に入れるのに、もう苦労することはありません。みんな、デイビー・クロケットのバスタオルを使いたがるはずです」とうたっていた）、水着、弁当箱、モカシンシューズ、ギター、そしてもちろん、アライグマの毛皮帽子。ほんの数カ月の間に、アメリカ国民は総額1億ドルに相当するクロケット商品を購入している。

スタジオの商品部門のスタッフたちは、このかつてない流行に不意をつかれてしまった。フロンティアランドのロゴが入ったブランド商品を販売する予定ではあったが、デイビー・クロケットに特化した商品への需要はとどまるところを知らなかった。キャラクター商品部門のトップであったフィリップ・サメス（少なくとも、ジョージ・ブランズに匹敵するくらいの恩恵をスタジオにもたらした人物だった）は、フェス・パーカーの頭に乗っている、尻尾が垂れさがったいかにも絵になる帽子を見て、これは売れると考えた。そこですぐさま毛皮帽子の市場を調査し、自国が苦しい状況にあることを知る。アライグマの毛皮は中国で需要があったが、当時は禁輸措置が取られており、西海岸の工場では毛皮が大量に余っていた。サメスはウェルデッド・プラスチックスという（およそ毛皮工場とは思えない名前の）企業に、毛皮を帽子に加工してほしいと頼み込み、稼働を続けるために引退した職人を再雇用するよう説得したのだった。そして、業績不振に陥っていたカリフォルニアの玩具メーカー、マテル社（1947年の「ウケ・ア・ドゥードル」というプラスチックのウクレレのヒットがなければ、とっくに倒産していただろう）を探し出し、販売を任せることにした。その結果、マテル社もブームの利益にあずかることになったのだった。

サメスのすばやい動きが功を奏した。工場に残っていた毛皮はあっという間になくなり、アライグマの毛皮の相場も50セントから5ドルへとはね上がった。あまりの高騰ぶりに、毛皮帽子を製造しようとする競争相手は、ミンクの毛皮を使うほうがまだ安あがりだと思い知ることになる。

ブームが去るまでに、帽子は1000万個以上売れた。その売り上げがすべてディズニーの懐に入ったわけではない。ディズニー側は、クロケット商品を無断で販売した者には法的措置を取ると通告したが、ほとんどの人が、「デイビー・クロケット」も「アラモ」同様、商標登録ができないことに気づいていた。それでも、「ウォルト・ディズニーのデイビー・クロケット」というロゴが入り、魅力的なフェス・パーカーの顔が描かれた商品を販売できるのはディズニーだけだった。少なくとも、３０００万ドルがディズニーの利益となった。

そうした利益が一気に手に入るわけではなかったが、ウォルトは、自分自身の、そしてディズニーランドの財政が安定してきたことには気づいていた。それでも、間に合わない状況だった。１１００万ドルにまで膨れあがり、さらに増えつづける経費に押しつぶされるのも時間の問題だったのだ。

第23章 スポンサー探し

1954年のクリスマスが近づく頃、ウォルトは苦しい状況に追い込まれていた。例年ならこの時期になると、ウォルトはスタッフたちにボーナスを配って歩いていた。だがその年は、バーボンのボトルと季節の挨拶程度で我慢してもらうしかなかった。

C・V・ウッドは、自分なら状況をなんとかできると考え、会社の収入を底上げするため、その情熱とセールスマン精神を発揮して、企業スポンサー獲得に乗り出すことにした。

まず、オフィスをスタジオ内からパーク内のドミンゲス邸の上階に移した。この邸宅の元の所有者は、土地を手放す際、「由緒あるカナリーヤシを保存してほしい」と条件を出した人物だった。ウッドは自ら選抜したチーム（ほとんどがオクラホマやテキサスの出身者で、ボンバーズのメンバーも何人か含まれていた）も引き連れていた。気持ちのいい人間が集まっていたが、ウッドのチームと、階下にいるスタジオのスタッフの間には、いくぶん冷たい空気が漂っていた。

同じ建物には、ウォルトも大勢のアーティストと一緒にオフィスを構えており、ふたつのフロアがそれぞれ別の経営方針を象徴していたのだった。自由であけっぴろげな性格のウッドだったが、本質はビジネスマンで、報告書や評価、貸借対照表、見積書といった、きっちり整えられた伝統的な書式と、明確な上下関係という、当時の標準的な仕事のやり方に則《のつと》っていた。

一方でウォルトは、「組織図なんて見たくもない」という人間だった。実際に、ウォルトがそういったものを目にすることはなかった。のちに、初期のスタッフのひとりがインタビューの中でこう語っている。「『どんな手順だったのか』とたずねられても、笑うしかない。なぜって、手順というのは体系的に仕事を進めることだろう？　言っておくが、ウォルトの時代にディズニーランドを設計していたときは、手順なんてなかった。ただ仕事をして、手順は後からだった。前例のないことばかりをやってきた。ウォルトは、ディズニーランドのような遊園地なんて設計したことのない人ばかりを集めていた。われわれは一斉に同じ船に乗り込んで、何をすればいいのか、どうやってやればいいのか、臨機応変に探っていった。企画だとか、時期だとか、そういったことを話し合いもせずにね……。仕事をしていると、ウォルトがやってきて、提案をする、それだけだった」

ウォルトは、上階のオフィスにいる連中の堅苦しさを茶化し、彼らは「ショー的な考え方」ではなく「飛行機的な考え方」（多くがウッドと同じくコンソリデーテッド・エアクラフト・コーポレーションから移籍してきたという経緯があった）をすると非難することもあった。ロイ・ディズニーやジョー・ファウラーなどは、芸術的なグループと商業的なグループとの間を気持ちよく行き来していたが、ふたつのグループは、互いに不信の目を向けることが多かった。

ウォルトも、ビジネスのためにはウッドの存在が不可欠だということはわかっていた。当初から、1939年のニューヨーク万国博覧会を真似て、大きな企業にスペースを間貸しすることを考えていた。博覧会では、企業は社名でパビリオンを出せるという見返りのためだけに、高価な費用を払って展示を行っていた。

ウォルトとナット・ワインコフはコカ・コーラやホールマークといった業界大手に話を持ちかけたが、相手にされなかった。ウォルトは打診する企業の格を下げたくなかったが、ウッドは格をどうこう言っている時間はないと反論した。スポンサーのレベルがどうであれ、金を払ってくれるならいいじゃないかというのだ。ディズニーランドには、とにかく金が必要だった。

ウッドはディズニーランドの職を得たとき、コンソリデーテッド社時代の最初の上司で、万博の際は企業代表も務めたフレッド・シューマッハのもとへ向かった。シューマッハは語っている。「ウッドは確か、ディズニーに雇われたその日にわたしの家に来たはずだ。そして、『ディズニーランドで働きませんか?』と言ったんだ。おいおい、いったい何の話をしてるんだと思ったよ」

有能なセールスマンぶりを発揮したウッドは、それから2週間のうちに、シューマッハを仲間に引き込んでいた。その後しばらくして、ふたりはスポンサー探しのため、全米を回りはじめたのだった。

なかなか実を結ばない旅だった。テレビ番組は成功したが、ディズニーランド構想はあまりに現実味がないと思われたのか、企業を訪問しても、下級管理職と面会するのが精一杯で、金のかかる契約を、それも長期に結んでほしいと要求しても呆《あき》れられるだけだった。

最初の頃、大きな期待を寄せていたのがアッチソン・トピカ・アンド・サンタフェ鉄道（AT&SF）だった。社名がタイトルとなった曲がアカデミー賞歌曲賞を受賞するなど、名の知られた鉄道会社で、ウッドの父親が働いていた会社でもあった。ウッドとシューマッハは必死に売り込んだ。契約すれば、ディズニーランドを走る鉄道は「サンタフェ・アンド・ディズニーランド鉄道」（「サンタフェ」が先に来ることを強調した）と呼ばれ、その名前がすべての車両に表示されます。貯水タンクには、円の中に十字架と「サンタフェ」の文字が入ったおなじみのロゴが刻まれますし、メインストリート駅にサンタフェ観光のポスターを飾り、売店では本物のチケットを記念に販売しますよ、と。

このとき、ウッドたちはAT&SFの幹部と面会することができたのだが、年に5万ドルという契約の話を持ち出すと、こう言われてしまった。「何を言ってるんだ。遊園地の列車に社名をペイントさせてやったことはあるが、うちにできるのはその程度だ」

ウッドたちは売り込んでは断られつづけた。努力が一向に実を結ばないまま、失望とかさんだ旅費の請求書にがんじがらめになった気分で、シカゴの食肉加工会社、スウィフト・アンド・カンパニーに営業をかけた。

シューマッハは、スウィフト社が毎度、万国博覧会に出展して、プレミアム・フランクフルトといった商品の製造工程を展示したり、小売店でおなじみの光景をマリオネット・ショーで披露したりしていることを知っていた。ニューヨーク万国博覧会の会場に即席の製造工場を建てられるというなら、アナハイムに出展する資金を出し渋ったりしないはずだ、と考えたのだ。

シューマッハは語っている。「計画そのものが危機に瀕《ひん》しているような経済状態だった。まさに、生きるか死ぬかの1日だった……。テナント契約を結んだ会社はひとつもなかった。わたしたちはスウィフト社の敷地の中を歩き回り、どんな形にせよ同意を得て、せめて1社でも大手企業のテナントを獲得しようとした」

ウッドたちは、ついに社長との面会にこぎつける。そこでウッドは、セールストークを繰り広げた。ディズニーランドの完成予想図を広げ、たくさんの人が楽しい時間を過ごしているこの場所で御社の製品を試食できるとなれば、みな喜ぶでしょう、と熱弁をふるった。テレビや雑誌のコマーシャルよりずっと効果があります。ディズニーランドでの楽しい思い出とともに、記憶に残るはずです。

最初は、ウッドもシューマッハも手ごたえを感じていた。社長はディズニーランド構想が気に入ったように見えたし、万博の展示は投資に見合う価値があったと認めていた。だがここにきて、ウッドのセールスマンとしての勘が鈍ってしまう。強く押しすぎたことに気づいたのは、社長に話を遮られたときだった。「十分話は聞いた。そろそろお引き取り願おう」

ふたりはロビーに戻ったが、離れる気になれなかった。20分ほど中をぶらつき、シューマッハが新しい戦略について話を始めた。それを上の空で聞いていたウッドが、こう言った。「もう一回、話をしてみようと思います」

「どうやって？　放り出されたんだぞ」

「まあ見ていてください」

エレベーターへと向かうウッドの後ろを、シューマッハは気乗りしないままついていった。役員フロアに着くと、ウッドはうまいこと秘書に話を通し、まともにノックもしないうちにドアを開けた。中に入ると、冷たい反応が返ってきた。「また戻ってきたのかね」

ウッドは部屋の奥を指さし、「書類かばんを忘れたんです」と言った。たしかにかばんはそこにあった。そこでウッドは運をつかむ。わざと忘れ物をするという厚かましさが、社長を楽しませ、笑顔にさせたのだった。

ひょっとしたら社長も、契約を断ったことを後悔していたのかもしれない。理由がどうであれ、2度目の面談は、30分前と打って変わった雰囲気で進んだ。部屋の空気も明るくなり、社長もウッドの熱い語りを聞き流すだけでなく、いろいろと質問をしてきた。そしてついに、ウッドとシューマッハは、メインストリートに年11万ドルでレストランを出店するという、スウィフト社とのテナント契約にこぎつけたのである。

その結果が、「ここだけで食べられるスウィフトの高品質ミート」を売り物としたレッド・ワゴン・インだ。スウィフト社が出店料を支払うとはいえ、レストランはディズニーの基準を満たしていなければならない。ディズニーランドと賃借契約を結ぶ企業に対し、契約書は次のように定めていた。「内装の建築図面はすべて、賃借人の選定により、正当な資格を有する建築家あるいは認可を受けた内装事務所によって作成されなければならない。賃借人指定の建築家が作成する、ディズニーランド内の建物あるいは内装構造の設計図は、WEDエンタープライズが規定するテーマおよび総合計画に則ったものとする。契約締結後、速やかに、ディズニーランド株式会社は基本計画図を3部提出し、改定に備えて2部はディズニーランドが、1部は賃借人の建築家が保管すること」

レッド・ワゴン・インはスウィフト社の広告文でこう紹介されている。「過ぎ去った時代の優美な輝きに包まれ、かつての名だたるレストランを彷彿とさせます。店内の調度品はすべて、陽気な魅力にあふれる1890年代の記憶を見事に再現しています。ステンドグラスの天井に、西部随一の歴史的邸宅として知られるロサンゼルスのセント・ジェームズ邸から移築した玄関ホールとロビー。雰囲気を演出しているのは建物だけではありません。ステーキやチョップなどのメニューが、古き良き食事の風景を呼び覚ましてくれます」

ディズニー映画もそうだったように、最初の成功が悪い流れを断ち切ってくれた。メインストリートには「カーネーション・アイスクリーム・パーラー」「コカ・コーラ・リフレッシュメント・コーナー」「マックスウェル・ハウス・コーヒー・ショップ」といった各企業による店が並ぶことになった。ホールマークの出店はなかったが、別のグリーティング・カード制作会社であるギブソンが参入した。1932年にドゥーリン一家がサンアントニオのガレージで創業し、50もの工場を持つ企業へと成長していたフリートスは、フロンティアランドにメキシコ料理の店「カサ・デ・フリートス」を出店することになった。

年間賃借料は、メインストリートなら1平方フィート（約930平方センチ）あたり20ドル、その他のエリアなら15ドルだった。建物の設計はWEDが手を貸すこともできたが、建設費や営業開始後の人件費は出資者の負担だった。ディズニーランドで使用するアルミ材料に自社製品を採用することを条件に、カイザー・アルミニウムが年間3万7500ドルで出資することも決まった。トランス・ワールド航空とリッチフィールド・オイルは年間4万5000ドルで、コダックは2万8000ドルでそれぞれ年間契約を締結した。ほとんどが5年間の賃貸契約で、契約初年と最終年の賃貸料は契約時に支払われた。

さらに、医薬品製造会社アップジョンも年間3万7720ドルの賃貸料で契約し、雰囲気を盛り上げることになる。アップジョンは、WEDのスタッフが作成した「1900年代風の薬局」の企画を歴史的に不正確だとして却下し、独自に建築家を雇った。そして店が営業を始めた際には、ストライプのシャツにアームバンドをつけた本物の薬剤師を、ふたりも店頭に立たせるという徹底ぶりだった。来場者に手渡すパンフレットにも、こう書かれている。「この薬局は、ディズニーランドに19世紀のリアリズムを添えています。薬品から調度品、設備に至るまで当時のものを展示した、非常に精巧な博物館でもあるのです。1000点を超えるアンティークの品々は、アップジョン社のスタッフが全米各地を回り、オークションや、屋根裏部屋、歴史ある薬局、ディーラーや歴史家たちから集めたものです。ショーケース、ファン、カウンターなどの設備は、専門家によって設計され、忠実に複製されています」

スターキストとチキン・オブ・ザ・シーの2社の間で、どちらが園内でツナサンドイッチを販売するかで揉《も》めるという出来事もあった。結局、ウッドが最初に声をかけたチキン・オブ・ザ・シーがその権利を手にすることになった。

名だたる企業と契約を結ぶ一方で、ウッドは中小企業にも接触していった。ロサンゼルスのハリウッド・マックスウェル・ブラジャー・カンパニーはメインストリートに下着の店を出店し、「ブラの魔法使い」という機械仕掛けの魔法使いを案内役に、ブラジャーの歴史を追ったディスプレイを展開した。

そしてついに、AT&SFもディズニーの提案を受け入れて、年間5万ドルで契約した。サンタフェの名は欠かせないシンボルとして、このファンタジーの新世界に刻まれたのだ。さらに、蒸気機関車2台のうち、1台にはAT&SFの創業者であるサイラス・クルツ・ホリデーにちなんで「C・K・ホリデー」、もう1台には、1895年の再編後に初代社長となったエドワード・ペイソン・リプリーにちなんで「E・P・リプリー」と名づけることになった。

スポンサー探しが軌道に乗りはじめた頃、ウォルトは1通の手紙を受け取る。「親愛なるウォルト　あなたに連絡をするならこの方法しかないと思い、ずうずうしくも手紙をお送りした次第です。わたしはレイ・A・クロックと申します。先ほど、マクドナルドの全米フランチャイズ権を獲得しました。そこで貴殿が開発中のディズニーランドにおいて、マクドナルドにも出店のチャンスがあるかをお伺いしたいのです」

ウォルトはクロックに、手紙を担当者のC・V・ウッドに預けたことを知らせる、心のこもった返事を送った。だが、ウッドは動こうとせず、クロックはディズニーランド開業の3カ月前、イリノイ州のデスプレーンズにマクドナルドのフランチャイズ1号店を出店したのだった。20世紀産業界の巨人であるディズニーランドとマクドナルドが、手を携えてスタートできなかったのは、今思えば残念だったといえるだろう。

ウッドがスポンサー探しに全力を注いでいたことは間違いない。だが、ウッドには腹黒い部分もあった。給料に満足していなかったウッドは（「悪態をついてばかりだった」という）賃上げを要求したが、ウォルトは不愉快だという態度をあからさまにし、きっぱりと断ったのだった。

そこでウッドは、リベートが自分の懐に入るようにしたのだった。カイザーやコダックといった一流企業との交渉を残しておいて、中小のスポンサーから「みかじめ料」のようなものを直接くすねていたのだ。ウッドは長年の仲間であるボブ・バーンズと仕事に乗り出し、ディキンソンズ・ジャムズ・アンド・ジェリーズがメインストリートに出店したときなどは、バーンズが姿を現して、物事が「スムーズに」いくようにするための特別手当を要求したりもした。

バーンズは儲けをウッドと山分けし、それは相当な額に達していた。ディズニーの幹部のひとりも、こう証言している。「バーンズはサンタアナにやってきたとき、シューマッハに金を借りなきゃならないほどだった。だが半年もすると、豪華で立派な家を持つまでになっていた。テナントからのリベートで支払ったんだろう」

今となっては、ウォルトが状況をどの程度把握していたのかはわからない。だが、ウォルトとロイが、ルーサー・マールという弁護士を雇い、スポンサー契約の見直しを図ろうとしたとき、ウッドは動揺したはずだ。監査に納得のいかない様子のウッドについて、マールはこう語っている。「ウッドは非常にせっかちで、信用できない人物だった。巧妙、というべきかもしれない。とにかく、わたしが雇われたことが気に入らないようだった。初めて会ったときから、それを感じていた。上層部が彼のやることに頭を突っ込んで、何が起きているのかをはっきりさせようとしていたのだから、無理もないことだ」

ウッドは、賃借人に課す建物の規定などを記載した、無難な契約書を提出することで、マールの追及を逃れようとした。だがマールがせっつきはじめると、ついにウッドは、「こいつに目を通して、承認をくれ」とけんか腰で、40ページにもわたる契約書を持ってきた。夕方だったため、マールはこう答えた。「わかりました。今晩家に持って帰ります」

「だめだ、今ここで読んでくれ」

「それは無理ですよ。何時間もかかるんですから」

マールがオフィスを出ると、ウッドはその足でロイのところに向かい、あの弁護士をクビにしろと迫った。後になってマールがロイに事情を説明し、ウォルトもロイも弁護士の味方についたのだった。

第24章 スタッフ教育

ウッドには後ろ暗い一面があったが、ディズニーランドにとって重要な人物であったことも確かだ。ウォルトは「手順」というものを軽視していたが、ウッドはそこに肝心な部分があることを理解していた。「誰だって、世界で最も美しい場所を夢見て、創造し、デザインし、建築することはできるだろう」とウッドは言っている。「だが、それを運営するのは『人間』なんだ」その人間は、やる気があるだけでは不十分だった。ディズニーランドは普通の遊園地ではないのだ。夏休みに高校生のアルバイトを雇って乗り物の監視をさせるのとはわけが違う。ウォルトが望むのは、園内の乗り物や建物と同じくらい魅力があって、複雑な組織の中でも落ち着いていられる人材だった。スタッフが円滑に仕事を進めることで、それぞれの要素を「鉄道並み」の正確さで運営できるのである。しかも、開業のその日には、スタッフの準備が整っていなければならない。ＷＥＤのスタッフのように、仕事をしながら学ぶという方法は、この場合は当てはまらないのだった。

ウォルトにはスタッフの訓練プログラムが必要だった。そして、ウッドはそれを実行するのにぴったりの人物を知っていた。１９５４年８月のある日、ウッドはバン・アースデール・フランスに電話をかけた。「テキサスのフォートワースで、ウッドとは４年間一緒に働いた」とフランスは述べている。「当時ウッドは、コンソリデーテッド社の産業工学部門で部長をやっていて、わたしは訓練を任されていた」

１９１２年にシアトル近郊で生まれたフランスは、12歳のときに家族とサンディエゴに移った。サンディエゴ州立大学を卒業すると、昆布の加工工場に職を得るが、時給43セントという、大恐慌時代の基準からしても悲惨な仕事だった。そのフランスを救ったのが「国民青年局」というニューディール政策下の政府機関で、フランスに組織能力があることを見抜くと、管理者へと育てた。それがコンソリデーテッド社での仕事、そしてウッドとの友情へと結びついたのである。やがて戦争が訪れると、ふたりの道は分かれた。「わたしはテキサスの奥深くから海外へと飛び出し、軍の訓練官としてイギリスやドイツに赴任した。ウッドは西に向かい、ＳＲＩに加わった。ここ10年、ウッドとはときどき仕事で顔を合わせるような間柄になった。最近も、『ワールプール（渦巻）ブラ』を開発した会社のコンサルティングという、面白い仕事を一緒にやったところだ」（「ブラの魔法使い」がメインストリートに登場したのも、こういう経緯があったからだ）。

ウッドはフランスに、ＳＲＩをやめてディズニーランドのジェネラル・マネージャーになったことを伝えた。そして、「ディズニーランドっていったい何なんだ？」とお決まりの質問をするフランスに、こう返事したのだった。「オフィスまで来てくれたら、詳しく説明するよ」

興味を抱いたフランスは、オフィスを後にし、気づけばハリウッド・フリーウェイを車で走っていた。ブエナビスタ・ストリートのエントランスからディズニーのスタジオへと入ると、守衛がフランスの名前を確認して、目的地への行き方を教えてくれた。「来客者用の駐車場に車を置いて、スノー・ホワイト・レーンを歩き、ドーピー（おとぼけ）・ドライブを通り過ぎ、ミッキー・アベニューまで来ると、3階建てのアニメーション・ビルディングが見えた」

オフィスに入ると、ウッドはいかにもテキサス人らしい無頓着さで、短い脚をデスクに投げ出していた。フランスは驚かなかった。「ウッディは、一見のんびりした雰囲気に見えるが、その中身はエネルギーの塊だった。靴を脱いだ足をデスクに乗せたまま、SRIからウォルト・ディズニーのところに移った経緯を話してくれた」話をしているうちに、「のんびりしたウッディ」から「エネルギッシュなウッディ」へと変身したウッドは、椅子から飛び起きると、うろうろと部屋の中を歩きはじめた。「ウォルトとロイはSRIの調査を気に入ってくれて、こっちもウォルトの夢に夢中になったんだ。ウォルトはすばらしい人だよ、バン。それにこのスタジオは、ぼくらが今まで働いてきた場所とはまったく違ってるんだ。みんな家族みたいで、ウォルトはぼくを息子のように扱ってくれるんだ」

「ぼくらは400万ドルかけて、このアナハイムに『ディズニーランド』ってものをつくろうとしてるんだ」

フランスはこう書き残している。「その後、実際の資金は400万ドルではきかないと知ったのだが、わたしにしてみれば、1954年当時、400万ドルなんて世界中の金を集めたくらいの金額だと思っていたし、そう聞いていた。ウッドが夢中になってディズニーランドの話をしていると、スポーツシャツを着た粋な男がオフィスに入ってきて、椅子にどっかり腰を下ろした。わたしは、横に座ったこの男が、ウォルト・ディズニーその人だと気づいた」

ウッドはウォルトにフランスを紹介し、ふたりは握手を交わした。「あの握手のことは、一生忘れられない。ウォルト・ディズニーはミッキーマウスの生みの親だけあって、柔らかくて繊細な手の持ち主だと思い込んでいた。だが子どもの頃から厳しい野良仕事をこなし、家計を助けるため建設現場で働いてきたことを物語る、力強い握手だった」

ウォルトはフランスにタバコを差し出した。「吸いたくてたまらなかったが、緊張して火がつけられなかった。ウォルトは、ディズニーランドのことをスタジオの人間に説明するのが難しく、奥さんにさえ理解してもらえないと言った。話の途中で、パリッとした格好の小柄な男が、本を抱えて部屋に入ってきた。ナット・ワインコフだった。彼は本を見ながら、ディズニーランドのための馬の購入と訓練にかかる業務について、報告を始めた。わたしはその報告と、その後に続いた会話を聞いて、ウォルトがこの構想にかける情熱に胸を打たれた。ウォルトは部外者のわたしにさえ、思いを語ってくれたのだった」

フランスはゆうに2時間、すっかり魅了された様子で話を聞いていた。そして午後6時、ウッドは脚をデスクの上に戻すと、「来てくれてありがとう。またな」と言って、フランスを帰らせたのだった。

家へと車を走らせながら、フランスはその日の出来事を振り返っていた。「ウッドの顔が見られてよかったし、ウォルト・ディズニーに会えたのは感激だった。娘に話したくてたまらなかったよ。ほとんどの人がそうだっただろうが、わたしもディズニーランドの全貌はつかめなかったし、今日という日が人生を変える日になるとは夢にも思っていなかった」

その変化はすぐには訪れなかった。あの面会について考えることもなく、半年が過ぎた。「ウッディのことも、『ディズニーランド』とかいうもののこともすっかり忘れて、中小企業の救世主として日々をどうにかやり過ごしていた。正直、仕事は順調ではなかった。そのとき、ウッディが電話をかけてきて、ディズニーランドで訓練プログラムのコンサルタントをやってみないかと言ってきたんだ」ウッドとウォルトは、ディズニーランドを運営するスタッフを教育する必要があると話し合っていた。「ウォルトに、きみがテキサスでやっていた仕事のことを話したら、きみこそこの仕事にぴったりの人だと同意したよ」

フランスは戦時中のことを振り返った。「6万5000人のカウボーイや農家や家政婦を飛行機工場で働く労働者に変えたわたしなら、まともに実務経験のない大勢のカリフォルニアの人たちを、『ディズニーランド・ドリーム』を演出するスタッフに育てることができると、ウッディは考えたんだろう」

フランスは翌日の午後、スタジオに向かった。「わたしがオフィスを訪れたとき、ウッディは靴を脱ぐことも、脚をデスクの上に投げ出すこともせず、部屋の中には切羽詰まった空気が漂っていた」

2時間もおしゃべりに花を咲かせていた前回と違って、部屋にはしょっちゅう人が出入りし、設計図を届けたり、紙の山から重要書類を引っ張り出して署名を求めたり、質問をしたり、さまざまな問題について不満を漏らしたりするのだった。フランスとウッドが話をしている間、「ウッディはずっと立ったままで、わたしも腰を下ろすわけにはいかない雰囲気だった」という。ウッドは現状を説明していたが、カントリーボーイらしいゆっくりしたしゃべり方も、せかせかした態度につられるように早口になっていった。「締め切りがいくつも重なってる状況なんだよ、バン。オープンは7月17日ときっちり決まっている。ひたすら建設しながら、金を集めているところだ。スケジュール通りに工事を進めるだけでも一苦労なんだ。それでも、この場所を運営するスタッフを完璧に育てる必要がある。きみならそれができるはずだ」

フランスはふたつ返事で引き受けた。「契約は口頭で交わした。本来ならじっくり検討すべきところだが、駆け引きをしている時間はなかった」ウッドはフランスに、「週200ドルでどうだ？」と持ちかけ、フランスも了承した。「1955年当時、週40時間労働で200ドルというのは、かなりいいレートだった。だがそのときのわたしは、自分が契約しようとしているのが、1日14時間、週7日労働で、時給にすると3ドルくらいにしかならない仕事だとは思いもしなかった」それでも、「どれほど責任重大で大変な仕事かわかったあとも、自分の決断に後悔はなかったたし、その後もそれは同じだった」という。

後悔しなかった理由のひとつが、スタジオの環境だった。「どこであれ、春は1年で最もいいシーズンだろうが、あの時期のバーバンクのことは忘れられない」とフランスは語っている。飛行機工場やアルミニウム還元工場、自動車組み立てラインの整然とした環境に慣れていたフランスにとって、働く者たちが「キャンパス」と呼んだ木陰の工場は、いつまでも記憶に残っている。

「卓球にバレーボール、バスケットボール、ソフトボールと体を動かす人もいれば、芝生の上に寝転がる人もいた。昼休みにはアニメーターや芸術家たちで結成されたジャズ・バンド『ファイヤーハウス・ファイブ・プラス・トゥー』の演奏が聞こえていた。彼らはディズニーランドでも演奏したんだよ。カフェテリアで昼の休憩をとっていると、ディズニー映画で活躍しているスターや、ときにはウォルト・ディズニー本人もそこにいた。昼食のお供は、ソフトドリンクはもちろん、今だから言うが、ビールのときもあった」

フランスは「芸術家や監督といった人たちに対する印象が大きく変わった」という。「身なりの派手な、気性の激しい人たちだと思っていた。だがその逆で、創造性豊かなディズニーの芸術家たちは、みんな思いやりがあって、目立たない服装をしていて、気さくだった」

それでも、フランスはいささか気おくれしていたようだ。「わたしは当時すでに40代で、まったく新しい環境で、しかも未知の分野のビジネスを大急ぎで学ばなければならなかった。周りにいたのは、自分の仕事を完璧に理解しているスタッフばかりだった。みなそれぞれ仲の良い人たちがいて、仕事上の関係も築いていた。わたしには、昼食を一緒に食べる人もいなかった」

フランスが知っている人間といえばウッドだけだったが、一緒に過ごすにはウッドは忙しすぎた。それでも、ウッドは新参者のフランスを周囲に紹介し、その中にはフランスの仕事を助けてくれるだけでなく、長いつき合いになる人たちもいたのだった。

フレッド・シューマッハもそのひとりだった。フランスは最初、シューマッハを警戒していたという。「フレッドは188センチで、若いのに白髪頭で、背筋がピンと伸びていて、生まれつきとでも言いたくなるような髭《ひげ》を生やしていた。フレッドとの関係は特別なものだった。フレッドは背が高く、わたしはそうでもない。フレッドは正確で几帳面《きちょうめん》、わたしはだらしがなくて、いささか不注意だった。フレッドはプロデューサーたちが好きだったが、わたしは嫌っていた。フレッドは酒を飲まないが、わたしは酒が好きだ（シューマッハも昔は酒飲みだったが、『うんざりした気分で目が覚めるのに、もううんざりした』のだという）。それでも、わたしたちの仕事仲間としての関係はずっと続いたんだ」シューマッハは、自分のオフィスの片隅をフランスに提供した。実際、シューマッハの製図台の一角が、フランスの最初のデスクだった。

次がジャック・セイヤーズだ。「フレッドと同じく背が高く細身で、薄茶色の髪に、ユーモアのセンスの持ち主だった」ウォルトは世論調査会社でエンターテインメント部門の副部長をしていたセイヤーズを口説き落とし、エンターテインメントと顧客対応を司るディレクターに任命していた。

そしてドロシー・メイニズ。彼女はスタジオで働きはじめたのはフランスよりも後だったが、オークランドで遊園地を運営していた。ウォルトは遊園地の視察を行った際、メイニズと知り合ったのだった。フランスによると、「ボーイスカウトのような組織と協働して、子ども向けのアクティビティーを企画するために雇われた」のだという。フランスは、ウォルトがメイニズを雇った理由をこう考えていた。「彼女は上品で、チャーミングな見た目の奥に、鋭く、教養にあふれた精神と、ある種の粘り強さを備えていた。人の上に立つべき人だった」そして、ウォルトにとってはアピールポイントではなかったかもしれないが、「愉快なくらい、気取らないジョークのセンスがある人」だった。

シューマッハ、セイヤーズ、メイニズの助けを借りて、フランスは訓練プログラムを構築していった。フランスはシューマッハに、プログラムを視覚化できるデザイナーが必要だと相談し、シューマッハはジャック・オルセンを推薦した。オルセンは、パーク内で販売する商品を開発するために雇われた芸術家だった。オルセンは、フランスにこんなアドバイスをしている。「予算を訓練ハンドブックにつぎ込むんだ。それでうまくいかなかったとしても、金の使い方に問題はないとウォルトもわかってくれる。金が無駄遣いされていると感じたら、ウォルトは予算をけちってくるだろう。昔、何かの計画がうまくいかなかったとき、資金不足のせいにされたことがあるのかもしれないな」

この逆説的なアドバイスが功を奏することを願いながら、フランスはハンドブック制作に惜しげもなく予算を投入した。「わたしは何人ものパイオニアたちと知り合い、友人もできたが、ウッディ、フレッド、ドロシー、そしてジャック・セイヤーズとジャック・オルセンが、ディズニーでのキャリアの初期を支えてくれた、大切な友人たちだった」

フランスは、必要な助けはすべて手にしたと感じていた。「わたしは、女性の工員や、重工業で働く人々のための訓練プログラムを開発してきた。だがディズニーでは、奇想天外な夢の世界を運営するスタッフのためのプログラムを開発していたんだ」

ハンドブックが頭の中で形を取りはじめると、フランスはシューマッハに、参考にできるものはないだろうかとたずねた。シューマッハは人事部に行くように言い、そこでフランスは、何年か前に制作されていた、スタジオの従業員向けの手引書を手に入れた。「その手引書には、劇場の舞台裏でロープを引っ張るグーフィーとミッキーが描かれ、親しみやすい言葉で規則が記されていた。ウォルトがこれを了承しているわけだから、ディズニーランドのハンドブックも、同じような軽めの文体でいけそうだと考えた」フランスは、ちゃんと下調べをしていた。「ディズニーという組織で手に入る文書はすべて目を通した。夜になると、モリネズミみたいに集められるものは何であろうが部屋に持ち帰った」お粗末なほど不正確だがタイピングが速かったフランスは、夜の間にアイデアをタイプして、次の日の朝、メイニズとセイヤーズに読んでもらった。

文章にイラストを添えるところまでくると、シューマッハはフランスをスタジオのチーフ・アニメーターだったケン・ピーターソンのところに送った。フランスが希望を語ると、ピーターソンはうんざりしたような笑みを浮かべて言った。「バン、うちには700人の芸術家がいる。なぜ700人もいるのかというと、それだけ仕事があって、誰ひとり欠かせないからだ」

フランスが食い下がると、ピーターソンはネッド・ジャコビーという名の、有望そうな若い芸術家の履歴書を差し出した。選り好みをしている場合ではなく、フランスは受け入れるしかなかったが、結果的にジャコビーは「この任務にぴったりの人材」だった。

フランスはスターリング・アームズという小さなホテルを住まいにしていた。隣には居心地のいい軽食店があり、スタジオから歩いて10分ほどのところにあった。「気候がすばらしくいい時期だった」が、そろそろディズニーランド（現場で働く人たちはほとんどその名を口にせず、ただ「サイト（用地）」と呼んでいた）のあるアナハイムに引っ越さなければならなかった。

フランスには、雇い入れたスタッフたちを訓練する場所が必要だった。ホテルの一室ではとても無理だったが、自分が使えるスペースはなさそうだった。「過去の経験から、ほとんどの組織において、訓練スペースの確保は優先順位の最後に回されがちだとわかっていた」

そこでまた、シューマッハがぴったりの人材を引き合わせてくれた。ディズニーランド計画にかかわる人は、それぞれお堅い役職が与えられていたが、アール・シェルトンは「サイト・コーディネーター」だった。戦時中はパイロットをしていたボンバーズのひとりで、無口でこわもてという、ウッドとは正反対のタイプだった。だが、シェルトンは「一見ぶっきらぼうだが才気あふれる人物で、コンピューター並みの記憶力の持ち主だった」。

シェルトンはフランスをジープに乗せ、足の踏み場もないような「サイト」を案内して回った。「その慌ただしさときたら、アリ塚並みだった。自分のやるべきことがわかっているアリたちのね。トラクターに、土砂を運ぶ機械に、それぞれ専門の違う職人たちが、半年後の締め切りに向けて必死に働いていた」フランスは感銘を受けたが、「トラクターや建物のことは、正直どうでもよかった」という。頭の中にあったのは、自分の「領土」のことだった。

フランスは、そのことをジープの中でシェルトンに説明した。すると、シェルトンはアリ塚から離れ、敷地の端へと通じるウェスト・ストリートに車を走らせると、羽目板から白い塗料がすっかりはげ落ちた、おんぼろの2階建ての建物の前で止まった。「ヴァンデンバーグ邸」だとシェルトンは言った。「古くて埃《ほこり》だらけで、今にも壊れそうに見えたが、美しかった」

フランスが完璧だと伝えると、シェルトンは小さくうなり、頷《うなず》いた。それが同意のしるしだといいのだが、とフランスは思った。幸い、そうだった。シェルトンは「文書を交わしたりはしなくても、約束はきちんと守ってくれる人だった」という。「わたしがスタジオに戻る間に、シェルトンから連絡を受けたウッドは、ごった返す敷地の片隅を『拠点』にすることを認めてくれたんだ」


それからしばらくして、その「拠点」を守る協力者をフランスは手に入れる。「仕事の量はますます増えていた。敷地内を回り、スタッフ訓練を行う空き家を見つけたとなれば、次は手伝ってくれる人を探す必要があった」そこでまたシューマッハのもとを訪ねると、またしても、就職希望者からの1通の応募書類を手渡された。「この男がいいと思うんだが、電話がつながらないんだ」事実、その候補者は非常に有望で、応募書類も申し分なく、他の部門に採用されていないのが不思議なほどだった。ロサンゼルスの電話交換事情に詳しいフランスには、思い当たることがあった。当時、交換手には数字に割り当てられたアルファベットで局番を伝えていた。シューマッハはプロスペクト（PR）と言うべきところを、プリーザント（PL）と伝えていたためつながらなかったのだと気づく。そして無事に、ディック・ヌニスと連絡がつき、面談の約束をしたのだった。

「やってきたのは、188センチで金髪、元フットボール選手らしい精悍《せいかん》な男だった。そのときは、彼が南カリフォルニア大学の英雄で、アカデミック・オールアメリカンだった（フットボールで活躍し、学業でも成績平均値3・6という好成績をおさめた）ということを知らなかった。誰を雇ってもよかったのだが、会って5分でヌニスの採用を決めていた」ためらいがなかったわけではない。目の前にいる21歳の若者は、新品のスエード靴をはいていた。「そんな靴をはいているのは、ポン引きか詐欺師、中古車販売のディーラーくらいだと思っていた」それに、給料でも折り合いがつかなかった。ヌニスのほうは、時給2ドルは保証してもらえると思っていたが、フランスは1ドル80セントと言って譲らなかった。ふたりはそれから30年にわたり――ヌニスがディズニーランドの社長になってからも――折に触れて「あの20セント」について語り合うことになる。

フランスはヌニスに、そんな「おしゃれ着」（今となっては古くさい言い方だが）ではなく「作業着」を着て、長いこと空き家になっていたあのボロ家を調べてくるよう指示した。ヌニスは、20セントのことも靴をばかにされたことも気にしていない様子だった。「わたしはほかの仕事で忙しかった」とフランスは語っている。「ヌニスは、あの古い家をすばらしい訓練センターに変えるという、最初の奇跡を起こしてくれた」

敷地内を延々と見回る中で、シェルトンはフランスたちの状況を理解し、どこも人手が足りないというのに、黙って職人のチームを送り込んでくれた。「職人たちはヴァンデンバーグ邸の内装をきれいにし、寝室の間の壁を取り壊して、研修のための部屋をつくってくれた。最終的には、40人のスタッフを収容できた」さらに職人たちは、窓を掃除し、床を磨き、外壁にも真っ白なペンキを塗ってくれたのだった。ドイツに縁のあるスタッフなら「ヴァンデンバーグ」という名前もなじみがあっただろうが、フランスによると、この建物はすぐに「ホワイト・ハウス」と呼ばれるようになったという。

フランスは、ディズニーランドでの日々を何冊かの回顧録にまとめているが、その語り口は飾らず控えめだ。だが、その誇りを注いだ4半世紀のキャリアを振り返る中で、ディズニーでの最初の仕事を語るフランスは、軍人らしい威勢のよさを大いに発揮している。フランスは、ヌニスと一緒に「オレンジ郡の一軒家をディズニーの歴史に名を刻む場所に変えた」のだという。「自画自賛で申し訳ないのだが、あの古家をスタッフ訓練の場所にできたのは、運と、非凡な才能のおかげだった。敷地内に空きスペースなどほとんどなかったというのに、わたしたちは手に入れたのだ。幸運なことに、ディックもわたしと同じくらい、腕のいいせびり屋でこそ泥だった」

ヌニスは貴重な人材で、当人にその気はなくとも、ディズニーの社内政治における教訓をフランスに与えたのだった。「ディックはとんでもなく有能で、どこの部署も手を借りたがった。だから、政治的に妥当だと思ったときは、ディックを貸し出していた。最初からそうするつもりだったわけじゃないが、おかげでわたしたちは単なる『訓練部門』以上の存在になり、ディックもわたしも社内で立ち回る術を身につけ、開業前の混乱を乗り切ることができた」

ヌニスをよそに貸し出して、訓練部門への貸しをつくらせている間に、フランスは訓練マニユアルの仕上げに取りかかっていた。金をたっぷりかけろとのオルセンのアドバイスに従い、1部3ドル73セントでハンドブックを制作した。現在の価値でいうと34ドル強になり、シューマッハを愕然とさせた。さらなる問題もあった。ハンドブックを印刷に出す準備が整うと、フランスは、経理を取り仕切るシューマッハに見本を見せた。ネッド・ジャコビーの描いたディズニー・アニメのキャラクターが躍るページに目を通すと、シューマッハは法務部に確認をとったほうがいいと言った。フランスは、ヌニスにハンドブックを持たせ、法務部に送ったのだが、ヌニスはこっぴどく叱られて、震えながら帰ってきたのだった。ウォルトはフローチャートの類に無頓着だったが、「オズワルド・ザ・ラッキー・ラビット」の権利を奪われてからは、キャラクターの扱いには恐ろしいほど厳格になったというのだ。

弁護士はハンドブックを見るなり、わけのわからない呪文を叫びながらデスクをドンドンと叩きはじめた。「丸にC、WDP! 丸にC、WDP! 丸にC、WDP!」ヌニスは、「丸にC」というのが「著作権」のマークで、「WDP」が「ウォルト・ディズニー・プロダクション」を指すらしいとわかった。つまり、ハンドブックのイラストのすべてに、たとえ社外秘の文書であっても、著作権表示が必要になるのだ。

この数カ月、フランスは必死になってスタジオのアーカイブを研究し、ディズニーの精神を追求してきたが、そのすべてが1955年5月25日の会議にかかっていた。「その日の朝、開業日の7月17日に運営を任せるスタッフに向けた、オリエンテーション・プログラムのプレゼンテーションを行った」

ウォルトはその場にいなかったが、ロイとウッド、バンク・オブ・アメリカの副頭取、コダックやスウィフト社の代表者、マーケティング部と法務部の部長、それから、にらみをきかせたほかの部署の面々も出席していた。フランスとヌニスは、回転トレイ式のスライドプロジェクターに、フェルトボードという昔懐かしい視覚資料を武器に、聴衆の前に立った。

フランスがちょっとしたジョークを披露すると、ドロシー・メイニズ、ジャック・セイヤーズ、フレッド・シューマッハといった味方たちが援護するように笑ってくれた。「少し場が和んだところで、わたしはディックを紹介した。彼は、イラストが表現する、ディズニーランドが目指す姿をプレゼンテーションすることになっていた。ディックはわたしのそばで緊張している様子だったが、それを外には見せなかった。スライドを生き生きと説明してみせ、自信とやる気満載のプレゼンテーションにしてくれた。とても誇らしかったよ」

フランスは、そこでディズニーの歴史について触れた。「ウォルトの夢の世界を訪れる人々に奉仕することが、ディズニーランドの永遠の基本方針となることを、みなに示そうとした。過去にやってきたどんなプレゼンテーションよりも緊張したが、恐怖を感じて当然だった」

フランスは、最初のカードをフェルトボードに貼った。「アート、音楽、冒険、ファンタジーというディズニーの伝統をレンガで表した、夢の城のイラストだった。それからわたしは、ウォルトが人生をかけて人を楽しませ、家庭におけるエンターテインメントという伝統を伝えてきたことに触れた。そして、ウォルトの20年ごしの夢があと数週間で花開こうとしており、ディズニーランドはウォルトの築いてきたその伝統を受け継ぐのだと語った。みなで取り組むべきテーマは、『幸せを演出する』ことなのだと」

そんな捉えどころのない、感覚的な商品をどうやって提供していくのか？「ディズニーランドで働く人たちには、車を止めたり、食事を出したり、こぼれたポップコーンをさっと掃除したりする以上の仕事にかかわってほしいのです」そこで、フランスはたとえ話を持ち出した。ふたりの男がレンガを積んでいる。何をしているのかとたずねられ、ひとりは「レンガを積んでいます」と答えた。もうひとりは、こう答えた。「大聖堂をつくっています」

フランスは、次のカードを出した。そこには、大胆にも、自ら考案した「ウォルトの言葉」が書かれていた。「ようこそ、ディズニーランドへ。ディズニーランドという夢を叶えるために、職人、大工、エンジニア、科学者、立案者など、さまざまな人たちの才能を結集しました。彼らが打ち立てた夢は、みなさんに引き継がれます。みなさんこそが、ディズニーランドを本物の夢の王国にし、今ここにいる人たちや、この先ディズニーランドを訪れる何百万人という人たちにとって幸せな場所にするのです。お客様を幸せにすることで、みなさんも仕事に幸せを見出し、ディズニーランドに欠かせない存在になってほしいと願っています」

フランスの話は細部にも及んだ。まず、「すべては1匹のネズミから始まった」と語った。ウォルトが口にした、あの有名な言葉を、フランスはプレゼンテーションに活かしたのである。それは、ディズニーという一大帝国が、やせっぽちでちょっと不愉快なミッキーマウスというキャラクターのヒットによって始まったのと同じで、ほんの小さな種から大きなものが育つということだった。
ディズニーランドの最も大事な「種」となるのが「スマイル」だった。「ディックが、スマイルは『魔法の鏡』だというアイデアを考えついたんだ。誰かが笑うと、自分も笑顔になれる」そのスマイルには、フレーズが必要だった。「ドロシー・メイニズが、お礼を言われたときに返す『お役に立ててうれしいです』はどうかと思いついた。少々かしこまった堅苦しい言葉だが、『どういたしまして』なんていう、おざなりで恩着せがましい言い方よりずっといい」
フランスは、次々とカードを繰り出した。「わたしたちが奉仕するのは『カスタマー（お客様）』ではなく『ゲスト』である」「わたしたちは『ホスト／ホステス』である」「くだらない質問などひとつもない」「『群衆』ではなく『観客』」「ディズニーランドにふさわしいスタイル」（具体的に言うと、プレップスクールの卒業生のような服装を心がけ、おかしな髪型をしないこと）「わたしたちは、みんなが遊んでいるときに働く」（つまり「ゲスト」と同じくらい楽しんでいるという態度で仕事をし、実際に楽しもうとしないこと）
こうした礼儀作法の数々は、現代では当たり前に思えるかもしれない。だがそれは、フランスが考案した訓練プログラムがディズニーランドで改良され、ほかの遊園地、さらには国全体に広がったからだ。地元スーパーのレジ係が、列の先頭にいる客を呼ぶとき、「次の方、どうぞ」と声をかけるようになったのもその影響だった。フランスの訓練プログラムは、サービスの概念に改革をもたらした。

プレゼンテーションを始めたときから緊張していたフランスだったが、最後はこんな言葉で締めくくった。「テナントも含めたすべてのスタッフにとって、チームワークは欠かすことができません。ディズニーの歴史における偉大な夢のひとつを、一丸となって開拓していきましょう」

拍手が巻き起こった。

ロイはヌニスとフランスに近寄ると、後々「ロイのユーモアのセンス」として記憶に残る言葉で感謝を示した。つまり、少々辛辣な言い方だったということだ。「なあ、バン。われわれが幸せを生み出そうとしているのは間違いないが、ウォルトの生命保険を担保から外すために、金も生み出さなきゃならない。わたしだって、みんなに給料を払うために、今から借金しに行くんだぞ」

ロイがどう言おうと、プレゼンテーションは大成功だった。握手を交わしたとき、ウッドがいかにもほっとした顔をしているのを見て、フランスはそれを実感した。

「ディックはずっと一緒に頑張ってくれた。わたしたちは、同僚という陪審員に認められたんだ」聴衆たちがホワイト・ハウスを去った後、フランスとヌニスは祝杯をあげた。成功の陰で、フランスは少しばかり哀愁に浸っていた。「ホワイト・ハウスの隣には、モーンさんという隣人が住んでいた。当時はまだ、庭では鶏がうろうろしていた。その夜は、空気も甘やかで優しかった」

フランスとヌニスは、オレンジの木に囲まれたポーチでスコッチをすすり、数年どころか、数週間もすれば消えてなくなるであろう、アメリカの片隅の風景の名残を味わっていた。「住むには最高の場所だった。子ども時代を過ごし、家庭を持つにも。この土地を売った人たちが、ここに勝る家や暮らしを、ほかの場所で見つけられるとは到底思えなかった」

飲み終わったヌニスは帰っていき、フランスはひとりになった。「オレンジの木の香りをかぎ、モーンさんの鶏が夕食を土からほじくり出すのを眺めていたよ」

それから四半世紀後に、フランスはこう書いている。「ウォルト・ディズニーが、ディズニーランドづくりのために抱えた借金を返し、ディズニーランドで利益を得ようとしていたことは重々承知していた。『幸せ』というテーマに反感を持つ人がいることもわかっていた」「それでも、当時も今も、ウォルトが金のためにディズニーランドをつくろうとしていたわけじゃないと、自信を持って言える」

フランスの訓練プログラムは、少なくとも1人の人間の考え方を変えた。「幸せをつくるというテーマの重要性をみんなに理解してもらうためには、何よりも、わたし自身を納得させせなければならなかった」

第25章 ポニー・ファームの誕生

「サイト」では、もうひとつの訓練プログラムが進行中だった。フランスの革新的な取り組みとは違い、そちらは農業並みに歴史の古いものだった。

フロンティアランドで展示予定の川船は蒸気船だったが、ディズニーランドの「ミシシッピ川以西」で車両や人を運ぶときは、動物の力を借りる必要があった。造成した小さな区画に、ラバやロバ、馬、ポニーなどを集めることになった。動物たちにはそれぞれ仕事があり、テキサス出身のオーウェン・ポープがその世話をすることになった。

ウォルトと出会った頃、ポープはすでに馬に人生を捧げ、妻のドリーとは20年間連れ添っていた。ポープ夫妻はどちらも馬の調教師で、その優れた技術には定評があった。馬具づくりの腕もあり、ショーマンとしても成功していた。

ロサンゼルスのパンパシフィック・オーディトリアムで、何頭もの馬を見事にターンさせているポープ夫妻を目にしたハーパー・ゴフは、ウォルトにも観に行くように勧めた。ウォルトはさっそくポープのもとを訪れ、１９５1年3月1日、ふたりを昼食に誘った。ディズニーランド計画はまだ初期の段階だったが、動物が欠かせないことはわかっており、ふたりに期待を寄せたのだった。

オーウェンもドリーも、ウォルトが映画のために馬を集めようとしているのだと思っていた。結局ふたりは、ディズニーランドのことを誰よりも早く耳にしたメンバーの一員になったのである。

この昼食をきっかけに、ふたりはショーの世界から身を引いた。１９５1年の感謝祭の週末、長年の住まいである全長10メートルのヴァンを運転して、バーバンク・スタジオの駐車場に移り、ディズニーランドで最初の馬となる10頭のために小屋を建てた。そしてその数カ月後、ヴァンから敷地内の家に引っ越したのだ。新しい家は、のちに「ポニー・ファーム」と呼ばれることになる10エーカー（約4万平方メートル）の土地を望む場所に建っていた。ディズニーのスタジオとディズニーランド、両方の敷地の中で暮らしたことがあるのは、ポープ夫妻だけだった。

ふたりがアナハイムにやってきたときには、ポニー・ファームの囲いには、ミニチュアホースやメインストリートを走る馬車を引っ張る大型の馬も含め、すでに２２０匹の動物がいた。バン・アースデール・フランスは、「オリエンテーションに参加するよう、馬車の御者やラバ乗り体験を引率するスタッフに声をかけたのは、唯一の失敗だった」と書き残している。フランスがポープに出席を求めたところ、こう言われたという。「バン、きみは『人間』相手に仕事をしてるんだろうが、こっちは『馬』が相手なんだよ」

一方で、ポープは独自の訓練プログラムを実行していた。馬たちは何世紀にもわたって、往来の激しい都市部の道路でも動揺せず、射撃の音にもひるまないよう訓練されてきた。だが、それは過去の話で、ポープはいちからやり直さなければならなかった。建設中の人工のペインテッド砂漠の岩山や渓谷にスピーカーをぶら下げ、人のざわめきやバンドの音楽、射撃場の金属音といった、あらかじめ録音しておいた雑音を流し、その中を馬に歩かせたのだ。取材に来ていた記者が、こんなことを書いている。「広々とした空っぽの囲いの中に、南カリフォルニア大学対UCLAのアメフト試合のハーフタイムかと思うような騒音が流れているのは、ちょっと異様で不気味だった」動物たちの耳が騒々しさに慣れてくると、次にポープは、馬たちにわざとバルーン（馬を不安にさせる引き金の典型）や吹き流しを近づけて訓練した。

こうした馬への「嫌がらせ」がいささか残酷に思えるなら、ディズニーランド開業後、ほどなくしてやってきた動物虐待防止協会の調査官の言葉を思い出すといいだろう。「生まれ変わることがあるとしたら、馬になってディズニーランドに戻ってきたいものだ！」当時も現在でも、ディズニーランドの動物は1日に4時間以上働かされることはない。

動物にしつけを行いながら、ポープはフロンティアランドの駅馬車（ウォルトは、ディズニーランドの『西部』にも駅馬車が絶対必要だと言い張った）や幌《ほろ》馬車の監督も任されていた。「プレーリースクーナー」（幌馬車）は、かつて大平野をのろのろ進んでいたときから変わらず、いらいらするほどゆっくりした乗り物だった。乗客は退屈し、すぐに人気がなくなりそうだった。20世紀フォックスからウォルトに引き抜かれ、フロンティアランドの建物を担当したビル・マーティンも、こう言っている。「あれはくだらない乗り物だった。スピードは遅いわ、砂丘から先住民が顔を出すわでね。ウォルトは、このアトラクションにあまり期待していなかった」

だがウォルトは、駅馬車には力を入れていた。ミニチュア・ホースが引っ張れるようサイズは縮小していたが、半世紀前のアメリカ西部では至る所で目にしていた「ウェルズ・ファーゴのコンコード馬車」を忠実に再現したものだった。こうした乗り物は、ディズニーランドのアトラクションの中でも最も早い段階で完成する予定だったが、時間の制約がスタッフ全員に重くのしかかっていた。ある日、馬車の進捗具合を確かめに現場を訪れたジョン・ヘンチは、気づいたことをウォルトに話した。「革のストラップは省略したらどうですか、ウォルト？　お客さんも、そんなに細かいところまで見やしませんよ」

ウォルトは、その少し前にも細かいところにこだわり、「デイビー・クロケットのコルト・リボルバー」の商品化を許さなかった（デイビーの時代には拳銃なんてなかったから、という理由で）。ヘンチもやはり、ウォルトから辛辣な小言を食らうことになる。「きみってやつは、人にものを伝えるってことをわかってないな。世間の人は、ちゃんとわかってるんだ。それを忘れるんじゃない。こだわれば、みんな反応してくれるし、良さをわかってもらえるんだ」

ヘンチは口答えしなかった。「駅馬車には、昔の姿そのままに、最高の革のストラップを取りつけたよ」

ポープはというと、駅馬車にそこまで時間をかける余裕がなかったため、「由緒正しいカウボーイ」など雇えなかった。カンザス生まれのフランク・ファネンスティールは、17歳になる頃にはコロラドの牧場で働いていた。それから海軍に入隊し、ガダルカナル島で機関銃の砲手を務め、コロラドに戻って広大な牧場を見張る仕事をしていたとき、ポープと知り合ったのだった。

ファネンスティールがバン・アースデール・フランスの「礼儀作法学校」に通わなかったことは、誰の目から見ても明白だった。カウボーイになったのは遅かったが、ファネンスティールの性格は「前世紀の牛飼い」そのものだったのだ。

ファネンスティールはぞんざいな口の利き方をする偏屈を絵にかいたような人間で、92年の生涯を終えたとき、追悼文を書いた友人も、「最期まで、どんなに気のいい人の神経をも逆なでするほど短気な」気質だったことを持ち出さずにいられなかったという。

そんな性格でもディズニーランドに受け入れられたのは、ファネンスティールなら、どんな馬もニーズに合わせて調教できたからだった。同僚のアール・ヴィルマーと同じく、ファネンスティールは消えゆく技の「マイスター」だった。春の訪れとともにさまざまなトラブルがディズニーランドに押し寄せてきたとき、少なくとも鉄道と動物たちの準備が整っていたことは、ウォルトにもわかっていたのだった。

第26章 ジャングルクルーズに必要なもの

動物であふれ返る予定だったにもかかわらず、結局1匹もいなくなってしまった「ランド」がある。遊園地業界の大物たちがこぞって「金の無駄遣い」とやり玉にあげたものに対して、ディズニーのスタッフも同じ判断を下すことになったのだ。それは、アドベンチャーランドの「ジャングルクルーズ」（元々の呼び名は「トロピカル・リバーズ・オブ・ザ・ワールド」だったが、長すぎるということで変更となった）のエリアに、本物のトラやゾウを住まわせるのは無理だということだった。

ウォルトはどうしても実現したかったのだが、ハーパー・ゴフが説得したのだ。動物学の観点から考えると、そうした動物というのは、日中は川岸からできるだけ離れた奥地で寝ているもので、目を覚ましていたとしても、お客を楽しませることは期待できないでしょう、と。ハーバード・ライマンもこう語っている。「こっちのボートに乗った客がワニを見て、『いやあ、あれはすごかった。ワニがいるとはね』なんて言ってるのに、あっちのボートに乗った客は見てないっていうんじゃあ、訴えられかねない」

アドベンチャーランドは、園内で一番小さな「ランド」だった。4エーカー（約1万6000平方メートル）ほどの敷地しかなかったが、唯一、ゲストが自由に散策できる場所だった。「ハワイアン・ショップ」（もちろん、アロハシャツを売る店）、「アイランド・トレード・ストア」（怪我をしないよう刃を柔らかくした竹槍《たけやり》や、ゴム製の生首などを売る店）、「ティキ・トロピカル・トレーダーズ」（「南海の島」らしい一風変わったカラフルな布の詰め合わせを売る店）、「ヒア・アンド・ゼア・インポーツ」（ブリキの船や宝石を売る店）、「キュリオ・ハット」（雑貨店）といった土産物店に多くのスペースを割いていた。買い物客は、「パビリオン・レストラン」や、ジャングル酒場「サンキスト・アイ・プリジューム（サンキストさんですよね？）」といった店で休憩することもできる。こうした商業施設は、メイン・ビルディング（ムーア風のアーチに、ざらざらとした石膏壁、色あせた水漆喰が雰囲気を添えている）や、そこかしこに建つ竹小屋（アフリカの盾や、杭を打たれて不気味に笑う頭蓋骨などが飾ってある）の中に収容されることになっていた。

一方で、アドベンチャーランドに用意されていたアトラクションはひとつだけだった。ひとつしかないのだから、いいものにしなければならない。ライマンは、生きた動物を扱うのは断念したものの、その代わりになるものについては、いまひとつ自信が持てずにいた。「つくりものの動物を用意したが、出来にはがっかりしていた。いかにも偽物っぽい気がしてね。だが、制作を手伝ってくれた人たちの才能のおかげで、これなら大丈夫というものが完成した」

ウォルトは、ボブ・マッテイに相談した。マッテイは『海底2万マイル』で巨大イカの制作を担当し、その20年後には、全米を震えあがらせた『ジョーズ』のサメを手がけた人物だ。動物のひな型づくりは、巨大イカの発案者であるクリス・ミューラーに託した。ミューラーはまず粘土で形をつくり、それを型として、グラスファイバー製の外殻ができあがった。

動物を本物らしく見せられるかどうかは、マッテイの手にかかっていた。「ウォルトは機械仕掛けの動物を、耳を揺らし、口を開ける、本物の動物に見せてほしいと言った」

そこでマッテイは、動物をいくつかのカテゴリーに分けた。川岸でじっと立っているだけの動物。鼻をピクピク動かしたり、尻尾を振ったりする動物。観客に近寄っていく動物。動物を動かすために、マッテイはカムや振り子式のアームといった複雑な機械を開発し、カバの耳を回し、ワニの口を開かせ、キリンに首を振らせた。機械のほとんどの部分は、水や葉で覆ってしまえる。キリンを歩かせるのはやめて、カバは水底に隠した台座に乗せ、約2・4メートルの川を行ったり来たりさせればいい。

だが、そんなちょっとした動作でさえも、ゴムチューブを動脈のように張り巡らし、ばね鋼を複雑に組み合わせて、ようやく実現するのだ。カバだけでも、その重たい体を上下させるためには、カムと電気モーターのセットが3つも必要だった。

ハーパー・ゴフは、観客、つまりゲストにどう自然を満喫してもらいたいのか、明確な考えがあった。ゴフは、1951年の映画『アフリカの女王』で主人公たちを冒険へと駆り出した、小さくとも勇ましい蒸気船「アフリカの女王号」に強く魅了されていたのだった。

当初、川の水流で船は自然に進むだろうと楽観的に考えていたのだが、そうはいかなかった。それでも、ウォルトは火災の恐れがあるガソリンエンジンは使いたがらなかった。ゴフはディーゼルエンジンならもっと扱いやすいだろうと、全長8・2メートル、総重量2トンの船を設計し、動物たちと同じようにグラスファイバーで製造することにした。この船は、当時最先端の素材であったグラスファイバーを大量に使用した事例のひとつとなった。（「海軍にも注目されていた」とゴフは語っている。「船を水に浮かべるとなったとき、見学させてほしいとやってきて、あれやこれや写真を撮っていった。当時のまさに先進的な船だったんだ！」）船の外観は、古びたマホガニー材やピカピカ光る真鍮、黒いダミーの煙突といったものでアンティーク感を再現した。天井はストライプ模様のキャンバス屋根で覆い、陽気な雰囲気を演出しつつ、乗客の目線を低く保ち、原始のジャングルにしては植物の育ちが悪いことに気づかれないように工夫した。そして、4馬力のディーゼルエンジン「グレーマリン」で船を引っ張り、海底に敷いたレールの上を進ませることにした。

最初は乗船口を右舷側にのみ設ける予定だった。だが、ディズニーランドで唯一、遊園地運営の経験があったジョージ・ミラーが、乗船口はふたつのほうが乗降もスムーズだと意見を出した。ボートの収容人数は6人で、7台が運航することになっていた（船にはそれぞれWEDエンタープライズの初代社長ビル・コトレルによって、ガンジス・ガル、コンゴ・クイーン、スワニー・レディ、アマゾン・ベル、メコン・メイデン、ナイル・プリンセス、イラワジ・ウーマンと名前がつけられた）。スムーズに運営できれば、1日につき2000人の「探検者」をジャングルに送り出すことができる計算だった。

ジャングルに動物を配置するのと同じくらい、川下りのコースづくりは困難を極めた。ゴフとスタッフたちは、当初500メートルのコースをデザインしていたが、建設業者は未経験の作業に悪戦苦闘し、もっと指示を細かく出してくれと言ってきた。

自分の計算に自信が持てずにいたゴフは、ジープを1台借り、そのずんぐりしたボディの周りを、ボートと同じ長さと幅になるよう組み立てた円材で囲った。それからジープを運転して、砂だらけの曲がりくねった小路をゆっくり走り、「船尾」がでこぼこに引っかからないか、「船首」がカーブを曲がりきれるかを確認した。ジープが横切った跡に、川岸で待機していた作業員が杭を打ち、それを目印に、後からブルドーザーが水路を開いていった。

イラワジ川（ミャンマーの川）が形になろうとしていた頃、遠く離れた場所で、複雑な音響装置が製作されていた。ジャングルには、ジャングルらしい「音」が必要だ。ディズニーランドの視聴覚効果については、ラルク・カンパニーという会社と契約を結んでいた。そのラルク・カンパニーのジェームズ・ハーヴェイが、ジャングルクルーズの効果音を担当することになった。彼はロサンゼルスのスタジオで、当時最先端の（今となっては畜音機並みに年代物の）システムを駆使して鳥の鳴き声やさえずり、動物のうなり声をミキシングしていた。

ディズニーランド開業の1年後に、『レイディオ・アンド・テレビジョン・ニュース』という業界紙にこんな記事が掲載されている。「園内にはアフリカのジャングルを模したエリアがあり、そこでは3種類の音響効果が用いられている。ひとつは、一時的かつ局部的な効果音だ。乗客を乗せた8分の5スケールの川船が接近すると、機械仕掛けのゾウが鳴き声をあげるといった、1回ごとの合図で作動する。次が継続的かつ局部的な効果音で、これはジャングルの一部に限って継続的に流れるサルの声などが相当する。そして3つめの継続的かつ全域的な効果音は、ライオンのおたけびや鳥のさえずり、暗がりに響くコオロギやカエルの鳴き声など、ジャングルのどこにいても聞こえるようになっている。ディズニーランドのために特別に考案された装置もある。ジャングルのあるエリアから別のエリアへと移るときに、背景音を極めて自然に変化させることができる、『継続的自動フェーダー』だ」

「この『アドベンチャーランド』と呼ばれるエリアにて展開されている音響効果、とりわけ、さまざまな効果が特殊な合図によって実行されている点は非常に興味深い。一時的かつ局部的な効果音が発信される際のシークエンスもそのひとつだ。川船がツアー中、〝サイの国〟に近づくと、川に流れる光電池の光線が遮られる。この光線は赤外線のフィルターによって常に不可視化されている」

「この光電池からの合図が、機械仕掛けのサイ内部に設置されたリレー（継電器）を作動させ、サイが動きはじめる。それと同時に、ジャングルの制御室に設置された150個ものカートリッジ式連続テープ・プレーヤーのうちのひとつが再生を始める。テープから流れる効果音は、30ワットのアンプを通り、サイのいるエリアにカモフラージュされた拡声器から響くしくみになっている」

「サイのテープが一連の音声を流し終わると（ここまでが、ほんの数秒で行われる）、プレーヤーが自動的に止まる。だが、テープが音声を流しはじめたときには、別の効果音のリレーが作動しており、ボートが川を進んでいる間に、再生の遅延が生じる。遅れの後、次のテープ・プレーヤーから効果音が流れ、そのタイミングで川岸では機械仕掛けのゾウが動きはじめる」

「3つめの効果音である継続的かつ全域的な効果音は、エリア全体にジャングルの音を流しつづける。自動巻き戻し機能を備えたテープ・プレーヤーによって再生される効果音は、50ワットのアンプを通り、この目的のために特別に開発された『継続的自動フェーダー』によって、5グループ（1グループにつき8つのスピーカー）の拡声器へ、連続的に流れていく」

工夫を凝らし、リアリティをとことん追求するウォルトらしさは、「ジャングルクルーズ」でも発揮されている。「錯覚効果を高めるため、夕方には異なるサウンド・トラックを流す。そのサウンド・トラックは、実際にアフリカの夜のジャングルで録音した音を使い、お客さんに本物を届けるんだ」

第27章

ゾウの乳しぼり

ディズニーランドで最も手を焼いた動物は、アドベンチャーランドではなくファンタジーランドにいた。

ウォルトはディズニーランドに「ダンボ」を置きたがった。回転しながら飛ぶ耳の大きなゾウの乗り物で、飛んでいる間、乗客が高さを上げ下げできるようになっている。新たに建設中だった屋内アトラクションと異なり、典型的な遊園地の乗り物だった。とはいえ、その実現はそう簡単なことではなかった。

当初は映画の中で、酔っぱらったダンボが見たけばけばしい夢に登場する、ピンクのゾウをモチーフにする計画だった。だがウォルトは、アルコール依存症をこれみよがしに宣伝すれば、誤ったメッセージを送りかねないと判断し、ゾウはダンボそのものをデザインすることになった。クリス・ミュラーが、アドベンチャーランドの仕事を一時中断して、ダンボのひな型づくりに着手した。映画では、ダンボは耳を羽ばたかせて空を飛ぶが、そこが悩みの種となった。それぞれの乗り物の頭に耳を動かす装置を取りつけなければならず、そうした複雑な装置はうまく動かないことが多いのだ。

もっと難しい問題もあった。ゾウの乗り物の重さは300キロ以上あり、エド・モーガンとカール・ベーコン（アロー社が乗り物の製造を請け負っていた）は、空に浮かべるのにひどく苦労することになる。飛行機の燃料タンクから、ただ回転するだけの乗り物をつくるのとはわけが違う。そこで、エンジニアを雇ったのだった。モーガンは語っている。「エンジニアの案はよくできていて、わたしたちも異論を唱えられるほど経験がなかった」それは水力を利用したシステムで、「密閉した管に流し入れた油に窒素で圧力をかけることで、ゾウを上昇させていた馬力をカットし、下降させる」ものだった。「すばらしいアイデアだったが、ピストン内で窒素ガスと油が混ざらないようにしなければならないことを、エンジニアは知らなかった」という。「その結果、激しく移動する油が窒素と混じり、泡立ってしまった。その泡のせいで動きが不安定になったが、計画を変更するには遅すぎた」

つまり、こういうことだった。動き出したダンボは、ベタベタした白い液体をまき散らしはじめたのだ（ベーコンは「シェービング・クリーム」みたいだったと言っている）。改良版が完成するまで、ダンボには定期的に掃除してオイルを入れ替えるという作業――モーガンとベーコンいわく「ゾウの乳しぼり」の作業――が欠かせなくなったのだった。

アロー社とディズニーランドのかかわりは深くなる一方だった。「トード氏の車」が完成すると、次は「ケイシー・ジュニア」の制作に移った。「エンジンの模型をつくった」とモーガンは語っている。「見たこともないような風変わりなデザインで、作業が大変だった。いいものがつくれたと思っていたんだが、ウォルトがやってきて、ためつすがめつすると、部屋の隅で美術監督のヴィク・グリーンと話を始めた。しばらくしてヴィクに、『ウォルトの考えなんだが、ボイラーをもう少しばかり太くしたら、もっと雰囲気が出るんじゃないか』と言われた。それから、『蒸気室は、ほんのちょっと傾けたほうがよさそうだと、ウォルトが言ってる……』とまあそんな具合でね。ふたりが帰る頃には、ここまで休む間もなく作業してきてもう材料だって残ってないのに、いったいどうしろっていうんだ、って腹の中でぼやいていたよ。ボイラーだけをやり直すなんてできないから、新たにエンジンからつくるしかない。あるとき、ロジャー・ブロギーに諭されたよ。『慣れるんだな。映画人と仕事をするっていうなら、これが当たり前のやり方だから……』ブロギーは、聞き耳を立てている人がいないか辺りを見回して、こうつけ加えた。『特に、美術監督と仕事するならね』」

モーガンをどぎまぎさせたウォルトの訪問は、3月半ばのことだった。ケイシー・ジュニアの改良をあっさりと言い渡したウォルトだったが、その出来ばえには満足していた。そして、ディズニーランドの乗り物は、普通の遊園地の乗り物にはない美学があるというウォルトの信条を、アロー社がパートナーとしてちゃんと理解していることを確信したのだ。

ケイシー・ジュニアのやり直しを言い渡したウォルトは、次に「白雪姫」をテーマとする乗り物の試作機をチェックした。「トード氏の車」に比べると、ずっとシンプルな構造だった。こびとたちがいかにも鉱山で乗っていそうな、後輪がふたつ、前輪がひとつのふたり乗りのカートで、急カーブもくるっと回れるようになっていた。サイズは小さくする予定だったが、狭すぎないかと不安になったウォルトは、実際にカートに乗り、座席で膝周りのゆとりを確認することにした。ブロギーにも一緒に乗り込んでもらい、大人ふたりでも問題ないかをみたところ、少々きついが問題ないということになった。大人ひとりと子どもひとりなら、もっとゆったり感じられるはずだ。

カートから降りたとき、ウォルトの頭にアイデアがひらめいた。ブルース・ブッシュマンもその場にいたのだが、ブッシュマンは大きな男だった。毎年クリスマスになると、衣装の下に詰め物をせずとも、ぽっちゃりとして優しそうなサンタクロースに変身できるほどだった。ウォルトはブッシュマンを呼ぶと、カートに乗ってみてくれと言った。「きみが乗れるっていうなら、誰だって乗れるはずだ」

カートはブッシュマンが乗っても大丈夫だった。ブッシュマンがこの役目に上機嫌で応じたものだから、新しい乗り物が完成するたびに、衝突実験用の「生きたダミー」として引っ張り出されることになったのだ。

第28章

期待を背負ったオートピア

何よりもリアルに見せなければならなかったのは、乗り物の台数が一番多いアトラクションだった。トゥモローランドは、メインストリートやフロンティアランドのように過去の遺物をモデルにすることもできず、ファンタジーランドのようにモチーフとなるアニメーションがあるわけでもなく、ディズニーランドで建設が最も難しいエリアだった。

方向性が固まらず、開業前年の9月の時点で、トゥモローランドは開業を先延ばしにするとウォルトは決めていた。だが、この「未来」はそれを許してくれなかった。トゥモローランドはディズニーランドのデザインの要であり、トゥモローランドなくしてディズニーランドは成り立たない。ファウラーはこう語っている。「当初、開業日までに、メインストリート、アドベンチャーランド、フロンティアランド、ファンタジーランドだけを完成させる予定だった。だが1955年の1月になると、トゥモローランドも建設して、ほかのエリアと一緒にオープンすることになっていた」

トゥモローランドのアトラクションで計画が定まっていたのは、ひとつだけだった。ディズニーランドは、未来を象徴する場所に建てられていた。都市開発業者が約束した通りなら、間もなく南カリフォルニアには金網に覆われたコンクリートの道路網が走り、未来の市民はどこに住んでいようとも、フリーウェイに乗れば、出口から8キロほどで家にたどり着けるようになるはずだった。

そこで、まず手始めに、トゥモローランドは「オートピア・フリーウェイ」から建設することになった。クローバーの葉っぱみたいな型の立体交差路や高架交差路を備えた1・6キロほどの道路で、子どもたちは小さなスポーツカーのハンドルを握り、ドライブ体験ができる。ディズニーランドで最も人気を集めるアトラクションになると期待された「オートピア」は、かつて神童と呼ばれた23歳の若者の手にゆだねられることになった。ボブ・ガーは、2012年に出版された回顧録に、誇らしげにこう記している。「自動車のデザイナーとして腕を磨き、1億7500万ドル以上の価値がある事業に貢献した。工学の学位も持っていなかったが、授業料を払わずとも教育は受けられた。すべて仕事をしながら学んだ。資格があるかどうかなど、誰もたずねなかった。未経験の仕事をするときは、口を閉じ、全力で取り組むだけだった」

ガーの人生は、ウォルトの若い頃を思い起こさせるものだった。週に6日、44部の『ハリウッド・シチズン・ニュース』を配って回る新聞配達少年だったのだ。仕事はそれだけでなかった。「週に2日、学校に行く前に、1000部の『ショッピング・ニュース』と、1000部の『アドバタイザーズ』を配っていた。朝刊の配達が終わると、自転車で家に帰り、ヤギの乳しぼりをして、それから学校に通った。

学校の成績はよくなかった。幾何学のゴーディー先生は、ガーに最低の「F」の評価を下したが、進級はさせてくれた。「それ以上、ガーの顔を見たくなかったからね」

コサインやタンジェントよりも、ガーは自動車の落書きに夢中になっていた。それから、より理解を示してくれるガラード先生と出会う。「先生は建築のクラスで車のデザインを描かせてくれた。おかげで宿題を真っ先に仕上げることができた」

建築学の宿題を添削するかたわら、ガーの描いた車のスケッチにも目を通したガラード先生は、ロサンゼルスのアート・センター・スクール（現在はパサデナに移転し、アートセンター・カレッジ・オブ・デザインと名を変えている）で自動車設計を学ぶよう熱心に勧めてくれた。そこにガーは、ゼネラル・モーターズ（GM）の奨学生として入学したのだった。

その後、ガーの人生は転機を迎えることになる。アート・センターの教師が、カスタム車専門誌の第1号を出版したばかりのダン・ポストに、ガーを引き合わせてくれたのだ。ポストはガーに、『How to Draw Cars Tomorrow（未来の車の描き方）』という本のイラストを描いてほしいと依頼する。1952年の春、アート・センターを卒業する頃、本も出版の運びとなったのである。

またGMは、ガーに卒業の1カ月前からデトロイトで働くことを望んでいた。これは、車のデザイナーにキャリアを積ませる一般的なやり方だった。だがガーはフォードのデザイナーであったフランク・ハーシーにより、ＧＭから引き抜かれたのだ。

弱冠21歳の若者にとっては急展開ともいえるが、ガーは実際に車のデザインをするよりも前に車のデザインの本を出版しており、「2週間も働けば、デトロイトで車のデザイナーになって、ハブキャップやボンネット飾りみたいなものをデザインしていても、将来性がないとわかった」という。

ガーはロサンゼルスに戻り、小さなデザイン会社で仕事を見つける。そして、独立したときのために「Ｒ・Ｈ・ガー　インダストリアル・デザイン」という印鑑を準備して、チャンスを待った。

そのチャンスは、予想もしないところからやってきた。ガーはアブ・アイワークスの息子デイヴィッドと友人で、日曜日の夕食にたびたび招かれていた。「ある日、アブがスタジオの野外撮影所を走り回っている小さな車の話を始めたんだが……ボディはなく、骨組みだけだというんだ」とりとめのない話だったが、アイワークスはガーに、副業はやってるのかい、と訊いてきた。「別にやっていなかったが、やりたいと答えた」

それから数日後、アイワークスから連絡があった。ディズニーのスタジオに来て、ディック・アーバインという人物に会ってほしいという。「スタジオに行く道すがら、考えていた。ちっぽけな車のボディをわざわざデザインする必要があるか？　ひょっとして、新しい遊園地のためだろうか、ってね」

「オートピア」のコースを建設中だったアーバインは、ゲートのところでガーを待っていて、ガーの疑問に答えてくれた。「ちっぽけな車のボディ」にはデザインが必要で、新しい遊園地のためだ、と。「ディックは、ぼくを仕事仲間に引き合わせたあと、ボディのない骨組みだけの車を見せてくれた。溶接鋼のフレームに、駆動する前輪と後輪。当時大流行していた最新型のスクーター『マスタング・コルト』から取った、10馬力のエンジン。真っ裸の、これ以上ないほどシンプルな車だった。さっそくサイズを測り、家に帰ってボディのデザインを考えはじめた」

ガーは定職に就いていたため、デザイン画を夜に描き、土曜日になると、アーバインに仕上がったものを見せに行った。

デザインの基になったのは、ガーが「未来の車」に最も近いと信じる最先端の車だった。アメリカ初輸入となる「フェラーリ166スパイダーコルサ」は、上陸してからわずか5年で、アメリカをフェラーリにとっての重要市場に成長させた。ライバルであるイギリスの自動車メーカー、ジャガーと同様、フェラーリの車は創業当初から壮麗な美しさを誇っていた。

あるとき、スタジオを訪ねたガーは、図面をロジャー・ブロギーに見せた。ブロギーは、ウォルトと同じくらい有無を言わせぬところがあった。「その次の土曜日、朝の7時に、ブロギーから電話がかかってきたんだ」

「設計図は描けるか?」

「はい」

「道具を持って、こっちに来てくれ」ガーが返事をする間もなく、「ブロギーは話を終え、受話器からツーッという音がした」。

ガーがスタジオに向かうと、ブロギーが待っていて、すっかりなじみになったあの小さな車のところへ連れていかれた。「しばらくすると4人の男が集まってきて、それぞれタイヤに足を置き、この車をどうするか話しはじめた。その中に、木の弾が装填された、西部劇に出てくるようなガンベルトを腰に下げた、しわの目立つ男がいた」ガーは「警備員の誰かの父親か何かだと思った」が、誰かがその男をウォルトと呼んだのだった。

ガーが誤解したのも無理はない。「ろくに紹介もされず、仕事が始まった。ウォルトは野外撮影所に、大勢の新しいスタッフを集め、みんなでディズニーランドのデザインをすることになった」

仕事は流動的だったが、ほとんどのスタッフはやるべきことを理解しているように見えた。一方のガーはとまどっていた。もちろん、「ミニ・フェラーリ」のデザインには自信があった。「ロジャーは、大量生産できるよう、ミニカーの機械部品を設計してほしいと言った。ボディのデザインはお手のものだが、1台の車のすべてをデザインしろって？　車のデザイナーになる訓練は受けたが、ぼくは機械エンジニアじゃない」だがウォルトには、「ボディのデザインができるんだから、機械の設計もできるだろう」と思われたようだった。「『やり方がわかりません』なんて怖くて言い出せなかった」

こうして「R・H・ガー　インダストリアル・デザイン」は仕事を山ほど抱えることになった。ボディのデザインだけでなく、自信がなかろうと、車の内部部品の設計も任され、夜は家で、週末はスタジオで作業した。「ゾロ屋敷」で一緒に働いた仲間たちはみなそうだったが、ガーもまた、「自分の知識などたかが知れている」ことを実感したのだった。

徐々にガーは、不慣れな仕事に取り組んでいるスタッフは自分だけではないと知る。「ウォルトに雇われたスタッフは、みな同じ境遇にあった。誰もディズニーランドをデザインしたことなんてなかったからね」だがスタッフたちは、学ぶのも早かった。「1954年11月頃の話で、ウォルトはあと8カ月でディズニーランドをオープンするというんだ。おいおい、本気かって思ったよ」

興味深い仕事をせっせとこなすうちに、本職のデザイン会社での仕事が憂鬱になってきた。だが、その問題はすぐに解決されることになる。「ウォルトはどこにでも現れた」あの大忙しの冬を振り返り、ガーは記している。「ミーティングに限らず、スタッフの部屋をうろついていた。どんなに散らかっていようが気にせずにね。統括責任者だの、プロジェクト・マネージャーだの、コーディネーターだの、今の時代のような系統立った組織はできていなかった。衝突が起きると誰かがやってきて、現場で問題を解決していた」

実際、WEDスタッフのオフィスはあちこちに点在しており、前哨《ぜんしょう》基地が広範囲に広がり、やみくもに戦っているような状態で、「会社の中心と呼べるのは、ディック・アーバインのオフィスくらいだった」という。その散らばったオフィスを定期的に回っていたウォルトは、ある日「ツアー」から戻ると、新参者のスタッフについて、ブロギーに一言言ったのだった。そしてあと数日でクリスマスという日に、ガーのデスクにやってきたブロギーは、こう告げた。

「夕べウォルトに言われたよ。きみをもっと忙しく働かせるように、って」

このチャンスに飛びついたガーは、ブロギーに（少々打算もあったかもしれない）答えた。「昼間の仕事を辞めて、ここで毎日車のデザインができるのなら、そうしたいです」それ以上の話し合いもなく、ブロギーに「人事部に連れていかれ、気づいたら雇われていた」。

ガーはその時点でも、「怖くて『機械のことはわかりません』と言えずにいた」のだったが、この自動車の申し子は、19世紀という時代に救われることになる。正式にディズニーのスタッフとなったガーを、ブロギーはアール・ヴィルマーの工房へと送り込んだ。そこには、「過去の時代から飛び出してきたような、面白いベテランたちが集まっていた」という。「ぼくは『蒸気マニア』と呼んでいた。ほとんどが50代から70代くらいの人たちで、ひよっこのぼくからすれば、別世界の人間に思えたよ……。彼らが情熱を注ぐのは蒸気鉄道で、ぼくはというと、スポーツカーや飛行機にゾクゾクしていたからね」

ガーにとっての幸運は、工房でエド・リンゲンフェルターと知り合えたことだった。「彼はぼくを見守り、『蒸気の世界』へ導いてくれた」リンゲンフェルターは、巨大なピストンロッドや砂箱、制御レバーといったものが幅を利かせる蒸気機関は、その蒸気エンジンを産業界の片隅へと追いやった、精密さが売りの小型内燃機関とはまったく異なるものだとガーに教えた。リンゲンフェルターはガーの「機械工学の師匠」となり、扱う機械が何であれ、基本的に変わることのない原理を叩き込んでくれた。「ぼくの知らないことについて、いつだって助言をくれた。もし相手がロジャーなら、くだらない質問なんかした日には、にらみつけられていただろう」

リンゲンフェルターは「うまくデザインを伝えるポイントを、大きな図にまとめて壁に貼っていた」という。「機械工に青写真を説明するときに使える、いろんな方法を教えてくれた」ガーは学ぶのが早く、車の外側を覆うシートメタルの洒落《しゃれ》たデザインを考えつつ、車の内部の設計もできるようになった。「別世界から来たすばらしい魔法使いたちに教わった知識を、今日の今日までずっと大切にしてきたよ」

ガーとブロギーは、「オートピア」のカートの骨組みを完成させると、ボディに移った。実際にカートを成形するための、原寸大の粘土模型に取りかかったのである。ウォルトは、ガーの母校であるアート・センター・スクールと有利な取り決めをしていた。課題に対価が発生することはめったにないのだから、学生に無報酬で模型づくりを任せるというものだった。

だが、あまりにも一方的な契約だとして、アート・センターは手を引いてしまった。そのアート・センターで模型づくりを教えていたジョー・トンプソンは、学生たちにとってすばらしいチャンスを放り出してしまったと思っていた。ディズニーの依頼で実際の仕事をし、ウォルト・ディズニー本人の批評を受けられるのに。トンプソンは無償の模型づくりを自ら買って出て、ハリウッド北部にある自宅ガレージを制作の場とした。

トンプソン監督のもと、作業は順調に進んだ。数週間後、模型が完成したとガーに連絡が入った。「ウォルトはぼくを、彼の義理の兄ビル・コトレルが運転する年代物のキャデラックに乗せ、みんなでジョーのもとに向かった」コトレルの車は、ただ古いだけでなく、壊れかけていた。道中、ウォルトは座席の背もたれに腕をもたせかけようとして、内張りのあちこちから詰め物がはみ出しているのを目にし、あわてて引っ込めた。

「なんてこった、ビル。給料はちゃんと払ってるだろう。車を直したらどうだ」

トンプソンのガレージに到着すると、アーバインとブロギーが待っていた。ウォルトは模型の周りを歩き回り、しまいには中に乗り込んで、座席に腰をかけた。「ウォルトの袖が粘土で汚れ、ビルの車の詰め物に、今度は茶色い粘土がくっついてしまった」ウォルトは汚れても一向に気にしなかった。模型はよくできており、ひと目見て気に入ったのだ。

その翌日、模型はスタジオに運ばれ、成型用の型がつくられることになった。カートはグラスファイバー製（この当時の新素材は、ディズニーランドの至る所で用いられていた）で、コスタメサのグラスパル社が最初の40台のボディを製造した。ボディはニューポート・ビーチのマメコ・エンジニアリングに送り、完成品が組み立てられる予定だった。

といっても、最初に完成したボディは、まずスタジオに送られ、手製の骨組みに乗せられた。こうしてブロギーとガーは、完成したカートを1台手に入れ、あとはバンパーさえつければ、試乗できることになった。

そのとき現れたのが、メル・ティリーだった。カイザー・アルミニウム社のセールスマンだったティリーは、屋台の食べ物と窓ガラスは別として、ディズニーランドのものは、なんだろうと合金でつくるべきだと考えていた。そこでガーに、カートをぐるっと覆うバンパーの素材に、自社の合金を使うよう売り込んだのだった。「ぼくはエンジニアじゃないから、何もわかっていなかったんだ」

バンパーが仕上がるのを待たずして、ガーは試作品のカートを「ニューポート・ビーチの道路に運んで、スピンさせてみた」という。「スピードガバナーを装備していないカートが、どれほど一気に加速できるかを見せてやろうと、調子に乗ってしまった。すぐにコントロールを失い、警察署の後ろに止めてあった車に衝突したんだ。グラスファイバーのフードがこなごなになって、小さな赤い破片をまき散らしながらそこらじゅうに散らばった」

奇跡の素材にあるまじきもろさだった。ガーはグラスパル社にそう訴えたのだが、中途半端に「未来」を先取りしようとするのは危険だとわかっただけだった。グラスパル社の人々がきまり悪そうに説明したところによると、彼らは「これから成型するボディのために、『新たな』プラスチック樹脂を開発している」という。

その後、計画通りに樹脂が開発され、完成したカートが届きはじめた。バン・アーステール・フランスは、「オートピア」のスタッフの研修をすでに終えており、「舞台裏のスペースに建てられたサーカスのテントの中で、カートの運営を担当するスタッフが、バンパーをはめ込むのを手伝ってくれた」。

ウォルトは衝撃テストが危険ラインすれすれじゃないかと思っていたが、ガーはやると決めていた。実際に起こりうるであろう、カート同士の衝突をシミュレーションしたのだ。その結果、「アルミニウムのバンパーは、衝撃で形が変わってしまい、板金と同じで、元の形に戻らないことがわかった」。

ガーは何でもないことのように報告しているが、「オートピア・フリーウェイ」にかかわっていないスタッフもテストを見物し、ショックを受けていた。ガーは「バンパーの衝撃テストが、子どもたちが大騒ぎでカートをぶつけ合い、土ぼこりがもうもうと立ち込める場面を連想させるものだった」と認めている。この話はあっという間に上層部の耳に入り、ファウラー大将は「おんぼろの54年式プリムス（55年4月の時点でおんぼろになっているのも不思議な話だが）を走らせて、管理部の建物から試乗テストの現場へ駆けつけ、悪ふざけをやめさせようとした」のだった。

ファウラーにこっぴどく叱られたにもかかわらず、ガーはこっそりとテストを続けたが、満足する結果は得られなかった。

アルミニウムのバンパーには、さまざまな難点があることがわかった。ちょっとした衝撃でベニヤ板かというほどぐしゃぐしゃになり、縁石をこすっただけで、えぐれたような傷がはっきり残ってしまうのだ。

ガーは、あっという間にやってくるであろう夏を前に、頭を抱えていた。「開業日は目前に迫っていた。その日には、何千という『本物の』テストドライバーたちが、『本物』の試乗体験をすることになるんだ」

第29章 未来のロケット

トゥモローランドのアトラクションに、ひとつだけ、比較的スムーズに完成したものがあった。7月6日付の『ロサンゼルス・タイムズ』は、「今朝早起きした人は、ホーリーデールからアナハイムまで約32キロの道のりを、全長27メートルのロケット船が進んでいく姿に驚いたことでしょう」と記している。見た人がいたとしたら、かなりの早起きだったに違いない。渋滞を避けるため、辺りはまだ暗かったのだから。「『未来の飛行船』は、製造されたホーリーデールからディズニーランドまで、日が昇る前にトラックで運ばれた。トランス・ワールド航空の展示品、そしてトゥモローランドのテーマとなる予定である」

C・V・ウッドは、トランス・ワールド航空にスポンサー権を売っていた。これにより、トランス・ワールド航空は「ディズニーランドの公式航空会社」となり、月旅行を模したアトラクション（のちに悲惨な結果が待っていた）と、「ムーンライナー」（こちらはなかなか首尾よく進んだ）にその名を刻むことになった。

ジョン・ヘンチがデザインした宇宙船は、第二次世界大戦の終盤、ドイツがイギリスに対して発射したV2ロケットに似ていた。それは当然だった。そのロケットの生みの親、ヴェルナー・フォン・ブラウンも、ムーンライナーの制作にかかわっていたからだ（興味深いことに、フォン・ブラウンはウォルトを今まで会った中で最も頭のいい人だと評している）。フォン・ブラウンはニュルンベルク裁判を待つ身で、冷戦が本格化するアメリカにあって、早急に宇宙計画に加わることを求められていなかった（フォン・ブラウンの伝記映画『I aim at the Stars（わたしは星を目指す）』が公開されたとき、副題を『But Sometimes I hit London（だが、ときにはロンドンを空爆する）』にしてはどうかと揶揄されたりもした）。それで、その年の春、『ディズニーランド』で放送する「Man in Space（宇宙にいる人）」という番組に協力することになった。ヘンチがデザインした「ムーンライナー」は、これといって特徴のない客船だった。機窓と操縦室を備え、機体の下3分の1のところから約7メートルの美しいパイロンが伸び、三脚のようにロケットを支えていた。「実のところ、微妙なデザインだった」とヘンチは語っている。「蒸気機関のボイラーを製造するのと同じ手法を使ったからね。船体はいささか優美さに欠けていたが、微調整を繰り返して、最後にはうまくいったと思う。遠近法を利用したカーブ部分などは特に」

一方ボブ・ガーは、微妙だとは思わなかったようだ。「ロケットのフレームを地面に横たえ、ベニヤ板の輪っかを取りつけ、アルミニウムで覆う。原始的な組み立て方だが、おかげですばやく仕上げることができた」高さ約23メートルのムーンライナーは、鋼の骨組みを1400平方メートルのアルミニウムで覆ったロケットだった。ここでも、あのバンパーほどではないにせよ、メル・ティリーの大好きなアルミニウムが問題を引き起こした。「ロケットはトゥモローランドで組み立てた」とガーは言っている。「そこで過ちに気づいた。所定の場所にロケットを置いたとき、鋼や木でできた内部構造には変化はなかったが、アルミニウムが太陽の光で膨張しはじめたんだ。『バンッ、ガタン……ピシッ、ピシッ』っていう音が一日中聞こえていたよ！　そして日が暮れると、冷えたアルミニウムが『バンッ……バンッ』と音を立てながら収縮していくんだ」

『タイムズ』紙の記事によると「ムーンライナー」はトゥモローランドのテーマという話だったが、実際にはそれ以上のものだった。ロケットは宇宙時代の到来を告げる世界共通のシンボルだとみなされるようになっていた。作家マイケル・シェイボンも著作『Moonglow』でこう書いている。「子どもの絵の中では、家には煙突があり、サルはバナナを食べ、ロケットはすべてV2ロケットとして描かれる。この数十年の間に、順番に切り離されていく多段式の巨大ロケットから、円盤型のものまでさまざまなロケットが登場したが、われわれの心の奥深くには、近くの惑星へと運んでくれる乗り物は、円錐型《えんすい》で、先端にノーズ・コーンがついていて、4枚の後退翼が軸を支えている、そんなロケットのイメージが残っている。わたしがロケットというものの存在を認識して以降……デザインからパワー、サイズ、能力に至るまで、フォン・ブラウンの初期の傑作をしのぐ、さまざまなロケットが登場している。だが、イベント会場で宇宙に連れていってくれたのも、図書館のSF全集の背にラベリングされていたイラストも、V2ロケットだった。V2ロケットこそが、ウォルト・ディズニーのトゥモローランドを代表するアトラクションであり、イメージの要だったのだ」

　赤と白のペイントが施されたムーンライナーは、１９６６年にお払い箱になるまで、10年以上にわたってディズニーランドに君臨しつづけた。それから50年の月日が流れても、かつてあのロケットを目にしたことがある人は、現在のトゥモローランドには何かが欠けているような気がするはずだ。

第30章

お城のゲートをくぐって

人々の心にムーンライナーを超えるほどのインパクトを与え、ミッキーマウスの人気さえも陰らせるほど、ディズニー王国のシンボルとして世界中に知られているものがひとつだけある。

メインストリートの先にそびえる建物には、当初、さまざまな名前が候補として並んでいた。「中世の城」「ファンタジーランド・キャッスル」「ロビン・フッドの城」（1952年、ディズニーはロビン・フッドの映画を制作している）、さらには『ディズニーランド』の番組内でウォルト自身が「白雪姫の城」と呼んでいる。だが結局は、当時はまだ制作中だったディズニーのアニメーション映画にちなんで名づけられたのだった。

ハーバード・ライマンは、その「眠れる森の美女の城」を、ノイシュヴァンシュタイン城の特徴を参考にデザインしたという。バイエルンのルートヴィヒ2世が19世紀に建てた、ロマネスク様式を取り入れた城で、王は、神々が「地上はるかにそびえるこの地で、われわれとともに暮らし、天上の風に胸を膨らませる」場所にしたいと考えていた。ちなみに「われわれ」とは、王自身と、神のごとき崇拝を集めていた作曲家リヒャルト・ワーグナーだった。

いくつもの模型がつくられ、ライマンの中で城のコンセプトが固まっていく。ライマンは、自分のデザインする城が「神々を魅惑するルートヴィヒ2世の城」に似すぎているのではと不安になった。「どう見てもそっくりなのが気に入らなかった。『ウォルトのところの人間は、想像力ってものがない――自前の城もつくれないのか』なんて言われかねない」

模型の最終版が完成し、ウォルトに見せる段になっても、ライマンは納得していなかった。尖塔の部分をイライラと手に取り、持ち上げて、前後を逆にして置いた。そばに立ってそれを見ていたディック・アーバインとマーヴィン・デイヴィスはぎょっとした。「ディックは元に戻したほうがいいと言った。ウォルトがもうすぐ来るからと。気がつくと、ウォルトが腰に手を当てて、わたしの後ろに立っていた」

ウォルトはしかめっ面で模型に近づくと、立ち止まり、しげしげと眺めた。ライマンがとっさに手を加えたことで、城は温かみのある雰囲気になっていた。要塞でなく、ファンタジーの城らしくなり、より一層魅力が増したのだ。ウォルトはその場でデザインを了承した。

メインストリートの建物同様、「眠れる森の美女の城」は目の錯覚を利用して設計されており、実際は高さ23メートルほどの城がずっと大きく見える。城壁はグラスファイバー製だが、光り輝く尖塔が建ち並ぶ城の上部は、本物の素材でつくられている。ライマンは尖塔を24金の金箔で覆うようウォルトを説得し、ウォルトは費用がかさむ装飾をロイに黙って認め、後で言い争いが起きることになる。だが、金箔にはメンテナンスにあまり手をかけなくても輝きを失わないという利点があり、費用をかけた甲斐があったとロイも気をよくしたかもしれない。

城が完成したとき、ディズニーランドの精神をよく理解している詩人ジョン・ヘンチは、ディズニーランドを特別にするすべてのものがこの城に凝縮されていると考えた。「例えば『眠れる森の美女の城』だ。ほとんどの人は、ここまでくると写真を撮る。事実、この場所は、世界のどこよりも写真が撮られる場所じゃないかと思う。だが、そこでゲストに『どうしてこの城が好きなんですか』とたずねても、『どうして写真を撮ろうと思ったんですか』とたずねても、はっきりとした答えは返ってこない。口ごもり、『きれいだから』とかなんとか言うだけだろう。それでも、ゲストが家に帰り、城の写真を誰かに見せたとしても、実際に城の前に立ったときと同じ気持ちは味わえない」

「実際、この場所に立つと、さまざまな刺激がイメージとして刻み込まれ、その体験がさまざまな感覚を通してわたしたちの心に働きかけるのだ。おそらく、最も強く、はっきりとした刺激は視覚的なもので、わたしたちはあの城を見て、美しいと思う。だがそこには、視覚を刺激する要素が存在している。色や光、形やデザインがそうだ。この城の構造そのものに、何世紀も前からここに建っているような、静的な本質が感じられる。それでいて、動的なもの、はためく旗、風にそよぐ木々といったものも存在している。人々、車、ボート、水面、風船、馬、そして頭上を流れる白い雲の動きもそうだ」

「城を見上げると、一番高い塔の根本には、恐ろしいほど精巧につくられたガーゴイルが並んでいる。地上からはほとんど目にすることはできないが、それでも『魔法の公式』の一部であり、意識せずとも視界に入っている、何千もの小さなディテールのひとつなのだ。ひとつひとつは取るに足らないものかもしれないが、それらが合わさって、ほかの場所では味わえない視覚体験を提供してくれる」

そうした視覚体験は、城の落とし格子戸の向こう側でも味わえるようにする予定だった。そこにはおとぎ話の村が広がっていて、はちみつ色の古い石壁やハーフティンバー様式のぬくもりの感じられる建物には、ファンタジーランドの屋内アトラクションやお店が収容される。だがそれも、さまざまな世代のゲストがディズニーランドの門をくぐらないことには、実現できそうになかった。ファンタジーランドの予算の大半を城に使い果たしていたのだ。さらに、乗り物を運営するには、約18メートル×30メートルの金属製のプレハブの箱をいくつも製造しなければならないのだった。

予算不足を克服するため、WEDの職人たちは、建物の正面を飾るのに、メゾナイトの板をカットして派手なストライプの天幕に見えるように色を塗り、上から垂れ幕を垂らすという技を編み出した。これにより、中世の馬上試合のような雰囲気が生まれた。すばらしい仕事ではあったが（その後30年はもった）、人生を遊園地ビジネスにかけてきたジョージ・ホイットニーは、板金で仕切った狭い部屋の中でゲストが過ごすことの問題点に気づいていた。ジョージ・ホイットニーは、「建物の中に熱がこもるから、換気の方法を考えなきゃならない。『白雪姫』じゃなくて『地獄の旅』っていう乗り物にするなら話は別だ。それなら熱がこもってても不思議じゃないからね」

ファンタジーランドで城の次に人気を集めたアトラクションは、換気の心配は無用だった。去る1939年、ウォルトは遊園地について本気で考えるようになっていた。幼い娘をグリフィス公園のメリーゴーラウンドに連れていったこともきっかけのひとつだが、当時制作中だったアニメーション映画『ピノキオ』で、不良たちのたまり場となる「プレジャー・アイランド」の構想を練っていたことも影響していた。そこは昔ながらの遊園地がときとして感じさせる不気味な恐ろしさを見事に体現したような場所なのだった。

ウォルトのスタジオには、ボブ・ジョーンズとビル・ジョーンズという兄弟がいた。ふたりは「プレジャー・アイランド」の堕落しきった娯楽の数々を模型にしていたのだが、ウォルトは彼らに声をかけ、最近訪れた遊園地のことを話して聞かせた。「もっといいものができるはずだ」とウォルトは言った。「遊園地は、家族みんなが楽しめるよう設計するべきなんだ。メリーゴーラウンド以外の乗り物があってもいいが、安全で、魅力的なものじゃなきゃならない。景観も整えて、清潔にして、きちんと手入れする。これはぼくの考えなんだがね……きみたちならどうするか、やってみてほしいんだ。2、3日おきに、様子を見に来るよ」

2次元の遊園地をつくるのでさえ十分大変だとわかり、ウォルトはしばらくの間、遊園地構想を諦めていた。その間も、頭に思い描く遊園地には必ずメリーゴーラウンドがあった。したがって、いよいよ本物の遊園地をつくるとなれば、メリーゴーラウンドは外せない。そのメリーゴーラウンドは、ディズニーランドで唯一、オリジナルではない乗り物になった。

ディズニーランドの建設が進むなか、ウォルトは記者にこう語っている。「真ん中には『キング・アーサー・カルーセル』がある。馬はただ走ってるんじゃなくて、飛び跳ねてるんだ。全部の馬がだよ！」これはメリーゴーラウンドには珍しいことだった。たいていは、動かない木馬（スタンダー）と飛び跳ねる木馬（ジャンパー）が混ざっていて、上部に取りつけたクランクシャフトを動かして、馬を上げ下げするようになっていた。

ウォルトの理想は、グリフィス公園のメリーゴーラウンドだった。馬はすべてジャンパーで、68頭の木馬が4列の横並びになっていた。ウォルトはオーナーのロス・デイヴィスに、これと同じメリーゴーラウンドはどこで手に入るかたずねたのだが、ジャンパーが4列並ぶメリーゴーラウンドはこれが最後だと言われたのだった。

ウォルトは、娘を連れて公園を訪れたときに、デイヴィスと知り合った。手に入るなかで最高のメリーゴーラウンドが必要なのだと相談すると、デイヴィスが探してくれることになった。遊園地業界にコネがあるデイヴィス（世紀の変わり目頃から、デイヴィスの家族はメリーゴーラウンドの仕事にかかわっていた）が問い合わせたところ、トロントのサニーサイド・アミューズメント・パークという遊園地が、新しい高速道路の開通を機に廃業することがわかった。この遊園地には、1922年にフィラデルフィアのデンツェル・カンパニーが製造したメリーゴーラウンドがあった。残念ながら、すべての木馬がジャンパーではなかった。というより、猫に鹿、ウサギ、キリンといった動物に、軍馬に戦車といった、「動物園」のようなメリーゴーラウンドだった。

何にせよ、そのメリーゴーラウンドを気に入ったデイヴィスの勧めで、1954年10月、実物を見ることもなく、ウォルトは2万2500ドル（現在の価値に換算すると約25万ドル）で購入した。遊園地の経営コンサルタントに言わせれば、紙幣を破いて捨てるようなものだった。ロスの息子、J・O・デイヴィスは語っている。「われわれが手に入れたときは、木馬は3列に並んでいて、外側の列はすべてスタンダーだった。ウォルトはグリフィス公園のもののように、4列ですべてジャンパーのメリーゴーラウンドを求めていた。わたしは必死に木馬を修理し、不要な座席［動物］はうちで引き取った。われわれが座席をなんとかしている間に、アローー社が技術的なことをやってくれた。新しいクランクシャフトは4列の木馬を動かせるようになったが、土台はそのままだった」

WEDの工房では、スタンダーにカーブした脚を接ぎ木して、ジャンパーに変える作業が行われていた。木馬が足りなくなると、落ち目だったあのコニー・アイランドが救いの手を差し伸べてきた。名彫刻師チャールズ・ルーフ（ブルックリンでメリーゴーラウンドづくりを始めたという）の手による木馬をため込んでいたのだった。さらには、ジョージ・ホイットニーも、父親の経営するプレイランドから使っていない木馬をせしめてきた。

その結果、ウォルトは85台のジャンパーを手に入れた。72台をメリーゴーラウンドに取りつけ、余った木馬は修理や改装の際の代替え用にして、今日まで受け継がれている。

「キング・アーサー・カルーセル（ウォルトは『Carrousel』とrがふたつのフランス風のつづりにこだわったのだが、そのほうが旧世界らしい響きに思えたのかもしれない）」のデザインを担当したのは、ブルース・ブッシュマンだった。ウォルトはこのメリーゴーラウンドを、その名が示すように中世風にしたかった。だが、木馬の上部を覆う円盤には、デンツェル社が1920年代に手がけた優雅な彫刻が施されており、ブッシュマンはそれを残したかった。そこで妙案を思いつく。円盤を取り壊すことなく、その上に高く尖《とが》った屋根を乗せ、遠くからでも勢いよく飛び跳ねる馬たちに注目が集まるようにした。そこでまたしても、メル・ティリーがセールスマンシップを発揮する。そう、キャンバスを張ったように見える屋根は、アルミニウムでつくられたのだ。メリーゴーラウンドはカートのようにぶつかり合う心配もないため、ここでは特に問題はなかった。

昔なじみのメリーゴーラウンドの仕事を引き受けたエド・モーガンとカール・ベーコンだったが、その「キング・アーサー・カルーセル」のそばに配置する「マッド・ティーパーティー」の製造にもかかわることになった。『ふしぎの国のアリス』をモチーフにした乗り物だったが、ウォルトはこの映画に納得していなかった。「制作しなきゃならないと思い込んでいた」とウォルトは言っている。「気が進まなかったにもかかわらずね。そして、ひどくがっかりする結果に終わった。アリスのイラストは好きだったが、物語に笑い転げたことは、正直一度もなかった」さらに、その後の映画にも活かされることになる思いを語っている。「奇抜なものを映画にするのは、本当に難しいんだ」

それでも、ウォルトは「マッド・ティーパーティー」は人気のアトラクションになると期待していた。3つのターンテーブルそれぞれに、時計回りに回転するティーカップが6つ乗り、その全体を、反時計回りに回転するひとまわり大きなターンテーブルが支えるというしくみだ。ティーカップの中心には車輪が取りつけられており、ハンドルを回せば回転スピードがさらに上がる。

エドの息子、ダナ・モーガンは（現在は独自の遊具製造会社を経営している）、ディズニーランド建設中、まだほんの子どもだった（とても恵まれた少年だったと言ってもいいだろう）。「ディズニーランドが開業する前、『ティーパーティー』が工場に置いてあったのを覚えている。建物には十分なスペースがあったから、乗り物は屋内でつくられていた。そのとき完成していたティーカップはひとつだけで、よくそれに乗ったものだった。あれに乗った最初の子どもだったんじゃないかと思う。わたしは実験台だった。子どもの手でも回転させられるか、降りたあとで吐いたりしないかを確認するためのね」

結局このティーカップは、乗り手に深刻な吐き気を催させることがわかった。「マッド・ティーパーティー」は遊園地にはよくあるタイプの乗り物だが、あの「ダンボ」でさえも、ここまで乗り手を苦しめることはなかったはずだ。

第31章 完璧主義者

ウォルトはどこにでも現れた。バン・アースデール・フランスもこう書いている。「自転車は敷地内を見て回るのに最適な移動手段だった。だが残念なことに、われわれの時代の自転車はよく故障した。当時、計画は予定通りに進んでおらず、罪悪感につけこみ、はったりをかまし、友人でも賄賂でも嘘でも、使えるものは何でも使っていた。よく使った手が、ウォルトの名前を持ち出すことだった。『ウォルトの自転車を直しておいてくれるかい?』と言えばすぐ直してもらえた。ウォルトは自転車に乗ったことがないなんて、思いもしないだろうからね」

実際、ウォルトが機関車庫からジャングル、そしてメインストリートへと、どうやって移動していたのかは謎だった。「自転車に乗ることもなく、歩いて敷地内を回るウォルトには驚かされたよ。ある日、敷地の隅にいるウォルトを見かけた。わたしは車に乗っていた。それから敷地の反対側に移動してみると、なんとウォルトがそこにいるんだ。たぶんウォルトは、子どもの頃に農場で働き、新聞配達をしていたことで、急いでいないように見えても、歩いて長い距離を移動するのに慣れていたんだろう」

ウォルトはどこにでも現れただけでなく、あらゆるものを見ていた。C・V・ウッドをしばしば憤慨させたものだが、ウォルトは近道を認めず、手抜きがないかいつも見張っていた。「メインストリートの上階に、プラスチックの手すりをつけようとした」とウッドは語っている。「だがウォルトは本物の錬鉄を使いたがった。地上から12メートルの高さだぞ。違いがわかる人間なんているもんか」

ある日、鉄道の線路に差しかかったウォルトは、しばらくの間、頭を悩ませてきたものの正体に気づいた。バラスト（砂利）だった。列車は8分の5スケールでつくられていたが、その線路に敷かれた石は原寸大のものだった。その路盤なら、パワフルな「20世紀特急」（ニューヨーク・セントラル鉄道の特急列車で、ニューヨークとシカゴ間を走っていた）を走らせることさえできそうだった。ウォルトは石をひとつ拾いあげると、近くにいたスタッフに声をかけた。「これじゃあスケールに合わない。お客に誤った印象を与えてしまう」そういうわけで、バラストは砕き直されたのだった。

「いいかい」ウォルトは周囲にこう言った。「ディズニーランドをほかにはない、特別な場所にするのはディテールなんだ。ディテールを失えば、すべてを失うことになる」

ディズニーランドを特別な場所にするもうひとつのものは、清潔さだった。ウォルトはそのことを、計画当初から強調してきた。そして今、建築資材のさびかけた鉄くずがそこかしこに散らばる敷地を歩き回り、オープン後もごみでいっぱいになるのではと心配になった。ウォルトは、園内で販売するアイスクリームの棒に、平らなものしか認めなかった。「丸い棒のものは売らない。お客がつまずくかもしれないから」とはいえ、つまずくものを探すほうが大変になりそうだった。ごみは数分だろうと落ちたままにしておかないとウォルトは決めていた。園内を清潔に保つため、アメリカン・ビルディング・メンテナンスと契約したのだが、より高い水準の清掃サービスがディズニーランドには必要だと気づく。そこで、高級ホテルや豪華客船をモデルとして、自分が求める清潔さとは何か、アメリカン・ビルディング・メンテナンスの責任者であるチャック・ボヤージンと話し合いを続けた。ウォルトの命により、ボヤージンは週末になると一流ホテルのロビーをうろつき、いかにさりげなくごみが片づけられるのかを観察したのだった。ディズニーランドの掃除部門は「カストーディアル・ゲスト・サービス」と呼ばれることになり、ボヤージンはウォルトの期待に応え、アメリカン・ビルディング・メンテナンスは四半世紀にわたり、ディズニーランドを汚れひとつない場所に保ったのだ。

ごみ箱の位置を決めるのに、ウォルトはホットドッグを利用した。ウォルトは建設作業員と一緒に、移動販売車（ローチ・コーチ（ゴキブリ車）の名で知られていた）で買ったホットドッグを食べるのが好きで、なかでもお気に入りはフランクフルト・ソーセージのホットドッグだった（1929年のアニメーション映画『カーニバル・キッド』で、ミッキーマウスが最初に発した言葉が『ホットドッグ』だった）。ウォルトは手に入れたホットドッグを食べながら歩き、食べ終わった場所に、包み紙を捨てるごみ箱を設置するよう指示したのだった。

ウォルトは、目についたものに不満を抱くことがしょっちゅうだった。日によって、ときには時間ごとに、好みが変わるのだ。テレビ番組の中で、視聴者にディズニーランドの模型を紹介したとき、ウォルトは「鉄道駅を通り過ぎて、階段を降りると、バンドが音楽を奏でる広場がある」と語っているが、模型にはもちろん野外ステージも備わっていた。

春には、タウンスクエアに本物の野外ステージが完成していた。ある日曜、バン・アーステール・フランスは娘を連れて現場を見に来ており、野外ステージでウォルトと顔を合わせた。「ウォルトはただステージを見つめていた。物思いにふけっているところを悪いと思いながら娘を紹介すると、ウォルトは愛想よく迎えてくれた。子どもに対してはいつもそうだった。だが、そのときは明らかに、心ここにあらずという感じで、ひとりごとを言うように口を開いた。『野外ステージの位置が、どうも変だと思うんだがね』また考えごとを始めたウォルトを残して、わたしたちはその場を離れた。翌朝、メインストリートに行くと、野外ステージの移動が始まっていた」

野外ステージは、メインストリートから城を望む景観を邪魔していたのだった。だが、移動した先はアドベンチャーランドで、違和感があった。フランスはこう言っている。「開業日までに、それと開業してからも、野外ステージは7回も移動した」結局ウォルトは、ぴったりの場所を見つけられなかった。現在、野外ステージはニューポート・ビーチの「ロジャーズ・ガーデンズ」の苗床に設置され、世紀末的な趣を添えている。

当然、ウォルトは景観に気を配っていた。ビル・エヴァンスも、1955年の春の仕事を振り返り、こうまとめている。「木を動かすのがずいぶん上手になったよ」

「建設が進む間、ウォルトは週末になると現場にやってきて、毎週土曜日は、ウォルトとハイキングするのが習慣のようになっていた。ウォルトはあれこれとコメントをしていたが、景観については特に細かい話はなかった。ウォルトと一緒にジョー・ファウラーやディック・アーバインを引き連れて、現場を見て回ることもあった。ウォルトが『ジョー、あの木は通路に近すぎると思わないか?』『あの木を動かすってのはどうかな、ビル?』と口走ると、50トンの木が、次の日には3メートル移動している、という具合だった。

「景観については特に細かい話はなかった」というが、ウォルトが景観に満足していたからではない。エヴァンス兄弟はすばらしいジャングルをつくっているとウォルトも評価していたが、メインストリートの仕事については、想像力が欠けていると思っていたのだった。

ウォルトは、単に園内を緑でいっぱいにすればいいと考えていたわけではない。植物には装飾以上の意味があった。場の雰囲気づくりを助け、入場者が無意識のうちに、ひとつの「ランド」から別の「ランド」へと移動していることを感じられるようにする役目があった。

エヴァンス兄弟は才能にあふれていたが、もともと園芸事業者だ。ウォルトには、特別な知識を持つ人材、映画のような世界観を演出するのに、植物が決定的な要素となることを理解している人材が必要だった。

そこでウォルトは、友人で建築家のウェルトン・ベケットを訪ねた。まだ立地も定まらなかったころ、ウォルトに「ディズニーランドを設計できる人間なんていない」と言った人物である。ベケットは、人材に心当たりがあると言った。一風変わった経歴を持つ、一風変わった人物だが、もってこいの人物だと思う、と。

第32章

ルースの役目

ルース・シェルホーンは、15歳のとき、景観設計家になろうと決心したという。1909年、ロサンゼルスの地で、当時としては非常に進んだ考え方の両親のもとに生まれた。数学の才能と芸術への深い興味を示し、女性にはほぼ門戸が開かれていない職業を目指そうとする娘を、両親は応援した。秘書学校や家政学部には目もくれず、シェルホーンはオレゴン州立大学の景観設計学部に進学した。

大学でめきめきと力をつけ、首席の座を勝ち取ったシェルホーンだが、建築学をより実践的に学びたいと、1930年、コーネル大学の建築学部に編入する。両親は、娘をコーネル大学に行かせるために家を売ったが、最終学年を迎える直前に、教育資金が底をついてしまう。大学の規定によると、学位まであと「4単位」だったという（コーネル大学は70年後、シェルホーンは実のところ、ふたつの学位を授与するのに十分な単位を取得していたと発表し、シェルホーンは2005年、建築学と景観設計学の学位を授与され、人生の最晩年において、遅れてきた栄光を手にした）。

大学を去ると、大恐慌の波をものともせず、シェルホーンは次々と仕事に恵まれ、それから10年後、ハリー・A・クーザーと結婚する。クーザーは成功した銀行家で、1945年にはリタイアし、シェルホーンの後方業務を行うオフィスを立ち上げ、自身を経済的に成功させたその手腕を発揮する。その年、シェルホーンはパサデナにあるブロックスという百貨店の景観の仕事で、ウェルトン・ベケットと働くことになった。

ショッピングは単なる家事ではなくちょっとしたバカンスになる、という未来を予想したシェルホーンは、日陰と色彩にあふれた、緑の生い茂る小さなオアシスをデザインする。ブロックスはチェーンを拡大し、シェルホーンは「ファッション・スクエア」と呼ばれる店舗の仕事を引き受けた。建物の設計にはさまざまな建築家が参加しており、それぞれスタイルが異なっていた。そこでシェルホーンは、絶妙に変化をもたせた造園設計で、スタイルに一体感を出したのである。ウォルトが求めるのは、そうした繊細さだった。

ウォルトの使者がシェルホーンに打診すると、返ってきた第一声は「遊園地の仕事はしない」だった。それでも、3月上旬、シェルホーンはスタジオを訪れた。ディック・アーバイン――アーバインもウォルトも、ようやくディズニーランドに必要なものを把握したところだった――は、彼女にスケッチと模型を見せ、「ランド」にはそれぞれ美術監督がいるのだが、それがまとまりのなさを生むのではないかというウォルトの不安を語った。この場所は「ひとつになっていないといけない」のに、と。

シェルホーンは興味をそそられた。アーバインは、エヴァンス兄弟の話題を持ち出し、ウォルトはその仕事ぶりには「十分満足している」が、彼らは「ほとんどスタジオに顔を見せない」と語った。それは遠回しな言い方で、要は、エヴァンス兄弟は敷地内に植物を植えたりするのは得意だが、ディズニーランド構想全体に貢献するようなビジョンに欠けている、と言っているのだった。

シェルホーンはディズニーと契約した。最初の任務は、エントランス付近の景観デザインだったが、仕事はメインストリートからトゥモローランドへと、猛烈な勢いで増えていった。シェルホーンはこう記している。「3月に計画の説明を受けた時点では、フロンティアランドにひとつだけ建物が建てられていたが、トゥモローランドでは一切、建設作業が始まっておらず、メインストリートの一部と城だけが姿を現していた。WEDのデザイナーたちは、さまざまなエリアの建設計画を立てるのに苦労していた。人の流れや効率性、植物の配置、植林といった問題もかかわっていた。なかでも問題が山積みだったのが、園内の5つのエリアの中心となるプラザだった。構想が入り乱れていたが、絞り込まれておらず、どんどん時間がなくなっていくのだった」

「わたしがWEDと契約したのは、まさにそういうタイミングだった。開業までの期間、景観設計のコンサルタントとして美術監督たちと協力し、現場ではスタジオとエヴァンスの会社の間で調整役を務めることになった。当初、このコンサルタントの仕事には、わたしの時間の一部を割けばすむと思っていたが、そうはいかなかった。美術監督やスタッフたちは、園内の建物などを設計するのに精一杯で、1週間が過ぎる頃には、コンサルタント以上の仕事が求められており、プラザの計画見直しと設計を頼まれたのだった。ひとつのエリアに着手すると、次はこのエリア、さらにはこちらと、5つの『ランド』の歩行者の往来があるエリアすべてにおいて、人の流れや、どこを舗道にし、どこを植栽地にするか、樹木の配置、プラザもそうだが、場合によっては水路のアウトラインについても調査をすることになった」

シェルホーンは、自宅かディズニーのスタジオで仕事をしていたのだが、3月23日、日が暮れる前にと、歩いてではなくジープに乗って敷地内を回ってみることにした。

そこで見た光景に、シェルホーンは愕然とした。

ウォルトが測量技師たちを引き連れて、現場に姿を現していた。土地には測量のための杭が打たれていたが、無茶苦茶な突貫工事を続けるなかで、トラックだかブルドーザーだかが、気づかないうちに杭をなぎ倒し、数時間も経たないうちに粉々にしてしまう。結局再調査することになるが、いくら杭を打っても消えてしまうので、ウォルトは何度も測量技師たちに報酬を支払うのが嫌になってしまった。そこは木立や通路に接する斜面になる場所だったのだが、ウォルトはゴフに、「目分量で見当をつけてくれ」と指示した。その結果、プロの建築家の目から見ると問題だらけになっているのだった。

その数日後のシェルホーンの日記にはこう書かれている。「ディズニーランドには本当に不安にさせられる……。わたしの知らないことだらけで、設計しようにも、正しい方向に進んでいるのかさえわからない。そのうえ時間もない」さらには「虫けらよりも無力になった気分だ。今朝は、ディズニーランド計画に怖じ気づいてしまった。大きすぎるし、問題が多すぎる」

それでも、シェルホーンはタフだった。自分に何ができるかをわかっていたのだ。すっかりディズニーランドにかかりきりになり、4月半ばには、スタジオで仕事をしていてもらちが明かないと気づく。直接敷地内に通勤を始めたシェルホーンだったが、毎日厳しい試練に耐えなければならなかった。「風に舞う埃に、熱気。プレッシャーは高まる一方で、日中は何キロも歩き、夜は遅くまで働いて、ひどい疲労感に襲われる。とてつもない数の業務が、すさまじいスピードで進んでいく。ワゴン車は勢いよく走り回り、クレーンが首を振る。杭を打ち、のこを引き、穴を掘る音が絶えず響いている……」

シェルホーンは、現場をひと目見てわかった。「調査して再設計しなければならないエリアに、当初の話し合いや計画に沿ってすでに何本もの木が植えられていた。造園を進める前に、すでに植えられた木々の正確な位置と、この計画のために買い入れた、まだ植えつけられていない木々の種類やサイズ、本数を把握する必要があった。別の場所に移さなければならない木も少なからずあった」

お互いが望む望まないにかかわらず、シェルホーンとエヴァンス兄弟は密に連携をとることになった。エヴァンス兄弟も「景観設計家」を名乗っていたが、正真正銘の（しかも女性の）「景観設計家」が現れて、命令しはじめたのだ。1カ月が過ぎる頃には、シェルホーン自身が杭を打ち、木を植える前に土地を調査すると主張するようになった。プロとしての厳しい目から見れば整地がなっていないと、現場監督であるエヴァンス兄弟に抗議したのだ。

エヴァンス兄弟は、シェルホーンのことでウォルトに不満をもらした。5月のある日、シェルホーンと話をしたウォルトは、彼女のことを（メインストリートの美術監督の）「ウェイド・ルボトム並みに頑固だった」と評している。だがその一方で感銘を受けたウォルトは、「きみの能力を絶対的に信頼している」と言ってシェルホーンを力づけたのだった。

シェルホーンの計画は理にかなっており、そのデザインは、ディズニーランドで不動のものとなった。野外ステージの位置を動かしつづけることに疑問を呈したのもシェルホーンで、ウォルトは彼女の意見を受け入れた。

だが、ウォルトの信頼を得ても、シェルホーンの毎日が楽になったわけではない。仕事に追い立てられた、男性ばかりの作業員たちは、こぞってシェルホーンをのけ者にした。「マザー・シェルホーン」（口うるさいばあさん、という意味が込められていた）などと陰で呼ばれ、ランチのときも、シェルホーンはひとりぼっちだった。仕事が終わると、ウッドはオフィスにスタッフを集めてカクテルをふるまっていたものだが、シェルホーンが声をかけられたことはなかった。シェルホーンは日記の中で、とりわけジャック・エヴァンスのことを苦々しい言葉でこう書いている。「もううんざりだ。ジャックはいばり散らす男たちと、散々いいかげんな仕事をしてきたくせに、わたしのことを、でかい仕事のやり方も知らない『お嬢さん』だと思っている」

だが、シェルホーンはでかい仕事のやり方をちゃんと知っており、任される仕事はますます増えていったのだった。

シェルホーンはまず、鉄道駅から城までの間の空間づくりに着手した。頭を悩ませていたのは、一言でいうと、人の流れだった。だが実際に人を動かしつづけるのは、何百もの小さな仕掛けなのだ。シェルホーンは、入場者たちにわくわくした感覚を味わいつづけてほしいと考えており、遊園地の設計者たちが「漸進的な認識」と呼ぶ手法でそれを実現しようとした。木々の葉陰から魅力的なディテールが一瞬見えたかと思うと、また景色の中に消えてしまう、といった、いわば「植物のストリップショー」ともいえるやり方だった。

ディズニーランドに足を踏み入れた入場者は、まずタウンスクエアを目にする。人が行き交う歩道の脇の、ブラジリアン・ペッパー・ツリーの木陰に、ベンチが置かれている。古き良き時代を再現したような愛国精神あふれるアメリカの街並みを見ながら、淡い朱色（古びたレンガのような、温かみのあるローズ調）に染まるコンクリートの歩道を行き過ぎると、白い花々に縁どられた、赤、白、青の多年草が彩る、「（植物の）星条旗」が見えてくる。

そこは、いつまでもたたずんでいたくなるような、明るく賑やかな「永遠の１９１０年代」の世界で、マーチング・バンドの音楽が響き、ポップコーンの屋台が並ぶ。そして、（ジャック・エヴァンスがメインストリート沿いに植えた）アキニレの並木道の先には、ロマンチックに呼びかける城がそびえている。

シェルホーンはニレの木が好きだった（「個性」がある、と言っていた）が、その場所には納得していなかった。何本かは店の入口を遮っていたし、何よりも、城に視線が集まるのを妨げていた。

城の謎めいた雰囲気を、シェルホーンは園芸を利用して演出しようと考えていた。城に近づくと、覆い隠すような木立の合間から、金色に輝く小塔が顔をのぞかせる。その先に見える胸壁が、雄々しいスリルをかき立てる。歩道の幅を調整することで（直感的に、道幅が狭くなると歩くスピードが速くなる）、ゲストたちは足早になり、プラザのハブまできたとき、ようやく城の全貌を望むことができるのだ。

建物についてはほぼ固まっていたが、雰囲気をより印象的にするため、シェルホーンは歩道の両側の盛り土をさらに高くしようと考えた。その斜面にマツやスギ（ノイシュヴァンシュタイン城を取り巻く、北ヨーロッパのモミやトウヒをイメージしたが、南カリフォルニアでは水不足と熱で枯れてしまうだろうと考えた）をぎっしりと植えて「吹きだまり」とする。木々が成長すれば、悪いものから逃げようとする、おとぎ話の主人公が迷い込んだような、謎めいた深い森が、城を囲むフレームとなるはずだ、と。

この時期のディズニーランドは、オープンが迫っているというのに、大きな変更が次から次へと実行されていた。このシェルホーンの構想は、とりわけ広範囲に及ぶものだった。元の計画から変わらない部分もあったが、測量もされていない土地に、新たなデザインを採用しようとしていたのだ。もちろん、エヴァンス兄弟も作業に加わった。ときには、彼らとシェルホーンは折り合いをつけていた。城の堀は黒鳥と白鳥のすみかとなる予定で、シェルホーンがビャクシンを植えてはどうかと提案すると、エヴァンスたちは喜んで同意した。白鳥たちは、マンガに出てくる、洗濯物からホイールキャップまで何でも食べてしまう雄ヤギのような存在だったが、ビャクシンは、ビル・エヴァンスいわく「白鳥に耐えられる」木だった。

シェルホーンとエヴァンス兄弟の関係性がはっきりしたのは、6月半ばに、『ランドスケープ・アーキテクチャー』の編集者が訪れたときだった。景観設計家たちだけでなく、建築のプロたちからも注目されていた季刊誌で、ディズニーランドの仕事のことを書いてくれないかと、シェルホーンに依頼があったのだった。WDPの鉄兜《てつかぶと》ともいえるCマークが園内の至る所につけられ、ディック・アーバインが記事を確認することになった。アーバインはシェルホーンに、エヴァンス兄弟にも話を通す必要があると言った。アーバインは不安だった。エヴァンス兄弟も景観設計家を名乗っており、それが園内の平和を保っていたのだが、公の場に出るとなると、問題が起きるのではないかと考えていたのだ。

不安は的中した。アーバインはシェルホーンに、こう告げるしかなかった。「ジャックはOKしてくれたよ。きみが『自分のアシスタントとして掲載されるなら』ということだが」

怒りと疲労感に襲われたシェルホーンは、ジャック・エヴァンスを「パトロン」（他の人間に仕事をやらせる怠け者の役人）と呼び、こう書き残している。「わたしはいいように利用されているだけだ。あのパトロンのやつ、わたしに計画を立てさせて、世間の評判は自分のものにしようとしている」

シェルホーンの孤独感は募るばかりだった。「アーバインはわたしのことを何とも思わず、ジャックのことばかり気にしている」だがシェルホーンは、その有能さで同僚たちをいら立たせながらも、最後まで仕事をやり遂げたのである。

第33章

労働組合との衝突

敷地内には、不穏な空気が漂っていた。ウォルトはある日、ロイにこう言った。「もっと金がなきゃ、ディズニーランドを開業できない」何度も同じ台詞《せりふ》を聞かされてきたロイは、すっかり嫌気がさしていた。毎回、ウォルトの要求に応じて資金を集めていたが、このときのロイの返事は違っていた。「これ以上金は用意できんぞ。十分使ったじゃないか。もういいかげんにしろ」

「わかったよ」ウォルトは答えた。「銀行に名前を売って、自分で金をつくるよ」

それを聞いたロイは、結局、資金を調達した。C・V・ウッドは、この頃の自分の最大の役割は「ウォルトとロイが争わないようにすることだった」と言っている。ウォルトよりもロイと親密で、ディズニーランド計画における自分の存在感を恥ずかしげもなく誇張していたウッドのことなので、ディズニー兄弟の軋轢《あつれき》も大げさに言っていただけかもしれない。それでも、開業が数週間後に迫っているというのに、予期せぬ問題が次々と起こり、けんかやもめ事が絶えなかったことは確かだった。

15年前にスタジオを襲ったストライキの痛みを覚えているウォルトは、労働組合とやりあうことを予測していたはずだ。バン・アースデール・フランスによると、1月の時点で、組合を立ち上げようという試みがあるのに対し、ウッドが真剣に向き合おうとしないことに、フレッド・シューマッハが危機感を示していたという。「バン、組合の問題をどうにかしろとウッディに言ってるんだが、組合なんぞ必要ないと言って聞かないんだよ！」フランスは、このままではいい結果に終わらないと思っていた。「ディズニーランドはエンターテインメント界でまったく新しいことをやろうとしている。組合もなしに進めたら、どうなるかは目に見えていた。うまくいくはずがなかった」

すると、「米国バラエティーショー芸人組合」がジャングルクルーズの話を聞きつけ、ボートのスキッパーが行う一人芝居は、芸人の仕事の範疇《はんちゅう》だと言ってきた。プロの演技を披露するわけなので、芸人に定められた最低賃金を保証しなければならないというのだ。

一方、1955年のこのときに限らず、いつも強気な「全米トラック運転手組合」は、オーウェン・ポープとその動物たちを標的にした。ポープはラバの群れを調教するのに、ジャック・モンゴメリーという人物を雇っていた。モンゴメリーは、雇われカウボーイから転身し、人生の大半をハリウッドで過ごした人物だ。1930年代後半から40年代にかけて、威信と人気が高まりつつあった西部劇に、乗馬のエキストラとして出演していたのだった。

あるとき、モンゴメリーの娘で作家のダイアナ・セラ・キャリーが父親の仕事場を訪ねてみると、その父親は仕事に追われていた。「ポープとかいう興行師は、テキサスのさびれた片田舎から、頑固で、気が荒くて、まったく調教されていない、ほとんど野生のラバを30頭かそこら集めてきただけだった」

といっても、このとき問題になったのはラバではなかった。「ラバの囲いがあるフロンティアランドに向かい、門をくぐると、言い争う声が聞こえてきて、問題が起きているとわかった」見ると、苦々しい表情を浮かべたモンゴメリーが、馬をつなぐ横棒にもたれかかっている。「わたしは声をかけるのをためらった。父がむかっ腹を立てているのがわかったからだ。タバコをゆっくりとくゆらせて、怒りを鎮めようとしていた」

モンゴメリーを不満にさせていたのは、「ブルー・ジーンズにローヒールのブーツをはき、ふちがくるっと巻いたいかにもカントリーボーイ風の『ステットソン』の麦わらテンガロンハットをかぶった、ふたりの若い男」だった。

片方がこう言っているのが聞こえた。「この手の仕事は、うちの仕事だ。どう見たってそうだ」

モンゴメリーは、ゆっくりと、だがきっぱりと答えた。「ラバの乗馬体験は、完全に子ども向けだ。荷物や商品を積み降ろすわけじゃなし、労働組合とは何の関係もないはずだ」

すると、もうひとりが言った。「そんなこと規則に書いてないぞ！　子どもをラバに乗せて降ろすとくれば、そいつは『全米トラック運転手組合』の仕事なんだよ。だから組合員がやらなきゃならん！」

キャリーはこう書き残している。「大の大人が3人、小さな囲いの真ん中で言い合いをしている光景は奇妙だったが、何でもありのディズニーランドだと違和感がなかった」

モンゴメリーにもう言うことはなかった。ふたりを黙って見つめていると、ようやく片方が口を開いた。「覚えとけよ、じいさん。ここの荷積みの仕事は、全部うちが引き受けることになる。さっさと足を洗ったほうがいいぜ」

最後ににらみをきかせ、ふたりの「カウボーイもどき」は去っていった。キャリーは父親にたずねた。「いったい何だったの？」

「分け前にあずかろうっていう、組合のごろつきどもだ。気にしなくていい。中を案内するよ」

オレンジ郡の配管工とアスファルトの舗装工は、ウォルトに個人的に腹を立てていたわけではないが、ストライキに入った。このことが、大勢の人間が利用することになる3つの重要な施設、つまり、トイレと、水飲み場と、舗道の完成を妨げることになってしまった。

「配管は全部揃っていた」とジョー・ファウラーは言っている。「だが、設置できずにいた」このときは、全米トラック運転手組合が（モンゴメリーのときとは打って変わって）力を貸してくれた。ファウラーいわく、「すばらしい関係が築けた」という。窮状を訴えると、組合は約束した。「配管工が仕事をしないといっても、この遊園地をだめにするようなことはさせませんよ。われわれが代わりに工事を引き受けましょう」

その誓約を盾に、ファウラーは配管工たちと交渉した。「わかった。われわれの言い分はこうだ。このストライキで組合が目指す金額がいくらか知らんが、それと同じ賃金をわれわれが支払う。この条件なら、配管工事をしてくれるかい？」

配管工たちは同意した。だが残り時間は少なく、ウォルトはトイレか水飲み場か、どちらを設置するか選ぶしかなかった。ウォルトが選んだのは、トイレだった。

既存の組合同士によるばかばかしい内輪もめも、さまざまな問題を引き起こしていた。60年の歴史を持つ国際映画劇場労働組合（ＩＡＴＳＥという長ったらしい略称で知られている）は、バーバンクとオレンジ郡にそれぞれ支部があり、ディズニーランドの仕事が始まる以前から険悪な関係にあった。

このふたつの支部は、お互いに仕事を横取りされたという苦い思いを抱いており、たびたび殴り合いのけんかが起きていた。アロー社がようやく「ケイシー・ジュニア・サーカス・トレイン」をバーバンクに送ったとき、ケン・アンダーソンは、ブルース・ブッシュマンの仕事ぶりをこう語っている。「塗装は美しかった。作業はスタジオで行われたが、ディズニーの所属ではない、組合の芸術家が担当した。エナメルの仕上げが完璧だった」輝く車体はアナハイムへと運ばれたが、オレンジ郡の組合員たちは憤慨していた。「彼らは、列車を見るなり言った。『やり直しだ』とね」園内の乗り物の塗装は、自分たちの特権だと考えていたのだ。「彼らは車体にやすりをかけて、塗装をすべてはがした。そして、自分たちで塗り直した。色は、わたしのスケッチを見て決めていた。きれいに仕上がってはいたが、塗り直す前のものとは別物で、前のほうがずっとよかった」

一方で、新たにディズニーランドのスタッフとなった人間は、組合のことでそうもめることもなかった。「彼らと結んだ同意は、ディズニーランドと同じくらい個性的だった」とフランスは記している。「さまざまな職種の組合が立ち上がっていたが、ジャングルクルーズのボートを運転する人間は、どの職種に該当するのか判断しかねた。若いオペレーターたちが組合への加入を望むなら、全米トラック運転手組合を推薦しようということになった。加入を望まない者には強制するつもりはなかったが、ディズニーランドで働く人たちのほとんどが、組合に入るのが良識的だと考えていた」

最終的に29の労働組合（その中には、組合員がポープの馬に蹄鉄を打つ蹄鉄工ひとりという組合もあった）が、ディズニーランドと正式な書面を交わした。フランスはこう書いている。「組合との交渉がすべて終結したとき、ウォルトは怒り心頭だった」

ウォルトを何よりいら立たせたのは「インランド・ボートマン組合」で、彼らが「マークトウェイン号は船長の管理下にある」と主張したことだった。水中に敷かれたレールを進むジャングルクルーズ同様、マークトウェイン号には操縦の必要が一切ないにもかかわらず、だ。

だが、いきり立つ組合よりも、マークトウェイン号そのものが、ウォルトをはるかに不安にさせていた。この船尾外輪船には、当然運航するための川が必要だが、その曲がりくねったルートとなるアメリカ河（ミシシッピ、コロンビア、ミズーリ、リオ・グランデといった川が数百メートルずつつながる川）は、長らく掘削作業が続いていた。

ようやく川に水を流す段になると、井戸から水を汲《く》みあげて川に注ぐために、大きな、そして高価なポンプが必要だとエンジニアが言ってきた。ウォルトは首を振った。「だめだ。用水路をつくって、そこから水を流し込むんだ」だがエンジニアは地図を広げ、水を高い位置へと流すことになるのでそれは不可能だと答えた。とにかくやってみろ、とウォルトは言い張った。

やってみると、うまくいった。ウォルトは何カ月も前、まだオレンジの木が立っていた頃に現場を視察しており、その際に農家たちにかんがいの話を聞き、実際のやり方も自分の目で確認していた。そのため、測量人の地図のほうが間違っていると信じていたのだ。

問題となったのは、水を川に注ぐことではなく、水を保っておくことだった。「水を溜《た》めておくための設計を考えるのに、嫌というほど時間を費やした」とファウラーも語っている。「いまいましい川床をひたすら調査し、あらゆるビニール製の裏張りを試した」春の終わり頃、せき止めた部分に水を張ってみることにした。水を流すと、水面は調子よく岸まで上昇しているように見えたが、ビル・エヴァンスのいう「さらさらの砂」があっという間に水を吸ってしまった。数時間後には、泥土に蒸気をあげる細い水路が残っただけだった。

めったに取り乱すことのないファウラーも、これには頭を抱えたという。川床に土壌安定剤を敷き、もう一度水を流した。それでも、水はしみ込んでしまう。

「最後にようやく、ただの粘土が問題を解決してくれることがわかった。そこで川をせき止めて水を流してみると、今度はうまくいった。それから必死になって、川床の全体に粘土を敷き詰めていった」これで水を流しても大丈夫だと思われたが、ファウラーは自信がなかった。といっても、確かめる方法はないのだった。

なぜなら、アメリカ河は、ジャングルクルーズの川とも通じていたからだ。それぞれ独立した川をつくるより、水路とろ過システムをひとつにするほうが楽だという理由から、そのように設計されたのだった。だがそうなると、アメリカ河に水を張れば、ジャングル・リバーにも水が流れることになる。そのときジャングルでは、川床にレールを敷き、動物の像を設置しようと、作業員たちが奮闘していた。

ファウラーはできる限りの対策を講じた。水面がジャングル・リバーへと通じる水門を超えない程度に、アメリカ河に水を流したのだ。水はしみ込まなかったが、アトラクションに必要な水位には到底届かなかった。さらに何トンもの水を流して問題ないかどうか、これでは誰にもわからない。結局、ファウラーが水をたたえる川を見たのは、開業直前のことだった。

第34章

開業までのカウントダウン

ディズニーランド開業日の7月17日は、2月の時点でも間近に感じられたものだが、6月ともなると、そのプレッシャーは激しい苦しみと化していた。しまいには配管工とアスファルトの舗装工がストライキに入り、自信満々だったC・V・ウッドもさすがに怖じ気づいてきた。ウッドはファウラーのところに駆け込んだ。「開業を9月まで延ばしたほうがいい。7月までに間に合いそうにない」

「ウッディ、間に合わせなきゃならんのだよ」ファウラーが言ったのは、それだけだった。

「どうやら、戦争の間にそう叩き込まれたらしい。いつもぎりぎりの状態で仕事をしてきたし、25もの造船所を抱えて、士官として締め切りに間に合わせなきゃならなかったからね」ファウラーには、今さら開業日を遅らせるわけにはいかないことや、夏休みシーズンの営業が、積み上がった借金を減らしてくれることがわかっていたのだ。

その数週間前、ファウラーとウッド、ウォルトの3人は、ようやく見えてきた費用の総額にやきもきしていた。そのときファウラーが、バンク・オブ・アメリカのディーンという人物が訪ねてきたときの話をした。「4月のことで、費用をまだ1100万ドルと見積もっていた頃だった。メインストリートを歩いていると、ディーンは周りを見回し、ロイのほうを振り返って言った。『ロイ、ここまで見てきて思ったのだが、少々見解の相違があるようだ』ディーンは乾いた川底に目をやり、続けた。『1100万ドルではなく、1500万ドルは必要なんじゃないか？』」1500万ドルというと、今の価値にして1億4000万ドル近くになる。それでも、経費は増えつづけていた。

あの遊園地経営者たちとの気が滅入るような会合の場でも、こう言われていた。「言わせてもらうがね、ディズニーさん。乗り物に2万5000ドルもかけちゃいかんよ。そんなことするなんて、頭がどうかしているとしか思えない」だがウォルトは、クルクル回るティーカップだけでも10万ドルはかけており、600キロ以上離れたアロー社の工場には、まだまだ乗り物が控えていた。ファウラーはのちにこう言っている。「なかには100万ドルもかかる乗り物があるなんて、まさに神のみぞ知る、だった」

アスファルトのこともあった。ファウラーによると、「オレンジ郡のすべての加熱アスファルト工場がストライキに入っており、通路を仕上げるのに、サンディエゴからアスファルトを運んでこなければならなかった」という。「いやはや、とんでもなく金がかかったよ！」

そうこうしている間にも、労働者たちは超過勤務を続け、その多くが1週間に1000ドルを稼いでいた。肉体労働者の平均賃金の12倍もの金額だった。

ウォルトはファウラーに、個人的に金を貸してほしいと頼み、ファウラーも了承した。資金不足の影響は、ビル・エヴァンスが買いつける植物にも及び、木はどんどん小さくなっていった。それでも、北側の土手には、雑草が伸び放題の土地が広がっていた。ウォルトはアイデアを思いつく。「どうするかっていうとね、ビル。きみは植物の洒落たラテン語の名前を知ってるだろう？　あの辺の雑草に、そいつのラテン語の名前を表示しておくっていうのはどうだい？」こうして、一年草のライグラス、イヌビエ、そしてハコベに、それぞれ小さなネームプレートがつけられたのだった。

ディズニーランドの多くの場所が、未完成か、うまく仕上がっていなかった。ボブ・ガーはE・P・リプリー号の初めての試運転に臨むことになり、もちろんウォルトも一緒に乗車した。「ウォルトがレバーを操作したが、何も起こらなかった。もっと動かすと、機関車は前進した」動いたが、とても静かだった。

「だめだ、だめだ、だめだ！」ウォルトは叫んだ。「直すんだ！」

蒸気エンジンは、「蒸気エンジンらしい音」を響かせなければならない。あの「シュッシュッポッポ」がなければ、魅力は半減してしまう。

エド・リンゲンフェルターには、何が問題かがわかっていた。そこでガーに、あの機関車は部品同士の空隙の間隔が「0・4ミリ狭すぎるか、ゆるすぎるか」だと伝えた。ディズニーの機械工は、仕様書の空隙がどう見ても広すぎると判断していた。「スタジオの機械工房は仕事を立派にこなし、いくつかの部品の空隙を数千分の1ミリまで狭めていた。なんといっても、精密な撮影用カメラを製造している工房だからね」つまり、リプリー号をカメラ並みに正確につくったところ、音がほとんどしなくなった、というわけだった。

きっちり組み立てた部品をばらし、ゆるく組み立て直したとガーから聞いたリンゲンフェルターは、大笑いしたという。それは6月17日、金曜日のことだった。アール・ヴィルマーがウォルトにこう言っている。「試乗をご希望でしたら、明日の朝8時頃に、2号機のエンジンをかけられるようにしておきます」

「行くよ」ウォルトは答えた。

機関車にはいいところもたくさんあるが、動かすのにとにかく人手が必要だった。ウォルトが8時に現場に行ってみると、ヴィルマーと部下たちがリプリー号を3時間かけて磨き、オイルをかけたところだった。ウォルトは運転席に座り、シリンダーに流れる蒸気を制御するレバーをゆっくりと押した。「機関車は、ちょっとレバーを動かしただけで、車庫からガタガタ、ゴトゴトと機関車らしい音を立てて走り出したんだ。ヴィルマーとそこにいた機関車好きの連中は、控えめに押し黙っていたが、みんな笑顔で頷きあっていたよ」とウォルトはガーに語ったという。

ウォルトは1メートル近くあるミッキーマウスのぬいぐるみと並んで座り、コースの途中で機関車を止めては、報道写真用にポーズをとってみせた。広報スタッフは、とことん細部にこだわるボスに応えようと、ミッキーマウスにウォルトとお揃いのシャツを着せていた。

一周すると、ウォルトは言った。「開業日に、少なくとも鉄道は運行できるな」

それから数日後、ウォルトは予定外の試乗を行った。東海岸に住むある母親から、1通の手紙が届いたのだ。白血病で余命わずかとなった7歳の息子には、ふたつ夢があるという。ひとつは、子ども番組のコメディアン、ピンキー・リーに会うこと。もうひとつは、『ディズニーランド』で状況を欠かさずチェックしていた列車に乗ることだった。少年はおそらく開業日まではもたず、家族は車で西海岸へ連れていくことにした。ディズニーランドの中を少しでも見せてもらえることを期待して。この一家がカリフォルニアに到着し、スタジオに連絡したところ、日曜の朝お越しくださいと言われたのだった。

当日、ウォルトが姿を見せ、自己紹介すると、少年にこう言った。「ぼくの列車が見たいんだってね。さあ、行こう」ウォルトは少年を抱きあげて機関車のところに連れていき、一緒に運転席に乗り込むと、園内を一周して、テレビ番組で予告したあれやこれやについて説明した。

機関車から降りると、ウォルトは自分の車へと戻り、金縁の額を取り出した。先ほど封切られた『わんわん物語』のセル画で、それを少年にプレゼントしたのだ。「さて」とウォルトは少年の両親に話しかけた。「園内をじっくり見て回りましたよ。息子さん、ぼくの列車を気に入ってくれたようです」

一家がディズニーランドから離れると、いきさつを見守っていたボブ・ヤニ（顧客対応のトップとして入社したばかりだった）に気づいたウォルトは、「このことは、一切宣伝しないように」

とくぎを刺したのだった。

1955年のアナハイムは雨続きで、ここまで雨が多いのは10年ぶりというほどの天候だった。しょっちゅう襲ってくる豪雨が状況をより困難にし、敷地内は何度も大混乱に陥った。

ウォルトも混乱していた。数週間前に、トゥモローランドを強化するため、「ノーチラス号」の中を探索できるウォークスルー型のアトラクションを追加すると決めたところだった。空想を形にしたようなヴィクトリア朝中期の潜水艦は、未来の世界の中では時代遅れの遺物に見えるかもしれない。だが映画では、ネモ船長の船は原子力（原作とは異なる、映画内での設定）を動力とし、最後は核爆発らしきもので幕を閉じている。ハーパー・ゴフは、船の構造には、「取ってつけたようなゴシック」と呼んだ滑稽なほどごてごてした装飾ではなく、ちゃんと1860年代に見えるような細工を施すよう念を入れていた。

ディテールにこだわった映画のセットはまだ真新しく、手を入れる部分はほとんどなかった。だが巨大イカは、前も見えぬ強風が吹きすさぶ中、ネモ船長と格闘する場面のためにデザインしたものだった。これをアトラクションにするなら、「ゆらゆら漂いながらこちらの様子をうかがうイカ」に見せなければならない。

「やあ、ケン。また問題が起きたよ」ケン・アンダーソンを引きとめて、ウォルトが言った。

「『トード』のほうは片がついたかい？」

「ええ、ほとんどは」

「パークに行って、ボブ・マッテイと会ってきてくれないか。ノーチラス号の窓に巨大イカを取りつけなきゃならんのだ」

アンダーソンはこう言っている。「与えられた時間は2週間しかなかった……。ボブ・マッテイは、映画のために一度イカをつくっているから、やるべきことはわかっていた。わたしが訪ねていくと、ボブはイカづくりに取り組んでいた。ゴムだかプラスチックだかでできたイカで、色も何もついていなかった。それをふたりでディズニーランドに運んだ」一方、ノーチラス号には「海中の洞窟にいる巨大イカをのぞき込めるよう、瞳のような窓が備えられていた」という。そして、「巨大イカは船のまわりをゆっくりと移動し、生きているように、触手を伸ばすことになっていた」。

イカは大きすぎて専用の建物が必要だったため、ブリキの小屋がすぐさま建てられたのだが、中で触手に色を塗ったり斑点をつけたりする作業員に、いつの間にか「スクイッド・ロウ」と呼ばれるようになった（「ドヤ街」という意味の「スキッド・ロウ（skid row）」に「スクイッド（イカ）」をかけていると考えられる）。

ウォルトがアンダーソンに「トード氏のワイルドライド」のことをたずねたのは、そちらでも問題が起きていたからだった。アンダーソンはバーバンクのスタジオで実物大の模型をつくり、一方アロー社は、実物のアトラクションを制作していた。「レールも何もかも、パークに設置されるのと同じものをつくって設置した。乗り物の準備が整い、ウォルトに見せると、気に入ってくれた。かなりよくできていると言ってくれた。そうしてゴーサインをもらったというのに、われわれのつくったものは、実際のレールとサイズが違うとわかった」

スタジオに設置したレールとパークに敷かれていたレールは「同じはずだったのだが、実際は違っていた。つまり、すべてを計算し直さなきゃならなくなった。何もかもをだ。あのギャグに間に合うように、ここからここまでのタイミングを合わせる、というように、このアトラクションはタイミングがすべてだった。どうにか新しい寸法に合わせて計算し直したよ。スタジオのものよりも、パークのコースのほうが短かったんだ。だから余計に厳しかった。計算するのは骨が折れたが、とにかくやるしかなかった」

「ピーター・パン空の旅」にも問題はあったが、従来よりもかなり複雑で独特なダーク・ライドの割りには、制作はスムーズに運んだ。グラスファイバー製の約2メートルの海賊船9隻は、フロアに敷かれたレールを進むのではなく、乗り物自体が宙に浮き、ダーリング家の子ども部屋からピーター・パンの後を追って夜のロンドンへと繰り出し、ネバーランドへ向かうしくみになっていた。

その船を運ぶ装置の制作は、アロー社ではなくクリーブランド・トラム・レイル・カンパニーに依頼されていた。この会社は遊園地の遊具製造の経験はまったくなかったが、工場の現場で活用されていた、機材を持ち上げるといった上方向への運搬システムの開発に定評があった。設計されたシステムは、それぞれ1馬力のモーターが備えつけられた船をマストのところで吊り下げ、天井に敷かれた1本のレールに沿って進ませるというものだった。絶妙に取りつけられた帆が、頭上の装置を視界から隠していた。その船は、星空の下、6メートル近くの高さを進み、ビッグ・ベンの周りを回って、フック船長や海賊たちのいるネバーランドの山へと迫る。問題は、レールが工業用のせいか、工場のような耳をつんざく騒音がすることだった。そのため、設置されてすぐ、再設計が必要になった。

「白雪姫」の乗り物は、アロー社の工場で試運転したときはスムーズに動いていたのだが、アナハイムに到着すると、すぐさま弱点が明らかになった。エド・モーガンいわく、問題は車体にあった。「後ろにふたつ、前にひとつ車輪がついた3輪車で、急カーブも曲がりきれるようになっていた。車にはステップがついていたが、もともとステップとしてデザインされたものではなかった。車体のデザインを渡されたので、われわれはその車体に収まるよう機械を設計した。車体には、後部座席の裏側に縁のようなものがついていた。客を誘導するオペレーターたちは、プラットフォームに近づくカートを見て、後ろに突起があることに気がついた。そして、カートが最後の扉を抜けて明るい中に出たとき、突起に飛び乗り、客を降ろすプラットフォームまでカートに乗っていこうとしたんだ。後ろに重い体重がかかったせいで、てこの作用でカートの前方がレールから浮かびあがり、しまいにはカートを運ぶ台車がレールから外れてしまった。オペレーターたちは何も考えずに飛び乗っていたんだろうが、それがカートを脱線させていた。そのうちに、いくつかカートが壊れてしまった」

乗り物の内部にも問題があった。カートがひとつの部屋から次の部屋へと進むタイミングで、エアシリンダーがドアをぱっと開く、というのが当初の計画だった。モーガンはこのことを思い出すたびに、腹が立つと言っていた。「ウォルトはスタンレーの蝶番を使ったんだ。玄関のドアとかについている、ありきたりな蝶番をね！　エアシリンダーは、その蝶番のすぐそばに取りつけられていた。試してみたところ、カートがすり抜ける直前にさっとドアを開くほどのパワーが、そのシリンダーにはないことがわかった」手っ取り早い解決策は、エアシリンダーの数を増やすことだ。すぐさま、パワーの弱いものの横に、追加のエアシリンダーが取りつけられた。「それでパワーは十分になった」だが、そうなると、「今度は勢いで蝶番が外れてしまい、ドアがコースの上に落っこちるようになってしまったんだ！」

失敗に失敗を重ねていたが、思いのほかうまくいったものもあった。ジャングルクルーズがついに完成し、ジョー・ファウラーもようやく川全体に水を入れることができたのだ。リオ・グランデからアマゾンまで、すべての川を水で満たしても、川底に水がしみ込むことはなかった。

開業直前のこの頃、ファウラーは敷地内に建つ古い農家に住んでいた。ウォルトも敷地の中に住んでおり、宿舎はタウンスクエアを見渡せる、こぢんまりしたアパートだった。ウォルトのために消防署の建物の中につくった部屋だ。ヴィクトリア時代のアンティーク家具をしつらえ、19世紀末の趣が漂うランプの淡い光が部屋を照らしていた。この仮住まいのことを、ウォルトの娘ダイアンはこう語っている。「母がクランベリーグラスを集めていたので、アパートの中はクランベリー一色で、ヴィクトリア時代の隠れ家に広がる赤い小宇宙という感じでした。居心地がよく、家庭的でプライベートな空間で、父のためだけにつくられていました。玄関のドアベルは、ひねって鳴らす、昔ながらのちゃんとしたドアベルで、部屋にはカップと、『トムとジェリー』（ブランデーとラムのパンチ）とラベルのついたジャーが置いてありました。

父のシャワーは、昔ポロで痛めた背中を癒《いや》せるように、ノズルがたくさんついていました」

800人ほどだったディズニーランド建設の作業員は1500人にまで膨らみ、その多くが1週間に1000ドルもの賃金を得ていた。現在の価値にすると、年収50万ドルに相当する金額だ。7月上旬、作業員たちが配管を敷き、屋根板を打ちつけていると、新たな障害が目の前に立ちふさがった。テレビ局の撮影班が、ディズニーランドにやってきたのだ。

このテレビ局こそが、ディズニーランドを何がなんでも7月17日に開業しなければならない理由だった。〈ABC〉とパートナー契約を結んだ当初から、ディズニーランド開業の中継は、テレビ放送史上、最も注目を集める番組になるだろうと言われていた。〈ABC〉は90分番組のために、新聞広告に4万ドルの経費をかけていた。また、3月の時点で、番組内の広告枠を完売していた。

このすべて生中継のテレビ・ショーは、〈ABC〉のプロデューサー、シャーマン・マークスの手にゆだねられた。元来神経質だったマークスは、予想していた以上に状況が厳しいことを早々に思い知る。5月には撮影用の機材を設置し、リハーサルを行うつもりだったのだが、リハーサルできるほどパークの建設が進んでおらず、7月の放送日直前になるまで何もできなかったのだ。

やるべきことがはっきりしてくると、マークスは人を雇いはじめた。パーク中央、メインストリート、フロンティアランド、ファンタジーランド、トゥモローランドの5か所にコントロール・ルームを立ち上げ、それぞれにディレクターを置く。各ディレクターのもとには、スタッフが必要だ。〈ABC〉内の人材では賄えず、マークスはライバルの〈CBS〉や〈NBC〉から技術者を借りる手配をしたのだった。

〈ABC〉が独自に用意できなかったのはスタッフだけではなく、機材も社内のものでは到底間に合いそうになかった。マークスは、シカゴ、サンディエゴ、サンフランシスコ、シアトルなど、全米各地でカメラと音響装置を探し回り、オーディオ・ミキサー20台、PAトークバック装置10台、長さにして25キロ以上のケーブルなど、12局分にも相当する機材を手に入れた。ニューヨークでは、機材がカリフォルニアに運ばれてしまっても放送を続けられるよう、さまざまな番組が録画撮りされていた。

マンハッタンからは6台、サンフランシスコから5台、〈NBC〉から4台、〈KCTV〉から2台、〈CBS〉からも2台というように、カメラも各地からアナハイムへと送られてきた。そして最終的に、部長ディレクター4名、音楽ディレクター1名、アシスタント・ディレクター4名、そして多数の技術者が集結し、80人以上の警備スタッフが彼らをガードすることになった。

カメラ用に、さまざまな場所にひょろ高い足場が組まれた。メインストリートには18メートルほどの高さの足場が設置された。特に目立っていたのは、このために独自に作製した撮影用ケージだった。それを30メートル以上のクレーンで恐ろしいほどの高さからぶら下げれば、「ムーンライナー」のようなそびえ立つものも撮影できる。定点からの撮影に加え、13台のフォークリフトを使って、群衆の頭上からもカメラを操作することになった。

ショーはメインストリートのパレードで幕を開け、それぞれのランドのオープンを祝うダンス・ナンバーが続く。ダンサーたちはハリウッドのステージで何週間もリハーサルを繰り返していた。ようやくディズニーランドに来てみると、のこぎりやハンマーの音が響くなかで、ぬかるみに足を取られながら踊らなければならないと知る。

ショーの振付師であったミリアム・ネルソンは、ラバ小屋の横に広いスペースを見つけ、そこでミュージカル・ナンバー《Bang! Goes Old Betsy（バン！　オールド・ベッツィー）》のリハーサルを行うことにした。（当日はもちろんフェス・パーカーも登場することになっていた。「オールド・ベッツィー」は、デイビーが愛用のライフルにつけた名前だった）初めて通しのリハーサルを行った夜、ネルソンはウォルトからメッセージを受け取った。「ダンサーたちの体をもう少し覆ってもらえないだろうか。作業員たちが気にして仕事にならないんだ」

建設にあたる作業員とテレビ局のスタッフは、たちまち険悪な仲になった。お互いに邪魔をし合っていたからだった。作業員たちは、アトラクションのコースをつくるために、前もって引かれていた撮影用のケーブルを移動させてしまった。一方のカメラマンたちは、まだ建設中の建物の中にスタジオを設ける始末だった。あるとき、視界を妨げたといって、部長ディレクターが作業員たちを怒鳴りつけると、ひとりの男がこう返した。「心配しなくても、アクション場面がたっぷり撮れるぞ。これからセメントを流すんだからな」

部長ディレクターたちは、自分たちの上司にも満足していなかった。神経を張り詰めすぎたマークスは、ディレクターたちに妄想かというほどの疑いの目を向けるようになったのだ。あるディレクターは、マークスのことをこう評している。「頭がおかしいとしか言いようがない。役目にふさわしい人物とは到底思えない。まともに指揮も執れていないし、部下と情報を共有しようとしないんだ。普通じゃないよ」音楽ディレクターのウォルター・シューマンはというと、心臓発作に見舞われ、開業セレモニーを病院のベッドから眺めることになった。

部長ディレクターの中には、辞めると言い出す者もいた。それは、殺伐とした日々を過ごすルース・シェルホーンも同じだった。パークの外、鉄道駅へと続く斜面に、花でミッキーマウスの大きな絵を描くつもりだったのだが、ウェイド・ルボトムと激しい口論になった。ルボトムは、ウォルトがルースと負けず劣らず頑固だと言った美術監督で、ふたりが殴り合いのけんかを始める前に、ディック・アーバインが止めに入ったほどだった。

山ほど仕事を抱えていたアーバインは、測量士が書類にサインを求めていると聞き、もし自分が見つからなければ、「わたしの名前をサインして」仕事を進めてくれと言ったという。

ボスであるウォルトも疲れ果てていた。作業員の中には泊まり込みの作業で家族にも長らく会えず、女性を呼び寄せる者もいたのだが、とあるアトラクションについての報告に来たケン・アンダーソンに、ウォルトはこんなことを言ったという。「まったく何だっていうんだ、ケン。ぼくには理解できんよ。きみらの趣味ってのは、必死になって女の子を追っかけ回すことなのかね。そんな趣味はどうかしてるよ」そこでウォルトは、周囲の喧騒を示して言った。「これがぼくの趣味だ。こんなに充実した趣味はないぞ。持つべきはこういう趣味だよ」

ジョン・リッチもウォルトのいらいらに当てられたひとりだった。〈NBC〉のアシスタント・ディレクターだったリッチは、自分でも驚いたことに、開業日当日、メインストリートで行われるパレードの撮影を監督することになった。「ディズニーランドに来てみると、メインストリートは舗装もされておらず、ただのカリフォルニアの道路だった」それでも、リッチは仕事にかかった。「技術スタッフに配線を引かせてオペレーションセンターを立ち上げると、パレードのルートを想像しながら、屋根のどこにカメラを置くか、それぱかりを考えていた」

撮影スタッフは作業員たちにまじって食事をしていた。ある日、ランチの合図が聞こえて、人の群がるテントに向かっていたリッチは、誰かと一緒になった。

「これからランチかい？ 一緒に行こう」

「もちろんです」と答えたリッチは、横にいるのが偉大なウォルト・ディズニーだということに気がついた。「当時わたしは20代で、自分がほとんど神話上の人物と一緒に歩いていることに恐れおののいてしまい、会話をどう切り出そうか悩んでいた。しばらくして、わたしは思い切って言った。『ええと、ディズニーさん……』」

ウォルトが口を開いた。「ウォルトと呼んでくれ」ウォルトは誰かと知り合うと決まってそう言い、気さくに接するのだった（とはいえ、新人アニメーターなどがそれを真に受けて、ウォルトを自分と対等に扱うのは無謀というものだが）。こんなことも言うようになっていた。「この辺でそんなふうにかしこまって呼ばれるのはトード氏くらいだよ」

リッチは、「ウォルトと呼ぶなんて、とても無理だった」と言っている。「わたしはまた話しはじめたが、当時おなじみのポスターに書かれていた『世界の子どもたちに、ディズニーランドをプレゼントします』というメッセージを話題にするのが無難に思えた」

そこでリッチは言った。「ディズニーさん、世界の子どもたちにとって、すばらしいことをなさっていますね」

ウォルトはいぶかしげに答えた。「何だって？」

「このパークです。あなたがなさっているのは、子どもたちにとってすばらしいことです」

「きみはわかっとらんようだね」ウォルトはぴしゃりと返した。「子どもは金を持ってない」

理由もなく人を非難し、金のことをあけすけに不安がり、ディズニーランド計画に対する皮肉らしきものを口にする。まったくウォルトらしからぬ反応だった。

このウォルトの辛辣な受け答えには、ジョー・ファウラーも驚いていた。「それまでのつき合いの中で、ウォルトが声を荒らげたことなどなかった」

だが、ウォルトが経済的な見返りのためだけに、ディズニーランドという巨大な事業に取り組んでいたと考えるのは、あまりにばかげている。かつてウォード・キンボールも、「ウォルト・ディズニーの成功の秘訣《ひけつ》は、金を儲けようとしなかったことだ」と言っている。そして、もし「手っ取り早く貧乏になった実例」をあげるとしたら、それは1955年7月の、開業したばかりのディズニーランドにほかならないだろう。

第35章 光陰矢の如し

ウォルトは不安で気もそぞろだったが、結婚30周年という記念日を忘れることはなかった。ディズニーランド開業日の数週間前、300人の人々に、「光陰矢の如し（Tempus Fugit）」と銘打った記念パーティーの招待状が送られた。

場所：ディズニーランド。スペースは十分ございます
日時：1955年7月13日水曜日、午後6時より
理由：わたくしたち夫婦が、結婚30周年を迎えましたので
式次第：「マークトウェイン号」の初航海でミシシッピ川を下り、その後「ゴールデンホースシュー」にて晩餐会《ばんさんかい》

みなさまのお越しを心よりお待ちしております。くれぐれも、贈り物はお持ちになりま

せんよう――孫やら何やら、すべて間に合っておりますので！

リリーとウォルト

「ゴールデンホースシュー」はゴールドラッシュ時代のサロンを模したレストランで、ハーパー・ゴフがデザインを手がけた。1953年の映画『カラミティ・ジェーン』でも、ほとんどそっくりの建物をデザインしており、ゴフにとって二度目の「ゴールデンホースシュー」となった。このレストランではアルコール類を提供しないことになっており、西部開拓者たちの末裔《えい》《まっ》であるお客たちには、不評を買いそうだった。ウォルトは早くから、園内でアルコール類を売ることに反対していた。「酒もビールもなしだ。騒ぎのもとになる。来てほしくない客を呼び寄せることになるし、そもそも酒なんか必要ないだろう。わたしなら、遊園地に行って酒が飲みたいとは思わない。ここを日がな一日歩き回ってるが、それでも酒を飲もうという気にならない。スタジオで忙しく働いたあとなんかは、一杯やってくつろぎたいときもあるがね」

とはいえ、パーティーではお酒がたっぷりふるまわれた。

ホストであるウォルトは、正面ゲートのそばで、ジャック・セイヤーズと一緒に招待客を待ち構えていた。「6時になっても誰も来なかった」とセイヤーズは言っている。「ウォルトは短気な男だ。タバコを吸いながらうろうろと歩き回り、『みんなはいったいどこだ？』と何度もたずねられた。ゲストがなかなか来ないからと、わたしを責めていたんだろうな」ゲストの到着が遅れていた理由のひとつは、ディズニーランドが見つけづらい場所にあったからだった（開業してからは、二度とそういうことはなかったはずだ）。

次第にゲストが姿を見せはじめた。四輪馬車に乗り、まだ舗装のされていないメインストリートを通り抜け、フロンティアランドへと向かう。そこで馬車を降り、マークトウェイン号への乗船時間まで「ゴールデンホースシュー」で飲み物と軽食がふるまわれた。

ジョー・ファウラーは早めにやってきて、レストランには向かわず、まっすぐ川船の様子を見に行った。「パーティーの前日に、乾ドックからマークトウェイン号を移動させていた。船をレールの上に乗せたのはそれが初めてだった。あの夜、ウォルトのパーティーまで、コースを完全に一周したことがなかった」

国家に危機が迫っているときでも、その重責を静かに受けとめていたファウラーだったが、この新しい遊園地に対する不安をぬぐいきれなかった。「夢を見たんだ。それまで悩みをベッドに持ち込むことなどめったになかったが、この仕事だけは違っていた……。夢の中では、船はまだドックに入っていて、お偉いさんが大勢待っているのに、あのいまいましい川は空っぽだ。何か問題があって、ひどい水漏れを起こし、川から水がすっかり消えてしまっていた」だが現場に住んでいるファウラーは、わざわざ川を確認しに行く必要はなかった。「朝起きてそこに川があることにここまでほっとしたのは、世界広しといえどもわたしだけだろう」

まだ不安な気持ちが残っていたファウラーは、初めての航海に出るマークトウェイン号をじっくりとチェックすることにした。だが船はやけにみすぼらしく見え、ファウラーはうろたえてしまった。「削りくずやら何やらが、辺りに散乱していた」そのとき、ファウラーより先にひとりの女性が乗船していたのだが、彼女も散らかり放題のデッキに気づいていた。「ほら、このほうきを使って」女性が言った。「ここを掃除してしまいましょう。このままじゃひどすぎるわ」

ファウラーはその声を聞いたとき、はっとした。ほうきを手にとると、おとなしく掃除を始めた。「リリーに会ったのは、そのときが初めてだった」

ファウラー大将とミセス・ディズニーのおかげで、最初のゲストが乗船を始める頃には、船は見苦しくない状態になっていた。ウォルトは、船尾外輪船がトムソーヤ島を臨みながらアメリカ河を周回する間、ゲストたちの中を歩いて回った。カクテルも回され、ウォルトもグラスを空けた。船は静かに進み、プロムナードデッキではジャズ・バンドが賑やかな音楽を奏で、ゲストたちも称賛の笑みを浮かべている。こうした情景が――もちろんカクテルも――ウォルトをうっとりするような幸福な気分にさせたのだった。

短い航海が終わり、「ゴールデンホースシュー」に戻った乗客たちは、ウェスタン・レビューを観劇した。ウォルトはバルコニー席に座った。そのときのことを、娘のダイアンが書き残している。「下にいた人たちが、父の姿に気づいた。『あそこにウォルトがいる』それを聞いた父は、席を離れ、バルコニーから下りようとした。はやす声や拍手が、父をますます調子づかせてしまった」ダイアンは、父親がバルコニーから落っこちるのではと心配していたが、ウォルトは無事、ステージの上に降り立った。「父はただそこに立ち、笑みを浮かべていた。みなが『スピーチをしてくれ！』と叫んだが、父は何も言わず、ただ立ってほほ笑んでいた。すると、また拍手があがり、『リリー！　リリー！　リリーをここに！』と声があがりはじめた。そこで母もステージに向かった。母は、『わたしが行けば、ウォルトをステージから降ろせる』と思ったようだが、そうはいかなかった」

力を貸してもらおうと、リリアンは娘のダイアンとシャロンもステージに引っ張り上げた。「それでも、何も起こらなかった。父はステージの上にたたずんで、そのひとときを楽しんでいた」

その後、誰かが気をきかせてくれたらしく、ダイアンはほっとしたという。「バンドが演奏を始め、みんながステージに上がってきて、わたしたちと踊りはじめ、次第にその輪が広がっていった。父は人の波に優しくもまれ、笑顔を振りまきながら、一瞬一瞬を存分に味わっていた」

その後、ウォルトが運転して家に帰れるのか、みな不安になった。車の鍵を取りあげようとか、そんな話も出たが、ダイアンが「父さん、わたしが家まで運転するわよ」と言うと、ウォルトは「そいつはいいね」とあっさり答えた。「まったく問題なかった。その晩の父は、おとなしく、穏やかで、協力的だった。車の後部座席に乗り込むと、ディズニーランドの地図を丸め、おもちゃのラッパを吹くように、わたしの耳元で吹いてみせた。気がつくと静かになっていて、後ろを見ると、父はトランペットを抱えた少年のように、丸めた地図を胸に抱いて、ぐっすり眠っていた」

ダイアンは父親にとって幸せな夜のことを、思いやりをもってこう振り返っている。「父はそれほど飲んでいなかったと思います。翌朝、二日酔いにもなっていませんでしたから。朝7時半には家を飛び出して、ディズニーランドに向かっていました」

あと3日で、ディズニーランド開業というところまできた。「実際には『あと何日』もなかった」と、残り時間わずかになったこの時期のことをフランスは語っている。「アインシュタインの時間の概念のように、時間や日にちの感覚は消えていた」当時のことを思い返しても、記憶を時系列に並べることはできないという。「まさに記憶のブイヤベースだ」

仕事を山ほど抱えながら、フランスは敷地の外のことまで差配しなければならなかった。「ディズニーランドの外もまた、目も当てられない状態だった」駐車場のために土地を整備するという仕事が、フランスたちに重くのしかかっていた。駐車場予定地となっていた敷地の北端には、ペルツァーという一家の家が建っていて、マクニール・コンストラクションがオフィスとして使っていたが、彼らの仕事はすでに終わっていた。「家を取り壊さないと、地ならしも舗装もできない。そのとき、ブルドーザーで一気に壊すんじゃなく、家の解体パーティーをやろうと誰かが言い出した。ウッディも了承してくれた。開業直前の張り詰めた空気を和らげるのにちょうどいいと思ったんだろう。誰かが酒を持ってきた。誰も怪我をしなかったのが不思議なくらいだった」みな大喜びで、ものを壊して回った。シャンデリアを天井からもぎ取り、窓を割り、手すりを引き倒し、壁を打ちこわして、内側の配管を引っ張り出した。フランスは、「安全技師」としてそこにいたと語っているが、安全を守ったとはとても言えなかった。「気がつくと誰かが火をつけていて、消防隊員が駆けつけてきた」

ある時点から、ディズニーランドには住所ができた。「ハーバー・ブルバード１３１３」という住所だった。なぜその番地に決まったのか？　ハーバー・ブルバードの１３００街区の土地には、１３０１から１３９９までの間で、どれでも好きな数字を住所に選んでよかった。つまり、「１３１３」という数字を選んだのはウォルト自身だったのだ。不吉な13という数字を重ねるという、皮肉っぽい冗談だったのだろうか？　フランスはこう語っている。「わたしが思いつく中で一番もっともらしい理由は、ドナルドダックの車のナンバープレートについている数字だから、というものだ」一方、ディズニーランド研究家であるジム・デニーは、もっと説得力のある理由を主張している。「アルファベットの13番目の文字は何だろうか？　Mだ！　Mをふたつ並べてみると、ディズニーのキャラクターが見えてこないだろうか？　そう、すべては1匹のネズミから始まったのだ」

ウォルトが自ら不運を引き寄せようとしたとは考えにくい。不運なら、いやというほど味わっていたのだから。景観整備のための資金は尽き、エヴァンス兄弟は小さな木ですら集められなくなり、作業員たちは枯れた雑草に緑のペイントを吹きかけはじめる始末だった。

ファウラーは、「ケイシー・ジュニア」についての悪い知らせを、おずおずとウォルトに伝えた。小さくてもパワフルなエンジンは、『ダンボ』では手ごわい坂道をものともしなかったが、ディズニーランドの開業日には、その雄姿を見せられそうになかった。ファウラーによると、ウォルトは「ケイシー・ジュニア」をとても気に入っていたが、「開業日の直前に、ようやく列車がスタジオから戻ってきて、走らせてみたところ、頭が重すぎることがわかった」という。

ファウラーはウォルトに言った。「ウォルト、残念だが、列車はまだ公開しないほうがいい。しかるべき安全装置を取りつけて、カーブを曲がるときや重心が傾いたときに、ひっくり返らないようにしないと。はっきりいって、非常に危険だ」

「わかったよ、ジョー」ウォルトは答えると、歩き去った。「あとで聞いたところ、ウォルトはとてもがっかりしていたそうだ。だが、そのときはそう言っただけだった」

トゥモローランドは、最もアトラクションが乏しいエリアのままだった。高さ5メートルの「クロック・オブ・ザ・ワールド」（時計メーカーのタイメックスがスポンサーだった）を設置したのだが、「東京やニューヨーク、パリ、カイロの時間が何時か知りたくないかい？　この堂々とした円柱を一周すれば、世界のどんな町の時刻だってわかるんだよ」などと、気の抜けた誘い文句でアピールしているだけだった。一方、火星をテーマにしたアトラクションは「宇宙の流刑人」が住まう未来のディストピアの驚くべき現実を紹介する、というものだったが、計画は頓挫していた。月への旅行気分が味わえる映像をスクリーンに投影するため、ホールを建設したものの、肝心の映像が完成していなかったのだ。ウォルトは、トゥモローランドの建物に風船をぎっしり飾ってお祭りムードを演出し、中がほとんど空っぽなのを隠そうとした。

「チキン・オブ・ザ・シー・レストラン」に飾る巨大な海賊船の模型は、組み立ては終わっていたものの、半分しか色が塗られていなかった。客から見える側には黒と赤のペイントがてかてかと光っていたが、裏側は生木のままだった。

ついに7月16日の夜がやってきたとき、ウォルトは至らないところだらけだと気づくが、スタッフたちができる限りのことをしているのもわかっていた。それでも、企業スポンサーたちとの夕食の場から姿を消し、現場を見に行かずにはいられなかった。

ウォルトは、「ロケット・トゥ・ザ・ムーン」劇場で、ジョン・ヘンチと出くわした。特に進展はなさそうだった。一方、熱帯の川岸へとゆっくり降ろされていた0・5トンのゾウは、無事設置が終わり、明日のジャングルクルーズ初運航では鼻を振るゾウが見られそうだった。「キング・アーサー・カルーセル」のところまで来て、ウォルトはほっとした。木馬が美しく並び、今にもジャンプしそうな姿勢で乗り手を待っていた。だが、メリーゴーラウンドの建物はみすぼらしいままで、夜通しの作業が必要だった。ウォルトが現れたことで、塗装工たちは緊張してしまい、作業のペースが下がってしまった。ウォルトは急ぐよう声をかけた。「この仕事のために、ぼくの保険を担保に入れたんだぞ」

メインストリートは、もっと鮮やかな色になっているはずなのに、まったく雰囲気が違っていた。それでも、少なくともメインストリート駅はまともそうに見えた。敷きつめられた砂利もちゃんと正しい大きさに変えられている。

鉄道駅の向こうでは、バン・アースデール・フランスが、パークを囲む道路に縁石を敷いたり、線を引いたりする作業員たちを鼓舞していた。「作業員に仕事を続けてもらうため、ビールを何ケースか買ってきて、ごほうびを手に現場へ向かった」

ウォルトは何か自分にできることはないかと歩き回っていたが、「ノーチラス号」のところで巨大イカの背景を描いているケン・アンダーソンを見つけ、手を貸すことにした。「とんでもない量の仕事を、1日と1夜で仕上げなければならなかった」とアンダーソンは言っている。「ウォルトも、われわれと同じくらい忙しくしていた。開業までにすべてを終わらせたがっていた。だから全力を尽くした。ひとつ仕事を完了すると、次の仕事に取りかかり、色を塗って、という具合だった。みな疲れ果てていた」

ウォルトとアンダーソンは、一緒に「スクイッド・ロウ」を出て、メインストリートからタウンスクエアへと下っていった。そこで、トード氏のアトラクションの配線が切れたことを知らされたのだった。

すぐさまアトラクションに向かったアンダーソンは、ファンタジーランドのほかのアトラクションも停電していることに気づく。この断線は、スタッフ同士のいさかいでついに誰かの癇《かん》癪玉《しゃくだま》がさく裂したかに見えたが、妨害工作というよりいたずらに近いものだった。どこも断線しておらず、ただプラグが抜けていただけだった。「配線を調べてみた」とアンダーソンは語っている。「電気技師の手を少し借りるだけで問題は解決し、ちゃんと稼働するようになった」

ウォルトは消防署の上のアパートに行くと、少しでも休もうとした。眠りはなかなか訪れなかった。あの『白雪姫』試写会の前夜よりも、危機感を覚えていたのだった。

この夜のことをのちに振り返り、バン・アースデール・フランスは、ディズニーランドの開業は、これまで自分が——いや、誰であろうと——経験してきたこととは、まるで別物だった、と記している。

「新型飛行機のテスト飛行は、スリルに満ちた経験だ。命と名声がかかっている。だが、準備万端整うまで、テストの日は延期することもできた。ブロードウェイのショーは、まず小さな町で幕を開ける……そして大当たりするまでに、内容が大幅に変更されることもある。映画も試写があり、スニーク・プレビューの反応を見てカットや編集が加えられる」

「だが、ディズニーランドはこのアナハイムにしか存在しない……田舎の町でテストすることもできない」

ディズニーランドの新世界は、オープンしたそのときから、スムーズに運営されなければならないのだった。

ベッドに入ったウォルトは、遠くから運ばれてきたアスファルトがようやくタウンスクエアに流し込まれる音を聞きながら、あと数時間もすれば、大勢の人の前で、ショービジネス史に残るほどの屈辱を味わうかもしれないと覚悟していたはずだ。

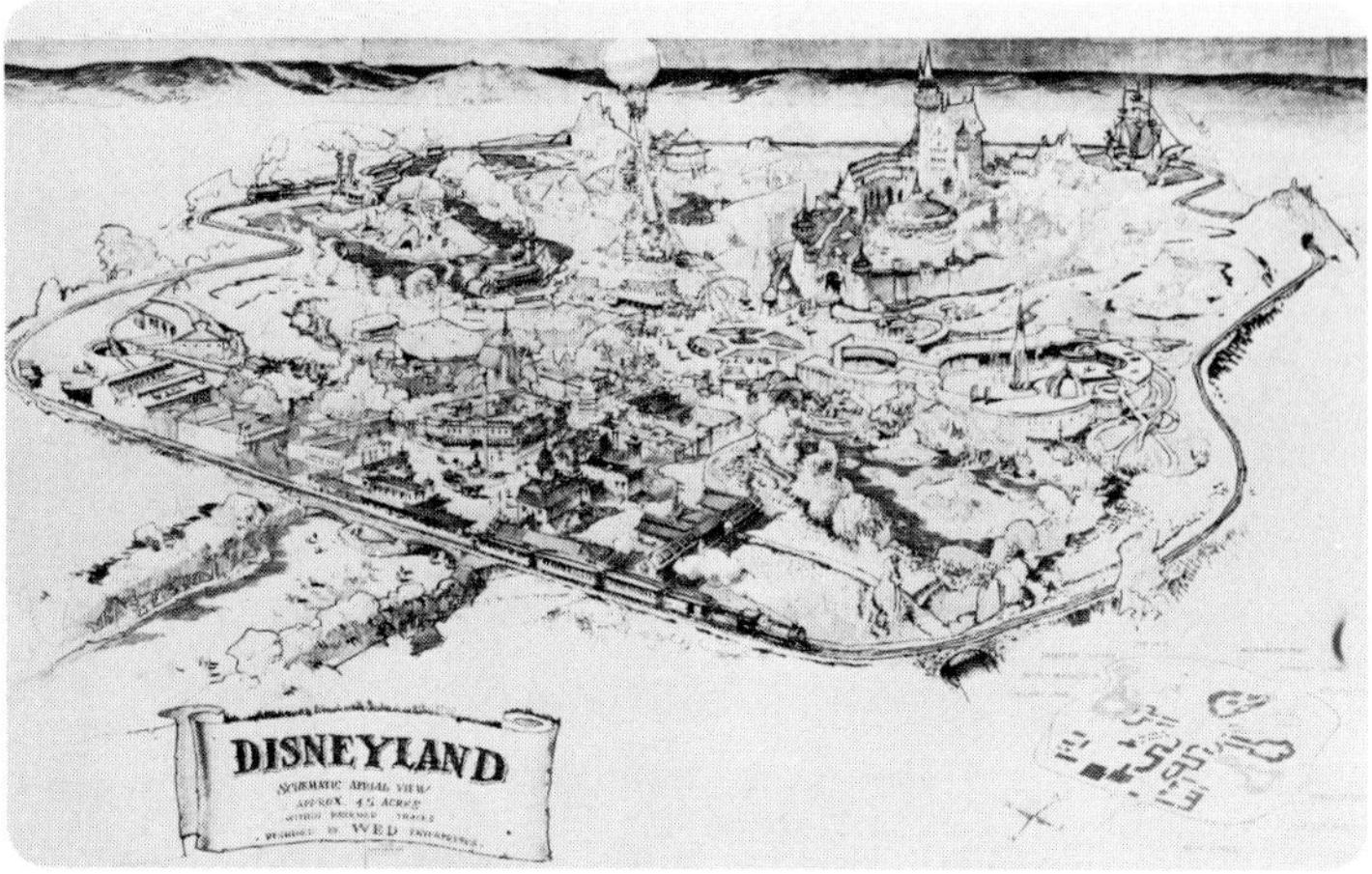

ハーバート・ライマンが怒涛の週末に描きあげた、ディズニーランド完成予想図。
(University of Southern California (USC) Libraries)

1955年、建設中の遊園地について説明するウォルト。
(Hulton Archive/Getty Images)

1944年、スタッフとともにアニメ制作に没頭するウォルト。この時すでにウォルトの頭には、パークの構想があった。
（Office of War Information/PhotoQuest/Getty Images）

筋金入りの鉄道コレクターだったウォード・キンボールと、その妻ベティ。購入した本物の鉄道「エマ・ネバダ」に乗って。
（Keystone-France/Gamma-Keystone via Getty Images）

キンボールに触発され、蒸気機関車「リリー・ベル」をつくったウォルト。スロットルを握り、家の敷地内を走らせた。
（Gene Lester/Archive Photos/Getty Images）

パークの地図を片手に、腹心の部下ジョン・ヘンチと話しあうウォルト。悪名高い「眉」があがっているのがわかる。
(Alfred Eisenstaedt/The LIFE Premium Collection via Getty Images)

1953年、3,000にものぼるライセンス商品とともに写る、ウォルトの兄ロイ。ロイのビジネスセンスがなければ、ディズニーランドは誕生しなかったかもしれない。
(Alfred Eisenstaedt/The LIFE Picture Collection via Getty Images)

フェス・パーカーと等身大パネル。デイビー・クロケットが大流行したおかげでディズニーランドは計画の頓挫を免れた。
(Author's Collection)

1954年10月27日の『ディズニーランド』第1回放送で使われた模型。市庁舎や、ウォルトの住まいがあった消防署、悩みの種だった野外ステージが見られる。
(Author's Collection)

ミニチュアの「眠れる森の美女の城」を眺めるウォルト。
(Earl Theisen/Getty Images)

1955年はじめ、城の尖塔がつくられていく。
(Bettmann/Getty Images)

建設中のマークトウェイン号を見つめる、おもちゃのピストルをホルスターに入れた子どもふたり。

（Bettmann/Getty Images）

オープン１１日前に、建設中の敷地に到着した「ムーンライナー」。
（USC Libraries）

1955年7月17日、オープン当日の様子を中継で放送する前代未聞のテレビ番組『デイトライン・ディズニーランド』は、ウォルトとミッキーマウスがディズニーランドの鉄道に乗りこむところから始まる。

（Allan Grant/The LIFE Picture Collection via Getty Images）

世界の子どもたちのために、いま城が開かれようとしていた。
（Bettmann/Getty Images）

開いたゲートから、いっせいに駆け込む子どもたち。
（Loomis Dean/The LIFE Picture Collection via Getty Images）

ボブ・ガーの「気まぐれな」オートピアのカート。オープンから最初の1週間が終わる頃には、まともに動くのは2台のみだった。
(Loomis Dean/The LIFE Picture Collection via Getty Images)

オートピアのカートに比べてトード氏のエドワード王朝時代の車は、はるかに頼もしい。
(Loomis Dean/The LIFE Picture Collection via Getty Images)

オープン当初、人気の「マッド・ティーパーティ」は「オートピア」と同じくらいトラブルメーカーだった。
(Loomis Dean/The LIFE Picture Collection via Getty Images)

1955年8月、「白雪姫」のアトラクションで楽しむ当時副大統領だったリチャード・ニクソンと、魔女に追いかけられていないか振り返る娘ジュリー。
(USC Libraries/Corbis via Getty Images)

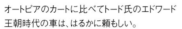

1956年にはアメリカ河にトムソーヤ島への筏や、1830年代のキールボートのレプリカがつくられた。
（Paul Popper/Popperfoto via Getty Images/Getty Images）

1959年、新たに3つのアトラクション「マッターホルン・ボブスレー」「モノレール」「サブマリン・ヴォヤッジ」が登場。
（Author's Collection）

珍しく誰もいないタウンスクエアで、ひとり物思いに耽るウォルト。
（Gene Lester/Getty Images）

第36章 ディズニーランドの幕開け

テレビ番組『ディズニーランド』のクライマックスとなったのは、「デイトライン・ディズニーランド」というタイトルで放送された回だった。1955年7月17日時点で、アメリカの人口は1億6900万人だったのだが、そのうち9000万人が番組を視聴した。人口の54・2パーセントに相当し、月面着陸の中継よりも視聴率が高かった。

ウォルト・ディズニーは間違いなくスターだったが、この規模のショーを切り回すにはほかにもホスト役が必要だと、タレントで友人のアート・リンクレターに声をかけた。当時のリンクレターの人気は、20年後のジョニー・カーソンをしのぐほどだった。

リンクレターの記憶によると、ウォルトはこんな風に頼んできたという。「アート、ぼくは困ってるんだ。なぜかって、きみにオープニングセレモニーの司会をやってほしいのに、どうやって交渉したらいいのかわからないんだ」

「どういうことだ?」

「きみにはエージェントがいないじゃないか！　他の人たちみたいに、どうしてエージェントを雇わないんだ？」

「ああ、ウォルト。わたしのことはよく知ってるだろう。自分のことは自分でやるし、今までだってそうしてきた。エージェントなんかいたことがないよ。交渉事は自分でやってる」

「そうか、じゃあまず話を聞いてくれ。知っての通り、こっちは経費がかさんでるんだ。スタジオに借金までしてるくらいでね。だから、きみに見合った報酬が支払えない」

リンクレターはそんなことは何でもないというように答えた。「最低賃金を払ってくれ。わたしはそれでかまわない」

「最低賃金だって？　たった数百ドルだぞ？」

「そうさ！　こいつは社会的な行事だ。国家行事、というより国際行事と言ってもいい。そこにわたしも参加したいんだよ！　それに、わたしたちは友達だろう？」

リンクレターはチャリティ精神だけでなく、商売センスも働かせていた。番組をうまく仕切れるとアピールできれば、自分にとってプラスになるとリンクレターは言った。「もちろん、わたしに貸しがあるというなら、今後10年、ディズニーランドで写真の販売権を認めてくれないか。パークでカメラとフィルムを独占販売させてくれるなら、既定の契約料を支払うよ」

ウォルトはすぐさまこれに同意した。40年後、リンクレターはこう記している。「驚くべきことに、この貴重な契約がもたらした利益によって、わたしはたった1本のショーでテレビ史上最も稼いだ出演者となった」ウォルトはリンクレターに、少なくともあとふたり、司会者が必要になると伝えた。「アドリブがうまい人間」でなければだめだという。リンクレターのアドリブの腕前は、格別際立っていた。「ディズニーランドが開業する何年も前から、万国博覧会の開会式で司会をやってきた。わたしはアドリブ人間で、カオスはわたしのためにあるようなものだ。行き当たりばったりな空気も、テレビに映ってる自覚すらない人たちにインタビューするのも好きだ。それがわたしの仕事さ。だからこのショーは、わたしが司会を頼まれて当然なんだ」番組のすべてが思いつきで進むわけではなく、「おおまかな進行表がつくられていた」というが、「司会者4人が集まったが、もちろんリハーサルもなかった」。

共同司会者として、リンクレターはふたりの友人をアシスタントに選んだ。「ひとりは俳優のロバート・カミングスで、アルフレッド・ヒッチコック監督の『ダイヤルMを廻《まわ》せ！』でグレース・ケリーと共演したところだった。もうひとりは、ロナルド・レーガンという魅力的な俳優だった（のちに〝政府の仕事〟に就いた男だ）」

リンクレターは、まさにうってつけの人物だった。メインストリートのパレード撮影を任されていたディレクターのジョン・リッチは、問題だらけのショーの中で、リンクレターだけはまともだったという。「彼はメインストリートを見渡せるバルコニーに陣取っていいかと訊いてきた」

「大きな『コダック・フィルム』の広告を出すバルコニーですよね？」

「ああ、そうだよ。どうして知ってるんだい？」

「あなたが販売権を持っていると聞いたものですから」

笑うリンクレターに、リッチは答えた。「あそこがいいとおっしゃるなら、わたしはかまいませんよ」リンクレターなら、どこにいようが大丈夫だとリッチは思っていた。「リンクレターは、アドリブで見事なコメントをする人だった。彼なら逆立ちをしていても、すばらしい実況をしただろう」

一方、未来の大統領は苦戦することになった。リッチによると、「政治家になってからの政策には同意しかねたが、（レーガンは）一緒に仕事をした中でも、極めて人当たりのよい人物だった」という。だが、「当日は遅刻してきたうえ、台本を見たいと言い出した」のだった。

リッチは驚いて答えた。「台本なんてないですよ。パレードですから」

「それは知ってる。でも、何をしゃべればいいんだ？」

「そうですね、わたしだったら『さあ、ミッキーマウスが登場しました。ミニーもいます。どうやら、プルートも……』と紹介するでしょうかね」

結局リッチは、レーガンの要求をのんで、パレードに登場するディズニー・キャラクターの特徴を書いたメモを準備したという。

レーガンは、堅苦しすぎない程度に上品に、よどみなくメモの内容を披露したのだが、ウォルトが「とっさのアドリブがうまい人間」にこだわったのは正しかった。リンクレターたちがいなければ、番組は成功しなかっただろう。番組は酷評も浴びたが、これほどまでに無秩序で急ごしらえのショーにしては、そうした声はずいぶん少なかったといえる。

その場に居合わせたディズニーランドのスタッフたちは、7月17日を「暗黒の日曜日」として記憶に残していたが、テレビ局のスタッフの英雄的な奮闘には感謝していた。トラブルが重なっても、画面に映ったのはほんのわずかで、この日の番組は、ディズニーランド最初期にゲストが味わった感動を伝える、生き生きとした魅力あふれる映像記録として今に受け継がれている。

それまでの放送と同様、ティンカー・ベルが妖精の粉を振りまきながら、番組は始まった。登場するのは、アート・リンクレター、ロナルド・レーガン、ウォルト・ディズニーだけでなかった。人であふれ、書類が行き交う部屋に、いかにも大物という雰囲気の男性が、タイプライターを前に座っていた。

「みなさん、ご機嫌いかがですか。ハンク・ウィーバーです。この1年、この音楽は『ディズニーランド』という番組の始まりを知らせてきました。ですが今日は、ディズニーランドという場所の始まりを知らせています。世界中の人々の目が、ここカリフォルニア州アナハイムの、１６０エーカー（約64万平方メートル）の土地に注がれているのです」

「今日の午後、世界で最もすばらしい王国であるディズニーランドは、招待客限定の『ワールド・プレミア』に先駆けて、その姿を明らかにします。これをご覧のみなさんが、わたしたちのゲストなのです。アート・リンクレターがホストを務め、ＡＢＣニュースのスタッフとカメラが位置につき、みなさんを本物の魔法の国にご案内します」

「ここはディズニーランドのプレス・ルームです。この偉大なイベントを報道する、1万人を超える世界中の報道陣に情報を提供しています。それでは、番組を先に進めるため、ディズニーランドの入口にご案内しましょう。本日の司会者、アート・リンクレターです」

　花でかたどられたミッキーマウスが画面いっぱいに映し出される。この花壇が争いの火種になったことなど嘘のように、花のミッキーマウスはモノクロームでも明るく、完璧に見える。そのとき、明るい声が響いた。「いま映っているのはアート・リンクレターではありませんよ！　ミッキーマウスです。この小さな、唯一無二のキャラクターが、25年前、ウォルト・ディズニーとともに物語をつむぎはじめたのです。ミッキーマウスは、ハリウッドいち人気者の映画スターといってもいいでしょう」

　カメラが回り、リンクレターが画面に現れた。明るい色のスーツを着て、リラックスした雰囲気でマイクを握っている。

「わたしが立っているのは、鉄道の線路です。ヘリコプターが空を舞い、何千台という車が止まっています。後ろに見えるのは大きなディズニーランドと、サンタフェ鉄道駅です。そして間もなくこの線路を下って、ウォルト・ディズニーその人が、8分の5スケールのミニチュア列車に乗って登場します」

「さて、これからの1時間半、司会を務めることはわたしの喜びです。サンタクロースにでもなった気分です。1700万ドルをかけた奇想天外な贈り物を、29台のカメラと大勢のカメラマン、何キロものケーブルの助けを借りながら、テレビを通してみなさんにお届けしようというのです」

「この番組は、単なるショーではなく、特別なイベントです。いわゆるリハーサルも行いましたが（この日の早い時間に、お粗末なリハーサルが大急ぎで行われた）、思いがけないときに火山が、それも3つ同時に噴火したようなリハーサルだったと言えば、状況がおわかりいただけるでしょうか」

「ですので、この先、例えばわたしが、『アドベンチャーランドで顎を鳴らすワニをご覧に入れましょう』と言っても、誰かがボタンを押し間違えて、マークトウェイン号の上でゲストがスカートを直しているところが映るかもしれませんが、驚かないでくださいね。すべてがお楽しみなのですから。われわれは、そのためにここにいるのです」

「さて、そろそろ線路から降りて、列車の到着を待っている人たちのところに向かいましょう。これは家族番組ですから、リンクレター家の面々にご興味のある方もいらっしゃるでしょう」

そこにはリンクレターの家族6名が待っていて、何を最初に見たいかとたずねられた。6歳のダイアンは「『眠れる森の美女』がいる大きなお城」を見に行きたいと言い、8歳のシャロンは、フロンティアランドにいるデイビー・クロケット、10歳のロバートは、「コンゴへの川下り」と答えた。そして最後に、すっかり大人のジャックがこう言った。「ボブ・カミングスに会いたいな」

「ええっ、ボブ・カミングスだって？」わざと顔をしかめて、リンクレターが鼻を鳴らした。

そこに笑顔のカミングスが登場し、リンクレターは説明する。「実を言うと、このボブは、ディズニーランドの中を飛び回って、いろんなものを紹介してくれることになっています。それで、最初にどこに行くんだい?」

「そうだな、まずはメインストリートを通って、プレミアっていうクラシックカーに乗るよ。じゃあ、またすぐ会おう!」

カミングスは歩き去り、リンクレターは「ロニー・レーガン、こっちに来てくれ!」と呼びかけた(そののち大統領になったことを考えると、リンクレターのざっくばらんな口調にはぎくりとさせられる)。

リッチの言った通り、人好きのするレーガンがこう言った。「ああ、あなたの息子さんときたら! 今朝はずいぶんごまをすっておいたのに、ぼくのことを言ってくれないんだからなあ」

「今日はお祭り騒ぎだね」

「ええ、本当に」

「それでロニー、きみの今日の仕事は、このタウンスクエアからだって?」

「そうなんです、ここを出たところの、駅の正面からですよ」

「やることが山積みだ。さあ、仕事にかかろう!」

レーガンも去り、リンクレターは少しばかり緊張感を高めるように、「E・P・リプリー号」が迫っていることをふたたびアナウンスした。「この列車の旅は、この世のものとは思えないような旅です。なぜなら線路の内側に、完成したばかりの『世界の8番目の不思議』を臨むことができるのです。まずはアドベンチャーランドです。船に乗って、人里離れた、世界の未知なる地域を旅します」そこから、ディズニーランドのすべての「ランド」の短い紹介が続き、それからカメラが別の場所を映し出す。「巨大な駐車場です。1万2000台の車が駐車できます。最初の1万2000台を道路に塗りこめて、その上にもう1台駐車すれば、2万4000台の車を収容できます」

とっぴな駐車アイデアが披露されたあと、画面が切り替わった。だが、「E・P・リプリー号」は姿を現さない。その代わり、正面入口が映し出された。「たくさんの家族がゲートをくぐっていきます。やあ、ダニー・トーマス（アメリカのコメディアン、俳優、プロデューサー）！　元気かい？　みなさん、ダニーと子どもたち、そして報道陣の代表者たちです。何千という人々が、この魔法のトンネルを歩いてくぐっていきます。ここから先、車は入れませんからね。そして、ふしぎの国のアリスのようにトンネルをくぐり、ディズニーランド・サンタフェ鉄道の前を通ると、そこには過ぎ去った時代の、別世界が広がっています。時間を半世紀さかのぼり、みなさんはアメリカの小さな町の広場にいるのです。そこは――1900年の世界です」

バンドが《グッド・オールド・サマータイム》を演奏するなか、カメラが広場を見渡す。映し出された建物は、もう何十年もそこで商売を続けてきたという雰囲気だ。シェルホーンとエヴァンス兄弟の植えた木々も、この賑やかな町に長いこと木陰をつくってきたように見える。「周りを見てみましょう。古風で威厳たっぷりの市庁舎があります。そしてこの郵便局は、町の人々が集まって噂話を聞き、日々の最新ニュースを交換する場所です。消防署は、そう、バケツリレーのボランティアには興味をひかれる建物でしょうね。馬が引く消防車と最新式のホース、そして化学消防車は、この町の誇りです。こちらの車庫には、交通をスピードアップさせた路面馬車が納められています。この昔ながらの小さな路面馬車は、毎日10分から15分おきに、このメインストリートを往復します。通りには、風変わりで目を引く小さな店がところ狭しと並んでいます」

「昔ながらの楽器店がどこかにあるはずです。これから愛の告白をしようという方は、マンドリンかバンジョーを買って、週末の川下りに備えてチューニング。おっと、そこのきみ！　ちょっとどいてくれ……」

「勇気のある方は、恋人を誘って、今日のために改造された1898年式蒸気自動車に乗ってみてはいかがでしょうか。今このメインストリートに向かっているのが、まさにそうじゃないかな？　やっぱりそうだ。ボブ・カミングスが乗ってますよ！　じゃあ頼んだぞ、ボブ！」

この蒸気自動車が誕生するまでにたっぷり1年はかかったが、カミングスは一瞬にして姿を現した。「さて、メインストリートからお届けします。ここにいるのは、愛する妻メアリーと、娘のメリンダ、そしてわたくしボブです」

「紳士淑女のみなさん、メインストリートをご紹介します。祖母が語ってくれた、ミズーリ州ジョプリンのかつての姿とそっくりです。昔は1セントもあれば、土曜の夜を楽しめたと祖母は言っていましたが、今は様子が違うようです。例えば、あちらに見えるのはキャンディ・パレスです。祖母がリコリス菓子やナツメを買っていたのも、ああいうお店でしょうか」昔懐かしいお菓子を長々と紹介したあと、カミングスはマイクを渡した。「どう思う、アート？」

「ありがとう、ボブ・カミングス。すばらしい実況だったよ。さて、カメラはまたこちらに戻ってきました。E・P・リプリー号が、ウォルト・ディズニーを操縦席に乗せて、このサンタフェ・アンド・ディズニーランド鉄道の線路を走ってきます。ウォルトと一緒にいるのは、驚かれるかもしれませんが、カリフォルニア州知事と、サンタフェ鉄道会長、ガーリー氏その人です」

そこで機関士が交代する。「線路を見てみますと、ミッキーマウスが操縦席にいるようですね。こちらは、50年前に走っていた機関車をそっくり複製したものです。車掌の制服にも、真鍮のボタンが光っているのがご覧いただけるでしょうか」

当の車掌はくつろいでいるように見えたが、それも当然だ。それは、仕事人生をサンタフェ鉄道の制動手や車掌として過ごした父を持つ、コモドール・ヴァンダービルト・〝ハンキー〟・ウッドだった。

「やあ、ウォルト！」列車が止まると、リンクレターは呼びかけた。「こんにちは、知事！」

握手が続いたあと、リンクレターはウォルトに列車の旅はどうだったかとたずねた。

「本当にすばらしかったよ！　知事がフロンティアランドの辺りを運転して、こちらのフレッド・ガーリーも運転したんだよ。こいつにエンジンをかけて、走らせたのはわたしだ。全速力でね！」

ウォルトはオープニングの日が近づくにつれ、不安でたまらなくなり、あるときなど、恐れている通りのみじめな失敗に終わったときに備えて、妻と娘に家に残るよう言ったという。ウォルトは「女性陣をその場にいさせたくなかった」のだった。「最悪の事態になるかもしれないし、きみたちを心配させたくないんだ」だが、そんな悪い予感は消え、ウォルトはリラックスして、その瞬間を楽しんでいるように見えた。その証拠に、「ガーリー氏、サンタフェ鉄道の会長です」と紹介したリンクレターに、ガーリーが「サンタフェ・アンド・ディズニーランド鉄道もですね」と口を挟むと、ウォルトは「サンタフェ・アンド・ディズニーランド鉄道の『副』会長です」とおどけて訂正したのだった。

リンクレターは続ける。「みなさんは広場でやらなきゃいけないことが山ほどおありなので、またセレモニーでお会いしましょう。さて、スポンサーからお言葉をいただいたら、ロニー・レーガンが、ディズニーランドのオープニングセレモニーの模様をご紹介します」

タウンスクエアにいたレーガンが口を開いた。「メインストリートでは、すべての活動が一時停止しています。パレードの車も一列に並び、名士たちの登場を待ち構えています。ウォルト・ディズニー、ナイト知事、アナハイム市長といった要人たちが、プロテスタント、カトリック、ユダヤ教を代表する3人の牧師と話をしています。そして今、ウォルト・ディズニーが、祝辞を述べようとしています」

ウォルトは、機関士の帽子を脱ぎ、この日のために新調した真新しいスーツに身を包んでいた。「この幸せな場所にお越しくださったみなさん、ようこそ。ディズニーランドはみなさんの場所です。年長の人たちは、懐かしい思い出をよみがえらせ、若い人たちは、未来への約束とチャレンジを味わう。ディズニーランドは、理想と、夢と、アメリカという国を築いた動かしようのない事実に捧げるものであり、世界中の喜びとインスピレーションの源になることを願っています。ありがとう」

レーガンにマイクが戻る。「さまざまな宗教を代表する従軍牧師たちの姿が見えますが、みなが意見を同じくしているのが――」

レーガンを遮るように、プロテスタントの牧師が話しはじめた。「ウォルト・ディズニーとは長年の知己ですが、このディズニーランドの実現を夢見てきた彼の心には、崇高なる志があることに、かねてより感銘を受けてきました。彼にならって、この不思議に満ちた場所を、わたしたちの心が慈しむものや、人間の善意を理解する心、子どもたちの笑顔、年長者たちの記憶、すべての若者たちが抱く憧れに捧げましょう。わたしたちを隔てる宗教を超え、これまでの、そしてこれからの、価値あるすべての試みが神の御手によって花開くことを、心をひとつにして静かに祈りましょう」

一瞬の沈黙に続いて、「アーメン」という声が響いた。

レーガンの紹介により、ウォルトの甥、グレン・プーダー牧師の言葉が続いた。こうして、ディズニーランドにおける宗教行事がすべて終了した。

ウォルトの父イライアスは会衆派教会の一員で、ときには説教を行うこともあった。(妻によると、夫は「優秀な説教師」だったという。「家でしょっちゅう説教していましたからね」)だが、イライアスの人生において、信仰はたびたび厳格さという形で発揮され、強い宗教心が息子の中に根づくことはなかったようだ。ウォルトは、カトリックの学校を希望した娘のダイアンを、望み通りの学校に入学させてやったのだが、妹が不穏な手紙を送ってくる。「あの子が改宗したらどうするの？」ウォルトは返事にこう書いている。「あの子は賢いから、自分のやりたいことをちゃんとわかってるよ。どんな決断をしようと、それはあの子の自由だ。カトリックの人たちは、わたしたちと同じ人間で、基本的に何の違いもないと、あの子には話して聞かせている」ダイアンが「寛容の精神を育むこと」が大事だとウォルトは語っている。だからこそ、メインストリートには教会がないのだ。

「それでは」とレーガンが切り出した。「名誉あるカリフォルニア州知事グッドウィン・ナイトの登場です」知事はディズニーランドを「旧世界の魅力と、新世界の進歩と創造力がつまったすばらしいコミュニティー」だと評し、それをつくりだしたアメリカという国を称え、次のように述べている。「わが国の偉大なる理念と、兄弟愛、人間の善意である地上の平和を、すべての場所のすべての人々に伝えることを念頭に、この旗を捧げるものとする」

ドラムロールが聞こえ、旗手によって旗が揚げられた。レーガンが続ける。「間もなく、カリフォルニア州空軍第146迎撃戦闘航空団による飛行が終了します」飛行機の音は聞こえるものの、画面には映らなかった。厳粛な式典が終了すると、レーガンが宣言した。「さあ、パレードの始まりです！　メインストリートの建物の上から、アート・リンクレターにお渡しします」

リンクレターは、手に入れたばかりのフランチャイズ権をアピールしはじめた。「さて、わたしと息子のジャックはメインストリートの2階にいます。すぐそばにはイーストマン・コダックのカメラ店があります。フィルムやカメラの購入、レンタルができるお店ですよ。そして下を見ると、アメリカ海軍音楽隊がメインストリートを行進しています。今まさに、カラー・ガードが通り過ぎました。4つの国防軍のカラー・ガードの大群です。海軍音楽隊の後ろには、主賓であるウォルト・ディズニーとナイト知事を乗せた、1903年式の車が続きます」

「ディズニーランドのキャラクターたちの行進です。それに、ディズニーランド・バンドもいます。ミッキーマウスとミニーマウス、大勢の仲間たちが飛んだり跳ねたりしています。ダンボ、プルート、ドナルドダックに、大勢のディズニーのキャラクターたち。コスチュームはジョン・ハリスのアイス・カペイド（巡業のアイスショー）のためにデザインされたもので、ただいま、ピーター・パンのアイスショーが全米を巡回中です」

パレード用のコスチュームをつくる時間と資金が尽きかけていたウォルトにとって、「アイス・カペイド」をうまく利用することができたのは幸運だった。ちなみに、このときリンクレターが名前を出したキャラクターはこの場面では登場しなかった。だがそれはリンクレターのせいではなかった。「パレードの撮影は、別の角度から、別の場所で行われていたので、画面に何が映っているかを確認するため、モニターが用意されていた。だが、パレードが行われた午後遅くになると、ちょうど太陽の光がモニターに差し込んできて、何が映っているかさっぱり見えなかったんだ！」

「だから、『ミッキーマウスがやってきます』と言ったら、バンドがやってくるという始末だった。パレードのディレクターは、わたしがカメラの映像を追えていないことにすぐに気づいて、カメラのほうがわたしのアナウンスを追いはじめたんだ！　わたしが何か話せば、カメラがそれを探す、といった感じでね」

パレードにフェス・パーカーが登場する頃には、撮影スタッフたちもすっかりコツをつかんでいた。

「次はフロンティアランドです。先頭を行くのはもちろんこの人、デイビー・クロケットことフェス・パーカーです。顎ひげも衣装もばっちりです。そしてデイビー・クロケットの仲間、バディ・イブセンもいます……さて、パレードはまだまだ続きますが、ちょっと大変になってきました。ボブ・カミングス、どこにいるかわからないけど、ここからはきみに任せるよ」

カミングスは準備万端だった。「イエッサー！　了解です。アート・リンクレター、お疲れさまでした。すばらしい実況を聞かせてくれました」

「わたしは今、パレードの先頭にいます。ここでちょっとした位置の説明をしたいと思います。というのも、この巨大なディズニーランドの、ちょうど中心に立っていますからね」カミングスは4つのランドを紹介し、こう続けた。「この場所に立っている今は、わたしの人生で最も胸躍る瞬間です。そして、紳士淑女のみなさん、今日ここにいる誰もが、その昔エッフェル塔の落成式に立ち会った人たちと同じことを言うに違いありません。『自分はあそこにいたんだよ』とね」

そのとき、カミングスの実況にかぶせるように、もったいぶった声で宣伝のアナウンスが聞こえてきた。「間もなく、古き良き西部とデイビー・クロケットの待つフロンティアランドへの、スリルに満ちた旅が始まります」

その後、しばし画面が消えたかと思うと、何の前振りもなく、馬に引かれた氷売りのワゴンが映し出された。ウィリアム・マッキンリー大統領の時代が、ウォルトの徹底したこだわりにエールを送ろうと、在りし日の日常の風景を一瞬よみがえらせたかのようだった。それから画面に、フロンティアランドの防護柵の前に立つウォルトが現れた。門は閉ざされている。

「このランドに入る前に」とウォルトは始めた。「記念プレートに記されることになる言葉を読みあげたいと思います。『フロンティアランド。ここはわが国の歴史の物語を体験できる場所です。荒野の道なき道から道路ができ、川船や鉄道が走り、文明が花開くまでの、アメリカ辺境地の色彩、ロマンス、ドラマを描き、その道なき道を切り開き、進歩を可能にしたたくましい開拓者たちの精神、勇気、そして創意工夫をたたえる場所なのです』」

そこで、レーガンにバトンタッチされる。「こちらがフロンティアランドです。この柵の向こうに、ウォルト・ディズニーは、100年前の開拓者たちが荒野から築きあげた辺境の村を再現しました。［ここでゲートが開く］防御柵の上にはためく旗には、独立初期のアメリカを称《たた》えて、13の星が並んでいます。［マスケット銃の銃声が轟く］さあ、一斉射撃を合図にゲートをくぐって過去の世界へと向かう初めての訪問者となる、幌馬車隊がやってきました」

「それでは、フロンティアランドの中から、アート・リンクレターです」

リンクレターが語りはじめる。「さて、このフロンティアランドに、コネストーガ幌馬車や騎手たち、メインストリートをパレードした大集団がやってきました。みな、この駅馬車の行き交う町へと入ってきます」そこかしこにあふれるゲストの姿が、場の雰囲気を盛り上げている。「そして、ダニー・トーマスです！　カメラはこっちだよ、ダニー！　さて、どう思う、ロバート？」

リンクレターの息子が答える。「すごいね！」

「誰か探してるのかい？」

「デイビー・クロケットだよ」

「ああ、デイビー・クロケットもそのうちやってくるはずだ。それまで、ちょっと周りの様子を見てみようか。こっちには、小型のロバと馬がいるね。あっちには、デイビー・クロケット・ミュージアムがある。どうかね、シャロン？」

「うん、すてきね。でも、デイビー・クロケットはどこ？」

娘の気のない返事に、「インディアンがいるあそこの辺りにいるんじゃないかな？」と言ったリンクレターは、「あっちには開拓地の交易所があるぞ、わくわくするよな、ロバート？」などと続けるが、ロバートも乗ってこない。

「ああ、そうだね。でも、デイビー・クロケットがまだ見つからないよ！」

「じゃあ、どうすればいいのか教えるよ。この銃を渡すからね、ロバート」リンクレターは息子に模型のピストルを手渡した。「空に向けて、銃を撃ってごらん。そうしたら、デイビー・クロケットが来るぞ！」

ロバートが引き金を引く。「そうら！　みなさん、あちらをご覧ください。間もなくデイビー・クロケットの登場です」

すると音楽が流れ、ほら話を引っさげて、デイビーとジョージ・ラッセルが駆け足でやってきた。

「こんにちは、デイビー。どうも、ラッセル。ふたりとも、こっちへ来てくれ。遅かったな。道中、トラブルでもあったんじゃないか？　やあ、フェス！」

フェスの顔色は曇って見えた。「もうちょっと早く来るつもりだったんだが、近道しようとペインテッド砂漠を通ったのがいけなかった」

ラッセルが合いの手を入れる。「それで、ペイントまみれさ。ウォー・ペイント（出陣化粧）のな！」

「インディアンかい？」

ラッセルが頷く。「やつら、俺たちの頭の皮をはぎたくてうずうずしてやがった」

「それでどうしたんだ？」

デイビーとラッセルの、インディアンとのどたばたな戦いが語られ、やがてデイビーは歌いはじめた。「ある日俺は、ヤマネコをとっ捕まえようと町を出た……」

《Bang! Goes Old Betsy》の一節で、こちらもジョージ・ブランズのヒット作だが、作詞は「ジル・ジョージ」となっている。これは実は、ウォルトの優秀な看護師、ヘイゼル・ジョージのペンネームなのだった。いかにも開拓者といういでたちのダンサーたちがデイビーを取り囲み、ショー・ナンバーが始まる。男女がライフルを揺らし、踊り、転がりまわる。リハーサルでは苦労したものの、振付師のミリアム・ネルソンはそつなくショーを成功させている。

曲が終わると、画面は「ゴールデンホースシュー」の前に立つカミングスへと切り替わった。「イエッサー、ボブ・カミングスです。アート・リンクレターは、マークトウェイン号の初航海を見送るため、船着き場へと向かいました。そちらに向かう前に、『ゴールデンホースシュー』をご紹介しましょう。まさに開拓地の名所です。さあ、中に入って、何があるか見てみましょう」

「さて、スルーフット・スーご自慢の、世界一長いカウンターを持つ小さなバーで、世界一背の高いグラスでソーダ水が飲めます。中を見ると、ステージやオーケストラが見えます。古き良き時代を彷彿とさせます。カンカンを踊る女の子たち、美しいですね」

残念ながらダンスをじっくり見る時間はなく、カミングスが続けた。「ああ、あの汽笛の音は、紳士淑女のみなさん、マークトウェイン号が船着き場についたようです。出港式を見逃すわけにはいきませんから、ここからは、アート・リンクレターがお届けします」

カンカン音楽は《グッド・オールド・サマータイム》へと切り替わり、マークトウェイン号と、人でいっぱいの船着き場が映し出される。リンクレターが口を開いた。「ウォルト・ディズニーは、竜骨から煙突に至るまですべて本物の、この大きな美しい船尾外輪船を、25万ドルをかけてつくりあげました。この50年間、アメリカでは1隻も製造されなかった船です。陽気で上機嫌な客たちが乗船し、2階デッキではバンドの演奏が響きます。2階デッキには大きなサロンがあり、特別にあつらえた羽目板が張られ、今年一番のパーティーの開始を待っています」

「ここで、マークトウェイン号に洗礼を授けてほしいというディズニー氏のたっての願いで、美しいスターをお招きしました。みなさん、ミス・アイリーン・ダンです」

「こんにちは。ご機嫌いかがですか？」ダンは挨拶し、台本にはない「あら、傾いてるわね」という言葉をとっさにつぶやいた。

「もうすぐ出航ですから、ちょっと傾いているんですよ」

リンクスターはそう言ったが、傾いているのは出航間近だからではなく、乗客を乗せすぎていたからで、ティム・オブライエンのミスだった。オブライエンは、ディズニーランドに雇われたばかりの何百人という若者のひとりで、乗船を待つゲストの「待合所」に配置されていた。「クリッカーを渡されて、待合所がいっぱいになるまで人を入れるように言われた。船が来たら、待合所にいるグループを乗船させて、次のグループを待合所に入れるという流れだった。船に何人乗れるか誰も知らなかったので、200人から300人の間で様子を見ようということになった」だが、興味深いイベントで盛りだくさんの一日で、ゲストたちは話に花を咲かせており、気づけばオブライエンも、クリッカーを漫然と押しながら客とおしゃべりを始めていたのだった。

オブライエンの不注意はすでにトラブルを巻き起こしていたのだが、監督者がやってきて、何人船に乗せたかをたずねた。オブライエンは無頓着にもこう答えた。「250人くらいです」上司は言った。「そうか、この先は200人くらいに留めておいたほうがよさそうだな」上司が去ってから、オブライエンはクリッカーをポケットから引っ張り出した。「数字を見てショックを受けた。508人もの人を乗船させていた。このことは、今まで誰にも話してないんだ」この「今」というのは2005年のことで、ディズニーランド開業50周年の年だった。

アイリーン・ダンは、船が傾いている理由にリンクレターが気づいていないことを知っていただろう。マークトウェイン号に洗礼を授ける役目を仰せつかったのは、1936年の映画『ショウボート』に主演していたからだが、ダンには航海の豊富な経験があった。

ダンはリンクレターにこう言っている。「ねえ、これは正真正銘の船尾外輪船よ。全長45メートルのね」

「よくご存じですね」

「なにせわたしの父は、蒸気船の主任検査官だったし、祖父も昔、こうした船をつくっていたんですよ。世界でここが一番すばらしい場所だって顔をして、船長と一緒にあそこに立っている姿が目に浮かぶわ」

「ところで、ミス・ダン、特別なボトルをお持ちのようですが」

「ええ、そう。こちらのボトルには、アメリカでも有数の川の水が込められているの。この貴重な水で、マークトウェイン号を洗礼します」

ダンがボトルを船のボラード（双係柱）にぶつけて割り、リンクレターが言う。「この船は洗礼を受けました！　さあ、アメリカを往復する船旅の始まりです。ありがとう、ミス・ダン。さて、紳士淑女のみなさん、わたしは別の場所に行かなきゃなりませんのでね。操舵室《そうだしつ》のジョー・ファウラー大将も、出発の準備が整ったようです。ですので――ごきげんよう、アイリーン、さようなら、みなさん——よい旅を。出発進行、大将！　さよなら。よい旅を！」

画面が切り替わり、川岸のフェンスのそばにいるレーガンが映し出される。その向こう、数メートル先の川には船が見える。「初航海へと出発したマークトウェイン号の雄姿を眺めることができます。マークトウェイン号は、河川の港から町が生まれていった、ロマンに満ちた時代の誇り高きシンボルです。回転する外輪が、新しい人々、新しい習慣、新しい産業を、ピッツバーグ、セントルイス、ナチェズといったすばらしい港へと連れてきました。川船は、ブルース誕生の地であり、ディキシーランド・ジャズが席巻していたニューオーリンズから、川の上流へと新しい音楽を運んでいきました」

そこで、ディキシーランド・ジャズ・バンドの前に立つボブ・カミングスが画面に登場する。「やあ、みなさん、こちらボブ・カミングスです。すばらしいでしょう？　本物ですよ。今ここは、ニューオーリンズの通りです。ウォルト・ディズニーがつくりあげた古き良きニューオーリンズです。そしてわたしの後ろにいるのが、世界で最も有名なディキシーランド・ジャズ・バンド、『ファイヤーハウス・ファイブ・プラス・トゥー』です。ニューオーリンズは——安酒場と、ブルース——このリズムが生まれた場所ですから、バンドはまさにぴったりの場所にいるわけです。さあ、ファイヤーハウス・ファイブ、盛り上げてくれよ！」

ファイヤーハウス・ファイブ・プラス・トゥーはウォード・キンボール率いるアニメ部門のスタッフで構成されたバンドだった。ディキシーランド・ジャズを愛するキンボールは、独学でトロンボーンの吹き方を学び、演奏できるまでになった（ハーパー・ゴフはバンジョー奏者だった)。社内の趣味として始まったバンドは、数々のヒットアルバムを出すまでに成長した。

バンドがダンス・ナンバーを奏ではじめ、お祭り騒ぎのようなダンスが始まった。ボブ・カミングスがダンサーのひとりと抱きあっているところが見つかるという、ハプニングか演出かわからないような際どい寸劇もまじえて。

「おっと、ハハハ――さてみなさん、ご覧の通り、このお祭り騒ぎをずっと楽しみたいところですが、ディズニーランド列車がウェスタン駅から出発するようです。見逃すわけにはいきません。わくわくするような場所に連れていってくれるでしょう。では、列車の紹介をよろしく、ロニー・レーガン」

「ありがとう、ボブ。こちらはウェスタン鉄道駅です」レーガンが話していると、蒸気機関車が入ってくる。「そして、これがC・K・ホリデー号です。これからフロンティアランドへと出発し、その先は、数百年後の未来、トゥモローランドに向かいます」

ウォルトがふたたび登場する。「捧げる言葉を述べたいと思います。『人類の功績を物語る、驚くべき発想の数々を展望し――』」と、そこで口をつぐみ、首を振る。「合図をもらったと思ったんだが」

ウォルトがへまをしたのは、この場面だけだった。笑みを浮かべると、もう一度話しはじめた。「トゥモローランドをご紹介する前に、捧げる言葉を述べたいと思います。『人類の功績を物語る、驚くべき発想の数々を展望し、有意義な発明が約束された未来へと足を踏み入れましょう。明日という日は、科学や冒険、発想の新たな地平を広げてくれます。それは原子の時代であり、宇宙への挑戦であり、平和で調和のとれた世界への希望なのです』」

ハト（白ハトを装った、ただのハト）の一群が空へと羽ばたく。カミングスの声が言う。「紳士淑女のみなさん、このハトたちが、平和な未来の世界の先触れとなることを願います。そして今、ここディズニーランドは１９８６年です。１９８６年はずっと先の未来ですが、ハレー彗星がふたたび地球をかすめる年です。その到来は、ここにある未来の時計にも刻まれています。ちなみにこの時計は、地球上のどんな場所の時間も正確に伝えてくれます。そう、ここはトゥモローランド、型にはまった想像上の未来ではなく、一流の宇宙研究者や科学者によって科学的に検証された、未来の技術を投影した世界です」

ドラムが低音を響かせ、トランペットのファンファーレが聞こえてくる。ウォルトの友人で俳優、未来の上院議員であるジョージ・マーフィーが告げる。「今、掲げられている旗は、合衆国48州の公式な旗です。［C・V・ウッドは、テキサスの旗のポールが、他の州のものより数センチ高いことに気づいたはずだ］当セレモニーを担当するのがイーグル・スカウトというのは、まさにぴったりでしょう。なぜなら、この少年たちは未来の市民だからです。明日の世界は彼らのものなのです」

そこでアート・リンクレターが現れる。「さて、わたしたちは今、オートピアにいます。約1マイル（1・6キロ）の高速道路の冒険です。子どもたちが列をなし、小さなガソリン車が時速11マイル（17・7キロ）のスピードで、さまざまな高速道路を走り、旋回していきます。車はガソリンエンジンで、子どもたちは親と一緒に、あるいは自分だけで、心のおもむくままに車を運転できます」

　ちょっとした渋滞がおきていたが、ボブ・ガーのデザインしたスポーツカーは、問題なく動いているようだった。

「このオートピアは湖と水路のそばを走っており、景色もすばらしいです。いろんな人が車に乗っていますよ！　ちょうどこちらに向かっているのは、わたしの古い友人、ドン・デフォー（アメリカの俳優）です。すべての車は、ご覧の通り、アルミニウムのバンパーでぐるっと囲われていますので、怪我の心配はありません。州知事だって乗っていますよ。時速11マイル（17・7キロ）しか出せませんがね」

「さあ、まだまだセレブが登場しますよ。こちらへ、ゲイル。世界一美しい女性のひとり、ゲイル・ストーム（アメリカの女優、歌手）にお会いいただきましょう。ミス・ゲイル・ストームと、小さなぼうやです。待ってたんですよ、あなたを。ドライブはいかがですか？」

　ゲイルが答える。「今までで一番すばらしいドライブよ」

「ありがとう。さて、次は船に乗り込むとしましょう。ロニー・レーガン、いるかい？　それではどうぞ！」

「ええ、ありがとうございます、アート。こちらはトゥモローランドの湖です。並んでいるのはグラスファイバー製のボートで、どんな船よりも頑丈で安全です。そして、ふたりの乗客がいます。ボニータ・グランヴィルとジャック・ラザーです」

「こんにちは、ロニー」ふたりが口を開く。「調子はどう？」

「いいですよ。今朝こちらでバスを降りてから、おふたりとはお会いしませんでしたね」

「そうだね」とラザー。「あちこち回ったよ。今日は大変な一日だね」

「本当に！　一日で全部見て回ったんですか？」

「まさか、そんなの無理だよ。すごい場所なんだから」

ラザーには、パークを回るのに1日以上はかかるということを強調したい理由があった。ラザーとグランヴィルは、ディズニーランド・ホテルを建設中だったのだ。ウォルトは、ウェスト・ストリートに広大なホテル用の土地を所有していたが、ホテルを建てる資金はなかった。アナハイムにはモーテルが2つ、ホテルが5つの全87室しか部屋がなく、ホテルの必要性はウォルトも理解していた。

開業前年の11月、ジャック・ラザーからC・V・ウッドのところに、少しぜいたくで、家族向けのモーテルを建設したいと手紙が届いた。ラザーにはホテル経営の経験はなかったものの、それまで手がけてきた事業にうんざりしはじめていたところだった。ラザーは石油の試掘者から身を立てたが、戦時中は海軍の将校だった。「南太平洋にいたとき、戦争が終わったら、石油ビジネスからできる限り距離を置こうと心を決めた」という。そして帰還すると、映画プロデューサーとして頭角を現した。初プロデュース作品の『ザ・ギルティ』にて主演に迎えたのがボニータ・グランヴィルで、のちにふたりは結婚した。ラザーはテレビ番組のプロデュースにも乗り出したのだが、結局このビジネスにも退屈を覚えるようになったのだった。

「1954年のことだったが、ウォルトがアナハイムにすごい施設をつくろうとしていると連絡があり、隣接するホテルの建設に興味はないかとたずねられた。ディズニーランド計画については ちょっとばかり耳にしていたが、建設地を聞いて、『アナハイム？　なんてこった。アナハイムだって？』としか言えなかった」それでも、「ウォルトとロイと一緒に数日を過ごし、ふたりがアナハイムでやろうとしていることに自信を持っているとわかった」という。「とにかく、独自にアナハイムの調査を始めた。当時、わたしの会社が経営中のホテルは2、3軒しかなく、統計学的、心理学的な確証が得られるまで、アナハイムという土地を研究しようということになった。そして、今はまだオレンジの森が広がっているだけだが、アナハイムはカリフォルニア、あるいはアメリカで最も成長著しい場所だとわかった。ディズニーランドだけに依存するのは避けたかった。どんなにすばらしい計画や構想だったとしても、それが実現するのか、いつまで続くのかわからなかったからね」

C・V・ウッドは、気前よく99年リース契約を提案した。ホテル建設中は1カ月につき1000ドル、完成後はその2倍の土地賃借料と、最初の50万ドルの収益に対し2パーセント、50万ドルを超えた分については1・5パーセントのマージン、「ディズニーランド」という名称の利用料として1年につき2万5000ドルをディズニーランド側に支払うよう取り決めた。契約では、ディズニーランド隣接のホテルだけでなく、南カリフォルニアにラザーが建設するすべてのホテルに「ディズニーランド」の使用を認めていたが、これは異例のことだった。ブランド名の使用に関して、ウォルトはシビアな態度を貫いてきた。それをラザーに認めるということは、自分では建設不可能だとしても、パークのそばには良質のホテルがどうしても必要だというウォルトの心情を物語っていた。

ラザーは条件に同意し、1954年の年末、かつてウォルトのために働いていたペレイラとラックマンを専属の建築家として雇った。（ディズニーランドの仕事を失ったことは、ペレイラとラックマンのビジネスにとって大打撃というわけでもなかった。1950年に10名だった従業員は400人を超え、ケープ・カナベラルのNASA宇宙センターや、ロサンゼルス国際空港の建築を手がけていた）

というわけで、「デイトライン・ディズニーランド」に戻ると、レーガンが実況を行っていた。「それで思い出したんですが、あなたはホテルの手配を気にしてらっしゃるようですね」

ラザーは答えた。「わたしたちは、ディズニーランド・ホテルを建設しているんだ。パークを出てすぐのところにね」そこでグランヴィルが口を挟む。「あなたたちご夫婦も、お子さんを連れていらっしゃいな。一緒に過ごしましょうよ」

「いつオープンするんですか？」

「一部は9月にオープンして、残りの部屋は1月になるかな」

これはうまくいけば、の話だった。ホテルは10月5日にオープンしたが、そのとき完成していたのは7室だけだった。ただそこからの仕事は早かった。その数カ月後には、2階建てのモーテルが5棟の、全104室が完成し、同じ年にさらに96室がオープンした。1泊の料金は9ドルから22ドルだった（現在の価値に換算すると85ドルから210ドルと、1955年には決して安くない金額で、ニューヨークのプラザホテルも、オープン時は1泊9ドルだった）。

「では9月にうかがいますよ」レーガンは答えた。「それまでは、ボートで川下りはいかがですか？」そこで、自分の言うべき宣伝文句を思い出す。「それはそうと、この機会に、あなたのホテルは総工費がなんと1000万ドル［実際は3000万ドル］で、プールも何もかも揃っていて、2、3日滞在するのにぴったりなホテルだとお伝えしておきましょうか」

そこで場面が慌ただしくトゥモローランドへと切り替わる。ダニー・トーマスがリンクレターと科学の進歩について話を始めた。「宇宙を征服し、未来と、未知なる銀河を探索することは、おそらく人類に残された最後の難題だね、ダニー」

「まさにそうでしょう。実を言うと、このすばらしい場所にびっくり仰天しています」

リンクレターは後ろの建物を示した。「ここは本当にわくわくする――バートン船長、こちらへどうぞ。彼は2機のロケットの船長なんですよ。名前はなんでしたっけ？」

背が高く、親しみやすそうなバートン船長が答える。「ダイアナとルナです」

「月にちなんでいるわけですね。間もなく打ち上げでしょうか？」

「ええ、あと数分です」

「ダニーは一緒に行きたくないそうですよ」

トーマスは怖がるふりをして言った。「これを本当に打ち上げるんですか？」

「地球を離れたくないんだろう、ダニー？」

「もちろん、離れたくありませんよ」

「まあ、こっちの世界じゃまだ新入りだもんな、きみは」リンクレターの台詞に、ちょっとした笑いが起きる。「船長、そろそろロケット船のほうへどうぞ。しばらくしたらお呼びします」

バートンが去り、リンクレターがトーマスに説明する。「ここに2機の宇宙船があるだろう？どちらも130人収容できるんだ。実のところね――バートン船長、いますか？」

「ええ」

「発進の準備は整いましたか？」

「はい」

「わかりました。ではそちらにお渡しします。別のアングルから見てみましょう」

アトラクションは完成にはほど遠かった。ジョン・ヘンチはこう言っている。「不満を募らせた技術者が、電気工事を妨害し、制御装置の配線をやり直さなければならなかったんだ。オープンの日は、アトラクションの一部を映した映像をテレビで流すはめになった」

番組では、どことなく軍服風のジャンプスーツを着たバートン船長が現れた。「まずはこのロケット船について少しご説明してから、もっと興味深い、われわれの任務のハイライトをご紹介しましょう」そこで断面模型を示すと、続けた。「さて、こちらを見れば、月に向かうロケット船がどんなものかおわかりになるでしょう。ここが船長のコックピット、ここは乗組員の船室です。そしてこちらが、乗客のスペースになります。中には、テレビ画面がふたつ、ひとつは上に、もうひとつは下にあります。さて、ロケットが軌道に乗ると、上の画面にロケット前方の景色が、下の画面にはロケット後方の景色が映ります」

「この図は、間もなく月へと出発するロケット船スター・オブ・ポラリスの飛行経路です。こちらは典型的な飛行経路で、みなさんが月へ行くときもほぼ同じコースをたどることになります」

　そこで、拡声器のアナウンスが入り、画面にはムーンライナーの船体から燃料パイプが外れる見事なアニメーションが流れる。「離陸に向け、準備を完了せよ……発射クルー、発射クルー、スペース・ドック3番まで報告せよ。消火クルー、消火クルー、スペース・ドック1番まで報告せよ。地上スタッフは全員持ち場につけ。地上管制部より発射台へ——地上の準備は完了した」

　画面は管制室へと切り替わり、コンソールに向かう男性が話しはじめる。「管制塔よりロケット船ＴＷＡスター・オブ・ポラリス船長へ。離陸準備が完了しました。船長、スタンバイ願います」

「スター・オブ・ポラリス船長だ。オッケー！（くだけた口調がいかにも船長らしく聞こえる）」

　サイレンが響き渡る。

「カウントダウン開始。15、14、13……」カウントダウンが続く。「……1、発射！」そこで神々しい音楽が流れ、下へと遠ざかっていく宇宙基地の映像が映る。

「こちらはディズニーランド作戦遂行中のバートン船長です。映像を切り替えて、ロケット船ポラリスのハイライトをご覧いただきましょう。こうして話をしている間にも、1万フィート（約3000メートル）ほど上昇しています。北極圏の上を通過する飛行経路を進んでいます。極冠のほとんどは影、あるいは夜側に入っているのがおわかりになるでしょう。間もなく、われわれは1075マイル（約1730キロ）上空に到達し、宇宙ステーション・テラの軌道を通過します」

だが、宇宙ステーション・テラの映像は流れず、カメラは「眠れる森の美女の城」の尖塔をとらえると、画面には堀の前に立つウォルトが現れた。「そして最後の記念プレートです。ディズニーランドで最も幸せな王国、ファンタジーランドへ捧げる言葉を読みあげます。『ここは想像と、希望、そして夢の世界です。この時間を超えた魔法の国では、騎士道の時代と空想がよみがえり、おとぎ話が現実になります。ファンタジーランドは若者と、若者の心を持つ人、そして星に願えば夢が叶うと信じるすべての人に捧げる国です』」

城の全体像が映し出される。跳ね橋が上がっており、城の手前には子どもたちが集まっている。「ロナルド・レーガンです。ここにいる子どもたちをご紹介できることをうれしく思います。ディズニーランドがオープンしてから、子どもたちはこの堀を越え、ディズニーの想像の世界へと驚くべき旅に出る瞬間を、今か今かと待ち構えていました。ファンタジーランドの乗り物を楽しむ最初の子どもたちです。どの乗り物も、映画の中でウォルトに永遠の命を授けられたキャラクターたちの冒険が再現されています」

跳ね橋がゆっくりと降りてきて、大きな声が命令する。「世界の子どもたちの名において、ファンタジーランドを開城せよ!」

最初に映ったのは、2、30人の子どもたちが昆虫の大群のようになだれ込む姿だった。振付師のミリアム・ネルソンによると、ディズニーのキャラクターに扮《ふん》したキャストが、子どもたちをある乗り物のほうへと誘導することになっていたという。だが、キャストたちは思わず目を疑った。「何百人もの子どもたちが、叫び声をあげながら走ってきたんですからね。だから子どもたちを手招きする代わりに、キャラクターたちの後を追わせたんです」

ダンサーのひとりで、白雪姫を演じたジョアン・キリングスワースはこう語っている。「ファンタジーランドでわたしに与えられた演出は『美しく走る』というだけで、とにかくベストを尽くしました。跳ね橋が上がったとき、子どもたちに踏みつぶされるんじゃないかと、みんな震えあがりました。そんなに大勢いるとも、そこまで興奮しているとも思っていませんでした」

子どもたちは、総勢500人。その日の早い時間に、アナハイムの教会学校からバスに乗ってやってきて、狭い車内でうずうずしながら待っていたのだった。子どもたちは「キング・アーサー・カルーセル」や「マッド・ティーパーティー」に殺到した（映像では、カップに乗って回る子どもたちの姿に重なるように、映画『ふしぎの国のアリス』のティーパーティーの場面が映っていた）。そして最後に、「ピーター・パン空の旅」が現れる。リンクレターが、子どもたちを迎え入れながら紹介する。「こちらはピーター・パンのフライスルーです。さあ、中に入って――子どもたちは、モノレールからぶら下がった海賊船に乗ります」

厳密に言うと、船がぶら下がる骨組みは確かに「モノレール（1本のレール）」だが、アトラクション自体は、パークに向けて開通予定の「モノレール」と何の関係もなかった。1954年の5月、『ユナイテッド・プレス』がディズニーランドの記事を掲載した際、「レールから吊り出したモノレール車が、飛ぶようにディズニーランドへと連れていってくれるでしょう」と言及している。この時点ではまだ実現されていなかったが、モノレールという言葉には未来の輝きがあり、リンクレターも口にしたのだろう。

「やあ、楽しんでるかい？　今から子どもたちは海賊船に乗って、まずは、月に照らされたロンドンの街の上を飛んでいきます。子どもたちが海賊船に乗り込んでいきます。どうやら大人気の乗り物のようですね。それでは、またしばらくしたらお会いしましょう。ここでボブ・カミングスに――どこにいるのかな？――白雪姫の乗り物のところですね。ボブ、そちらへお渡しします！」

そこから番組は、ばたばたとしはじめる。一瞬ボブ・カミングスが映ったかと思うと、すぐにリンクレターに戻り、コマーシャルが入ることを知らせる（スポンサーが「勘定を払ってくれている」からだと言い添えて）。コマーシャルが終わり、「ケイシー・ジュニアのサーカストレイン」の乗り場にいるリンクレターが画面に現れる。ファウラーの不安をよそに、列車は正常に運行しているようだ。コメディアンのジェリー・コロンナが運転席に乗り込む。

その後、「チキン・オブ・ザ・シーの海賊船」に乗船したボブ・カミングスとボビー・ドリスコールの不毛なやり取りが続く（ドリスコールは5年ほど前に、ディズニー映画の『宝島』で主演を務めていた）。ふたりして、今までこんな場所は見たことがない、すばらしいじゃないか、などと語り合い、カミングスが必死な様子で言う。「この場所からファンタジーランドを眺めていると、すばらしいという言葉しか出てきません。何もかもが見渡せます。あっ！」明らかにほっとした様子で続ける。「アート・リンクレターが見えますよ！」

リンクレターは「トード氏のワイルドライド」の前にいた。このままでは時間がもたないと思ったカミングスは、リンクレターをからかうような実況を始めた。「アートはマイクを探しています。混乱しているようですね。トード氏のワイルドライドの前に立っています。マイクを見つけられないようなので、こちらと話もできません。腕を振っていますから、何か問題が起こったのでしょう……」

問題は確かに起きていた。リンクレターは言っている。「ファンタジーランドに向かい、トード氏のワイルドライドの前で実況をすることになっていた。こう言われていたんだ。『あっちに行けばマイクがあるから』って。マイクはあるにはあったが、がらくたの下敷きになっていて、見つけられなかったんだ！　９０００万人の視聴者に、腕を振り回し、取り乱して、マイクを見つけようとごみ箱をのぞき込んでいる姿を見られてしまったよ。どうにかマイクは見つかって、番組を続けられたんだがね」

カミングスが呼びかける。「マイクが見つかったようです。準備はいいでしょうか。アート・リンクレターです！」

マイクを手に、リンクレターが口を開く。「ディズニー氏のすばらしい映画『たのしい川べ』にインスピレーションを得てつくられた乗り物です。１９０3年式の車に乗ったトード氏。この乗り物は、本当に、途方もなくワイルドです。親だけではなく、親のそのまた親も一緒に乗ったほうがいいでしょう」

ここでまたもやダニー・トーマスが登場する。（ある評論家が番組をこう批判している。「貴重な時間がハリウッド・スターたちへの誉《ほ》め言葉に費やされてしまった。こうしたスターのご機嫌とりは、いつの間にかテレビの退屈な習慣になってしまった」）ひとしきり話したリンクレターは、「海賊船のボブ・カミングス、そちらにお返しします」とマイクを渡す。

カミングスはうれしくなさそうだった。海賊船とボビー・ドリスコールに飽き飽きしていたのだろう。「ええっと、お待たせしちゃったのかな。ああ、ありがとう――みんながぼくに手を振ってくれているみたいなので、実況に戻ります。海賊船のてっぺんにいます。チキン・オブ・ザ・シーの海賊船に、ボビー・ドリスコールと一緒に乗船しています。そして、ファンタジーランドで最も大切なふたりの人物がやってくるようです。正真正銘のスター、ミッキーとミニーマウスです。近づいてきますよ、みなさん。もうすぐです。さあ、来ました。ふたりはミッキーマウス・クラブ・シアターに入っていきます。美しい映画館で、ファンタジーランドを訪れた子どもたちのために、一日中、ショーをやっているんですよ」

ミッキーマウスとミニーマウスが映画館に入っていき、今度は子どもたちの集団が登場する。カミングスが言う。「映画館から出てきたのは、マウスカティアたちです」この映像は、10月に放送開始予定の『ミッキーマウス・クラブ』のプレビューで、カミングスもこの子どもたちが何者なのか、よくはわかっていなかった。そこで、「才能のある少年少女たちで、彼らの中から未来のスターが大勢誕生するはずです」と述べるに留めた。子どもたちは、今もおなじみのネズミの耳に、西部劇のような衣装、カウボーイハットを身につけ、ダンスを始めた。それから長々と点呼が行われ（25人もいるので時間がかかった）、最後のマウスカティアが自分の名前を叫ぶと、画面は城の前に立つウォルトとリンクレターに切り替わった。

「なあ、ウォルト。全部の場所を見て回ったと思うんだが」

「だといいんだけど、どうかな」

「何か忘れてないかい?」

「そんな気がする」

「ランドは全部紹介したっけ?」

ウォルトがリンクレターの腕を叩いて言った。「アドベンチャーランド!」

リンクレターは、90分もの間、骨の折れる番組を続けている割りに疲れた様子も見せず、叫んだ。「わたしのお気に入りのランドだ! さあ、行こうじゃないか。ボブ・カミングスか誰かが、われわれが来るのを待ってるはずだ」

「そうだね、急いだほうがいい」ウォルトが答えた。「あんまり時間がない」

その通りだった。番組の残り時間はあと数分で、アドベンチャーランドの紹介はおざなりになった。

「ボブ・カミングスです。世界の中でも、未知なる未開の地への、本物の冒険の始まりです。アフリカ、タヒチアン・ビレッジでは、太平洋の楽園に息づく暮らしの一場面を体験できます。アフリカの交易所は、原始の島々における文明の最前線です」

そこで、前もって撮影されていた「ジャングルクルーズ」の映像が流れる。メコン・メイデン号が出航する間、カミングスは早口でしゃべりつづける。「乗船が完了したようです。さあ、船長、船を出してください。熱帯の川を下る旅に出発です。信じられないような光景ですよ、みなさん。色が本当に鮮やかです。川岸には、遠い異国から運ばれてきたエキゾチックな植物が並んでいます」

ドラム音が響き、ボートは緑生い茂るジャングルを横切っていく。乗客たちがキリンやゾウを指さしているが、川下りの映像は長くは続かなかった。「ということでみなさん、すばらしい、本当にすばらしいアドベンチャーランドの水路をほんの少しだけご紹介しました。残念ながら時間がありません。ここで、他のゲストたちがディズニーランドを楽しむ様子をお伝えしましょう」

そう言ったものの、画面に映ったゲストはふたりだけだった。ウォルトとリンクレターが、城の前に立っている。

「ウォルト、きみは今日、かの伝説のショーマン、バーナムの鼻をあかしてやったね」ウォルトはにやりとしたが、リンクレターが告げる。「もう行かないと」

「わかってるよ。でも最後に、アーティストやスタッフ、この夢を叶えるのに力を貸してくれたすべての人たちに感謝を述べたいと思います」

リンクレターが言う。「これからフロンティアランドに行って、楽しい時間を過ごそうじゃないか。みなさん、さようなら」

リンクレターは親しげにウォルトの肩に手を回し、ふたりは城のほうへと去っていった。

第37章 幕開けの舞台裏：暗黒の日曜日

跳ね橋の向こう側では、楽しんでいる人間はいなかった。

10日前にマークトウェイン号の乗員として雇われたばかりのジョイス・ベリンガーは、オープンの日についてこう述べている。「前日の夜に、現場を見に行ったことを覚えています。そこはもうめちゃくちゃでした。ペンキや工具、覆い布なんかがそこら中に散乱していて、窓もペンキで汚れたまま。ナイフやハンマーを手に、みんな走り回っていました。マークトウェイン号のチケットブースも仕上がっていなかったんですよ。『嘘でしょ！　こんな状態で明日オープンして、記者や有名人、大勢のお客さんを迎え入れるなんて無理に決まってる』誰もがそう思っていました。でも次の日の朝に戻ってみると、そこは輝いてました。すべてが清潔で、美しく、ただただただすばらしかった」

だが、ジョイスが出勤したのは朝の8時だった。それからの光景は、C・V・ウッドいわく「蜂の巣をつついたような騒ぎ」で、ゲストたちもみな同感だっただろう。

オープン当日、早い段階で問題が明らかになっていた。ウォルトが行った10カ月の広告キャンペーンの結果、とんでもない数の人が集まっていたのだ。その日は「プレス・プレビュー・デイ」で、招待客だけが中に入れるよう、入念に計画していたはずだった。1万1000人を招待し、それぞれのグループに3時間ずつパークで過ごしてもらい、最後のグループを5時半に入園させるという、時差入場の予定だった。だがみな、ほとんど時間を気にしなかった。そしてチケットの多くが、ゲスト本人と「お連れ様」が入場できるようになっていた。門番を務めたスタッフはこう語っている。「大きなバスに『連れ』を山ほど乗せてやってきたゲストもいた。チケットは1枚しかないのに」さらには、チケットを早々に送付していたせいで、それを基につくった偽のチケットが大量に出回るはめになったのだった。

中には、偽物であれ本物であれ、チケット自体を持たずに入場する輩もいた。ウッドは言っている。「はしごを立てかけ、有刺鉄線を張った柵を乗り越えて、厩舎《きゅうしゃ》のある辺りに飛び降りるやつもいた。そこから簡単に出入りできるんだ。そいつはひとり5ドルの金を取って人を中に入れていた」

ディズニーランドの公式集計によると、入場者は2万8154人ということだったが、正確な数字だとはとても思えない。多くのスタッフが、もっと多かったと言っている。5万人はいたと、ケン・アンダーソンは言っている。

あるスタッフは、本物のチケットを持っていたにもかかわらず、その他大勢同様、17日には散々な目に合っている。「オープンの日は、中に入ることはできたが、子どもたちも自分自身も、乗り物に乗ることはおろか、食べ物を買うことさえできなかった」

レストランも十分な食べ物を提供することができなかった。昼頃にはメニューが売り切れてしまう店もあった。悩みの種はそれだけでなく、気温もあっという間に40度近くまで上昇し、下がる気配がなかった。そのせいで、水飲み場がないことが余計に目立ってしまった。対応策として、バン・アースデール・フランスによると、「若いスタッフに水を背負って運ばせた……ディズニー版ガンガ・ディン（映画に水運びとして登場する人物）ってところだ。それでも、他の悪評に加えて、ディズニーはゲストから水を取りあげて、コカ・コーラかペプシを買わせようとしている、と責められてしまった」

ウォルトが水飲み場よりも優先して設置したトイレも、問題を引き起こした。「トイレもそうだった」とフランスは語っている。「ゲストのニーズに間に合わなかった。トイレ待ちの列は、アトラクションに並ぶのと同じくらい、長蛇の列になった。さらには、自分のテーマパークに『男性用』『女性用』と大きなトイレのサインを掲げるのをウォルトが嫌がったため、トイレが見つけづらくなってしまった。ファンタジーランドでは、表示を『プリンス』『プリンセス』にしたのだが、それが混乱を招いた。アトラクションと勘違いした人もいたようだ。メインストリートでは、トイレは花のディスプレイの後ろに隠れていた。子どものためにトイレの場所を訊いたゲストが、『あの花の後ろ』だと言われたものだから……」どうやら、それを言葉通りに受けとめたゲストもいたようだった。

トラブルは、入口のところですでに発生していた。敷いたばかりのアスファルトはまだ柔らかかった。ディック・ヌニスは、アスファルトにハイヒールをとられた女性がいたことを覚えている。歌手フランク・シナトラの妻も犠牲者のひとりだった。さらに、多くのゲストが、乾いていないペイントのせいで、服に消えないシミをつくってしまった。4つのランドをひとつひとつ順番にオープンしていったせいで、人だかりがあちこちにできていた。「イワシの群れみたいに、メインストリートに人があふれていた」とウッドも言っている。「みな不満を口にし、いらいらしていた」

スタジオのアニメーターも、セレモニーのために駆り出されていた。マークトウェイン号に配置されたひとりであるアニメーターが、当時のことをこう語っている。「何も考えずにデッキにあがり、うろうろしていた。暑い日で、乗客たちは混み合った船の中で汗だくになっていた。船にはバーや水飲み場がなく、水も積んでいなかった。それから誰かがタラップを外してしまい、船から降りられなくなってしまった」

アート・リンクレターとアイリーン・ダンが登場するまで、クルーたちは何時間も暑さをこらえていたという。

乗客の人数を真面目にチェックしていなかったティム・オブライエンは、あらかじめ取り決められた遭難信号である短い汽笛が2回響いたとき、問題が起きたことを悟った。マークトウェイン号は島の反対側にいた。管理クルーが蒸気船のところに駆けつけてみると、アイリーン・ダンの指摘通り、船は明らかに傾いており、下のデッキは水につかっていた。

乗客が叫ぶ。「船が沈んでる!」船は沈みはしなかったが、レールから脱線し、動けなくなった。多くのゲストは、離礁する前に、水の中を歩いて岸まで行くはめになった。最初は誰もが嫌がっていた。水が濁っていて、底が見えないのだ。だが、それは水を染めているからで、座礁した地点は水深60センチほどだった。徐々に乗客たちは、靴を濡らさないよう手に掲げて、川岸へと進んでいった。乗客を減らし、蒸気船を軽くしてコースに戻せるようになるまでに、1時間半もかかった。

また、ゲストはリンクレターの実況でも紹介されたアトラクションから「退避」するはめになった。そもそもそれは、運行するべきではないアトラクションだった。この「おとぎの国のカナルボート」は水路の両側にミニチュアで再現された歴代ディズニー映画の世界の中をボートで進むという設計だったのだが、模型工房はひとつも建物を完成させていなかった。それでボートは何もない渓谷を抜けていくだけになり、オペレーターはこのアトラクションを「マッドバンク（泥土手）・ライド」と呼んでいた。

ジャック・リンドキストとその妻、そして5歳の息子が唯一そばに行くことができたのが、このアトラクションだった。リンドキストは、クライアントであるケルビネーター社の製品をディズニーランドに売り込むことに成功した（75キロの肉を収容できる冷蔵庫をトゥモローランドに搬入した）広告会社のリーダーとして招待されていたが、あまりいい時間を過ごしていなかった。「人込みに押されているうちに、ファンタジーランドのカナルボートのアトラクションが見えた。はしけのような船で、後ろのほうに座ったオペレーターが舵《かじ》を取っている。息子のデイヴィッドが乗りたいと言い出し、わたしも楽しそうだと思った。だが40人くらいの子どもと一緒に船に乗ったデイヴィッドが岸を離れていくのを見ていると、不安な気持ちになった。出発してから5分ほどで戻ってくるはずのボートは、15分経っても戻ってこなかった」別のボートは戻ってきたが、デイヴィッドはまだだった。「30分経っても帰ってこない。息子を二度と戻れない地獄への旅に送り出してしまったのかと思った」そして、45分後。「長靴をはいた4人の男が水の中を歩き、デイヴィッドの乗ったボートをロープで引っ張っていた……。わたしは汗でべとべとの人たちにまみれながら、本来なら『地球上で最も幸せな場所』に幻滅を募らせていった」デイヴィッドが「顔から汗をしたたらせながら」ボートを降り、すぐさま言った。「もううちに帰っていい?」リンドキストも、もう十分だった。「少しの間歩き回った後、車に乗って、チキンを食べにナッツベリー・ファームへ行った」

ファンタジーランドは悲惨としか言いようがなかった。脱線している船にファウラーが閉じ込められているときに、とりわけ危機的な瞬間がやってきた。「アイリーン・ダンと一緒に、マークトウェイン号のキャビンにいた。われわれは1時間半、取り残されていた。アイリーンはとても楽しそうだったが、大勢の客が乗っているせいで、なかなか船を降りることができなかった。岸についたとき、ようやくファンタジーランドで問題が起きたと連絡を受けた。確かに問題が起きていた。ガス漏れがあったんだ。どこからか漏れたガスが、中庭に漂っているにおいがした。問題は、『どうすりゃいいんだ』ということだった。『パークを閉めて、ゲストを退避させるべきか?』消防署の署長を捕まえて話し合い、ガス漏れエリアにロープを張って人を近づけないようにした」

ファウラーと消防署長はガス漏れしている場所を突き止め、配管工を呼んで、壊れたパイプを修理した。「気づいていた人はほとんどいなかったと思う……誰も中に入れなかったわけだから」

　この日唯一の、命にかかわる危険を回避できたものの、ファンタジーランドの乗り物は次々に問題を起こしはじめる。

　アロー社のエド・モーガンとカール・ベーコンが予想していた通り、「白雪姫」のカートは、不慣れなオペレーターの操作により頻繁に脱線した。「ダンボ」は「シェービング・クリーム」をまき散らしつづけ、モーガンとベーコンは、ダンボを飛びつづけさせるために、ひとりの忠実なスタッフに頼りきりになった。ポール・ハーヴェイというスタッフを現場に配置して、「ゾウの乳しぼり」をさせたという。「ゲストをダンボに乗せている間に、ポールが機械をきれいにして、新しいオイルを充填していた」とベーコンは言う。「ポールはすばらしいスタッフだった。オープンの日は、彼ひとりに任せていた。悪いことをしたと思っているよ。乗り物を動かしていたのはオペレーターたちで、ポールは一番内側にいた。ゲストの入れ替えをしている間に、ひたすら溶液を抜いたり入れたりしていた。ウォルトはダンボをどうしても動かしたかった。苦労の末につくった乗り物だったからね」

　ウォルトは「ケイシー・ジュニア」も走らせるといって譲らなかった。小さなサーカス列車が完璧に動くようになるには、月末までかかる見込みだった。そこでファウラーは、コースを何周か回れる程度の応急処置をした。いや、そのつもりだったのだが、ジェリー・コロンナにはそうは思えなかった。甲高い、長々と響く笛の音のような声のコロンナはディズニーのアニメーションでもおなじみだったが、その日は機関士に扮して運転レバーを握ることになっていた。エンジンを製造したモーガンとベーコンがそばにいたのだが、モーガンはこう言っている。「オープンの日、腫れぼったい目の、あのジェリー・コロンナが、列車を運転することになっていた。だが、彼は怖じ気づいてしまった。丘を見たとたん、『嫌だ！』と言ったんだ」あと数分で、列車が出発する場面を放送しなければならなかった〈ＡＢＣ〉のスタッフは、モーガンを見やったが、機関士の衣装を着るには体が大きすぎた。モーガンは自分より小さいパートナーを指さした。「カールと目が合い、『きみならやれる』とはげましたよ」ベーコンは衣装に着替え、コロンナは炭水車に乗ることになった。こうして、怪我人も出さずに列車を運行することができたのである。

ゾウの乳しぼり係のポール・ハーヴェイが、この日一番苦労したスタッフだとしたら、二番目はボブ・ガーだろう。しかも、かなり早い段階から苦労していた。「オートピアのカートの半分は、メインストリートで行われるパレードのために、タウンスクエア脇の舞台裏に移動させていたんだが、日中、気温はどんどん上がり、カートは蒸気閉塞を起こした。暑いなか、15分ほどアイドリングさせていたら、エンストを起こしてしまったんだ。今からパレードに加わるというときになって、止まったエンジンを必死にかけて回った。ドライバーたちはやきもきしていたよ」

さらに、ウォルトがガーの苦労に追い打ちをかけた。ウォルトはゲイル・ストームと一緒にやってきて、ガーにストームを紹介した。ガーは「すてきな赤毛の映画スター」に会えて浮かれていたが、ウォルトの言葉にそんな気分は吹き飛んでしまった。「ボビーが、あなたのお子さんたちを預かってくれますよ」

ガーはこうぼやいている。「それで、40台の調子の悪いカートに加えて、ふたりの男の子の面倒を見なきゃならなくなった」

「ドライバーたちは、パレードが終わるとカートをオートピアに移動させた。カートをトラックに勢ぞろいさせて、オートピア・ライドの初日を迎えることになっていた。いよいよディズニーランドで『本物のガソリン車』に乗れると、うれしそうな顔をする小さなゲストたちを見て、わたしは気をよくしていた。でも、カートが次々とトラブルを起こしはじめ、喜びは落胆に変わった」

「(ゲイル・ストームのふたりの息子は)走り回るわたしの後ろをついてきて、オペレーターたちに手を貸し、一緒にカートを救ってくれた。もちろん、わたしたちもカートに乗って、トラックをドライブした。お楽しみを逃すつもりはなかったからね」

「正常に動くカートの数が少なくなってきて、順番待ちをするゲストの列がどんどん長くなっていった。すぐに、ゲストたちはフェンスを乗り越えてトラックになだれ込み、戻ってきたカートを乗っ取ろうとしはじめた。このカートの奪い合いを止めるには、オペレーターたちの数が少なすぎた」

大きな事故も起きてしまった。「調速機が故障したカートもあって、カーブから飛び出してスピンし、トラックに戻ったときに別のカートと正面衝突してしまった。ハンドルにはまだカバーをつけていなかったから、ぶつけて歯を折った子もいて、子どもを数人、医務室に連れていくはめになった」

ゲストたちは、他のアトラクションにも殺到した。ファンタジーランドでのことを、スタッフのひとりがこう語っている。「客があまりに多く、何度かメリーゴーラウンドの運行を中止した。チェーンを乗り越えようとする客がいて、収拾がつかなくなったんだ」メリーゴーラウンドに乗せてやろうと、人垣の頭越しに自分の子どもを差し出す親もいた。

ディズニーランドに計画初期からかかわっていたアナハイム市の市政担当官キース・マードックは、オープンの日の「混乱ぶりがあまりにひどく、家に帰ってテレビで観ていた」という。

こうした騒動の最中も、「デイトライン・ディズニーランド」の放送は続いた。モニターの画面は、冷却用のドライアイスが発する白い霧に包まれて揺らめいていた。そんな騒ぎが起きていることなど、番組ではほとんど放送されなかったが、司会者たちは嫌というほどわかっていた。ロナルド・レーガンは、フロンティアランドの実況に間に合うように、2・4メートルのフェンスをよじ登らなければならなかった。ウォルトでさえ、動き回るのに苦労した。リンクレターはこう書き残している。「番組中、移動していたウォルトは、近道をしようとして警備員に出くわした。『そこに入らないでください』と言われたウォルトは、『ぼくが誰だか知らないのか?』と声をあげた。すると警備員は『ディズニーさん、もちろん存じています。ですが、誰も入れるなと命令されていますので』と答えた。『そうか、だがぼくは通るぞ。邪魔をしようっていうなら、どうなるかわかってるだろうね』ウォルトは言い捨てると、ずんずん進んでいった」

デイビー・クロケットは、敵対する平原の戦士たちの出現にも落ちついていたが、群衆にはおびえていた。出演が終わると、マーティー・スカラーという名札を下げた若い広報担当者を見つけて、こう頼んだ。「マーティー、この馬が誰かを殺す前に、ここから連れ出してくれないか！」スカラーはこう言っている。「フェス・パーカー（とその馬）を助けて、舞台裏に連れていった。その後のことは、よく覚えていない」

ケン・アンダーソンはショックで呆然としていた。アンダーソンは前の日の晩も、ウォルトを残して「トード氏のワイルドライド」の調整を行っていた。「あの乗り物の様子を何度も見に行ったよ。コース内を歩き回っては、塗装から何もかも確認し、かなりの時間を費やした。2、3日ぶっ通しで働いて、もうくたくただった。気づいたら、立ったまま居眠りしていたよ」

ちょっとした空き地を見つけて横になったアンダーソンは、「パークがオープンした瞬間は、ぐっすり眠っていた」という。「一時間くらい眠っていたらしく、作業員たちに起こされたんだ。『こんなところでいったい何をしてるんだ？』ってね」

それから、アンダーソンは増えつづける群衆に加わった。「あちこち歩いて、知り合いを見つけた。人の多さには驚いたよ……。想定外の人数だったからね。順番待ちの列のことなど何も考えていなかった。というより、わたしたちは何もかもわかっていなかった。ただアトラクションを用意して、客に乗るよう促しただけだった。当然、人が殺到した」

「まさに大惨事だったはずだが、あまりに多くのことが、そこら中で一気に起こったものだから、それが大惨事だと気づく暇もなかった」

だが報道陣は気づいていた。ディズニーランドは、エンターテインメント業界の記者たちを相手にするときの鉄則を破ってしまったのだ。それは、記者たちには酒を提供して酔わせておく、ということだった。記者室を訪れたハーパー・ゴフは、ふたりの新聞記者に詰め寄られ、ウォルトはけちだと責められた。「あの野郎！　酒がないじゃないか」

ゴフは謝罪し、アナハイム市の条例で、ディズニーランドで酒を提供するには特別な許可が必要なんだと説明した。そして、自分たちで酒を持ってくるのはかまわないと伝えた。

「近くで酒を売ってる店はどこだ？」

ゴフは答えられなかった。

腹を立てた記者は、こう言った。「親子4人がここに来て帰るまでに200ドルはかかるって記事にしてやるよ。何もかも、金がかかりすぎるってな」

「それよりひどいことを書いてやるよ」別の記者が請け合った。「ウォルトは自分は記者に受けがいいと思ってるだろうが、そうじゃないってことを教えてやろう」

ウォルトがこの混乱をどの程度把握していたかはわからない。もちろん、ウォルトは矢面に立っていた。トイレットペーパーを腕いっぱいに抱えて、切羽詰まった様子でトイレに走っていくウォルトを見たスタッフもいる。だが、記者たちの印象はまちまちだった。ウォルトを明るく自信にあふれた人物と見る者もいれば、いつも不安げにうつむいている男だと見る者もいた。放送終了後、ウォルトはC・V・ウッドを見つけると、ジェネラル・マネージャーなのに混乱を収拾できなかったといって、ひどく非難したのだった。

長い一日が終わりに近づく頃には、「何もかもが壊れていた」とあるゲストは語っている。まさにその通りだった。ジャングルクルーズは別として、アトラクションはどれもこれも動かなくなっていた。「ディズニーランドは、サイクロンが直撃したような状態だった」

ウォルトを何よりうんざりさせたのは、ごみがあちこちに落ちていることだった。チャック・ボヤージンと清掃スタッフたちは、精一杯の仕事をしたが、いかんせんごみの量が多すぎた。オープン初日が終わりに近づく頃には、メインストリートの裏手にごみの山がうず高く積み上がっており、保健省の人間から手厳しい注意を受けてしまった。「このごみがなくならないかぎり、開園は許可できません！」

人波が引きはじめると、ボブ・ガーはゲイル・ストームを探し、子どもたちと別れた。

「オートピアに戻ってみると、アトラクションは閉鎖されていて、オペレーターたちが痛む向こうずねをさすっていた。なにせ一日中、エンジンが止まったカートをキックスタートさせていたからね。運転の荒いドライバーにカートをぶつけられたというオペレーターも何人かいた」

「そしてようやく、カートの被害状況を把握することができた。バンパーは曲がり、後輪軸受けは壊れ、アクセルとブレーキも損傷を受けていた。残っていた37台のカートの多くが、見るも無残な姿になっていた。それも、たった1日で！」

ガーは、「本物の試運転」の結果に頭を抱えた。「その晩の家までの道のりは、長くつらいものだった。それでも、翌朝にはディズニーランドに戻ってきて、お客さんを迎えないといけなかった」

バン・アースデール・フランスは、交通にかかわる責任者として、誰よりも長い1日と格闘していた。彼は、飛行船に乗って上空から景色を眺めるという貴重な機会も手にしていた。そのとき同乗していたアナハイム市の警察署長は、「ロサンゼルスへと向かう道路が半分まで渋滞しており、オレンジ郡の歴史始まって以来、最悪の渋滞だった」と述べている。

15時間以上、上空から車の流れを誘導した後、地上に戻ったフランスは、ハイウェイ・パトロール隊の知恵を身につけていた。

「交通誘導について、ひとつのことを学んだ。いろんな方角から大勢の人が車で家に帰ろうとして、長い渋滞の列にはまってしまったら、目的地がロサンゼルスだろうがサンディエゴだろうが、そこへどうやって向かえばいいのかみんなが訊いてくる。その答えはただひとつだと教えられたよ……。『まっすぐ進んでください』そのうちに、帰り道が見つかるだろうと期待するしかないんだ」

当時のことを、のちにフランスはこう書いている。「大混乱だった……カメラに映っているところだけでなく、舞台裏もね。だが、あれは夢の誕生を祝う瞬間だった」

動揺しながらも、踏みとどまってなんとか騒動を乗り越えようとしていたケン・アンダーソンも、どこか楽観的な思いを抱いていた。「とにかく遊園地はできた。ここから始めればいい」

第38章

ダメージ・コントロール

報道陣もゲスト同様ディズニーランドの初日を堪能した様子だったが、その報道には容赦がなかった。『ロサンゼルス・タイディングズ』は、早々に酷評を下している。「ウォルトの夢は悪夢だった——ディズニーランドの報道向け初日公開に行ってきたが、この30年というもの、ショービジネスの世界でこれほどの失敗を見たことがない。まるで、大きなレジがカタカタ、チンチン音を立てているようだった。ディズニーの魔法のキャラクターたちが、天上の世界から白昼夢へと落っこちてきて、道端で大声をあげる客引きと一緒になって、魅力を押し売りしては去っていく。ウォルトは荒っぽいパンチを繰り出して、美の領域を騒々しい悪夢へと変えてしまったのだ」

ある新聞の見出しは、ディズニーランドを公然と非難していた。「ミッキーマウスが1700万ドルを費やして仕掛けた罠にはまる」というもので、記事には「怒れる大人たちはミッキーにミニー、プルート、白雪姫、そして7人のこびとたちを呪った」とあった。

誰もがアトラクションの列と、人の多さに不満の声をあげていた。ある記者は、子どもたちの記憶に残るのは「大人たちのバギーパンツとサマースカートの森」だと報じている。『オレンジ・カウンティ・プレイン・ディーラー』も同じ意見だった。「一番がっかりしたのは子どもたちだろう。その証拠に、多くの顔に涙が光っていた。幌馬車に乗ることも、ファンタジーランドの魔法の世界に足を踏み入れることもできなかったのだ。ファンタジーランドの乗り物の多くは、子どもたちのために設計されたというが、短い時間しか運行しておらず、乗っていたのはほとんどが大人だった」

別の記者は、こんなことを書いている。「見たものと言えば、デイビー・クロケットにアニー・オークレイ（アメリカの射撃の名手）、親とはぐれて鼻水を垂らす47人の子どもたち、それに、アクシデントだけだった。3万人が同じ場所に立って、前の人間の尻を見つめている状況では、X線並みの目がなければ何も見えない」

『サンタアナ・レジスター』のコーラ・ユルリッチの記事はそれほど辛辣ではなかったが、興味深い比喩が用いられている。「多くのアナハイム市民が、ディズニーランドの初日に幻滅し、『複雑な思い』を抱きはじめているようだ。買ったばかりのキャデラックに義理の母親を乗せて、崖から突き落とそうとするときの感情に似ている」

初日のゲストの大半が、「人生において最も不愉快な日だったと、誰もが思っているだろう」というそっけない新聞記事に少なからず共感したはずだ。

一方、寛大なコメントで締めくくられている記事もあった。「一言で言うと、ディズニーランドには失望した……だが、少年少女たち、気を落とさないように。ウォルト・ディズニーは賢いビジネスマンだ。今後、改善されていくことは間違いないだろう」

実際に、改善は行われていた。開業以来、毎年のように。だが、7月18日月曜日の朝、ロイ・ディズニーは、改善のことなど考える余裕がなかった。ほかに憂慮すべきことがあったのだ。昨日は大勢の人が詰めかけたが、すべてが無料だった。今日こそが公式なオープン日だが、うまい汁を吸おうとする報道陣に、ほんの一握りのテレビ・スターは現れるとして、一般市民はどうだろうか。1968年、元スタッフの同窓会の場で、ロイはこう語っている。「ゲートを開いて、誰もそこにいなかったらどうしようかと思ったよ」

「その公式オープンの日、わたしはスタジオを出て、サンタアナ高速道路に向かった。不安でたまらなかったが、ロサンゼルスを出た辺りから、渋滞が始まっていた」それを見ても、ロイの不安は消えなかった。「みんなビーチに向かっているのかもしれない」と思ったのだ。

当時、高速道路は完成しておらず、ロイはますますひどくなる渋滞にはまり込んでいた。「ディズニーランドの駐車場に着くまでに1時間以上はかかった」という。だが、そんないら立ちも、「ごった返す」ディズニーランドを見た瞬間、報われたのだった。押し寄せる車の波に、予定より3時間も早くパークを開場することになった。

ロイに気づいたスタッフが、見るからに困った様子で駆け寄ってきた。

「お客さんたちが駐車場に車を入れようと、高速道路のほうまで列をつくっています。それに、子どもが駐車場のあっちこっちでおしっこしているんです」

ロイが辺りを見回すと、大勢の人たちが、ディズニーランドにやってきて、お金を払って中に入ろうとしていた。「大きな安堵感に包まれたわたしは、『みんなに神のご加護を。おしっこくらいさせたらいい』などと口走っていたよ」

ウォルトはそのとき、数百メートル先にある消防署上階のアパートにいたのだが、兄と同じ不安を抱えていたのだった。だが開園してみると、タウンスクエアに人がなだれ込み、メインストリートを抜けて城のほうに向かうのが見えた。

窓に近づき、ウォルトは言った。「お金を払ってまで来てくれたゲストだ」そして投げキッスを放った。「みんな、愛してるよ」

ウォルトはアパートを出て、2度目のオープニング・セレモニーを開催した。前日よりも気楽だったにせよ、決しておざなりではなかった。『ロサンゼルス・タイムズ』はこう報じている。「オープンの日、ウォルトは至る所に現れた。正面ゲートでお客に声をかけ、ヘリポートで到着を出迎え、ドラッグストアでデザート・コンテストの司会をし、管理棟ではひっきりなしに起こる問題を解決し、人込みを歩き回ってはサインをしていた」

ウォルトは、入場料を払った最初のお客にも会ったかもしれない。といっても、その人物のチケット番号は1番ではなかったはずだ。1番のチケットは、ロイが前もって購入していた。だが2番以降のチケットは、早い者勝ちだった。

「早い者」となったのは、デイブ・マクファーソンという名の、カリフォルニア州立大学ロングビーチ校に通う22歳の学生だった。大学新聞で熱心な記者として活動しており、ディズニーランドまで15キロほどの距離をバイクで走ってきたのだった。「列の先頭に立つと決めていた。ウォルトの親戚や有名人以外で最初にパークに入る人間、正面から中に入る最初の一般人になろうとね」

マクファーソンは、午前1時前にディズニーランドに到着していた。2番手が現れたのは、それからゆうに1時間は経った頃だった。2つ並んだチケットブースの横に陣取ると、マクファーソンは10時の開園時間を待った。

マクファーソンの寝ずの番は、熱に浮かされたときに見る夢のようなものだっただろう。眠ろうとすると妙な邪魔が入って落ちつかず、退屈でいらいらする。夜明けが訪れて東の空が色づきはじめると、野生動物の金切り声やラッパのような鳴き声が聞こえてきた。アドベンチャーランドのスタッフが、ジャングルクルーズの動物たちを目覚めさせたのだ。

日が高く昇ると、6000人の群衆が後ろに集まっていた。疲労のせいで普段よりもずっと神経質になっていたに違いないが、マクファーソンが不安を感じるのはもっともだった。「最後の最後に、誰かに割り込まれるんじゃないかと思っていた。それで、自分が1番乗りだということがわかるようシーツを1枚用意して、最後まで残っていた作業員や警備員にサインをしてもらった。思った通り、ゲートが開く5分前に、女性とふたりの子どもがぼくの前に割り込もうとした。そこでシーツを取り出して（ちょっとした独立宣言ってところだ）、見せつけてやった。光り輝く十字架を見たドラキュラみたいに、女性は元の場所に戻っていったよ」

侵略者を撃退すると、マクファーソンはディズニーランドに入場し、水飲み場よりもトイレを選んだウォルトの賢明さを証明したのだった。9時間も同じ場所で立っていたマクファーソンに必要なのは、明らかにトイレだった。「パークに入って最初にしたことは、トイレに行くことだった」

トイレに行ったことが、マクファーソンにとってはこの日一番の出来事だったのかもしれない。「何かを買ったとか、パレードを見たとか、そういうことは何も覚えていない。確か、アトラクションには長蛇の列ができていた。初日からね！　とにかく蒸し暑かった……。パークの細かい部分については、曖昧な記憶しか残っていない。一晩中起きていたせいでひどく疲れていたから、中をざっと見て回って、いわゆる全体像をつかんだ。頭がまともに働かなくて、どこかで休まなきゃならなかった」

マクファーソンが覚えているのは、うだるような暑さと人込みだけだったかもしれないが、その「聖地巡礼」は報われることになる。「ぼくが一番乗りだと気づいた人がいて、大学ですごい人気者になった」

それから何年も経って、マクファーソンはディズニーランドをじっくり見るチャンスを得たのだった。開業50周年という記念の年、ディズニーの広報部がマクファーソンを探し出した。72歳になっていたマクファーソンは、大学で学んだジャーナリズムの世界で長いキャリアを積んだのち引退していた。ここ20年はユタ州に住んでいるマクファーソンだが、大昔の、あのひと夜の冒険で手に入れた「生涯パス」で、ディズニーランドを今も訪れることがあるという。

ようやくお金が出ていくだけでなく、入ってくるようになったということ以外は、ディズニーランド2日目は初日と変わらなかった。ファンタジーランドでガス漏れがあったという点も初日と同じだった。ガス漏れは、作業員がタバコを落としたことで発覚した。C・V・ウッドが現場に駆けつけたときには、青白い炎が城壁の一部に広がっていた。

幸いぼやが起きたとき、ファンタジーランドはまだオープンしていなかった。最初の子どもが入場するのを待ち構えていたカメラマンという邪魔者はいたものの、城の中庭は空っぽだった。

しばらくしてファウラーも姿を現し、消火班と協力してガス漏れの場所を探し、破裂したガス管を補修した。そうこうしている間に、これまでに多くの貴重なスポンサーを獲得してきたウッドがビジネスマンシップを発揮し、ここにはネタになるようなものは何もありませんよと報道陣にアピールした。おかげで、「完成したとたんに火事で焼け落ちる、眠れる森の美女の城」という歴史に残る写真が撮られずにすんだのだった。

こうして、呼び物が爆発することはまぬがれたが、多くの乗り物が故障した。「ダンボ」も「ティーカップ」も運行が続けられるような状態ではなく、ボブ・ガーがトラックに送り出せるカートの数はどんどん減っていった。火事に比べると危険は少ないものの、珍事ともいえる出来事も起きた。土壇場の配管工事が災いしたのか、ニューオーリンズ・ストリートの食堂前に設置したスプリンクラーから、オレンジジュースが噴出したのである。

入場者数は申し分なかった。2万6007人ものゲストが入場料を支払い、アトラクションを満喫した。それでも多くの新聞が、24時間前の（報道陣向け）オープン初日の記事の内容を繰り返していた。『ロサンゼルス・ミラー・ニュース』は長ったらしい見出しで報じている。「至る所で長い待ち行列に不満をもらす人々――1700万ドルをかけたオレンジ郡の新たな娯楽施設ディズニーランドは、今日も不平不満にあふれ、ごった返す4万8000人もの巨大な群衆の熱気に膨れあがっている」

ウォルトに近しい人物によると、ウォルトは辛辣な批評を目にすると、「自分で自分を撃ちたくなる」と言っていたという。だが、そうしたわびしい気分もすぐに吹き飛んでいた。ウォルトは、ディズニーランドがまだ8割方しか完成していないことを誰よりも理解しており、その先に待ち構える苦労にも怖じ気づいたりはしなかった。それまでも、どんなにつらい仕事だろうと、ウォルトは怖じ気づくことはなかった。

ウォルトを何より幻滅させたのは、血に飢えた記者に痛いところを突かれたことだった。その記者はプレス・ルームで、ハーパー・ゴフに「金がかかりすぎる」と文句を言った人物だ。ディズニー陣は、この極めて重要な問題について念入りに試算を行った。そして、ディズニーランドで1日過ごすのに、4人家族の場合、1家族あたり9ドル、あるいは10ドルで足りると結論づけた。

「ミッキーマウスが1700万ドルを費やして仕掛けた罠」にはまったと感じていた記者は、家族と一緒にパークを出ようとしているある父親が、散々な一日を振り返り、「二度と来るもんかという気分になっただけでも、500ドルの節約になった」と腹立たしげに言っているのを耳にしたという。コラムニストのイヴ・スターは、こう書いている。「ディズニー側は、訪問者はひとりあたり2ドルほどでディズニーランドを楽しめると主張している。おそらくそれは正しいだろうが、ディズニーランドに行くというのは、アルコール依存症から立ち直った人を醸造所の見学に連れ出すようなものだ」西海岸の人気ラジオ・パーソナリティーだったディック・ウィッティングヒルは、子どもたちをディズニーランドに連れていくか、大学に行かせるかというジレンマに直面したとまで語っている。

それ以上にウォルトに打撃を与えたのは、大げさに書き立てた『ロサンゼルス・ミラー』の記事だろう。記者は4人家族の費用を細かく勘定していた。「すべての乗り物に乗り、ひとりにつき1ドルの飲食をした場合、費用は全部で32ドルになる」

遊園地というものは、決して安くはない。昔からそうだったし、そうでなければ現在のような形式の遊園地が生き残っているはずがない。だが当時の32ドルは、現在の価値にすると300ドルになり、遊園地にかける費用としては驚くべき金額だった。

公式オープン日のゲストは、入場料に1ドル（子どもは50セント）支払っていた。スポンサー企業の展示や「ゴールデンホースシュー」への入場は無料で、その他のものにはすべてチケットの購入が必要だった。チケットは園内のキオスクで販売しており、Aのアトラクションは10セント、Bは25セント、Cは40セントというように、チケットにはアルファベットのランクがつけられていた（このシステムは、その後も長く続いた）。

シンプルで伝統的なやり方だったが、現金ビジネスになるため、大量の小銭が必要だった。ディズニーランド初期の頃、うららかなメインストリートも、堂々とした川船も、移動遊園地のようなドタバタ会計に振り回されていた。

「当時、メインゲートでお金を集めていた」とジョー・ファウラーは語っている。「銃を携帯した警備員が付き添い、管理棟にあった大きな保管庫へと現金を運んだ。銀行の現金輸送車が引き取りに来るまで、そこで資金を一時保管していた。当初は金庫すらなかった」キオスクでは、チケット販売係が現金をバケツに突っ込み、使い走りが定期的にやってきて、バケツをメインストリートの市庁舎へと運んでいた。紙幣は数えたものの、コインは重さで大体の金額を見積もっていた。

その現金を入れるバケツがいつもいっぱいになるよう、ウォルトはただちに手を打った。それにはまず、乗り物がすべて適切に動くようにしなければならない。ジョー・ファウラーもそれを手助けした。「開業してから10日間、ディズニーランドを離れることはなかった」

次に手をつけたのは、未完成のアトラクションを完成させることだった（「ノーチラス号」のアトラクションも、ウォルトとケン・アンダーソンが夜通し作業したにもかかわらず、まだオープンしていなかった）。借金を背負っていたが、ウォルトは収益の16パーセントをパークにつぎ込むと宣言し、ロイと〈ＡＢＣ〉を驚かせている。

そして何よりも重要な課題として、ウォルトとウッドは報道対応に力を入れた。ウォルトの知名度とウッドの底なしの愛想のよさを利用して、記者たちを個人的に招待し、ディズニーランドは2度目のチャンスを手に入れる。ふたりはオープンが時期尚早だったことを白状し、明るく、だがきっぱりと、すばやい改善を約束した。

報道陣に対するウォルトの歩み寄りは、抜け目がなく、効果的だった。8月中旬には、サンラファエルの『デイリー・インディペンデント・ジャーナル』は、次のような見出しで記事を掲載し、(金額は間違っているようだが)ディズニーランドは行く価値があると断言している。「マリン郡の一家が、ファンタジーランドを10時間29・65ドルで満喫」

記者には、マリン郡の住人チェイピン・A・デイとその妻、8歳と11歳の子どもふたりが25セントの駐車料金を支払い、「ゲートをくぐり、サンタフェ・アンド・ディズニーランド鉄道の線路下のトンネルを抜けて、現実世界を後にした」とある。

そこからは、ウォルトをご機嫌にするような話が続いた。ディズニーランドは楽しいだけでなく、まったく新しい場所だというコメントが特に気に入ったという。

「パーク内を列車で巡ったおかげで、自分たちがどこにいるかがよくわかった。それから一日を過ごすうちに、ますますこの場所が好きになった。パークの中は、何もかも気配りが行き届いていていて、質が高かった」

「ディズニーランドはいいかげんな遊園地ではない。ビーチに売店を並べたような移動遊園地でもない。ぱっと見はよくても裏側は継ぎはぎだらけ、なんてこともない。熟練の職人が手間暇かけてつくったものだ。ディテールにこだわり、最高級の材料を使っている」

「完璧なのはそれだけじゃない。1000人以上いるスタッフも、いい人たちばかりだった。暑くて、スモッグも目にしみるような日だったが、乗り物を操作するオペレーター、チケット売り場やレストランのスタッフは、誰もが礼儀正しく、優しかった。それだけでも、ウォルト・ディズニーは称賛に値する」

「(乗り物は)変わっていて、それでいて楽しかった。人が多く、午後も半ばになると、オートピアの小さなカートに乗るのに2時間から2時間半、ピーター・パンの乗り物には1時間から1時間半は待たなければならない［この日、『ピーター・パン』のアトラクションは、ファンタジーランドで最も長い行列となった］」

「アメリカ河はとりわけよくできていて、とりわけ高価な(大人50セント、子ども35セント)アトラクションだ。だが長い列に並んだとしても、十分楽しめる」

「まだ完成していないところもあった。船尾外輪船マークトウェイン号は、約300人の乗客を乗せ、水しぶきをあげながらアメリカ河を1キロほど進む。今のところ、どの川も、南カリフォルニアの人工の川という雰囲気で変わり映えしない。それでもわくわくはする」

「ディズニーランドで食べられるものだが、基本的に、食べたいものは何でも食べられる。わたしたちはホットケーキを食べたが、フライドチキンからタコス、ホットドッグまで、何でも揃っている。3ドル50セントもあれば、おしゃれなレッド・ワゴン・インでフルコースの夕食が食べられる。チキン・プランテーション・レストランなら、1ドル50セントでチキンをほお張れるし、35セントでハンバーガー、10セントで冷たい飲み物が手に入る」

「家族全員で、すべての乗り物に乗った。食事代とちょっとしたお土産代を除き、入場料と駐車場代、乗り物代を合計すると、22ドル5セントだった。運のいいことに、わたしたちの場合は、その費用はおごりだった。食事代と、イヤリング3個の代金と、ゲームセンターで使った

7セントを含めた土産物代を合わせると、7ドル60セント。10時間のすばらしい時間にかかった費用の総額は、29ドル65セント［現在の金額に換算すると278ドル99セント］だった」

「こう言うと、何もかもにお金がかかると思われるかもしれないが、そうではない。ディズニーランドで過ごした時間の半分、ひょっとしたらそれ以上を、景色を眺めたり、展示を見たり、パークを散策したりして過ごしたが、そういったことにお金は必要ない。もちろん、もっと節約できたかもしれない。子どもには十分すぎるくらいの乗り物に乗った。あと10ドルくらい節約するのはわけもない。それ以上となると、かなり厳しいだろうが」

ディズニーランドでの1日を、この家族は次のように評している。「ディズニーランドは体験なんだ。どんな家族にとっても、休暇のハイライトになる場所だろう」

好意的な記事が続々と掲載されたことも、追い風となった。だが株価のほうは、ウォルトとウッドがご機嫌取りをした割りには振るわなかった。7月17日時点でのウォルト・ディズニー・プロダクションの株式は60ドル直下だったのだが、1週間後には15パーセント、2週間後にはさらに10パーセント下落したのだった。

それでも、来園者は増えつづけた。最初の1週間で16万1657人がディズニーランドを訪れている。8月半ばになると、熱波が南カリフォルニアを襲った。当時のスタッフがこんなことを言っている。「外を歩く人間がいないから、大砲をぶっ放しても誰にも当たらないような状態だった」いささか誇張しすぎだろうが、そんな灼熱の8月に、南カリフォルニアを訪れる観光客の半数にのぼる50万人の人々が、ディズニーランドに入場したという。

身を焦がすほど暑い日には、メインストリートの人気も途絶えたが、営業は通常通りだった。「必死に働いたよ」と当時のスタッフは語っている。「最初の60日で、体重が6キロも減った。歩く暇もなかった。裏方の人間は、走ってばかりだったからね。トラブルばかり起きていた。14カ月、1日も休まず働いた」

ボブ・ガーは猛暑にさいなまれる日々のなか、誰よりも必死に働いた。最初期にウォルトに雇われた人間がみなそうだったように、ガーの仕事は増えつづける一方だった。

当初から、「オートピア」はガーひとりの手に余るアトラクションだった。最初の1週間が過ぎる頃、コースを走れるカートは2台だけになっていた。ガーは、カートのハンドルを握ろうと、3時間黙って待ちつづける子どもたちの姿に胸を打たれた。

「ディズニーランドの修理工は、もっと重要な乗り物の作業に駆り出されていたから、ぼく自身が、自分の工具でカートを修理するしかなかった。最終のデザインを決定する段階で、数台のカートをわざと壊してシミュレーションをしたことがあったが、今や壊れたカートは37台になり、故障の具合もそれぞれ違っている。不具合の原因を突き止めて、修理の方法を考えるという工程を、37回も繰り返さなきゃならなくなった」

ウォルトは最初の週の終わりに、ガーの様子を見に行った。2台の生き残ったカートが、ギーギーと音を立てて必死にトラックを走っている。ウォルトは「無表情で、目の前の悲惨な状況を眺めていた」という。だが口をついて出たのは、不満でも非難の言葉でもなかった。

「ボブ、何が必要かね？」

「機械工を何人かと、修理の道具です」

ウォルトは歩き去ったが、「しばらくすると、鉄道の線路脇の側道を古ぼけたトラクターが走ってきて、組み立て済みの小屋を運んできた」。

トラクターの運転手は（当時どのスタッフもそうだったが、彼もまた働きすぎの様子だった）、しかめっ面で車から降りてきた。「こいつをどこに置きゃいいんだ？　今すぐオートピアに運んでいけって、ウォルトに言われたんだが」

このとき初めて、ガーのフリーウェイにガレージができた。さらにいいことに、「ふたりの機械工が工具箱を持って現れた」という。「カートをトラックに戻そうと、みんなで作業した。機械工たちが修理している間に、ぼくは考えをまとめることができた」

もちろん、最初に考えたのはオートピアのことだった。「子どもたちがカートをぶつけ合うものだから、いろんなものが、数日経たずに壊れてしまっていた」アルミニウムのバンパーは意味がないと最初からわかっていたが、「ハブ埋め込み式安全ハンドル」と名づけたハンドルは「しょっちゅう歯車が外れる」ことまでは、さすがに予見できなかった。

ガーはバンパーを設計し直し、それを基に、スタジオの機械工房がアルミニウムより頼りになるスチールで新しいバンパーを製造した。さらにガーは、「地元の企業に鋳型を預け、硬いハンドルにぶ厚い気泡ゴムのカバーを取りつけてもらった」

改善はどれもシンプルなものだったが、カートをうまく動かせるよう奮闘しているうちに、自分がしていることは、自動車の進化の歴史を（スケールは小さいながらも）再現しているのにほかならないとガーは気づく。エンジンの振動が激しすぎて、キャブレターが外れる。クラッチは作動したとたん、壊れる。後車軸のベアリングはしょっちゅう壊れ、ブレーキシューがブレーキドラムを押さえられなくなり、「トラック上でカートがもみ合う」ことになる。オープニングの日もそうだったが、容赦ない暑さが蒸気閉塞を引き起こす。こうした問題を手っ取り早く解決するには、カートをキックスタートさせるしかなかった。「だから、オートピアのオペレーターたちは、すぐ見分けがついた。向こうずねがいつも血だらけだったからね」

ガーは「カートの大半は、ぼくのなまくらな工学知識の産物だった」と認めている。ガーの設計したブレーキリンケージは、オイルを常にたっぷり回していなければうまく作動しなかったのだが、そのオイルも備えが十分とは言えなかった。「オートピアのスポンサーはリッチフィールド石油で、タイニー・スネルという体重100キロを超える大男が大きな油差しを持ってやってきた。オイルを差す量が不十分だと責められると、この男はカートの列を行ったり来たりして、サイドバンパーを引っつかみ、カートを順番にひっくり返していった」

大男の怒りのショーを目の当たりにして、ガーは思った。「オイルは問題じゃない。工学の知識不足が問題なんだ」そしてガーは、彼が言うところの「ディズニーランド実験的工学大学」にて、自分が幸運にも「とても有意義な機械デザイン教育を受けている」ことを思い知る。

オートピアのカートの問題が解決すると、ガーは「マッド・ティーパーティー」へと送られた。カップが毎日、台座から落っこちているという。パークの溶接工は、毎朝2時間、ひびが入ったカップ底面の溶接に費やしていた。ガーは、ティーカップを製造したカール・ベーコンとエド・モーガンに連絡を取った。この3人は、意地を張り合うこともなく、すぐさま意気投合した。「ロジャー・ブロギーにぼくが再設計するよう言われたことを、ベーコンとモーガンは気にしていなかった。お互い、ウォルトのためにいいものをつくることだけを考えていた」

ティーカップは手間がかかった。「動いているカップの下にあおむけに寝転んで、何時間も過ごしたよ。それぞれのパーツが動いているところを眺めながら、どうやって修理すればいいか、アイデアがひらめくのを待っていた。それから新しいティーカップの構造と車輪のサポート機構を設計し、1956年初頭に製造、設置した。ティーカップは、ディズニーランドのなかで唯一、ぼくが乗ったことのない乗り物だが、下からは嫌というほど眺めたよ」

ガーと機械工たちは「問題の多い乗り物を稼働しつづけるなかで、人もうらやむような専門知識を積み上げていった」という。「最初の夏のシーズンは、アトラクションを閉鎖してつくり直すという選択肢はなかったので……溶接して修復、溶接して修復、をひたすら繰り返した。秋になって子どもたちが学校に戻り、ひと息つけるようになるまで、長期的な改善に取り組むことはできなかった」

ガーたちは、パークを機能させる方法も学んだ。「1955年の暑い夏がゆっくりと過ぎるなかで、ディズニーランドは徐々に改善されていった。ぼくたちはゲストが何を望んでいるのか、それをはっきりと理解していなかったし、ゲストのほうも、ディズニーランドがどんな場所なのかがわかっていなかった。ぼくたちはともに学んだわけだ。ゲストの行動が、運営上の細かいあれこれを改良するのに大いに参考になった」

「改良点の中には、必要な場所に日陰をつくる、ゲストに効率よく並んでもらう、オペレーターたちにさまざまなゲスト対応を訓練するといった、すぐに実行できることもあった」

「だが、機械がちゃんと動くようにするのは、まったく別の話だった」

ディズニーランドの機械は、それまで存在すらしていなかったようなものが多く、メンテナンスが非常に困難だった。水中に設置したジャングルクルーズの動物は、「動かしつづけるのは至難の業」で、ほんの少し砂が入っただけで「スチールの部品が傷み、がらくたと化して」しまう。さらに悪いことに、イミテーションの野生が、本物の野生に侵食されてしまっていた。開業時からトゥモローランドで働いていたジム・ハーモンも言っている。「鳥や動物の人形に使っていた本物の羽を、アリが食べてしまったのを覚えている。当時、アメリカ河のスピーカーは偽物の岩の中に隠してあったのだが、リスがそのスピーカーを土でいっぱいにしてしまった。生き物を相手にするのは厄介だった」

カートとティーカップが正常に動くようになると、ボブ・ガーはアンティークの世界に回道することになる。メインストリートは、鉄道馬車と並んで自動車が存在感を示しはじめた時代を想定していたため、ウォルトはそうした新参者の自動車を何台か置きたいと考えていた。「デイトライン・ディズニーランド」のパレードに登場した自動車は50年ほど前のアンティークだったが、ウォルトは当初、本物の「初期の自動車」をメインストリートに走らせるつもりだった。だがブロギーとガーは、そこまで機械が古いとなると、毎日の運行には耐えられないとわかっていた。そこでガーは、「本物のクラシックカーの複製」（いささか相反する表現だが）はどうかと提案した。

ガーは、20世紀初頭の車をイメージして外観をデザインし、組み立ててはメンテナンスしやすい既製のパーツを使うことにした。後部座席は「フォード・モデルA」のフロントエンドパネル（モデルAとTのパーツは将来的にも手に入りやすいものだった）と「ジープ」のディフェレンシャルギアボックスを、ブレーキには1952年式の「マーキュリー」、ステアリングギアは1950年式の「クライスラー・インペリアル」のものを用いた。そして送水ポンプ用のエンジン「ヘラクレス」を動力とした。シンプルだが頑丈なエンジンで、2本のシリンダーが生み出す大きな音と振動は、1910年代の自動車にはおなじみのものだった。ガーはそうした自動車を大量にデザインしたが、友人のひとりが、本格的なフロントグリルエンブレムをつくってくれた。エンブレムには「ガー・モービル」とあり、ガーは大喜びした。「ロサンゼルスにはガー・モービルっていう車があったんだよと誰かが話しているのを聞いたときは、ゾクゾクしたものだ」

大忙しのシーズンのさなか、ウォルトはエド・モーガンとカール・ベーコンに出くわした。ファンタジーランドのアトラクションがすべて完成していた頃で、何も不満はなかったウォルトは、ふたりにこうたずねた。「ファンタジーランドの乗り物には金がかかったんじゃないか？」

ふたりは、費用を自前で賄っていた。お金には代えられない貴重な経験を得て、まったく新しい装置を開発できたというプラス面を差し引いたとしても、ふたりは赤字だった。

ベーコンがそう伝えると、ウォルトはこう答えた。「ぼくの仕事で損をしてほしくない。経費は支払うよ」

「なんと、ウォルトは本当にそうしてくれたんだ」とベーコンは語っている。

ウォルトはさらに言った。「きみたちがいなければ、ここまで来られなかった。何かぼくにできることはないかな?」

モーガンは、こう答えたのを覚えている。「何もありません。あなたと仕事ができて、本当によかった」

後になって、モーガンはこう思ったという。「帽子かポップコーンの店の営業権を要求してもよかった。当時、ディズニーは金不足だったから、株で報酬に代えたりもしていた。われわれも、現金ではなく株式で支払ってもらうべきだったかもしれない」みながアート・リンクレターのようにはいかないということだろう。

第39章 価値のあること

ウォルトはすでに稼働しているアトラクションの運行を続けながら、ディズニーランドにさらに手を加えていった。

まず着手したのは、散々な出来の「おとぎの国のカナルボート」だった。大きな音を立てるボートは乗り心地も悪く、不安定で、見える景色はただの土山という有様だった。オペレーターも、「ミニチュアの風景は小さすぎて、目に見えないんですよ」ときまり悪そうに言うしかなかった。

模型への愛とライフワークを合体させる形で、ウォルトは自分の作品に登場する町の風景を再現することにした。『ピノキオ』のイタリアの村と、『シンデレラ』のフランスの村、『3匹の子ぶた』の家、トード氏の屋敷、そして岸辺には、トード氏の友達で切り株の下に住む「ラッティー」の家を建てることにした。建物は、1フィート（304・8ミリ）を1インチ（25・4ミリ）に換算するスケールでつくると決めた（それならナルシッサ・ソーンも納得するだろうと）。ゲストたちは実際に建物の間を歩くことはできないが、もしゼペットの工房の窓をのぞき込むことができたなら、親指サイズの窓の向こうに人形の姿が見えたはずだ。『ふしぎの国のアリス』の村には、イギリスの教会が建っている。その教会には、かつて模型工房でウォルトがめちゃくちゃにしてしまった、複雑な模様のステンドグラスがはめ込まれていた。コテージや城といった建物に加えて、ミニチュアの植物は、木などの「生きた」模型も精巧につくられていた。ケン・アンダーソンが建物のアイデアとデザインを考え、彼の下絵を基に、フレッド・イェイガーとハリエット・バーンズが立体化したのだ。

ディズニーの広報が「王国の中の王国」と呼んだ風景は、ファンタジーランドのほかのアトラクションとは打って変わって落ち着いた雰囲気だった。ファンタジーランドのアトラクションは、当然のことながらアクションとスリルに満ちたものばかりで、あるときなど、「眠れる森の美女」のウォークスルー（1957年にオープン）から出てきた小さな男の子が、魔女マレフィセントの印象があまりに強烈すぎて、接客係のスカートをつかんでこう言ったという。「おねえさん、あそこに戻らないほうがいいよ」「どうして?」「だって、ものすごくこわいんだもん!」一方で、「おとぎの国」と名づけられたこのカナルボートのアトラクションは、恐怖をあおるものではなく、のどかな風景を眺めながら、穏やかなグリーンの水面に浮かんでくつろげるものとなった。

「おとぎの国のカナルボート」はウォルトのお気に入りで、今も多くのゲストを楽しませている。このアトラクションは、ウォルトの才能を証明するアトラクションでもあった。遊園地には似つかわしくないテーマ（メインストリートもそうだ）を再現することで、ときには周囲の世界や過去、自分自身を見つめなおしたいと願う人の心に訴えかけたのである。

ウォルトはディズニーランドの在り方を正しく理解していたが、初期の頃は、子どもの頃の懐かしい思い出に引きずられすぎて失敗し、C・V・ウッドと激しく対立することもあった。ウォルトはサーカスをつくろうとし、新しいテレビ番組の出演者を起用するという理由で、計画を実行しようとしたのだった。

『ディズニーランド』の第1シーズンが終わりに差しかかる頃、ウォルトはビル・ウォルシュに電話してこう宣言した。「きみを夜の番組のプロデューサーから外す」

ウォルシュはすばらしい知らせだと思った。「毎週1時間の番組を受け持つのは、本当に大変だった」だがウォルトはうれしそうに、ウォルシュを「毎日1時間」の番組へと移すと言った。しかも、「子どもが出演する」番組だという。

そういうわけで、ウォルシュは気づいたら『ミッキーマウス・クラブ』という番組のプロデューサーになっていた。この番組の出演者は、「マウスカティア」と呼ばれる子どもたちだった。ウォルシュは、元気あふれる思春期前の子どもたちと面談を重ねながら、毎日違うテーマでバラエティショーを放送する計画を練っていった。気のいいウォルシュは、「ヒステリーを起こしそうだった」と言いつつも、仕事自体は楽しかったと言っている。「朝には子どもたちと会い、脚本家と打ち合わせをし、セットや衣装を担当するスタッフと話をし……午後3時には撮影を始めていた」

１９５５年10月8日、『ミッキーマウス・クラブ』の第1回が放送された。そしてようやく、「デイトライン・ディズニーランド」でボブ・カミングスをまごつかせた、元気いっぱいの小さなカウボーイたちの正体が明らかになったのだった。それからは、平日5時になると、全米中の4分の3のテレビ視聴者が〈ＡＢＣ〉にチャンネルを合わせた。『ミッキーマウス・クラブ』は、『デイビー・クロケット』に並ぶ人気を博しただけでなく、息の長い番組となった。数週間後、消費者調査会社のニールセンは『ミッキーマウス・クラブ』を「日中のレギュラー番組の中で最も視聴率が高い番組」だと報じ、放送開始から1年で１９００万人の視聴者を獲得していた。

ウォルシュは（クロケット・ブームが起きたときも当惑したものだが）、全視聴者のうち１７００万人は大人だということが信じられなかった。だがある晩、バーに立ち寄ったとき、「夕方の5時に、酔っぱらった大人たちが立ち上がり、胸に手を当てて『ミッキーマウス・クラブ』のテーマソングを歌っている」場面に出くわしたのだった。

番組に登場する大人の出演者は、スタジオの人間だった。音楽部門のジミー・ドッドは、元来の人当たりのよさが評価されて司会者に抜擢《ばってき》された。そして、ショービジネス界の約束ごととして、ドッドにはコミカルな相棒が必要だった。ロイ・ウィリアムスは26年間、スタジオでアーティストとして働いていたのだが、ある日、ふとウォルトと目が合い、あまりうれしくない形で存在を認められることになる。「『やあ、きみは太っていて、見た目も変わってる。ビッグ・マウスカティアとして、番組に出てもらうよ』そう言われて、気がついたらテレビに出演していたんだ」

ビッグ・マウスカティアことウィリアムスの貢献は、ジミー・ドッドの引き立て役になることだけではなかった。1929年のアニメ映画『カーニバル・キッド』(ミッキーマウスが開口一番「ホットドッグ」と叫ぶ)では、ウィリアムスはミニーに挨拶しようと、頭の耳から上の部分を帽子のように掲げるミッキーマウスのアニメーションを担当している。

そのアニメーションのイメージが、25年経ってもウィリアムスの頭に残っていたのだろうか。図らずも『ミッキーマウス・クラブ』への出演が決まると、世界の誰もが知るあの丸い耳のついたキャップ帽を考案する。その帽子は、ウォルトに大いなる幸運をもたらした。ディズニーランドで販売を始めたとたん、毎日2万個が売れるようになったのである。

番組の第1シーズンの撮影が終盤に差しかかる頃、ウォルトはそれから当分の間、出番がなくなる人気のマウスカティアたちを、計画中だったサーカスの宣伝に利用しようと考えた。こうして、『ミッキーマウス・クラブ』は毎週木曜日が「サーカス・デイ」となった。ここまでは、自然な流れに見えた。

だが、C・V・ウッドはそうは思わなかった。ウッドはディズニーランドが抱える負債の責任を、ウォルトと同じくらいその身に背負っていた(そのせいで、ウッドの結婚生活は壊れていくばかりだった)。ウォルトと同じくらい負債を軽くしようと必死だったのだが、ウッドにはそのビジョンが理解できなかった。ウォルトが新たな事業計画を打ち明けたとき、ウッドは激しく反発した。

新たなアトラクションを増やすとしても、サーカスほど経費のかかるものはない、そうウッドは考えていた。ましてや、ちょっとした建物の装飾にもプラスチックではなく鉄を使いたがるようなウォルトの完璧主義が発揮されないはずがない。

ウォルトはサーカスを、クリスマス・シーズンに入場者が落ち込み、現金収入が一気に減る（ナッツベリー・ファームといったほかの遊園地も同じだった）ことへの「保険」だと言った。だがウッドにしてみれば、そんなのはばかげた考えだった。儲けより経費のほうが多い「保険」なんてありえない。ウッドはウォルトに、収益をあげる重要性を説いて聞かせた。

ウォルトがウッドの辛辣な物言い以上に気に入らなかったのは、ウッドがウォルトのアイデアをやってみる前から否定したことだった。ウォルトがそれを嫌っていることは、ウッドはスタジオの誰よりもわかっていた。それでもウッドは譲らず、ふたりは立ったまま、怒りに燃えた目でにらみ合っていた。どちらも疲労困憊《ひろうこんぱい》だったことが、余計に状況を苦々しいものにしていた。

ウッドは最後にこう言い放った。「だめだ、ウォルト。絶対にだめだ。60万ドルのサーカスなんて、今必要ない。この話はここで終わりだ」

ウォルトがその場を去ったあと、ウッドはロイに電話した。自分の言い分に賛成してもらおうとしたのだが、ロイはディズニーランドの財政についてウォルトと言い争いになっても、ノーと言うことをもはや諦めていた。ウッドは降参した。「まいったな、ロイ。あなたがやれと言うなら、やるしかないじゃないか」

結局、やるしかなかった。感謝祭の直前、「ミッキーマウス・クラブ・サーカス」がオープンした。ジョー・ファウラーは言っている。「いやはや！　一度サーカスを見たら、やみつきになる……。これまでのディズニー作品のすべてを投影したサーカスだった。ウォルトは本当に気に入っていた。すばらしかったよ。だが、残念なことに問題があった」

演目が問題なのではなかった。ウォルトは最高の人材を集め、ベテランのサーカス経営者をふたり雇って運営を任せた。ウォルトが最初に声をかけたのは、プロフェッサー・ジョージ・ケラーというパフォーマーで、ケラーは「ケラーのジャングル・キラーズ」と名づけたライオンの一団を従えて巡業していた（ディズニーランドでは、「プロフェッサー・ジョージ・ケラーとファンタスティックなネコたち」といういささか「爪を抜かれた」名前で登場している）。

ケラーは本物のプロフェッサー（教授）だった。ペンシルベニア州ブルームズバーグの「ティーチャーズ・カレッジ」で、ビジュアルアーツ学部の学部長を務めていたのだ。パフォーマーとしてのキャリアは、大学時代の友人が、サーカスを愛してやまない、特に動物の演目が好きだったケラーに仕掛けた、下手をすると命を失いかねない悪ふざけがきっかけだった。

1932年のある日、ケラーはブルームズバーグの鉄道会社から電話を受けた。「すぐにこちらに来てください」ケラーが行ってみると、「床に木箱が置いてあって、その箱から立派な雄のマウンテン・ライオンが首を出していた」という。「ライオンは木箱をかじり、頭が通るくらいの大きな穴を開けていた」ケラーの学友は、木箱にこんなメッセージをペイントしていた。「さあケラー、こいつを訓練してみろよ」

ケラーは自宅のガレージで、本当にマウンテン・ライオンを訓練してのけた。これに気をよくしたケラーは、それから何年もかけて、ヒョウやライオン、トラなどの動物を増やしていった。1950年、ケラーは大学を退職し、『ミッキーマウス・クラブ』の撮影のために巡業に出たが、それがウォルトの注意を引いたのだ。

本物のサーカス同様、「ミッキーマウス・クラブ・サーカス」も野外に張られたテント（実際にはキャンバスではなくビニールの）で興行された。伝統的なサーカスにならい、ウォルトは4万8000ドルをかけて、赤と白のストライプ屋根の史上最大規模のテントを立てた。色はともかく、テントは途方もなく大きいもので、観覧席には2500人が収容できた。

ウォルトが子どもの頃、町にサーカスがやってきたときは、これでもかというほど派手な行列を目にしたものだった。どんなにこぢんまりしたサーカスでも、豪華な彫刻が施され、動物を乗せたワゴンを何台か引き連れていた。

いつになく用意周到なウォルトは、9台もの堂々たるワゴンを手配していた。迎えたオープンの日、メインストリートでパレードを行ったのだが、サーカスの未来を暗示する不吉な前兆となってしまった。ワゴンの1台は、かつて一世を風靡した「カール・ハーゲンベック・サーカス」の美しいワゴンだった。中にはトラとクロヒョウが乗っていて、2匹の間には木の仕切りを設けていた。ワゴンは1905年につくられたもので、とても年季が入っていた。そしてテントへの道のりの途中で、仕切りを壊そうとしたトラの爪が貫通し、クロヒョウがそれに噛みついてしまった。

そのとき現場には、いかなるときも待機して警戒を怠らないファウラーがいた。「スタッフたちが角材でヒョウを押さえて引きはがした。ようやく片がついた頃には、1万5000ドルの価値がある動物を怪我させてしまっていた」

サーカスとディズニーランドの入場料は別で、観客席は4分の1ほどしか埋まっていないことが多かった。ウォルトは、メインストリートと同じく、なじみのあるものから、何か想像力をかき立てるような変化を生み出そうとした。だがサーカスは、昔ながらのサーカスそのもので、新鮮さを楽しみたいゲストには見向きもされなかった。

ファウラーは、このサーカスを「初めての教訓」だと述べている。「人々は、ディズニーの世界を見たくてディズニーランドを訪れるのだ。サーカスなどに興味はない」ウォルトもようやく認めている。サーカスのショーは、「ディズニーランドでやるには個性が足りなかった」。

サーカスは1年ほどで終わりとなった。12万5000ドルの損失（バン・アースデール・フランスは、実際のところ40万ドル程度だと見積もっている）を出したが、ウォルトはケラーとその動物たちを気に入り、数カ月の間、興行を続けさせたのだった。ほかにもケラーは、ディズニーランドとの仕事で幸運を手にしている。11月18日、オープン間もないディズニーランド・ホテルにチェックインしようと受付に行くと、そこに歌手のジニー・ローリーがいた。仕事の合間に、ホテルでアルバイトをしていたのだ。のちに、ケラーはジニーと結婚した。

サーカスの失敗は、ディズニーランドの偉大なる成功に傷をつけることはなかった。猛暑の夏が過ぎると過ごしやすい9月がやってきて、その月末までに、メインストリートに足を踏み入れたゲストは100万人に達した。

ゲストは最初の週のように、整理が行き届かない待ち行列や、すぐ壊れる乗り物に悩まされることはなかった。植物も大きく育ち（「ジャングルクルーズ」の音響設備担当の技術者は、スピーカーの周囲にはびこる植物を切り倒すなたを常備していた）、パークは見違えるようだった。メーン州から来た旅行記者は、簡潔なコメントで東海岸から賛辞を贈った。「ディズニーランドは、何をするにもお金がかかる商業施設だった。空っぽの財布で行くべきではないが、お金を使う価値のある場所だ」そう考えているのは、この記者だけではなかった。当時の調査では、93・7パーセントのゲストが、ディズニーランドにお金を払う価値があると答えている。

顧客の満足度は収入にも反映されていた。1954年、ディズニーランドがまだ建設中だった頃、企業としての収益は1100万ドルだったが、パークが完成し営業を始めた1955年には、売り上げが2450万ドルに達した。ウォルト・ディズニー・プロダクションは、『白雪姫』の爆発的なヒット以降、経済的に苦しい時期を過ごしていたのだった。

最初の1週間が過ぎると、ディズニーランドは深刻な問題が起きる心配もなくなっていた。それからは、パークを改善すると同時に、特徴づけることが課題となった。バン・アースデール・フランスは、当時のスタッフの様子を書き残している。「ただお金のためにとか、仕事が必要だからという理由で働くスタッフは大勢いた。だがディズニーランドという場所は、最初は否定的だった人たちを、熱狂的な信者に変える魅力があった」

ジャック・リンドキストもそのひとりだった。

繁栄の9月を迎えると、ウォルトはそろそろディズニーランドにも宣伝マネージャーが必要だと考えるようになった。そしてその仕事は、カナルボートの旅から戻らない息子にやきもきして、不機嫌なままパークを去った、あのリンドキストにもたらされたのだ。リンドキスト自身も、即答で仕事を引き受けた自分に驚いていた。「自分の反応に驚いたものだが、あのオープンの日のことを思い出した。ひどい目にもあったが、ディズニーランドそのものには本当に心を奪われていたんだ」

リンドキストは、ディズニー広報のトップであったカード・ウォーカーに認められた。「ディズニーの役員と面談できるというので、恐れおののいていた。当時わたしは28歳で、広告会社ではなんとかやっていたが、ディズニーのような大企業の役員と会う機会などそれまで一度もなかった」

リンドキストとウォーカーは、45分ほど話し込んだ。「カードは、夫として、父親としてのわたしの責任を理解してくれた。だが、給料は出せても週135ドルだと言われた。今より週10ドルほど給料が上がるだけで、毎日片道100キロ以上の距離を通勤しなきゃならない。最終的には家を売って、知らない土地に引っ越すことになるだろう。だがそれがどうした？　何年かディズニーで働いたら、履歴書にも箔がつく。だから勝負に出て、転職することにした」

だがリンドキストは、ウォルトに快く迎え入れられたわけではなかった。「オファーを受けてから2日後、電話をもらった……。カードがウォルトに話をしたところ、ディズニーランドのマネージャー職の給料は週に125ドルまでで、それ以上は認めないとウォルトに言われたという」（公正を期して言うならば、ウォルトは決してけちなわけではない。ウォーカーも125ドルの給料で働いていることを、リンドキストはのちに知ることになる）。

リンドキストの頭を悩ませることはほかにもあった。20世紀初頭の店員のように、土曜日は正午まで働かなければならなかったのだ。さらに、勤務初日の9月26日、リンドキストは驚愕《きょうがく》することになる。デスクの引き出しを開けると、「5万3000ドル分の未払い請求書がどっさり入っていた」という。誰もこの恐ろしい「貯蔵品」の責任を取ろうとせず、どれが何の請求なのか、どれが正当な請求書なのかを見極めるという、わけのわからない仕事と格闘するのがリンドキストの役目となった。彼が「ディズニーランドにいささか幻滅して、疑いを持ってしまった」としても無理はないだろう。

だが、リンドキストは若く、粘り強かった。それは彼の同僚たちも同じだった。「わたしたちはみな20代で、自信があった。自分の能力を証明し、昇給のために金を儲け、周囲に認められ、受け入れられたいと思っていた。そしてみな、ディズニーランドという新しい場所に魅了され、感動し、心を奪われ、身を捧げるつもりだった。なぜだかはっきりわからなかったが、自分の仕事人生において、今このときにディズニーランドで仕事ができるのは幸運だと感じていた。わたしたちはいい仲間になった。一緒に働き、一緒に遊んだ。ばか騒ぎをし、酒を酌み交わし、『ハーレーのグリーン・テント』（舞台裏でスタッフに食事を出していたワゴン車）で昼食をともにした」

リンドキストは、メインストリートの市庁舎内にしつらえられたオフィスの窓から、まだ生まれたばかりのディズニーの伝統を目の当たりにした。朝にはメインストリートをバンドが練り歩き、一日の終わりには、タウンスクエアで旗を降ろすセレモニーが行われる。こうして、ディズニーランドはリンドキストの精神にしみ込んでいった。その年の年末が近づく頃には、リンドキストはやがてディズニーランドの初代社長に上り詰めるまでの道のりを歩き出していたのだった。

仕事を始めて4カ月の間に、ディズニーランドは夜が最高だということにリンドキストは気づいた。「自分だけの小さな町をひとり占めしている」気分になれるのだ。そうした平穏な時間帯には、メインストリートにいるのが一番幸せだった。それぞれのランドには、「人がいないときでも特徴や個性は感じられる」が、「メインストリートほど魅惑的で純粋な場所はなかった」とリンドキストは言っている。

1955年のクリスマス・イブ、仕事を終えたリンドキストは、家に帰る前にメインストリートを歩いた。夕方の早い時間で、キャロルを歌う聖歌隊がパークを巡っていた。「夜になると、街灯の間で花飾りが揺れ、店の窓という窓にリースが吊られ、タウンスクエアには大きなクリスマスツリーが立っていて、その雰囲気にぐっと引き込まれた」

静かにきらめく建物の間をそぞろ歩いていると、ある家族がリンドキストの目に留まった。「母親と父親、10歳くらいの息子とその妹が、メインストリートを歩いてきた。わたしは彼らの後をついていった。流行りの服ではなかったが、きちんとした身なりをしていた。父親と息子はオーバーオール、母親は綿のスカートにコートという格好で、みんなで手をつないでいた」

家族は、タウンスクエアのクリスマスツリーを見ようと立ち止まった。そのとき、娘が母親の腕を引っ張り、こう言ったのが聞こえた。「ねえママ。サンタさんが来るより、こっちのほうがずっと楽しいね」

リンドキストは、サンタはこの子どもたちにプレゼントを運んでこないのだとわかった。「親は、ディズニーランドに行くならサンタからのプレゼントはないと、そう子どもたちに言ったのだろう」

新米の宣伝マネージャーとして、「あの瞬間は、ディズニーランドの思い出の中で一番心に残る、意味のある記憶となった」とリンドキストは言う。「人々にとってディズニーランドとはどういう存在なのか、それを象徴する出来事だった。われわれは、癌を治療することも、世界を救うこともない。だが、少しの間でも人を幸せな気持ちにできるとしたら、何か価値のあることをしていると言えるだろう」

第40章

プラシング

ディズニーランド幕開けの年は、ウォルトにとって幸先のよいものだった。「最も楽観的な見通し」を50パーセント以上も上回る数のゲストが訪れたのだ。ウォルトは、ホテルの部屋と新しいアトラクションを増やす必要に迫られた。

だがその前に、ウォルトはリストラを考えていた。オープンの日からしばらくして、ウォルトはウッドを呼びとめてたずねた。「なあC・V。パーク中のトイレに、有料トイレが設置されてたなんて知っていたかい？」

ウッドは知らなかったと答えた。ほかにやるべき仕事が山積みだったからだ。

「C・V、明日までに撤去してくれ。最悪だよ。家にお客を招いておいて、トイレを使うのに金を取るようなものじゃないか」

ウォルトのけんか腰の言い方は、悪い兆しだった。「やっかいなことになったと思ったよ。ウォルトにC・Vって呼ばれたことなんかなかったからね」

ウッドが有料トイレのことを知っていた可能性は大いにある。ウッドはどんなやり方をしても収益を上げようと画策していたし、そのチャンスをめったに逃すことがなかった。

こうした一見些細なトラブルは、このふたりの間に大きな軋轢《あつれき》があることを物語っていた。バズ・プライスは言っている。「ウォルトはウッドが好きではなかった。ウッドは抜け目がなさすぎた。かなりあくどいこともやってのける男だったが、ウッドは堕落してたわけじゃない。ただ抜け目がなさすぎたんだ。ウォルトはウッドを信用していなかった」

プライスはいつもウッドの味方だった。それでも、リベートなど、ウッドが賄賂を受け取っていた可能性はある。ロジャー・ブロギーの息子、マイケルが言っていることは、当たらずといえども遠からずだろう。「C・Vはひと癖あるだけじゃなく、ものすごく賢かった。いろんなことを秘密裏に進めていた」ウッドの大声、陽気で大げさな握手、騒々しいテキサス訛りの挨拶には、腹黒いと言っていいほど巧みに人を操るパワーがあった。

普段はほとんど感情を露《あら》わにしないウォルトは、出会って早々、この空いばりのテキサス男にうんざりしていた。「ウッドとウォルトの仲は良くなかった」とプライスは書いている。「理由ははっきりしていた。ウォルトは下品な冗談が嫌いで、保守的な道徳観の持ち主だった。一方のウッドはというと、女性に手が早く、軽薄でいかがわしいことも口にしていた。魅力はあったが、ちょっとした詐欺師だった。ウォルトは、田舎者が口のうまい都会っ子を相手にするようにウッドと接していた。ふたりの間柄は、完全に水と油だった」

ウォルトは、まるで陣地を拡大するかのように、「ボンバーズ」らテキサスの仲間を大勢雇い入れるウッドに目を光らせていた。ディズニーランドにボスはひとりでいい。ウォルトは、そのボスとしての権力が侵害されるのをよしとしなかった。

バン・アースデール・フランスはこう語っている。「ウォルトとウッドが袂《たもと》を分かつのは、避けられないことだった。ふたりとも強い信念を持ち、ときにはその信念が正反対を向くことがあった」自分が達成した最高の偉業は何かとたずねられたとき、ウォルトはこう答えている。「組織をつくり、それを守ったことだ」フランスは「多くの面において、ウッディは『自分』の組織をつくろうとしていた……テキサスの仲間たちと一緒に。それはウォルトにとって脅威だった」

開業翌年の1月、ウォルトはついにロイに言った。「あいつを首にするんだ」

フランスは、そのときの出来事を書き残している。「ウッドは定例会議を行っていた。彼のオフィスは、いつものように人でいっぱいだった。それが一夜のうちに、ウッドはジェネラル・マネージャーの任を解かれ、ジャック・セイヤーズが後釜に座っていた」

ウッドの最後の出勤日、セイヤーズとフランスが別れの挨拶に行くと、ウッドのオフィスはいつになく静まり返っていた。フランスによると、「おべっか使いやウッドのお気に入りたちは姿を消していた」という。「オールド・ラウドマウスを何杯か酌み交わすと、ウッドは最後にメインストリートを歩き、去っていった」

フランスはこうも言っている。「(ウッドが)去ってから、テキサスっ子のスタッフの多くが、言葉遣いに気を配るようになり、何人かはディズニーランドに残って重要な仕事をやり遂げている」

ウッドと一緒に去った者もいる。ゲイブ・スコグナミロは、イメージの固まらないトゥモローランドのデザインというやっかいな仕事を任され、ウォルトと言い争いになり、解雇された。メインストリートの植木の一件でルース・シェルホーンといざこざを起こしたウェイド・ルボトムも、同じく解雇されている。

そのシェルホーンもまた、ディズニーランドを去った。エヴァンス兄弟や他の業者とそりが合わず、ひとりで食事をするような毎日だったが、シェルホーンはディズニーランドに残りたいと願っていた。最初から最後まですばらしい仕事ぶりで、シェルホーンが切り捨てられたのは不可解に思える。だが時代は1950年代半ばで、シェルホーンは男ではなかった。その後、新天地でさらなる快進撃を続けたシェルホーンだが、ディズニーランドに価値ある財産を残していった。オープンから70年近く経っても、人々はシェルホーンのつくった木陰で憩い、楽しい時間を過ごしている。

ディズニーランドは、個性とも言うべき慣習を打ち立てつつあった。当時、弱冠21歳だったマーティー・スカラーが、大きな役割を果たすことになる。

あの「暗黒の日曜日」にフェス・パーカーを助けたとき、スカラーはカリフォルニア大学ロサンゼルス校の2年生だった。夏休みが終わり、大学を卒業したスカラーは、ディズニーランドに戻り、立ち上げたばかりの広報チームの一員となった。

スカラーのオフィスはタウンスクエアの警察署の中で、市庁舎内にあるリンドキストのオフィスの隣だった。そこで、スカラーいわく「ディズニーでのキャリアの行く末に大きな影響を与える」ちょっとした出来事が起こる。「そしてわたしは、ウォルト・ディズニーの『魔法の王国』を広く知らしめるうえで、重要な役割を果たしたと思っている」

ある日、オフィスに入ったスカラーは、ドアに鍵をかけるのを忘れていた。そのせいで、あっという間にゲストたちが中に入ってきてしまった。「突然、ディズニーランドに関するいろんな質問に答えなきゃいけなくなった。ゲストにたずねられたことを考えているうちに、ディズニーランドを大衆に広めるのが仕事のわれわれにとって、これは役立つ情報を手に入れる絶好のチャンスだとひらめいた。それ以来、オフィスにいるときは、必ずドアを開けておいた」

それから少ししたある日、メインゲートの辺りをぶらつき、ゲストの言葉に聞き耳を立てていたスカラーは、「今までにないほど驚いた」という。「ジャングルクルーズに、ロケット・トゥ・ザ・ムーン、マークトウェイン号にも乗りたいけど、『ライド（乗り物）』には乗らない」とゲストが口々に言っていたのである。

何だって？　ディズニーランドの売りは「ライド」じゃないか。そこでスカラーは気づく。

「ウォルトは、テレビ番組でディズニーランドの魅力を見事に語った。それで大衆は、ディズニーランドには昔ながらの遊園地とは違うものがあると思ったんだ。みんなの頭の中では、ホイップも、ウォーターシュートも、回転木馬《ワールギグ》も、遊園地で吐き気を催すようなスリルが味わえるものはすべて『乗り物』だった。ディズニーランドにあるのは、それとは別物だった」

その発見に気をよくしたスカラーは、同僚たちと「ディズニーランドの中にあるものを表現する、新しい言葉」を生み出した。そして「ライド」は、もっと感動的な類語に置き換えられた。「新しいキーワードは、『アドベンチャー』『エクスペリエンス（体験）』『アトラクション』、そして『ストーリー』だ」

それからスカラーは、年を追うごとに「ライド」という退屈な響きの言葉にますます目を光らせるようになった。「広報物や広告のコピーは、わたしが最終の決定権を持っていたから、『ライド』という言葉を見つけたら、赤ペンを走らせて削除していたよ」

2008年の後半になっても、スカラーは言葉遣いに気を配っていた。「ディズニーランドのアトラクションを『ライド』と呼ぶなら、その辺の遊園地にあるものと同じカテゴリーに入ってしまう。われわれは彼らの上を行くべきで（なぜって、うちにあるもののほうが優れているからね！）、われわれが提供するのは『アトラクションであり、アドベンチャーであり、夢中になれる体験』だということを伝えるべきなんだ」

「トード氏のワイルドライド」だけは、ディズニーランドで唯一「ライド」という名称を許された。そのことは、トード屋敷の正面に誇らしげに記されている。

そうした「お上品」な表現は、パーク中に広がっていった。優雅な別名がつけられたのは、乗り物だけではなかった。バン・アースデール・フランスは、「ディズニー大学」の入門クラスで「カスタマー」を「ゲスト」と呼ぶよう教えた。ゲストにアイスクリームを売ったり、オートピアのカートに案内したりするスタッフは、「ホスト」あるいは「ホステス」。劇場でも、古いレッテルがはがされていった。どんなに大入りの日で、館内がぎゅうぎゅう詰めになっていたとしても、それは人込みではなく「オーディエンス（観客）」だ。切符を切る係やアトラクションのオペレーターは、仕事をしているのではなく「役柄」を演じている。スタッフは「キャスト（出演者）」であり、休憩中は「バックステージ（舞台裏）」に「退場」していることになる。当時は眉をひそめられていたロックンロールの演奏にまで、いささか胸やけを起こしそうな「ハムディンガー（すばらしいもの）」などという呼び名がつけられた。

ディズニーランド全体が「ショー」であり、ゲストはまず「アウター・ロビー（つまり、駐車場）」に足を踏み入れ、線路の下をくぐって（この19世紀鉄道には、お高く留まった呼び名を新たにつけることはしなかったらしい）、「インナー・ロビー（タウンスクエア）」に入り、「センター・ステージ（メインストリートとその他のエリア）」へと向かうことになる。

こうした劇にまつわる比喩表現はうわべだけのものではなく、事実、「ホスト」も「ホステス」も役者だった。彼らは日中、いつも親切で、親しみやすく、ユーモアがあり、心配りができ、自分たちのステージへとやってきた数えきれないほどの観客を笑顔で迎え入れるという骨の折れる「役割」を演じていたのである。

格下のライバルたちとは一線を画そうという動きは、すぐにお金という根本的な問題にまで広がることになる。どのアトラクションもチケットが必要で、そのチケットは入場料とは別売りだった。となると、ゲストたちはしょっちゅうポケットから財布を引っ張り出さなければならず、大人のゲストは常にお金の心配をしているのだった。

バン・アースデール・フランスはこう書いている。「1955年、料金の値上げに対する大きな反発が起こった。ディズニーランドで過ごすには40ドルもかかるという噂もあった。噂を払拭するために、広報部のトップだったエド・エッティンガーが、チケット・ブックというアイデアを思いつく。おかげで、『入場料と8つのアトラクションで2ドル50セント』という宣伝が打てるようになった。発案者のエドは、『みんなに非難されるか、ヒーローになるか』と心配していたが、もちろんヒーローになった」

チケットブックは当初、10月半ばから1カ月間に限ってのプロモーション商品だったが、結局は25年間販売が続けられた。ただの紙の束が、ディズニーランドでの体験を大きく変えたのだった。

それまでのチケットは、地方のお祭りのチケットでもおなじみの、油っぽい長方形のボール紙でできていた。新しいチケットブックは、グローブ・チケット・カンパニーによって印刷され、きちんと製本された小さなブックレットで、パステルカラーのページには、入場できるアトラクションごとに「A」から「C」までのラベルが印字されていた。チケットブックは、すべてのアトラクションに割引価格を提示していたが、それ以上に大きなポイントだったのは、最初にチケットブックを購入してしまえば、ゲストたちはただでアトラクションに乗っている気分になるということだった。

「40ドルの噂」が客入りに影響を与えることはなかった。1955年は350万人だった入場者は、1956年には400万人に達しようとしていた。13パーセントの増加を好調とみたウォルトは、入場者数を増やしつづけるためには「プラシング」が必要だと考えた。これは、今あるものを改善しつつ、新たなものを増やしていく、という取り組みだった。あるテレビ番組の宣伝で、ウォルトはこう語っている。「ディズニーランドは完成することはないと言われてきた。実のところ、わたしが言ったんだがね」

実のところ、それはマーティー・スカラーの言葉だった。

スカラーは（ディズニーランドで50年間働き、のちにWEDから発展したウォルト・ディズニー・イマジニアリングのトップとなった）、入社早々、ウォルトのお眼鏡に適うコピーを書き、好スタートを切っていた。スカラーは、ウォルトが自分の声として採用したくなるような、理想的な言葉を生み出す人物だった。

ディズニーランドが終わることのない拡張に乗り出してから数年が経った頃、スカラーは当時の状況を、今やウォルト自身の言葉だとみなされている文章にまとめている。

「わたしが思うに、ディズニーランドは完成することがない。ディズニーランドは発展を続け、手を加えつづけられる場所なのだ。映画とは違う。映画は撮影が終わり、フィルムを編集に回してしまえばそれまでだ。改善できるところがあったとしても、もう手を出せない。わたしは何か生きたもの、成長しつづけるものに携わりたかった。ディズニーランドにそれを見出したのだ」

さっそく、ディズニーランドは「インディアンの村」へと成長することになった。村には17の部族から集められた本物のネイティブ・アメリカンが住んでいた。（1957年、ソビエトの新聞に、フロンティアランドは資本主義の客たちを楽しませるため、ネイティブ・アメリカンを監禁しているという記事が掲載されたとき、首長のライリー・サンライズはこう訴えている。「監禁だって？　週に25ドル稼ぐロシア人がどれほどいるっていうんだ」）

時間との闘いの中で、ウォルトはしぶしぶながら、ドイツの遊具メーカーが製造した「ロト・ジェット」という既製の乗り物を購入した。大急ぎで外装を整え、1956年4月、旋回型のアトラクションが「アストロ・ジェット」という名前でトゥモローランドに登場した。開業後にパークに新たに追加されたアトラクションの第1号となった。

次に仲間入りしたのは、独自に製造した大掛かりなアトラクションだった。ウォルトはディズニーランドに散々資金をつぎ込んできたが、「レインボー洞窟の鉱山列車」はなかでも際立っていた。ウォルトは50万ドルもかけて、新たな列車をつくったのだった。ほとんどがハーパー・ゴフの手によるもので、設計はロジャー・ブロギーが担当した。ウォルトが気に入らなかったのは、電動機関車だったことだ。蒸気機関車にしたかったのだが、ディズニーランドの運営にはめったに口を出さないオレンジ郡当局が、すでにパークは無認可の蒸気機関車を何台も走らせているのだから、もう増やさないよう通達してきたのだった。

10人乗りの鉱車を6両引っ張りながら、電動機関車（4台あった）がゴールドラッシュ時代のカリフォルニアの鉱山町「レインボー・リッジ」を出発し、「コヨーテ・ロック」や「死者の泉」「馬泥棒の渓谷」といったロマンあふれる砂漠の風景の中を進む。くすんだピンク色の岩肌が続く地形には、荷運びのラバが渡る天然橋や、平らな岩が重なり合ってシーソーのように揺れる（崩れそうで崩れない）「バランス岩」も見える。「悪魔のペンキ入れ」（ブクブクと泡立つ青や紫のクレーター）を通り過ぎると、列車はひんやりとした暗闇へと入っていく。そこには、宣伝文句によると「ミステリアスなレインボー洞窟の深部で色とりどりの滝が織りなす、印象的な風景」が広がっている。

ウォルトは、その印象的な光景には「D」ランクのチケットを発行する価値があると考えた。この鉱山列車をきっかけとして、ディズニーランド初期を通じて、「金を儲けるためには金を使う」という格言がはびこることになった。新しいアトラクションを導入するたび、入場者数が10パーセント増加したのである。

この砂漠は、ディズニーランドがアメリカ国民の意識に与える強い影響力をうかがわせるものになった。1958年の『ナショナル・ジオグラフィック』に、ウィリアム・ベルクナップ・ジュニアがブライス・キャニオンについて述べた記事がある。鮮やかな黄色に、褐色、レンガ色、オレンジ色の岩石層を、ベルクナップの妻は「『ウォルト・ディズニーがつくったものにそっくり』だと言い得て妙な言葉で表現した」という。ディズニーランドは誕生からわずか3年だったが、ブライス・キャニオンは6000万年前から存在していた。本来であれば、ブライス・キャニオンのほうが「連想されるべき側」であることは確かだった。

ウォルトはそれからも、「スカイウェイ」（ファンタジーランドとトゥモローランドの間に730メートルのケーブルを張り、2人乗りのアルミニウムのゴンドラを運ぶという、アメリカでも類を見ない乗り物だった）といった大規模なプラシングと、「バスルーム・オブ・トゥモロー」（トゥモローランドに女性のゲストを呼び込もうと、工業デザイナーのヘンリー・ドレイファスがデザインした黄色と金色のバスルームをクレーン・カンパニーに依頼して製作するが、結局は的外れな努力に終わっている）といった小規模なプラシングを続けた。

最も印象的で、後世に残るさまざまなプラシングが行われたのは、1959年のことだった。これにより、パークは成熟の域へと到達する。

ボブ・ガーはこう書いている。「1958年の春までに、ウォルトはWEDエンタープライズを巨大なデザイン集団へと育てていた。そして、金のかかる企画に次々と着手していった。振り返ってみると、1958年から1959年の間に、あれだけの仕事をあれだけのスピードでやり遂げていたことには今も驚かされる。ディズニーランド事業において、あの頃がウォルトの黄金期だったといえるだろう。手のかかる土木事業に、膨大な数のコンクリート工事、いちから開発した機械……真新しい乗り物も、すべてがテーマパーク産業で先例のないことだった」

第41章 山とモノレール

「眠れる森の美女の城」の堀が完成すると、6メートルの土の山が残った。この残骸を魅力的に見せようと、驚くほどおざなりな試みがなされている。てっぺんを平らにしてピクニックチェアを置き、「ホリデー・ヒル」という名前をつけたのだった。

ゲストは寄りつかなかったが、数年後、ディズニーランドそのものと同じくらい人気を集めるレクリエーションがここに誕生することになる。ボブ・ガーは「ホリデー・ヒル」についてこう語っている。「ただの土の塊だったが……庭師のひとりが、そこにマリファナを植え、景観設計家のビル・エヴァンスがやってくるまで1年くらい育てていた」ディズニーランドで最も目立つ部分が、元は「マリファナ農場」だったということに、ガーは笑いを隠せないという。

従来の遊園地におなじみの乗り物は、ディズニーランドには置かないという当初の考えを改め、ウォルトは「トード氏」よりもスピーディーなアトラクションを検討するようになった。

いつものように、ジョー・ファウラーとパークを巡回していたとき、ふと「ホリデー・ヒル」に足を延ばしたウォルトは、こう言った。「なあ、ジョー。ここを雪山にして、トボガン（小型のそり）を走らせるってのはどうかな？」

ファウラーは、南カリフォルニアは暑いので、雪が溶けてしまい、深刻な排水トラブルを引き起こすだろうと答えた。水浸しのアトラクションなど、維持していけるはずがないと。もちろん、ウォルトにもそれはわかっていた。ウォルトはファウラーに反論せず、ただ目ざわりな土山を「スノー・ヒル」と呼びはじめたのだった。

あるとき、ファンタジーランドからトゥモローランドへと向かっていた、幹部スタッフのひとりが通りがかった。ウォルトはいつになく静まり返ったままベンチに腰かけ、宙を見つめている。ウォルトとは気安い間柄だったそのスタッフは、物思いにふけるウォルトに遠慮なくたずねた。「何を見ているんです？」

「ぼくの山さ」

そして1958年、ついにウォルトは〝その山〟と出会う。父親が命を落とした山に挑む少年を描いた映画で、「シタデル」という架空の山が登場するのだが、そのモデルとなったのは「マッターホルン」だった。ヨーロッパで急峻《きゅうしゅん》な頂の影に覆われて過ごしている間に、ウォルトはアメリカに向けて、ナポレオンばりの有無を言わせぬ命令を発する。美術監督のヴィクター・グリーンが受け取ったポストカードには、表にはマッターホルンの写真があり、裏にはたったふた言、「これをつくれ」と書かれていた。

ウォルトが冗談を言っているとは誰も思わず、即座に制作が開始された。作業は模型工房から始まり、ハリエット・バーンズがしぶしぶながら仕事を引き受けた。「マッターホルンなんてどうかしてると思いました。『いやはや、ディズニーランドの真ん中にマッターホルンとはね！』って。本物のマッターホルンがあるんだから、それをわざわざディズニーランドにつくる必要はあるんだろうかと、みんな思っていました」

フレッド・イェイガーは別の仕事で手一杯だったため、バーンズはほとんど指示も受けないまま、ひとりで作業を始めるはめになった。「ヴィク・グリーンと一緒に取り組んだ」とバーンズは言っている。「手元にあったのは、『ナショナル・ジオグラフィック』に載っていた写真や『ライフ』の見開きページ、数枚のポストカードだけでした」

まずは、30センチくらいの高さの粘土模型をつくった。「誕生日ケーキのように、層を積み上げていきました。そうすれば、失敗した層を新しい層と入れ替えるだけで済みますから」バーンズは模型のサイズを少しずつ大きくしていき、ついに模型が完成した。イェイガーも作業に加わると、その模型から鋳型を取り、山の形を整え、色づけしたものをスタジオに送ったという。「木も、植物を植え込むポケットも、配管も、何もかもわたしたちでつくったんですよ」

模型はすばらしい出来ばえだったが、それは、オレンジ郡で最も高く、最も複雑な建造物を完成させるまでの第一歩にすぎなかった。

ディズニーランドのマッターホルンは１００分の１スケールだった（スイスのマッターホルンは約４４８０メートルで、ディズニーランドのマッターホルンは44・８メートルだった）。骨組みには、大型の近代建築にならってスチールが用いられたが、通常とは異なり、骨組みとなる2175本の桁は長さがまちまちだった。入り組んだ構造の外装材を支えるためで、合板の上にコンクリートで再現したアルプスの岩肌を重ね、本物そっくりに色づけも施していた。ジョン・ヘンチは、山を表現するのに色づかいが最も重要だと考えていた。「ゲストたちが、南カリフォルニアの真ん中で、雪をかぶったミニチュア版アルプスを気に入ってくれるなら、それこそイマジニアの腕の見せ所だろう。その幻想の風景をもっともらしく見せるポイントは、驚くほどリアルな、銀白に輝き青い影を落とす雪だ」

作業は順調だったが、山には何か「役目」が必要だった。ジョー・ファウラーは、山の中を走るジェットコースターをつくるよう、エド・モーガンとカール・ベーコンに依頼する。客の流れをスムーズにするためには、2台のコースターが必要だった。2台がそれぞれ別のコースで、山頂からまっしぐらに下っていくようにするのだ。

モーガンたちは、ジェットコースターの製造では考えられないような制限のもと、作業を進めることになった。通常の木製コースターは、骨組みの長さや高さを製造者が自由に設定できる。だがディズニーランドのジェットコースターは、異様な形の建造物の内部を走らせなければならない。

モーガンによると、「ディズニー側から与えられる情報をつなぎ合わせなければならなかった」という。「建物の素案を渡されたが、それが完成にはほど遠い段階から、コースターの制作を始めた。2台のコースターを10カ月で設計することになっていた」戦闘機のガスタンクの穴をふさぐところから、さまざまな経験をしてきたベーコンも、こう言っている。「カートが滑り降りる坂を完成させるためには、さまざまなカーブや傾斜の角度、起伏を考慮に入れて、設計図を描く必要があった」

モーガンたちはコースをつくり、山の中に押し込むことができた。だが、ウォルトの「勢いよくスムーズに滑るボブスレー」というさらなる要求にどう応えたのだろうか。1880年代、コニー・アイランドに近代的なジェットコースターが初めて登場したとき、その乗り心地の悪いコースターは鉄道と大して変わらなかった。金属のレールの上を、金属のタイヤが進み、耳ざわりな音を立てる。それが売りでもあったのだが、ウォルトが望んでいるものとは違っていた。

アロー社がいかにして問題を解決したのか、モーガンは簡潔に述べている。「スチールパイプでレールをつくった」

パイプを使うと、通常のレールよりもカーブが急になりやすい。だが、それは利点のひとつでもあった。といってもモーガンは「スチールのレールの上に、スチールの車体を走らせるつもりはなかった」と言っている。音がうるさすぎる、と。

天然ゴム製にするのが手っ取り早い解決策だったが、ベーコンはもっといい方法があるんじゃないかと言った。「第二次世界大戦後、戦利品としてポリウレタンがドイツから入ってきた」とモーガンは語っている。「デュポン社が政府から権利を買い上げていた。ポリウレタンは天然ゴムよりも回転効率がいい。天然ゴムのタイヤは変形しやすく、ポリウレタンのものに比べると摩擦熱でスピードが落ちてしまう。そこで2メートルくらいのパイプのレールで試験走行を重ねた。レールの上にタイヤを乗せ、24時間走らせた。ナイロンや他の材料も試してみた」

モーガンたちは、ポリウレタンのタイヤが一番だと判断した。「それでも、わたしたちは大きな危険を冒そうとしていた」とモーガンは語っている。なぜなら、デュポン社はタイヤのことなど「何もわからない」というのだ。だがディズニー側は、万一アロー社の手に負えなくなった場合は、救いの手を差し伸べると「非公式に」約束した。

そうして完成したタイヤで走るそりは、アロー社とボブ・ガーのどちらかが生みの親だったが、どちらも自分だと言い張った。アロー社は、ディズニーのスタッフは忙しくて何もしてくれなかったと言い、ガーはそんなことはない、設計したのは自分だと主張した。「スイスのボブスレーを参考に、ゲストが座るシートのデザインを考案した。ゲストは身を寄せ合って乗り込むことになり、これがあとになって、若いカップルを大喜びさせた。ぼくはデザインしたボブスレーのスケッチをアローに送り、彼らはそれを基に、実物大のカートをつくったんだ」

一方、モーガンとベーコンは、そんなスケッチなど見たことがないと言った。「成功には多くの父がいるが、失敗は孤児である」という古い格言があるが、「マッターホルン・ボブスレー」は大成功だった。アルプスを疾走するアトラクションは、今も当時と変わらぬ人気を集めている。

このアトラクションは野外遊園地産業そのものに変化を与えた。カートはレールの上を不安定に進むのではなく、レールの間にしっかりと収まっている。スカラーは「まったく新しいタイプのジェットコースター」だと言っている。「地面を走っているときは、地球とひとつになったような気分を味わえる」

それだけでなく天国にいる気分も味わえる。レールに切れ目のないパイプを使ったことで、時速160キロ以上のスピードが出せ、カートは120メートルの高さのスチールのループを回転しながら落ちていくのだ。

この遊園地業界における画期的な進歩は、広まるのに10年ほどの時間がかかったが、今や世界中の遊園地に「エドとカールのボブスレー」の子孫が姿を現している。

「マッターホルン・ボブスレー」が完成したとき、疲れ果てたファウラーは、ウォルトに「次に山をつくるときは、神にやってもらおう」と懇願したという。「マッターホルン・ボブスレー」は、総工費150万ドル（現在の価値にして1400万ドル）だった。だがそれは、ウォルトが繰り広げる途方もない計画の、ほんの一部だったのだ。

ウォルトは以前より、モノレールをつくりたいと考えていた。モノレールという言葉は、ディズニーランドがオープンしたときから、ずっと宙に浮いていた。アート・リンクレターが「ピーター・パン」のアトラクションをモノレールだと言ってしまったのも、そのせいだった。ウォルトが初めてモノレールを目にしたのは、1950年代半ばのドイツで、「ヴッパータール空中鉄道」がヴッパー川の上を約13キロに渡って運行していた（開通は1901年で、2度の戦争を乗り越え、現在も運行を続けている）。ウォルトはひと目で気に入ったが、リリアンはそうでもなかった。車両がレールの下にぶら下がり、大きく横揺れするものだから、リリアンは乗り物酔いをしてしまった。

ウォルトはモノレールへの思いを持ちつづけていたが、それはスイス人の実業家アクセル・ヴェナー゠グレンも同じだった。エレクトロラックスへの投資で大儲けした億万長者で、第二次世界大戦後、ヴェナー゠グレンはドイツの株式で財を成していたが、苦難の時期にあったドイツ政府は、私財をスウェーデンへ持ち出すことを禁じた。ボブ・ガーによると、「怒り狂った」ヴェナー゠グレンは、「適当に事業を選んで、『わかったよ、金がなくなるまで、モノレールに資金を投入しようじゃないか』」と言ったという。

1958年になっても資金は枯渇せず、ヴェナー゠グレンは自分の名前をもじったアルヴェーグという会社でモノレールの原型を製造し、ケルン郊外を5キロ近く走行させていた。その夏、ドイツを車で旅行中だったウォルトとリリアンは、奇妙な橋が道路の上にかかっており、その橋をモノレールが走っている場面を目にしたのだった。驚いたウォルトは、ブレーキを踏んだ。そののち、モノレールに魅了されることになるボブ・ガーは、こう語っている。「10秒かそこら遅く、あるいは早く通り過ぎていたら、ウォルトがモノレールを目にすることはなかっただろう。ぼくが思うに、当時モノレールのことは公表されておらず、見た人もいなかった」

ウォルトはすぐさま、ジョー・ファウラーとロジャー・ブロギーをケルンに派遣した。数週間後には、ボブ・ガーも続いた。ガーはアルヴェーグ社が「ヴッパータール空中鉄道」を進化させたやり方に感銘を受けた。「アルヴェーグは、金属のレールの溝に台車機構を配置するのではなく、レールの上にゴムタイヤの車両を乗せ、側面のタイヤで支えて走行させていた」レールにまたがる形のこのモノレールは、「ジャーマン・サドル・バッグ（鞍袋）」方式として知られるようになった。

問題は、アルヴェーグ製の箱型で殺風景な車両を、どうやってトゥモローランドの「未来の列車」に仕立てるかだった。ガーはこう思ったという。「棒にまたがったパンの塊みたいなこいつを、どうすりゃいいっていうんだ？」

レールとモーターの存在が制約になったものの、ガーは「未来の美」というのにふさわしいデザインに取り組みはじめた。「何かを細く見せたいときは、『タンブルホーム』（何世紀か前までは船大工が用いていた言葉で、見た目をよくするために『引っ込める』『湾曲させる』といった意味がある自動車デザインの用語）にするのが一般的なやり方だ。シンプルでまっすぐな形は野暮ったくなりがちだが、形を整えてやれば、美しくなる」

そういうわけで、ガーは美しい外見の車両——低い流線形の車体で、止まっているときもスピードが感じられる——をデザインしたが、「あの不格好なガラス張りの正面をどう隠そうかと悩んだ」という。

そんなガーを助けたのは、子どもの頃に観た映画シリーズだった。「バック・ロジャース（同名のSF映画シリーズの主人公）やザーコフ博士（SF映画『フラッシュ・ゴードン』の登場人物）が乗り回していたような、大きなフロントガラスに小さな丸窓、てっぺんに大きなヒレ、後ろに噴射ノズルのついたロケットが好きだった。バックのロケットは、惑星や小惑星に横滑りで着陸していた。そりのように、砂地にブレードを滑らせてね。だから思ったんだ。『そうか……あれでいこう！』ってね。それで、バック・ロジャースのロケットみたいにフロント部分をスカートで覆って、スロットが見えないようにした」

ガーは、新たにデザインした2台の列車が「梁《はり》のレール」の上で行き交うスケッチを披露するため、アニメーション・ビルディングでのミーティングに向かった。「ウォルトがやってきて、ぼくが壁に貼ったスケッチをじっと見つめていたかと思うと、目を輝かせはじめた。指でスケッチを叩いて、ウォルトは言った。『ボビー、こいつをつくれるかい？』ぼくは、『そうですね……』と答え、その場にいた人たちを見回した。それから、『わかりました』と言ったんだ。それでミーティングはおしまいだった」

1958年11月、ガーは計画書を携えてケルンに向かった。「ドイツ人たちが何年もかかったことを、ぼくたちは3週間で仕上げた……ウォルトとの仕事は、そういうものだった」

ドイツのエンジニアたちとは激しい言い争いになった。バーバンクのスタジオで、WEDは車両の形にとどまらず、さまざまな点でアルヴェーグのモノレールに変更を加えていた。「ぼくたちがつくろうとしていたのは、アルヴェーグの内部機構ではなく、ロサンゼルスで手に入る部品でつくることのできるものだった」オリジナルのものづくりにこだわる一方、WEDでは別の格言もはびこっていた。「発明するより、買いに行け」

ガーは「マンハイムから来ていたエンジニアが、怒って引き上げていった」とき、いささか同情を覚えたという。「彼らからすれば、何年もかかって（それなりの額のマルクも費やして）実用化にこぎつけたというのに、映画技師とか遊園地のカートのデザイナーとかいう連中に、まったくの別物にされて、自分たちのモノレールが格好悪く見えるようになってしまったんだからね」

　ウォルトがこだわっていただけで、アルヴェーグのモノレールが不格好だったわけではない。1959年の春、ディズニーランドはどこもかしこも大忙しだったが、モノレールづくりは格別だった。外部の業者に請け負わせていた車両の制作が遅れ、ブロギーは完成半ばの骨組みを防音スタジオへと運ぶと、こう宣言した。「ボブ、今からきみが制作マネージャーだ」

　ガーはほんの数年前まで、ただ車のデザインをしていればよかった。それが気づけば、まったく新しい乗り物を大急ぎで完成させるという責任を負っていたのだった。「この段階で、新たなデザインを考える時間はなかった。だが、列車のどこをどうしたいのかは、すべて頭に入っていた。そこでスケッチを描いて、車両の手を加えたいところに貼りつけ、『こういう風にしてほしい』と指示を出した。デスクに戻ると別のスタッフが待っていた。機械工房は100メートル以上離れていたから、必要なパーツをメモして、スタッフに自転車で機械工房へ行ってもらい、メモにあるものを受け取って、ぼくのデスク横にある箱に入れておくよう頼んだ。みんな協力的で、お互いに信頼し合っていたが、完成するまでどんなデザインになるのか誰も知らなかった」

　作業が順調に進むようになると、ガーは防音スタジオのドアにロープを張って、許可されたスタッフ以外は中に入れないようにした。

ある日、ウォルトが「財務マン」のミッキー・クラークと一緒にやってきた。ガーはロープのところでふたりと会い、少し言葉を交わした。去り際、クラークが振り返り、「きみがどうするのか、ウォルトは見当もつかないと言っているが、これを受け取ってくれ――」と言いながら、封筒を差し出した。

ガーは防音スタジオに戻り、封筒を開けた。「中には1000ドル入っていた。ウォルトがどんなことをしてでもモノレールを完成させたがっているのがわかった。ロープを張られて、中に入れないとしてもね」

ウォルトは、まったく口出ししなかったわけではない。あるときから、モノレールの運転手の姿を見えないようにしてほしいと言い出した。「ゲストに、運転士の油っぽい首筋を見せたくないんだ」ウォルトにとって、それは少年時代を過ごしたマーセリーンでのあまり楽しくない思い出なんだろう、とガーは思った。「路面電車に乗っていたときのことを思い出したのかもしれない。運転士の首筋はいつも薄汚れていたからね」

未来の列車を運ぶモーターは、メインストリートの時代が残した遺物でもあった。ガーはこう書いている。「スタジオの主任エンジニアのリー・アダムスは、元々はウェスティングハウス（アメリカの電機メーカー）にいた男で、そのウェスティングハウス製の中古のＤＣ（直流）モーターを格安で手に入れてきた。当時はまだたくさんの路面電車が走っていたが、単純な直流の装置で、パーツを買って組み合わせるのも簡単だった」

その後半世紀にわたって運行を続けるという信頼性の高さにもかかわらず、「このモノレールが実際にレールの上を何のトラブルもなく走行できるようになったのは、ウォルトが新型のモノレール・システムとしてテレビでお披露目する前日のことだった」という。

第42章

ディズニーランド1959

ウォルトはまた同じことをやろうとしていた。「ブタ以上のものをブタでやろうとしても、無理に決まってるさ」と格言めいたことを言いながらも、ウォルトはパークの拡張を祝おうと1時間半のテレビ番組を企画する。もちろん、アート・リンクレターたちも出演させるのだ。「デイトライン・ディズニーランド」では、夢いっぱいだが未完成のパークを紹介した。「デイズニーランド1959」では、当初の約束を果たしたことを宣言するつもりだった。

番組は6月15日に放送され、「デイトライン・ディズニーランド」の最後の場面からスタートした。ウォルトとアート・リンクレターが「眠れる森の美女の城」の前に立っている。リンクレターが口を開いた。「それで、ウォルト?」

「何だい?」

「どんな気分?」

「もうすぐ子どもが生まれる父親みたいな気分だよ。不安だけど、すばらしい」

どういうわけか、ふたりは同時に腕時計に目をやり、それからリンクレターが言った。「何だか、4年前にやったことを思い出すね」

確かにそうだったが、4年前よりも、ゲストの数ははるかに多かった。リンクレターは、パレードを観覧するために設けたメインスタンドの通路から実況を始めた。ゲストには、スイス総領事（リンクレターによると「誰がマッターホルンを盗んだのか、わざわざ見に来られた」らしい）や、3番目に新しいアトラクション「サブマリン・ヴォヤッジ」（当時最新の原子力艦隊をモデルにした8隻の潜水艦が「液体空間」を探索するアトラクション）に祝辞を述べるために参列した海軍幹部も含まれていた。「デイトライン・ディズニーランド」では、リンクレターはゲストの中にダニー・トーマスを見つけて喜んでいたが、このときは、大統領のリチャード・ニクソンを紹介することになった。大統領は、モノレールの初走行を見届けにやってきたのだった。

「デイトライン・ディズニーランド」とは異なり、「ディズニーランド1959」の放送は滞りなく進んだ（マッターホルンの頂上に、誤ってスイスではなくノルウェーの旗を飾っていたことを除けば）。だが、面白いとはとても言えなかった。

それは仕方のないことだったのかもしれない。「ディズニーランド1959」は、新しい遊園地の誕生を祝うという差し迫った理由ではなく、成功を世に知らしめたいという目的で放送されたからだ。番組の半分は仰々しいパレードが占めていた。パレードの幕開けは、いささか奇妙だった。（南北戦争時の）南部連合の軍歌といわれる《ボニー・ブルー・フラッグ》の演奏から始まり、さまざまな国の出し物が続いた。和傘を手に踊る日本、レーダーホーゼン（主にバイエルン地

（方の男性が着用する半ズボンの民族衣装）姿のオーストリア、カスタネットを打ち鳴らすスペイン、そしてメキシコ。スコットランドは、バグパイプとハイランドの激しいダンスを披露した。ファイヤーハウス・ファイブ・プラス・トゥーの演奏や、ボブ・ガーのデザインした、ひとまわり大きくなったオートピアのカートも続く。新しいアトラクションを紹介するのは、手の込んだフロートだった。モノレールで結ばれた摩天楼（レールの上を小さなモノレールが走っている）を模したフロートに、マッターホルンとボブスレー（実際に人が乗って、車体を揺すっている）を乗せたフロート。潜水艦は、サンディエゴ海軍訓練センター音楽隊による《錨を上げて》のメロディとともに登場した。

40分が経過する頃、ようやく新しいアトラクションのお披露目となった。未来ではいかに渋滞が解消されるかを紹介する、短い映像が流れる。そしてウォルトが言った。「アメリカ発のモノレール・システムを開通するにあたり、友人でありカリフォルニア人でもある、アメリカ大統領リチャード・ニクソン氏とご家族をお招きできたことは、まさに幸運であります」

ニクソン大統領は丁重に挨拶した。「ご紹介ありがとう、ウォルト。今日という日は、わたしの人生の中で最も心躍る、興味深い日です。それは、今この場所で、すばらしいアトラクションのオープンを祝うセレモニーに参加されているみなさんも同じでしょう。ここにいるみなさんはもちろん、テレビやラジオの前にいるみなさんも、こう言えば興味を持っていただけるでしょうか。妻とわたしが、今回の旅に娘たちを連れていくと決めたとき、カリフォルニアで何がしたいかを訊いてみました。すると、娘たちはこう言いました。『おばあちゃんに会って、ディズニーランドに行きたい』」

ディズニーランドの魅力が全米に広がっていることを語ったあと、ニクソンはまとめた。「さて、賛辞を述べるにあたり、ここにいる大人たちは、子どもたちに負けないくらいこのモノレールに興味を持っています。ですが、全米初のモノレール・システムは未来のシステムであり、ディズニーランドは何より子どもたちが愛する場所ですので、わたしのふたりの娘、パトリシアとジュリーにテープカットを任せるのがいいと考えました。ふたりが引き受けてくれるなら、われわれは後ろに下がって見守りましょう」

大きなはさみを渡されたニクソンの娘たちは、ウォルトのちょっとした助けも受けつつ、テープをカットした。それから、ゲストたちがモノレールに乗り込んでいく。「デイトライン・ディズニーランド」にも登場したボブ・カミングスの姿も映る。

ドアが閉じられ、モダンでいかにも機能的なモノレールは、未来の交通の先駆けとなるべく、レールを滑るように進んでいった。

潜水艦も紹介された。海軍大将チャールズ・C・カークパトリックがウォルトに言う。「実のところ、われわれ海軍は、今日ここで起ころうとしている出来事に対し、長らく関心を抱いてきましたし、ディズニーの平時艦隊には、非常に深い興味を持っております。海底の世界には、平和、そして人類に利益をもたらす大いなる可能性が広がっていると信じています」

こうした非の打ちどころのない祝辞が終わると、8人の人魚による水中バレエが繰り広げられ、ようやく艦隊は出発する。海底都市アトランティスを抜け、極冠の下を通り、巨大イカの抱擁をすり抜けるという、潜水艦の旅の様子が映し出された。

そして最後に、マッターホルンが登場した。といっても、登山家が山によじ登る映像が流れたあと、スイスのフォークダンスが延々と続いただけだった。

1955年と同じく、列をなす大勢の子どもたちに新しいアトラクションを開放し、番組はつつがなく終了した。


新しいアトラクションは瞬く間に人気を博し、チケットブックにアルファベットが増え、「Eチケット」が販売されることになった。サリー・ライドがアメリカ人女性初の宇宙飛行士となり、1983年にチャレンジャー号で宇宙に飛び立ったとき、「これぞまさしくEチケットのアトラクションです！」とコメントしている。1枚のチケットにすべてが含まれた、定額料金の「パスポート」システムが導入され、Eチケットはライドが宇宙に行く1年前に廃止されていたのだが、誰もが彼女の言わんとすることを理解していた。

チケットブックに新たなアルファベットが登場してから数年後、ジャングルクルーズのスキッパー（偉そうにする者が多かった）たちが、冗談で「Fチケット」なるものを発行している。「おひとり様のみ有効　メインストリート：メインストリートの通行（一方通行）／トゥモローランド：水飲み場での飲水アトラクション、ごみ箱へのごみ捨てアトラクション／ファンタジーランド：男性用トイレアトラクション（日没終了）／フロンティアランド：ビッグサンダー・マウンテン担当オペレーターの昼食風景およびポップコーン・ワゴンでの顧客対応の観覧／アドベンチャーランド：息を吸って吐くアトラクション／ベア・カントリー：本物の木のベンチに座る」

「Eチケット」という言葉が一気に広まったことから考えると「ディズニーランド1959」は、少なくとも宣伝効果という点では、どうしても必要な番組だったとは言えないだろう。ディズニーランドがオープンしてから4年が経ち、事実上、全米のすべての人々が、ディズニーランドがどんな場所か理解しており、一度も訪れたことがない人でも、行ったときのことを想像できるようになっていた。

ディズニーランドが世間に与えた衝撃の波は、さらに広がっていった。遊園地の先輩であるコニー・アイランドも、1910年代には野外遊園地業界に多大な影響力を持っていたが、ディズニーランドはダーク・ライドもジェットコースターもないときから、アメリカ人の4分の1ともいわれる人々の生活に浸透していたのだった。

1958年という年は、今や世界の共通用語でもある「テーマパーク」という言葉が最初に登場した年だと言われている。以降、自分こそが元祖だと名乗りをあげるライバルたちが後を絶たない。だがどの言い分も、決定力に欠ける。ナッツベリー・ファームも、1940年代にはレストランの横にゴースト・タウンをつくっていたとはいえ、「テーマのある」アトラクションである「キャリコ・マイン・ライド」を設けたのは、ディズニーランドがレインボー洞窟の鉱山列車をつくってから4年後のことだった。

実際のところ、競争相手など存在しなかった。「テーマパーク」とは、ディズニーランドのみを形容するために生み出された言葉だったのだ。この言葉に業界紙は飛びついたが、しばしば「ディズニーランド・スタイルの遊園地」と言い換えられていた。「テーマパーク」に関する最も信頼できる研究書としては、デイヴィッド・ヤンガーの『Theme Park Design』（2016年）がある。「テーマを持たせる」ことは、遊園地の王道となった。「テーマパーク」に関する最も信頼できる研究書としては、デイヴィッド・ヤンガーの『Theme Park Design』（2016年）があるが、ヤンガーの研究は遊園地にとどまらず、「アトラクション性のあるテーマ集客施設」を網羅している。テーマ・カジノ、テーマ・クラブ、テーマ・バー、テーマ・ホテル、テーマ・レストラン、テーマ・ショー、テーマ・ストアなど、あげるときりがない。動物園、水族館、サファリパークはもちろん、企業の案内所や小売業の娯楽施設、クルーズ船、なんと病院まで含まれるという。

完成形を見た1959年のディズニーランドは、海外にまでその存在を印象づけ、ある新聞によると、「アメリカの外交政策の手段」ともなっていた。アメリカ国務省は、声明を発表している。「有意義で誠実な手段によって、ウォルトはアメリカ、そしてアメリカ文化を各国の首脳たちに売り込んだのである。ウォルト・ディズニーとディズニーランドは、極めて現実的な方法で、世界の指導者たちがアメリカをより良く理解し、より友好を深めることに貢献している」

第43章 アメリカから世界へ

モノレールへの賛辞の中で、ニクソン大統領は、ディズニーランドに夢中の家族について語ったあと、それは「全米中の若い人たちだけでなく、外国から首都ワシントンへとやってくる外交官たちも同じ」だと述べている。「インドネシアのスカルノ大統領は、ディズニーランド訪問を楽しみにしておられたと記憶している。また、みなさんご存じの通り、ベルギー王やモロッコ王もお見えになっている。大人子どもに関係なく、世界中の人々がディズニーランドを訪れ、アメリカの過去、現在、そして未来を目にしている。その結果として、ディズニーランドがいかにすばらしい仕事をしてきたのか、それをここで強調しておきたい。ディズニーランドは、わたしたちを日々の慌ただしさからひととき解放し、この国の伝統や夢、希望を味わわせてくれているのだ」

ウォルトは、インドのネルー首相やイラン王がディズニーランドにやってきたときにも、かいがいしく園内を案内して回った。ベルギー王のボードゥアンが、マッターホルンになぜ穴が開いているのかとたずねると、（本当の理由はゴンドラの「スカイウェイ」が通るためなのだが）ウォルトはこう答えている。「なぜなら、スイスの山だからです」

ハリー・トルーマン大統領は、「共和党」のシンボルともいえる乗り物に乗って楽しんでいるところを人に見られたくないから、「ダンボ」には絶対に乗りたくないと冗談めかして言っている。一方、ドワイト・アイゼンハワー大統領は、そんな心配は一切していなかったようだ。ジョン・F・ケネディは、上院議員だった頃、ディズニーランドの市庁舎内でギニアの大統領と面会している。

マーティー・スカラーは、スカルノ大統領の危機一髪の場面を目撃している。「ディズニーランドは国務省の警備員たちと密に連携をとり、来賓に対応していたが、フロンティアランドで西部の悪漢を演じていたキャスト――毎日、ピストルを持った保安官とドンパチ空砲を撃ち合って、早撃ちの決闘を演じていた――が、どういうわけか、外国の首脳が訪れていることを聞いていなかった。そのキャストが演技を始め、銃を取り出そうとホルスターに手をかけた瞬間、半ダースもの銃口を向けられたんだ。もちろん、実弾の入った銃をね」

最も有名なのは、ディズニーランド訪問が実現しなかった来賓のエピソードである。ソビエトのニキータ・フルシチョフ首相は、1959年、11日間の日程でアメリカを訪問し、ハリウッドとディズニーランドに行きたいと希望した。

その2年前、ソビエト連邦は、世界初の人工衛星スプートニクの打ち上げによって、冷戦中最大の衝撃をアメリカに与えていた。これが宇宙開発競争の幕開けとなった。アメリカは、スプートニクに対抗する初の試みとして人工衛星ヴァンガードを打ち上げたが、発射数秒後に爆発、この様子がテレビ放映されるという残念な結果に終わっている。その後開発が進み、スプートニクの打ち上げから遅れること約半年、ヴァンガード1号が軌道に乗った(宇宙の軌道上に残っている、最古の衛星である)が、アメリカとソビエトとの緊張関係は続いており、パーク内の警備に不安を感じたロサンゼルス警察は、フルシチョフのディズニーランド訪問を取りやめるよう警告したのだった。

共産党の第一書記がロサンゼルスに到着したとき、フランク・シナトラが出迎え、20世紀フォックスのスタジオを案内した。『カンカン』のダンスシーンの撮影を見学し、昼食となったとき、コメディアンのボブ・ホープが、フルシチョフ夫人にディズニーランド訪問を勧めた。夫人はシナトラにこう言った。「わたしが本当に行きたい場所は、ディズニーランドだけです」シナトラは答えた。「ディズニーランドは世界で一番安全な場所ですよ。よろしければ、わたしがお連れしましょう」

だが、シナトラたちスターの力も及ばなかった。ディズニーランドに行けないことを知ったフルシチョフは、怒りのスピーチをぶちまけた。その辛辣なユーモアにはフルシチョフの憤りが表れており、同情すら覚えるほどだ。

「ディズニーランドには行けないと、たった今聞いたところだ。『なぜ? どういうわけで? あそこにロケットの発射台でもあるというのか?』そうたずねると、返ってきた理由はこうだ。『われわれは』、つまりアメリカ当局は、『あなたがディズニーランドに行かれるなら、安全を保証できません』と。何だって言うんだ？　コレラか何か流行しているのか？　それとも、ギャングがディズニーランドを乗っ取って、わたしを攻撃してくるとでも？」

ボブ・ホープは、行き詰まった場を和ませようと、こんなことを言っている。「フルシチョフ氏をディズニーランドに行かせたくないわけを知ってるよ。あそこには、アメリカで唯一、問題を抱えていないロケットがあるからね」

ディズニーランドに行く代わりに、フルシチョフとその家族は、いくつかのショッピングセンターとＵＣＬＡを車で回った。道中気になる場所があれば、どこでも車を止めますよと言われたフルシチョフだったが、不機嫌そうに黙ったままだったという。

ウォルトはフルシチョフが来られないと知り、残念がっていた。それはリリアンも同じだった。ウォルトは言っている。「大勢の要人をディズニーランドに迎えてきたが、リリアンが誰より会いたがっていたのは、フルシチョフ首相だった。だから来ないと知って、とてもがっかりしていたよ」

ウォルトはフルシチョフを迎えるために計画を練り、一緒に写真を撮る場所まで選んでいた。「お気に入りの場所」である新しい潜水艦の前で、ポーズを取りたいと思っていたのだ。「潜水艦を指さしながら、『フルシチョフ首相、これがディズニーランドの潜水艦隊であります。世界で八番目の大きさとなっております』と紹介するつもりだったんだがね」

第44章 天国の神様を訴える

世界的な栄光に浴しながらも、ディズニーランドは偉大な成功にはつきものの、ふたつの悪夢に悩まされていた。訴訟と非難だ。

ディズニーランドを最初の訴訟が襲ったのは、開業から3日目のことだった。予想されていた通り、オートピアが非難の対象だった。ボブ・ガーが、折れた歯と一緒に医務室に運んだ男の子は、さっさと戻ってカートに乗りたいと言い張った。だがカーブでぶつかって歯が2本欠けた女の子の両親は、なかなか怒りを鎮めてくれなかった。女の子の両親はディズニーランドを訴えたが、敗訴に終わった。その後も何千という相手がディズニーランドを提訴してきたが、いずれも敗訴に終わっている。

最初から、ディズニーランドはいいカモだと思われていた。ディズニーランドはみんなに優しく、ゲストのことを第一に考えてくれる場所で、ハリウッドの申し子らしく、お金が有り余っている、そう思われていたのだ。

ディズニーランドの弁護士たちは、星に願い事をするような甘い考えで裁判に臨んでいたわけではなかった。オープンから30年にわたってディズニーランドの顧問弁護士を務めたW・マイク・マクレイは、地元の弁護士事務所にいたとき、ウォルトに引き抜かれた人材だった。当時のマクレイは、若く（31歳）、はつらつとしていて、弁護士にありがちな冷たさが感じられなかった。一方で洞察力に優れ、執念深いところもあった。ディズニーランドの弁護士としての哲学を、マクレイはこう語っている。「こちらに非はないと信じられるときは、とことん戦う。それが、年に5000件まで増えてもおかしくない訴訟を50件に抑えるための、唯一の方法なのだ。われわれは本気だということを知らしめるのに、長い時間がかかった」

ディズニーランドは、訴訟には常に全力で対抗していた。裁判となり、勝訴する確率は、わずか4パーセントだった。その記録には、オレンジ郡の陪審員たちの同情的な見解も反映されていた。惜しみなく与えてくれる手に噛みつくのは、気が引けたのである。また、概して陪審制度は公正に機能していた。ディズニーランドに対する訴訟のほとんどが、深い考えもない、ご都合主義的なものだった。なかでも特に奇妙な訴えは、隣人のペットであるアフリカライオンによって命を脅かされたというものだった。飼い主がディズニーランドを訪れ、ジャングルクルーズで偽物のライオンを眺めている間に、本物がケージから逃げ出して、隣人の庭に侵入したらしい。隣人はディズニーランドに連絡し、ライオンの飼い主を電話に出すよう言った。だが当時、それができる手立てがなく、飼い主は家に帰って恐ろしい事実を知ったのだった。だが当の隣人は飼い主ではなく、ディズニーランドを相手に訴訟を起こした。結局、訴えは棄却されている。

この「ライオン襲撃」ほど数奇な訴訟はめったにあるわけではない。最も多いのが落下物に対するもので、ディズニーランドでは、そうした訴訟を未然に防ぐ方策を徹底していた。地面に落っこちたアイスクリームを見つけると、それを見つけたキャストが見張りに立ち、滑って転ぶ危険を通行人に警告しつづける。そして掃除人が現れると、一瞬にして「死の落とし穴」は片づけられるのである。

ディズニーランド側が勝訴するのに最も苦労した訴訟は、動物にかかわるものだった。マクレイも、「ラバ乗り体験にかかわる訴訟を起こされると、びくびくした」と言っている。

かつてアメリカ軍でラバ追い人をしていた人間なら、こうウォルトに忠告できたかもしれない。ディズニーランドで扱おうとしている生き物は、忍耐強く、疲れ知らずだが、今でも頑固の代名詞として通っているほどで、餌をくれる人間にも平気で噛みつき、ライオンほどではないにせよ、噛まれると十分痛いのだと。

ディズニーランドの「西部」にラバは欠かせないとウォルトは考えていたが、ラバは乗った人間をしょっちゅう落とし、ラバが原因の怪我で裁判になると、必ず敗訴するのだった。

ラバはまた、ボブ・ガーのプロとしてのプライドを何より傷つける生き物だった。ウォルトは生きているかのような自動人形に興味を持っており（それがオーディオアニマトロニクスと呼ばれる人間型のロボットへと発展する）、まずは動物から始めることにした。ディズニーランドで新たに開発するもののほとんどがそうだったが、ガーが設計を担当し、傑作と自信をもって言えるものが完成する。「オオツノヒツジはぼくが手がけたものの中でも、最高傑作といえた。人間だけでなく、乗馬体験用のラバたちでさえ、本物と間違えたほどだった」

何もかもがリアルだった。「ヒツジは、近くをゲストが通ったとき、大きな岩から飛び出すように設置されていた。初披露の日、ラバに乗ったゲストが、ヒツジが待つ場所へとやってきた。そしてヒツジが動きはじめると、ラバがそれに反応したんだ」ラバは棒立ちになり、足を踏み外し、「坂から川へと落っこちてしまった。他のラバと、乗せていたゲストを道連れにしてね。なにせラバ同士をロープでつないでいたから、みんなで溺れるはめになった」

調教師は、ラバを回復させ、コースに戻すのに1週間かかった。「ヒツジがいる場所に来ると、ラバは立ち止まり、そこから一歩も動かなくなった」結局、ガーのつくった歩くヒツジは電源を切られてしまった。「あの日以降、ヒツジが動くことはなかった」だが、ガーはちょっとした慰めも見出していた。「おかげで、ヒツジは使い古されずにすんだ」

問題を起こした動物はラバだけではなかった。美しい小型の駅馬車は、一世紀前のオリジナルと同様、頭でっかちで、その馬車を引く馬たちは、同じ砂漠を走る鉱山鉄道の汽笛にしょっちゅう驚いていた。

ディズニーランドのオープンから2年目のある日、汽笛に驚いた馬がパニックを起こし、それが他の馬にも伝染してしまった。馬は次々と暴走を始め、馬車をひっくり返し、御者を屋根から落っことすと、中にいた大勢の人を180メートルほど引きずっていった。その結果、3人の乗客が訴訟を起こすことになる。ディズニーランドは駅馬車の運行を中止すると、パーク内で働く動物の数を少しずつ減らしていった。

ときには電気系統の危機に見舞われながら、「ピーター・パン」のガレオン船はタイトなスケジュールでも時間通りに稼働し、蒸気機関の運行も熟練スタッフの手に委ねられ、安定していた。ラバや馬を扱うのは簡単ではなく、動物が引く乗り物で現在のパークでも存在しているものといえば、メインストリートの路面馬車だけだ。大きく、従順で忍耐強く、容易には驚かないシャイヤーとペルシュロンという品種の馬が使われている。

駅馬車がひっくり返った一件のように、ディズニーランドに対して起こされる訴訟のすべてが根拠に乏しいわけではない。オープンから数カ月が経つ頃、ある女性が「トード氏のワイルドライド」に乗り、今にも崩れ落ちそうになっている、くるくると回る樽の横を通りがかったとき、本当に樽が降ってきたという事件があった。女性はディズニーランドを訴え、勝訴している。

それでも、ディズニーランドを訴えるのは勝ち目のない争いだった。サンドラ・ヴァレリーという女性は、オートピアで追突されて背中を痛め、12万ドル相当の手術を受けた。彼女の弁護士は、勝ち目のない状況を少しでも好転させようと、裁判地をオレンジ郡から別の場所へと変更している。それでも、陪審は2時間足らずでディズニーランドに有利な評決を下している。ヴァレリーの夫はこう言っている。「ディズニーランドが相手となると、はっきり言って、天国の神様を訴えるようなものだ」

第45章 理想郷と批判

ディズニーランドという理想郷の核ともなっている妥協のなさは、多くの批評家たちには暗い面として映った。彼らは、しみひとつないパークは文化を衰退させるか、少なくとも幼児化させると考えていたのである。１９６８年に発表した伝記的批評書『The Disney Version: The Life, Times, Art and Commerce of Walt Disney（ディズニー・バージョン：ウォルト・ディズニーの人生、時代、芸術およびビジネス）』において、評論家のリチャード・シッケルはこう書いている。「ディズニーランドのイメージには、しばしば『夢』という言葉がつきまとい、特に広報や宣伝の場で用いられることが多い。彼ら自身が言う通り、それは『ウォルトの夢』であり、ディズニーランドを訪れる人々に、夢を求める気持ちを呼び覚ますものである。だが、ディズニーランドが表現する夢というものは、極めて特異だ。性も暴力もなければ、抑制からの解放もなく、その象徴めいた言葉によって、現実のストレスや緊張が軽減されるわけでもない。結局、癒しの効果は何もないのだ。感受性の強い人間なら、一瞬のスリルや笑い、ノスタルジーに浸る喜びを味わえるかもしれないが、それらは単なる現実逃避にすぎない。ディズニーランドは、さまざまな種類の人間に安心感を与えようとしているが、彼らの言う心の健康は、そもそも心の病気や、精神生活そのものを否定しているからこそ成り立っているのである」

こうした批評は序の口である。オープンから3年目、批評家で脚本家のジュリアン・ハレヴィがパークを訪れ、『ネイション』に批評を寄稿しているが、記事は驚くほどそっけないディズニーランドの紹介から始まっている。「世界中で宣伝が繰り広げられた遊園地ディズニーランドは、乗り物や売店、ホットドッグの屋台、ソフトドリンクのカウンター、のぞき見ショー、そして大企業の宣伝目当ての見世物が集まった場所だ」さらに続く。「ディズニー映画と同様、その世界、宇宙、そして自己や自然界を支配しようとする人類のありとあらゆる奮闘が、売り物としてひとくくりにされ、胸の悪くなるような安っぽい形へと貶《おとし》められてしまった。ロマン、冒険、ファンタジー、科学といったものが大げさな宣伝文句で売り買いされている。彼らの描く人生とは、まばゆく、清潔で、きれいで、洒落ていて、安全で、平凡で、一般大衆に何ら害をなさず、それでいて恐ろしいほど非人間的だ。テレビやハリウッドのB級映画で美化された神話の世界が、これでもかと具体化されている。グレシャムの法則のごとく、悪い芸術が良い芸術を駆逐し、南カリフォルニアのみならず、この国全体が影響を受けている。現実の人生に向き合い、挑戦することが放棄されてしまった。ディズニーランドが売っているのはチケットではない。それは危険であり、敵意なのである。子どもだましのものでも売りつけてやれ、というわけだ。われわれの文化全体が、暗い川からその水源へとさかのぼっていくようである。そしてその闇の奥では、ディズニー氏がパステルカラーを装った悪を売りさばき、金や象牙をせしめているのだ」

ハレヴィと同じく、歴史家のマイク・ウォレスも、ディズニーランドを総じて有害だと考えていた。1996年の著書には『Mickey Mouse History（ミッキーマウスの歴史）』といういささか冷笑的なタイトルがつけられており、収録されている同名のエッセイには、題辞として『The American Heritage Dictionary of the English Language』からの定義が引用されている。

Mick-ey Finn（ミッキー・フィン）
名詞。俗語。アルコール飲料の一種で、下痢や麻痺を引き起こす成分が密かに混入されており、飲んだ人間の意識を混濁させ、あるいは力を奪う。（語源は不明）

Mickey Mouse（ミッキーマウス）
形容詞。1（a）俗語。重要ではない、取るに足らない……。（b）俗語。腹立たしいほどけちな……。2 俗語。賢いほど議論の余地がない、シンプルな……。3 音楽。（a）退屈なほどセンチメンタルな。

このふたつの語の組み合わせには、ディズニーランドへの憎悪が単純明快に表れている。敵意はさらに続く。「ディズニーランドは幼稚なだけでなく、不穏で、何もかも威圧的だ。訪問者の自由意志を奪い、知性を弱らせ、人生の本質を見誤らせる、まさに魔女キルケの島である」またある批評家は、ディズニーランドを「完全なるファシスト体制の小規模モデル」と呼んだ。

一方、音楽評論家のグリール・マーカスは、流行の論調には常に懐疑的で、エッセイ「Forty Years of Overstatement: Criticism and the Disney Theme Parks（40年の誇張：ディズニーのテーマパークと批評）」の中で、「（ディズニーランドに対する）攻撃の多くが『悪意』に端を発するもの」だと述べている。「むきになって反論しているだけで批評において良い姿勢とは言えず、その人物の分析能力や手法が、批評家を名乗るどころか、批評家の仕事を侮辱しているとさえ懸念される」という。

マーカスは、こうした風潮が、あえて退屈で味気のないタイトルをつけたかに思える『The Project of Disney（ディズニーのプロジェクト）』という書籍の中で、最も顕著に表れていると主張する。「この本では、共同で研究を行っているらしき3名の学者と写真家兼エッセイストにより、無快感症のためのディズニー批判学校が、臆面も節操もなく展開されている」その寄稿者のひとりが、こう記しているという。「わたしは常に、消費者の立場で文化にアプローチしている」だがこの人物は、一風変わった消費者に見える。というのも、「買い物に何ら喜びを感じない」と言っているからだ。さらには、ディズニーランドのことを「ウォルト・ディズニー・ワールド」と呼び、「ヒステリックなほど資本主義的なテーマを、これでもかと演出した場所」とまで言っている。

エッセイにおいて、マーカスは終始落ち着いた語り口を通し、説得力を感じさせるが、件の寄稿者に対しては辛辣な反論も行っている。「あなたの文化の概念は貧弱極まりないし、喜びに対する考え方も、信じがたいほどお高くとまっている。(批評家という)仕事の選択を誤ったのではないかと思う。ヒステリーのことを言うなら、自分のことを語ったらいい」

第46章 史上最高の都市計画

ディズニーランドには、思わぬ方面から、影響力のある擁護者も現れている。芸術歴史家であり批評家であるヴィンセント・スカーリー（アメリカの著名な建築家フィリップ・ジョンソンは、彼を「歴史上、最も影響力のある建築指導者」だと呼んでいる）は、ディズニーランドの甘ったるさの根底にあるものをこう見ていた。「魔法の生き物たちを飛び回らせて、『星に願えば、願いが叶う』などとシンデレラ城の前で歌われたら、いっとき甘い幻想を抱いても不思議はない。だがそんなものは、長い目で見ればただのたわ言だ。星に願ったところで、死をまぬがれる人間はいない」

だが、ディズニーランドがゲストに不滅の命を授けられなかったとしても、スカーリーはそれはそれでいいと言う。スカーリーいわく、ウォルト・ディズニーは「古典的でロマンチックな種々の庭園様式を、これまでに見たことがないような、ひとつの結合体」へと凝縮させたのだと。「ディズニーランドは特異なアミューズメント・パークだ。ディズニーはディズニーランドによって、アメリカの歴史でも数少ない、新しい建築プログラムを打ち立てた。多くの建造物を互いに影響し合うよう配置することで、ひとつのまとまりを形成できるということを示したのだ……ディズニーの『魔法の王国』は、まさに神話を形にしたものだ。アメリカ人の意識の深層にあるテーマを、しなやかに結び合わせている。われわれは、アメリカの神話の世界へといざなわれているのだ」

マンハッタンの「サウス・ストリート・シーポート」やバルティモアの「インナー・ハーバー」、ボストンの「ファニエル・ホール・マーケットプレイス」などを開発した建築プランナーのジェームズ・W・ラウスは、1963年、ハーバード大学で行われた都市計画会議の基調講演で、次のように述べている。「みなさんのような高い教養をお持ちの方々にこのようなことを申しあげると、ショックを受けられるかもしれないが、現代アメリカにおける都市計画の最高傑作は、ディズニーランドであるとわたしは考えている」

「ディズニーランドを、その目的を遂行する能力、人々に与える影響力、そして何より、その発展過程のもたらす意義という観点から考えたとき、わが国随一の都市計画であることが理解できるはずだ」

「活動の場、つまり遊園地を、能力の点でも、人々への配慮という点でも、非常に高い水準まで高め、まったく新しいものへと成長させている。意図した機能を、権利者や開発業者にとっても有効的かつ有益に働くよう、さりげなく実行しているのだ」

ラウスは大胆にもこう結論づけている。「わが国のどんな開発事業よりも、ディズニーランドが目指した水準、そして達成された目標から学ぶべきことが多いように思う」

小説家のレイ・ブラッドベリは、もう一歩踏み込み、ディズニーランドの精神的な要素に目を向けている。「ディズニーランドは、人間の良心を解放する。悪い人間はそっと囲いに入れられ、誰かに利用されることも、押しつぶされることも、不当に扱われることも、嫌がらせを受けることも、不動産会社のオペレーターに踏みつけにされることも、霧や渋滞に悩まされることもない」ブラッドベリによると、ウォルトは「そもそも建築とは、人を変え、生きたいと願わせ、新鮮な空気を提供し、人を大きく成長させ、喜ばせ、優しい気持ちにさせるために存在していると、改めて証明した」のだという。そして、『ネイション』でディズニー批判をしたハレヴィを引き合いに出し、ブラッドベリはハレヴィの干からびた魂を嘆き、「インテリぶって、ディズニーランドに行って楽しむのを拒んだ人間のひとり」だと言っている。「そういう人を気の毒に思う。宇宙を旅することも、星に触れることもないんだからね」

確かに、ディズニーランドは唯一無二の（それゆえに複製ができない）原型であり、その恩恵を受けるにはアナハイムに行くしかないのかもしれない。ハレヴィは、「南カリフォルニアのみならず、この国全体が影響を受けている」と言って、ディズニーランドがモラルを危うくする災厄であるかのように主張した。だが、ディズニーランドは、人々の暮らしを快適なものへと再構築した。それは、スーパーのレジ係の接客態度から、空港の設計にまで影響を与え、ショッピングモール周辺を花でいっぱいにすることが、モールの中だけでなく、地域住民が暮らす建物や通りまでも、より快適に、より楽しい場所へと発展させるといったことなのだ。

歴史家で社会評論家のジェームス・ハワード・クンスラーは、『The Geography of Nowhere: The Rise and Decline of America's Man-Made Landscape（どこでもない場所の地理学：アメリカの人工的景観の盛衰）』という殺伐としたタイトルの著書において、ディズニーランドのことをこう書いている。「メインストリートの根底にあるメッセージは――無論、大人に向けてのメッセージだが――本物の小さな町に田舎者が寄り集まったところで、大企業のほうがよっぽどましなメインストリートを創造できる、ということだ」

「ウォルトは正しい。戦後の時代、アメリカ人は町が壊れていくのを気にも留めなかった。そこで、ディズニーランドに詰めかけ……メインストリートを歩き、思った。『ああ、ここにいるといい気分だ』だが家に帰ると、ダウンタウンの古い建物を軒並み壊し、舗装して駐車場をつくり、Ｋマートの新規オープンを祝うパレードをする。楡の木通りを6車線の都市間高速道路に変える……。人々はろくに考えもせず、町に残っていたすばらしい結びつきを破壊し、地元の産業を、遠く離れた企業の、この町がどうなろうが気にもしない担当者の手に委ねる。そうしておいて、休暇シーズンがやってくると、古き良き時代を味わおうとディズニーランドに詰めかけるのだ」

だが実際のところ、ディズニーランドのメインストリートは、まったく逆の効果を及ぼしている。ただ「ノスタルジーの天国」として存在するのではなく、全米中のダウンタウンに強い影響を与えたのだ。

1984年発行の名ガイドブック『The City Observed: Los Angeles（都市の観察：ロサンゼルス）』は、35ページにわたってディズニーランドを紹介している。「驚くべきは、ディズニーランドが現実のさまざま場面に深い洞察を示していることだ。人々はしばしば、ディズニーランドを軽薄、底が浅い、偽物といった言葉の同意語として用いて、『ミッキーマウス』という言葉で、ひどくつまらないものを指したりもする。だがディズニーランドはただの見せかけなどではなく、信じられないほどの熱量にあふれた環境を体験できる場所であり、コミュニティーと現実、人々の記憶と住居との結びつき、建築学における重要な課題、さらには類似性や構成といった知識を身につける機会をふんだんに与えてくれる」

その学びは、メインストリートから始まる。一見風変わりだが、実際には変わったところなど一切ない、アメリカの典型ともいえる場所である。1996年の『Main Street Revisited（メインストリート再訪）』において、建築歴史家のリチャード・V・フランカヴィグリアはこう書いている。「1870年代から20世紀の変わり目頃までの時代は、人々のものの捉え方に大きな影響を与えている。この時代に整備された多くの目抜き通りは、さまざまな建物の集合体である。前時代の建物は、時代の建築と調和するよう改装され、1880年代までには、アメリカの小さな町にも、非常に洗練され、極めて統一感のある街並みが存在していたのだ。この点から見ると、ヴィクトリア朝時代の商店の店先は、アメリカ建築史における、最初の国民的建造物だといえるだろう」

ウォルトもまた、ディズニーランドのイントロダクションとして、自然の多い田舎道ではなく、新しい都市の風景を選んだ。そうした風景は、エドワード・ホッパーのような芸術家や写真家たちの心を動かしている。ホッパーは単純化したが、ウォルトは複雑化した。だがどちらの作品も、わたしたちのものの見方を変えた。フランカヴィグリアは、ディズニーランドをひとつの形としてとらえ、こう評している。「世界の歴史の中でも、これほど小さいにもかかわらず、これほど多くの人々に影響力を及ぼす場所というのは、ほとんど類を見ない」

そうした小さな場所は、町の復興を詳細に調査したフランカヴィグリアによると、オハイオ州メダイナに、後世まで続く影響を与えているという。メダイナの19世紀の雰囲気が残るダウンタウンは、1950年代後半から1960年代前半にかけて、多くの都市がそうであったように、漫然とした衰退を味わっていた。そのとき、地元のフェニックス銀行の頭取たちは、町の郊外に本部を新築しようと、ヴィクトリア様式の古い建物を壊すつもりだった。だが、彼らは考えを変え、100万ドルもかけて古い建物を修復したのである。この修復は、地域全体に影響を及ぼした。近隣の商店主たちは、多くがディズニーランドに訪れた経験があり、フェニックス銀行の後に続くことを決める。商店主のひとりが、こう言ったという。「(この町には)ディズニーランドと同じくらい、ひょっとしたらそれ以上にすばらしいものがある。なにせ、ここには本物の歴史がある」第二帝政期建築の裁判所も、同様に解体をまぬがれ、保存されている。メダイナには、名所というわけでなくとも、今も残っている古い建物がいくつもあり、町の人々は「アメリカのメインストリート」の復活と呼んでいる。(これはなかなか皮肉な呼び名である。なぜなら、メダイナにはそもそも「メインストリート」がない)。

今日、メダイナの修復されたダウンタウンは、「魅力あふれる」などという言葉では言い表せないほど商業地としての賑わいをみせている。

1977年、歴史的建造物の保全に取り組むナショナル・トラストが、「メインストリート・プログラム」をスタートさせた。790億ドルもの資金を投じて30万軒近くの建物を修復し、プログラムを通じて64万件の求人と14万4000件の新規ビジネスが生まれた。再生された地域には、寿司バーやアップルのストアなど、かつての持ち主たちが見たら驚くような事業が進出しているが、どの事業も、建物の持つ歴史の記憶と思いに後押しされ、それぞれの強みを発揮している。マイク・ウォレスは『Mickey Mouse History（ミッキーマウスの歴史）』において、「甘ったるいおとぎの国」で育った読者世代に、20世紀初頭は「不況に、鉄道のストライキ、地雷原での武力闘争、移民コミュニティーでの貧困、リンチ、帝国戦争、ポピュリズムの支持者や社会主義者による集団抗議の勃発などが起きた」時代なのだということを思い知らせようとしている。だが、フランカヴィグリアは、ウォルトが手がけた自信あふれる建物の中に、確かな真実を見出している。「こうした景観は、楽観的であると同時に、教訓的でもある。人間は教育的な（それでいて楽しい）体験を通して価値観を築くという考えを、まさに体現しているのだ。その点において、そうした景観はいわば教育的であり、なおかつ人を楽しませるものでもある。そして、ウォルト・ディズニーは、誰にもまして、非常に優れた教育者であるということを忘れてはならない――だからこそ、学者たちは彼を見下すような態度をとるのだろう」

ウォルト・ディズニーひとりが、メインストリートを活気ある場所にしたわけではないが、その功績を認められるべき人間であることは確かだ。その昔、ウォルトが抱いたビジョンは、今もディズニーランドで目にすることができる。「メインストリートをつくるということは、ディテールや形、そして歩行者の視点にこだわるということだ」フランカヴィグリアは語っている。「ウォルト・ディズニーは、自分の死後、2世代にわたってポストモダンなデザインが流行し、古き良き景観が再構築されることを予見していたのだ」

第47章 別れのとき

ウォルトは、新たな命が吹き込まれたメダイナを訪れることも、ディズニーランドのおかげでかつての活気を取り戻したほかのメインストリートを目にすることもなかった。

1959年以降も、ウォルトはディズニーランドにかかわりつづけたが、さらに大きなプロジェクトに注意を向けるようになる。1964年のニューヨーク万国博覧会に展示を出すこと、そして、「ウォルト・ディズニー・ワールド」と「エプコット」の建設という、壮大な「フロリダ・プロジェクト」に着手することだった。ディズニーランドでは、100エーカー(約40万平方メートル)ほどの土地でどうにかやりくりしたが、ディズニー・ワールドの実現には、1万エーカー(約40平方キロ)は必要だった。

結局ウォルトは、新しいパークに足を踏み入れることはなかった。もちろん、パリに東京、香港、上海と、世界各地に広がったディズニーランドを見ることもなかった。

ニューヨーク万博が終わると、将来にわたって不滅の人気を誇ることになるアトラクションの建設に取りかかった。「ホーンテッドマンション」と「カリブの海賊」である。

ウォルトは1957年の初め頃には、ディズニーランドにお化け屋敷をつくると決めていたが、どんなものにするのか意見がまとまらず、なかなか建設に着手できなかった。スタジオのアーティストたちは、よくあるお化け屋敷のイメージでいくべきだと主張した。人を寄せつけない、朽ち果てた廃墟。腐った柱に、ガタガタのよろい戸……。だがウォルトは、陰気でぼろぼろの建物など、ディズニーランドにふさわしくないと思っていた。そして、当初からウォークスルー形式を考えていたのだが、幽霊にとりつかれた廊下を歩かせるとなると、1日にさばききれるゲストの数が限られてしまう。

同時進行で着手していた「カリブの海賊」も、やはりウォークスルー形式を検討していた。だが最終的には、ウォルトお得意の、約12メートルの実物大模型へと発展していく。どちらのアトラクションも、1966年の秋には建設が軌道に乗っていた。

ウォルトの仕事のペースが落ちることはなかったが、咳《せき》が止まらなくなっていた。その音でウォルトが来るのがわかるくらい、ウォルトの咳はスタジオの人間にはおなじみだったのだが、それがますます悪化していたのだ。ウォルトは禁煙しようと散々試みては失敗し、チェスターフィールドを1本1本、短くなるまで吸いつづけていた。

11月初旬、ウォルトは検査入院し、左肺にクルミ大の腫瘍が見つかる。翌週の月曜日に手術が行われ、左肺を全摘出した。

手術から2週間後、ウォルトは仕事に戻った。1959年にWEDに入社したロリー・クランプは、こう言っている。「われわれが知っていたのは、ウォルトは入院し、ポロで負った背中の古傷を治療しているということだけだった。本当にそれしか聞いていなかった。しばらくして、ウォルトが姿を見せた。スタジオにやってきたウォルトは、ひどい状態だった。目にはすでに輝きがなく、わたしは思った。『なんてこった。この人は病気なんだ』」

それから何週間か経って、ウォルトはデイヴィスのことを、常々こう評していた。「マークは、マーク・デイヴィスと話をした。ウォルトはデイヴィスのことを、常々こう評していた。「マーク、マークはストーリーを書いて、キャラクターをデザインして、それをアニメーションにして、ぼくのために番組をつくってくれるんだ。こうしてほしいと言うだけで、形にしてくれる。マークこそ、ぼくの『ルネサンス・マン』(万能の天才)だよ」

その場には、ジョン・ヘンチやディック・アーバインもいて、改良されたという「月旅行」のアトラクションの実物大模型を一緒に確認した。しばらくして、ウォルトがアーバインに言った。「ちょっと疲れてきたよ。スタジオに送ってくれるかい?」ドアのところまで歩いていくと、ウォルトは振り返り、言った。「さよなら、マーク」デイヴィスはそれまで、ウォルトに「さよなら」などと言われたことは一度もなかった。

1日の終わりのスコッチと、ヘイゼル・ジョージに施してもらうマッサージは、ウォルトにとって欠かせないものになっていた。ふたりはマッサージ室を「リーマスおじさん」の映画にちなんで「お笑い部屋」と呼んでいた。デイヴィスにさよならを告げたウォルトは、ヘイゼルのところに向かい、言った。「さあ、また『お笑い部屋』に戻ってきたぞ」ひと呼吸おくと、ウォルトは続けた。「きみに言っておきたいことがあるんだ――」

それ以上は、言葉にならなかった。ふたりは抱き合って泣いた。

それからウォルトは、ヘイゼルのもとからも、そしてスタジオからも、永遠に去ったのだった。

12月15日午前9時、ウォルトの65歳の誕生日から10日後、マーティー・スカラーは、WEDの呼び出し装置が自分の名前を連呼しているのを聞いた。カード・ウォーカーが今すぐ会いたいという。「オフィスに入るやいなや、カードに『ウォルトが亡くなった』と告げられた。『声明を書いてくれ。ロイがサインして、報道陣とスタッフに向けて発表する。1時間しかないぞ』」

スカラーは、その後、数えきれないほど続く弔辞の1本目となるものを書きはじめた。それはこんな言葉だった。「ウォルト・ディズニーの死は、世界のすべての人々にとっての喪失です。ウォルトはその業績を通して、直感的な方法で、すべての世代の人々の心と精神に訴え、感動を与えてきました。彼のつくるエンターテインメントは、世界共通の言語だったのです……」

その夜、〈CBS〉の番組で、報道記者のエリック・セバレードがウォルトについて語った。「(ウォルト・ディズニーは)独創的な人物でした。アメリカを代表する奇才というより、時代を代表する奇才でした。ウォルト・ディズニーがこの時代に生まれたのは、幸運なめぐりあわせでした。彼という人間がいたことは、今世紀に起こった最も幸運な出来事だったのです。ディズニーが、笑いや愛、子どもや子犬たち、新時代の幕開けといったものについて語りかけようとしたのに、この時代が示してきた態度を顧みると、彼は20世紀にはもったいないほどの人物だったといえるでしょう」

「ウォルト・ディズニーは、世界中の精神科医が治療したよりも、多くの悩める人々の心を癒した、あるいは、少なくともその心を慰めたはずです。この地球上のいわゆる文明社会において、ウォルト・ディズニーの精神や想像力に、たとえ数時間であったとしても触れたことのない人や、触れることに喜びを感じない大人がどれほどいるでしょうか」

ウォルトの生前の希望により、葬儀は内々に行われた。亡くなった日の翌日、身内だけが集まり、フォレストローン・メモリアルパークに遺灰を埋葬したのである。

医療技術が進歩し、蘇生《そせい》が可能になるまで、ウォルトの遺体は冷凍保存されているという、都市伝説としてもばかげた噂が根強く残っているが、ウォルトがいかに大衆の想像力をかき立てる存在だったかを物語っている。想像力をかき立てられたのは、ウォルトの腹心たちも同じで、噂の発端はウォード・キンボールだった可能性もある。それが事実だとしても、悪気があったわけではなく、そうであったらいいという期待からだったに違いない。

ウォルトの死から30年後、キンボールはこう語っている。「人間を低温保存できるとしたら、ウォルトがいかにも飛びつきそうなことじゃないかって、いつもみんなに話していた。ウォルトは実験が好きだったし、常に科学に興味を示していたからね。本当に冷凍されたかって？　ウォルトならやりかねない。それがぼくの答えだよ。はっきりさせないほうがいいと思うんだ」

第48章

終わらない夢

ディズニーランドでは今もずっと、消防署の2階にあるウォルトの部屋のランプは、灯りつづけている。こうした追悼は、メインストリートでも見ることができ、ウォルトの腹心たちに捧げられている。

メインストリートの商店の窓には、ウォルトと長年一緒に働いた仲間たちの名前が記されている。それぞれに風変わりな職業が与えられ、実直で古風な趣のあるレタリングで、金をふんだんに使い、内側の窓に反転文字で描かれている。

1955年創業
適正価格のランドカンパニー
アナハイム　オーランド
ベストなプライスを知りたければ、ぜひお電話を

創業者兼仲介者　ハリソン・〝バズ〟・プライス
「ノー」とは絶対言いません
「イエス」が儲けの合言葉！

ID SOMNIATE ID FACITE
メインストリート　カレッジ・オブ・アーツ・アンド・サイエンス
1852年創立
学部長　マーティン・スカラー
夢見る者たちにひらめきを与え、明日への扉を開く学び舎
（「ID SOMNIATE ID FACITE」は「夢を見よ、そして実現せよ」という意味のラテン語で、スカラーの座右の銘であり、自伝のタイトルにもなっている）

ディズニーランド名誉市長　J・B・リンドキスト
「何でも屋で、楽しむことの達人」

屋根裏の職人
ハンドメイドのミニチュア制作いたします
作家　ハリエット・バーンズ

諸々お引き受けします
創業1895年
イライアス・ディズニー
（ウォルトの父親）

ユナイテッド・オーディット
簿記に会計監査はお任せを
代表　ロイヤル・クラーク
（ミッキー・クラークは、ボブ・ガーに1000ドル入った封筒を手渡した男である）

プラザ　スクール・オブ・アート
インストラクター
ハーバート・ライマン、ジョン・ヘンチ、ピーター・エレンショウ

レースを未来へ導く
メテオール（流星）・サイクル・カンパニー
わが社の車は長持ちします

速くて完璧、飽きがこない
デザイン・インプレサリオ　ボブ・ガー

ロイヤル・ケア・カンパニー
あなたのお城をピカピカにします
経営者　チャック・ボヤージン

ベイト（餌）・カンパニー
ケン・アンダーソン
（ウォルトのジョーク。アンダーソンは熱心なフライ・フィッシング愛好家で、餌釣りをばかにしていた）

ディズニー・ユニバーシティ
創立者であり名誉教授
バン・アースデール・フランス

「キャン・ドゥー」
機械製作所

驚異の機械、生蒸気エンジン、魔法のイリュージョン、カメラ
工場責任者　ロジャー・ブロギー
「マジック・メーカーたちのアドバイザー」

エヴァンス・ガーデンズ
エキゾチックで珍しい植物
フリーウェイ・コレクション
1910年創業
シニア・パートナー　モーガン・〝ビル〟・エヴァンス

デイビー・クロケット
アライグマ毛皮帽子　供給会社
経営者　フェス・パーカー

東洋の入れ墨入れます
店主　ハーパー・ゴフ
バンジョーのレッスンもいたします
（ゴフはメインストリートに入れ墨の店を出したかったのだが、ウォルトは低俗だと考えた）

1955年開業
ディズニーランド
キャスティング・エージェンシー
「夢を実現させるのは人である」
創業者兼名誉会長　ウォルター・イライアス・ディズニー

メインストリートには、C・V・ウッドのための窓はない。

ディズニーランドを去ってから、ウッドはコンサルティング会社を立ち上げ、ディズニーランドのライバルとなる遊園地をつくる仕事を始めた。ウッドは報道陣に、ディズニーランドより優れたものを、35か所につくると豪語した。

ウッドは思い上がっていた。「ディズニーランドのマスター・プランナー」を自称していたウッドは、こう言っている。「ウォルトはすばらしい映画をつくり、ミッキーマウスを生み出したが、テーマパークのことは何もわかっていなかった」ウッドは広報の場でも、ウォルトの存在を完全に無視した。ディズニーランドは「C・V・ウッドとロイ・ディズニーのチームが築いた」と主張していた。

ウッドは実際、成功をおさめた遊園地をいくつも建設し、アリゾナ州に「ロンドン橋」を移築する事業にも貢献した（橋の石ひとつひとつを解体して、ロンドンからアリゾナまで運んだという）。だが、ほぼ生涯にわたって1日に3箱も吸いつづけたタバコが原因で、1992年に亡くなっている。

ウッドが手がけたプロジェクトの中で、最もディズニーランドに近しいものといえば、ブロンクスのフリーダムランドだった。広大なアメリカの輪郭をかたどった、400エーカー（約1・6平方キロ）の敷地の中に、ディズニーランドの要素を取り入れつつ、ディズニーランドを超える遊園地をつくろうとした。フリーダムランドにも、アメリカの辺境や、「サテライト・シティ」と名づけた未来の街、東海岸にあるトッド・パシフィック造船所で製造された船尾外輪船（それも2隻）、スカイ・ライド、狭軌の蒸気鉄道などが揃っていた。さらには、1時間ごとに火を噴く「シカゴ・ファイヤー」や、1906年のサンフランシスコ地震を再現したダーク・ライド、カンザスの竜巻を模したらせん状のジェットコースターなど、ウォルトが敬遠した類のアトラクションも取り入れていた。

フリーダムランドは1960年にオープンしたが、ディズニーランド以上の話題と、6万3000人という入場者を集めた。当時13歳だったわたしは、フリーダムランドから30分ほどのところに住んでおり、開業してすぐ、そしてその後も何度か訪れた。だが、いつも期待外れに終わるのだった。

パークを去るときに感じる落胆の気持ちがどこからくるのか、わたしには理解できなかった。だが、今になって考えると、フリーダムランドを訪れるたびに、わたしはディズニーランドの思い出を引きずっていたのだった。そして、フリーダムランドに「誠意」を感じ取ることができなかった。自称「ディズニーランドのマスター・プランナー」は、「ディズニーランドをマスター」してはいなかったのだ。フリーダムランドも善処しただろうが、そこはウォルト・ディズニーのいないディズニーランドのようだった。フリーダムランドは5シーズンで閉鎖された。

ディズニーランドの「卒業生」として最も有名なのは、スティーブ・マーティンだろう。ディズニーランドのオープン直前に、オレンジ郡のパークから3キロほどの場所に引っ越してきたマーティンは、回顧録の中で当時の興奮を語っている。「大きな見出しが、ディズニーランドのことを、まるで海戦に勝利したかのように発表していた」

ディズニーランドがガイドブックを売るアルバイトを募集していると聞いたマーティンは、自転車を飛ばして向かい、無事採用された。当時まだ10歳だったマーティンは、それから10年近くディズニーランドで働いた。

「マーリンのマジック・ショップ」では、「2、3人のお客さんの前で、手品のデモンストレーションをしていた」という。マーティンは手品がうまく、将来のキャリアにつながる腕を磨いていった。高校を卒業すると、「半分乗り気ではなかったが、サンタアナ・ジュニアカレッジに願書を送り、入学を認められた」マーティンは、長年働いてきたディズニーランドから、ライバルのナッツベリー・ファームに引き抜かれる。

新しい仕事を手に入れ、意気揚々のマーティンだったが、マジック・ショップでの最終日はやはりわびしさを隠せなかった。「『スヴェンガーリ』のカードや『インクレディブル・シュリンキング・ダイ』のデモンストレーションをやってきたカウンターの前に立つと、矛盾する感情がわいてきた。今この瞬間に、ノスタルジーをおぼえていたんだ。数分前に働くのをやめたばかりだが、将来、この店に愛着を抱きつづけることはわかっていた。昔住んでいた家の、お気に入りだった玄関ポーチの写真を眺めているような、そんな寂しさが襲ってきた」

マーティンは店に別れを告げ、夕方でもまだ明るいパークへと足を踏み出した。そのとき、ウォルト・ディズニーに負けないほど感性豊かな人物と、偶然出会うことになる。

警備員がひとり近づいてきて、申し訳なさそうに、今カメラマンが撮影中なので、脇の出入り口を使ってくれないかと言ってきた。言われた通りにしたマーティンは、背が低く、ほっそりとした、茶色の髪の女性を目にする。「大判カメラを、幻想的な明かりに照らされた城に向けていた。跳ね橋が動き、下の堀には白鳥が浮かんでいた」

40年後、マーティンはそのとき撮られた写真を手に入れることができた。

「あのときのカメラマンは、写真家のダイアン・アーバスだったんだ。あの写真の息をのむほどロマンチックなイメージと、彼女が他の作品で扱っていたエキセントリックなテーマを、わたしなりに結びつけようとしてみた。ひょっとしたら彼女は、あの本物そっくりの城に、道端に立つポール・バニヤンの像みたいな俗っぽさを感じ取っていたのかもしれない。あるいは、わたしと同じように、ただこう思っただけかもしれない。美しいと」

ダイアン・アーバスは、皮肉な目で城を見ていたのではないと思いたい。皮肉かどうかは別として、あの日アーバスが撮影した、堀の暗い水面に浮かびあがる白鳥の姿をとらえた写真は、現像した人間の目を楽しませたに違いない。アーバスがどう見ようと、写真に写る城は、マーティンが言うように美しい。というよりも、美しいと認めないわけにはいかない。美しいと感じることと、美しいと認めざるを得ないことは、まったくの別物なのだ。わたしの心の記録の「美しい」という項目には、木々や湖、猫といったありふれたものと一緒に、あのディズニーランドの城が登録されている。最後にディズニーランドを訪れたときには、そのパステルカラーの城壁にほとんど目を向けなかったというのに。

それでも、メインストリートは、楽しみに満ちた壮大さでわたしの心を揺さぶりつづける。設計者たちが巧みに盛り込んだ建築の歴史と、そこから発せられるメッセージに胸を打たれるのだ。たとえその魅惑的な店構えの裏で、Tシャツやグーフィーのぬいぐるみが山と積まれ、客がお金を落とすのを待っているとしても、ウォルト・ディズニーが思い描いた街並みがそこにはあるのだ。

1955年のオープンの日、メインストリートを初めて目にした人々の多くが、ここでよみがえらせようとした本物の通りと、再現しようとした時代を思い出したはずだ。

だが、あのときあの場に居合わせた人々は、みなこの世を去っている。

それでも、ディズニーランドのメインストリートは、かつての豊かで陽気な、人々の（多くの人々の失意が刻み込まれた、陳腐な言い回しを使うならば）共同体だと信じる心を反映しているのである。

「ディズニーランドはわたしたちの生活様式の記念碑のようなものである」とは、ディズニーランドをつくったウォルトの言葉だ。だが、記念碑とは過去の現実を記念するものだ。商業界に改革を起こし、その中心でありつづけたディズニーランドは、より良い未来への道しるべになろうと、ひたすらに努力を続けてきた。

ウォルトも繰り返していたが、ディズニーランドは完成することがない。トゥモローランドは、最も統一感に欠ける「ランド」でありつづけているが、場所はともかくとして、そのアイデアは、ウォルトの心情に最も近いのではないだろうか。ウォルトは、未来とは豊かでおおらかなものなのだと、生涯を通して信じていた。

1959年と同じように、2019年の今も、夕闇に灯るメインストリートの明かりはわたしの目に美しく映る。その明かりは、少年時代に見たあの日から、60年の月日が流れたという事実に、不思議な感傷をおぼえる心を癒してくれる。

帰る時間が近づき、出口まで来たとき、E・P・リプリー号がメインストリート駅に入ってきた。アメリカ工業時代の絶頂期を今に伝えるものとして、これ以上のものはないという美しい車体が、シューシューと蒸気をあげてたたずんでいる。

リプリー号に誘われて、最後にパークを一周しようと、わたしは駅の階段を上がる。

だがときすでに遅し。列車は動きはじめ、わたしたちをプラットフォームに残し、尻すぼみに消えていく、冴《さ》えた汽笛の音色を投げかけながら。

それでもわたしは、ウォルト・ディズニーが何を思い、何を成し遂げたかを知っている。別の蒸気機関車が――ひょっとしたら、もっとすてきな何かが――線路を下って、もうそこまでやってきていることを。

スティーブ・マーティンが、ディズニーランドでの勤務最終日、ダイアン・アーバスが撮影しているのを見たという写真。
「ア・キャッスル・イン・ディズニーランド」(カリフォルニア、1962年)

著者あとがき

現在、世界には12のディズニーランドが存在しているが、ウォルトが唯一目にすることができたのが、オリジナルであるアナハイムのディズニーランドだ。パーク内のすべてのデザインにウォルトがかかわり、世界のどのディズニーランドにも増して、ウォルトの息遣いを強く感じることができる。

その理由は、どこよりも親しみやすさを感じさせるからに他ならない。フロリダのディズニーランドは、メインストリートは広々としていて、建物もひとつひとつが際立っていて、まるで記念碑のようだ。見るぶんには楽しいが、どこかよそよそしさも感じる。一方アナハイムでは、ウォルトが店の軒先をせかせかと歩いているところや、道路の角は四角じゃなく丸くするんだと指示を出している姿がぱっと目に浮かび、より歓迎されているような気分になる。

去年、この本の調査（旅行する口実として、いささか誇張した言い方をすれば）のためにディズニーランドを訪れたとき、メインストリートが一時的に閉鎖されていることに気づいた。

オープンから63年が経ち、鉄道馬車はリフォームが必要だった。その工事には、ディズニーランド内のすべてのものがそうであるように、ゲストへの配慮が徹底されていた。工事中の場所（つまり、タウンスクエアからハブまで）を囲うベニヤ板のパネルは、継ぎ目がわからないほど美しく並べられ、以前からずっとそこにあったかのようだ。落ちついた色のペイントが施されたパネルには、工事の内容が記されると同時に、都市の陸上交通の歴史がイラストつきで紹介されている。だが、どれほど手の込んだパネルだったとしても、3・7メートルの高さの壁が、メインストリートを文字通り分断してしまったという事実に変わりはなかった。片側だけになったメインストリートが、映画のセットのように見えてくる。

工事のパネルに影響されて、それと向かい合う店構えがつくりもののような雰囲気になってしまった。行き交う馬や車の姿は消え、目を楽しませるものは何もない。

以前はあれほど心を動かされたメインストリートに、わたしは失望していた。だがそのとき、ウォルト・ディズニーのビジョンが持つ力と英知が、非常に重要なことを教えてくれていると悟った。ウォルトにとってメインストリートは、他のアトラクションへといざなう楽しい大通りというだけでなく、宣言でもあったのだ。その先に待つものは、この通りが体現するような、子どもの頃の記憶やアメリカのイメージによって育まれ、かたちづくられたものなのだという。

従って、現実世界からウォルトの世界へと導くメインストリートの力が無効になると、パークは統一感を失う。「ランド」はひとつのまとまりとして機能せず、異質なものの寄せ集めになり果てる。メインストリートがなくても、ディズニーランドは他の遊園地より優れているかもしれないが、魅力は損なわれるのだ。

わたしは回れ右をすると、さっさと家に帰った――というのは冗談で、それでも楽しい時間を過ごした。そのときパークにいた目的を考えると、有意義な時間でもあった。メインストリートの脇道の行き止まりに、水飲み場が設置された壁がある。狭いスペースにひっそりとたたずむその壁は、パークが誕生の熱気に包まれていた頃、質感を見るためにつくられた「テスト用」のレンガ壁を保存したものだ。他とは趣の異なる、ミスマッチなレンガ壁（といっても、そもそも何もない場所なのだが）は、苦境の時代を表す、控えめな記念碑だった。その頃ウォルトは、王国が期限までに完成するのかやきもきし、それを見ていた多くの人が、こんな突拍子もない計画は失敗するに決まっていると考えていた。

変わらぬ人気を物語るように、パークは大勢のゲストで賑わっている。ディズニーランドでは、その始まりの日のことも、ささやかな形で記念している。ニューオーリンズ・スクエア駅（『わが心にかくも愛しき』のセットを複製したもので、オリジナルはウォード・キンボールが手放すのを拒んだ）では、オープンの日にウォルトが行ったスピーチを、電信機がモールス信号で発信している。「この幸せな場所にお越しくださったみなさん、ようこそ……」

ディズニーランドは、もっと直接的な方法で歴史を紹介しようと試みている。ディズニーランドを訪れ、その過去にも興味を抱いたなら、「ウォークイン・ウォルトズ・ディズニーランド・フットステップス」というツアーに参加してみてほしい。ガイド（ここで名前をあげて感謝の意を表したいが、わたしの下手な字のせいで、後から読むと自分で書いたメモが判読できなかった）に連れられて、パーク内でオープン時からほぼ変わらない場所を巡ることができる。消防署の上にある、ウォルトのアパートもそのひとつだ。完全な状態で保存されており、小さな冷蔵庫の中には、昔懐かしいアルミニウム製の製氷皿が入ったままだ。

ガイドのさりげない案内で、ツアー参加者は「ふしぎの国のアリス」に待ち時間なしで乗り込める。ウォルトも、このアトラクションを映画よりはるかに楽しんだという。そのあとは、ルース・シェルホーンが巧みにつくりあげたタウンスクエアの木陰で、楽しいランチが待っている。

自分がディズニーランドの本を書くとは、思ってもみなかった。そもそもわたしは別のテーマで執筆をしていたのだが、書けば書くほど、ものすごく退屈な宿題をしている気分になった。そんなとき、インターネットという無限の屋根裏部屋で、サム・ジェナウェイによる*The Disneyland Story: The Unofficial Guide to the Evolution of Walt Disney's Dream*（ディズニーランド物語：ウォルト・ディズニーの夢の発展に関する非公式ガイド）という本と出会った。へえ、面白そうじゃないか、とわたしは思った。その本を手に入れ、そして今に至るというわけだ。

たっぷりと下調べをして納得のいく企画書を作成すると、かけがえのないわがエージェント、エマ・

スウィーニーに送り、意見を求めた。南カリフォルニアで子ども時代を過ごしたエマは、マッターホルンの白い山頂がオレンジ郡の空に顔を出し、目的地はすぐそこだと知らせる、そんな旅を何度も経験していた。エマと、寛大で忍耐強く聡明な編集者コリン・ハリソンは、ディズニーランドのことだけに集中するようアドバイスしてくれた。コリンの同僚であるサラ・ゴールドバーグの、熱のこもった鋭い提案にも大いに力づけられた。

そういうわけで、ディズニーの本を書くことになった。ディズニーをテーマにした本など、そうそうないだろうと考えていた。だが、驚いたことに、ウォルト・ディズニーやディズニーランドそのものについて書かれた本は、ごまんとあった。参考文献を見ていただければ、その多さがおわかりになるはずだ。それでも、わたしが手をつけられなかった文献は、まだまだ、ひょっとしたら何百冊もあるだろう。ジャネット・ワスコは、*Understanding Disney*の執筆に取り掛かった際、わたしと同じ思いを抱いたようで、こう言っている。「アマゾンのウェブサイトで検索すると、タイトルに『ディズニー』という言葉が入った本が2922冊見つかった」これはアマゾンに限った場合で、しかも20年も前の話だ。

わたしは年を重ねるにつれ、「アマチュア歴史家」という呼び名は、どんなに「マイナー」なテーマであろうがひとつのテーマに没頭し、それにかかわる人物を追跡し、あらゆる参考資料を探し求める人間を称するには、あまりに軽蔑的な表現だと強く感じるようになった。ディズニーランドというテーマにも、熱い思いをひたむきに寄せる人間がいる。ケン・ペルマンやリン・バロンなどもそうした研究者で、社会経済的な幅広い文脈の中で、ウォルト・ディズニーとその業績を取りあげてきた。彼らは、ディズニーランドが完璧でありつづける理由を、長きにわたって研究している。

どの文献や記事も有意義なものばかりで、刺激を受けることもしばしばだった。わたしの感謝の気持ちは、ここでは到底語りつくせない。

それでもひとつあげるとすれば、トッド・ジェームズ・ピアスの*Three Years in Wonderland*だろう。C・

V・ウッドが横暴にもディズニーランドからウォルト・ディズニーの存在を消し去ろうとしたように、ディズニーランドのほうも、ウッドについてはほとんどふれようとしない。ピアスは、パークの綿々たる歴史において、その空白のページに脚光を当てるという、巧みな仕事ぶりを発揮している。

数多あるウォルト・ディズニーの伝記の中でも、最も長く、充実しているのがニール・ゲイブラーの著作だ。取材に全面的に応じたウォルトの家族にはやや不評だったようだが、情報が網羅されており、公平な立場で書かれていると感じた。スティーブン・ワッツの *The Magic Kingdom* は一般的な伝記とは趣向が異なり、ウォルト・ディズニーがわたしたちの文化に与えたさまざまな影響に、広い視点を投げかけている。ワッツは気負うことなくテーマをまとめあげており、とても楽しく、啓発的な読み物になっている。マイケル・バリアーの *The Animated Man* はタイトルが示唆する通り、ウォルト・ディズニーのアニメーションに焦点を当てているが、ディズニーランドに関する情報もふんだんに含まれている。

パーク関連では、幸運にも、サンフランシスコの「ウォルト・ディズニー・ファミリー博物館」が、雑誌「Eチケット」の1号から24号までを収録した3枚のCD-ROMを販売していた。「Eチケット」は、20年にわたってディズニーランドの歴史を特集した雑誌である。まとめられた情報は、これまで十分に掘り下げられてきたにもかかわらず、他に類を見ないほど広範囲に及んでおり（紙面のすべてを、ひとつのアトラクションに割いている号もある）、アトラクションの発案者や制作にかかわった人物のインタビューなども豊富だ。

さまざまなインタビュー記事も参考にさせてもらった。ディディエ・ゲズは、何百人というディズニーの元スタッフたちを取材し、20冊以上の書籍を発表している。ジム・コルキスも同じく多作だ。*How to Be a Disney Historian* からは、ウォルトや彼の遺したものを研究しつづける人々の途絶えることのない熱意をうかがい知ることができる。「Good Advice（良いアドバイス）」とタイトルがつけられた章では、50人以上が取りあげられている。ボブ・ガーは、ディズニーの歴史で話題に上ることが多い人物だが、*Design: Just for Fun*という鮮明で意欲的な回顧録を発表している。刊行されてから10年にもならないが、非常に希少で、最新型のｉＰａｄ並みに値の張る本となっている。「センチュリー・アソシエーション」の知識豊富な司書カレン・クレーンには、イエール大学などから文献を借り受ける際、大変お世話になった。ＹｏｕＴｕｂｅで公開されているディズニー関連の映像は、大いに（しかも、空気同様、無料で）利用させてもらった。ほんの数カ月前までは、失われてしまったと思われていた「デイトライン・ディズニーランド」や「ディズニーランド１９５９」の映像を、最初から最後まで観ることができた（「デイトライン」ではカットされていたコマーシャルが、「１９５９」ではすべて観ることができる。テレビ放送の「黄金期」には、現代の朝のニュース番組『トゥデイ』の最後の1時間のように、コマーシャルが頻繁に、かつ延々と流れていたと知り、妙に腑に落ちた）。

さまざまな情報源を活用しながら執筆し、コリンとサラの目を通して改良を重ねた原稿を、校正者の手にゆだねた。スクリブナーとの仕事では、いつも最高の校正者が担当してくれるのだが、なかでも特にすばらしいのがリチャード・ウィレットだ。厳しいスケジュールでも、細心の注意を払いながら、鋭い目で原稿をチェックし、大きいものから小さいものまで、さまざまなミスを見つけ出してくれた（小さいミスといえば、「Wheels a-Rolling」というショーのタイトルの、ハイフンの位置が間違っていると指摘してくれた）。

ジョージ・オーウェルが言っている。「本を書くということは、恐ろしく疲労困憊する仕事で、苦痛をともなう病を長いこと患うようなものだ」わたしの場合、書くことがそこまで悲惨なものだと感じたことはないが（歴史がテーマだと、過去という時間が緩衝材となり、現在のことを書くほどの恐怖を感じないのかもしれない）、作家の例にもれず、ときには不安で憂鬱になり、あの最悪の疑問が頭によぎることもあった。
「こんなもの、誰が読みたがるんだ？」

そんなときは、「正しい言葉」を探すよりも、友達の存在のほうがよっぽど大事だ。ということで、歴史家で小説家のエレン・フェルドマンに心より感謝したい。わたしのお粗末な原稿の寄せ集めを、熱心に読んでくれた。ステイシー・シフ、アンドレ・バーナード、ジェフ・ワード、リック・ブルックヒッシャー、エド・ソレル、そして、アレンとスモーラーのすばらしい「フレッド」たちにも感謝を。貴重な励ましと助言を与えてくれ、ディズニーランドの歴史など誰も知りたくないんじゃないかというわたしの懸念を打ち消してくれた。イタリア料理レストラン「ボラーレ」経営者であるサルとファルコにも、心より感謝したい。この本の執筆にあたり、天国のような快適な空間を提供してくれた。「ボラーレ」はグリニッジ・ビレッジのウェスト・フォース・ストリート１４７番地にある。ぜひご来店を。

誰よりも賢く、心強い友人が妻であることほど、幸運なことはない。キャロルはファンタジーよりニンニクのほうがよっぽど好きだが、わたしがディズニーランドの本を書くと決めると、喜んで一緒にディズニーランドに行ってくれ、執筆中は気分を明るくしてくれた。もちろん、食事をつくり、すまいを整えてくれたことにも感謝している。

Snyder, Chuck. *Windows on Main Street: Discover the Real Stories of the Talented People Featured on the Windows of Main Street, U.S.A.* Glendale, CA: Disney Editions, 2009.

"Sound Effects Add Realism to Disneyland." *Radio & Television News* (August 1956).

Strodder, Chris. *The Disneyland Encyclopedia: The Official, Unauthorized, and Unprecedented History of Every Land, Attraction, Restaurant, Shop, and Event in the Original Magic Kingdom.* Santa Monica, CA: Santa Monica Press, 2008.

Sullivan, William. *From Jungle Cruise Skipper to Disney Legend.* Theme Park Press, 2015.

Surrell, Jason. *The Disney Mountains: Imagineering at Its Peak.* Glendale, CA: Disney Editions, 2007.

Telotte, J. P. *Disney TV.* Detroit: Wayne State University Press, 2004.

——. *The Mouse Machine: Disney and Technology.* Champaign, IL: University of Illinois Press, 2008.（J・P・テロッテ『ディズニーを支えた技術』堀千恵子訳、日経BP社、2009 年）

Thie, Carlene. *Disneyland's Early Years Through the Eye of a Photographer.* Ape Pen Publishing, 2003.

——. *Disneyland . . . The Beginning.* Ape Pen Publishing, 2003.

——. *A Photographer's Life with Disneyland Under Construction.* Ape Pen Publishing, 2002.

Thomas, Bob. *Building A Company: Roy O. Disney and the Creation of an Entertainment Empire.* New York: Hyperion, 1998.

——. *Walt Disney: An American Original.* New York: Simon and Schuster, 1976.

Van Eaton Galleries Presents Walt Disney's Disneyland: An Exhibition and Auction. Sherman Oaks, CA: Van Eaton Galleries, 2017.

Virgintino, Michael R. *Freedomland U.S.A: The Definitive History.* Theme Park Press, 2018.

Wallace, Mike. *Mickey Mouse History and Other Essays on American Memory.* Philadelphia: Temple University Press, 1996.

Wasko, Janet. *Understanding Disney.* Cambridge, UK: Polity Press, 2001.

Watts, Steven. *The Magic Kingdom: Walt Disney and the American Way of Life.* Columbia: University of Missouri Press, 1997.

Williams, Pat. *How to Be Like Walt: Capturing the Disney Magic Every Day of Your Life.* Deerfield Beach, FL: Health Communications, 2004.

Wilson, Alexander. *The Culture of Nature: North American Landscape from Disney to the Exxon Valdez.* Hoboken, NJ: Blackwell Publishers, 1992.

Younger, David. *Theme Park Design & The Art of Themed Entertainment.* Inklingwood Press, 2016.

Zinsser, William. *American Places.* The Akadine Press, 2002.

Vintage Books, 1984.
Moran, Christian. *Great Big Beautiful Tomorrow: Walt Disney and Technology.* Theme Park Press, 2015.
Mosley, Leonard. *Disney's World.* New York: Stein and Day, 1985.
Mumpower, David. *Disney Demystified: The Stories and Secrets Behind Disney's Favorite Theme Park Attractions.* Theme Park Press, 2016.
Nichols, Chris. *Walt Disney's Disneyland.* Los Angeles: Taschen, 2018.
Nielson, Donald. *A Heritage of Innovation: SRI's First Half Century.* Menlo Park, CA: SRI International, 2004.
Pearson, Harlan C. *Tilyou's Gravity Steeplechase and Amusement Exposition, Surf Avenue, Coney Island, N.Y.* Concord, NH: Rumford Printing Company, 1900.
Pellman, Ken, and Lynn Barron. *Cleaning the Kingdom: Insider Tales of Keeping Walt's Dream Spotless.* Garden Grove, CA: Synergy-Books, 2015.
Penfield, Bob. *The Last Original Disneylander: Stories & Secrets from the Last to Retire of the First to Be Hired.* Bonaventure Press, 2016.
Peri, Don. *Working with Disney: Interviews with Animators, Producers and Artists.* Jackson: University Press of Mississippi, 2011.
——. *Working with Walt: Interviews with Disney Artists.* Jackson: University Press of Missouri, 2008.
Pierce, Todd James: *Three Years in Wonderland: The Disney Brothers, C.V. Wood, and the Making of the Great American Theme Park.* Jackson: University Press of Mississippi, 2016.
Price, Harrison. *Walt's Revolution! By the Numbers.* Orlando, FL: Ripley Entertainment, 2003.
The Project on Disney. *Inside the Mouse: Work and Play at Disney World.* Durham, NC: Duke University Press, 1995.
Reynolds, Robert R. *Roller Coasters, Flumes and Flying Saucers: The Story of Ed Morgan and Karl Bacon, Ride Inventors of the Modern Amusement Parks.* Jupiter, FL: Northern Lights Publishing, 1999.
Rich, John. *Warm Up the Snake: A Hollywood Memoir.* Ann Arbor: University of Michigan Press, 2006.
'Round the Beaches: Official Souvenir, Program & Guide; Dreamland . . . Luna Park . . . Brighton Beach . . . Manhattan Beach . . . Coney Island. (June–July 1907).
Rydell, Robert W. *All The World's a Fair: Visions of Empire at American International Expositions, 1876–1916.* Chicago: University of Chicago Press, 1984.
Schickel, Richard. *The Disney Version: The Life, Times, Art and Commerce of Walt Disney.* Third edition. Chicago: Ivan R. Dee, Inc., 1997.
Schmidt, Chuck. *Disney's Dream Weavers: The Visionaries Who Shaped Disneyland, Freedomland, the New York World's Fair, and Walt Disney World.* Theme Park Press, 2017.
Shellhorn, Ruth. "Disneyland: Dream Built in One Year Through Teamwork of Many Artists." *Landscape Architecture* (April 1956).
Silverman, Stephen M. *The Amusement Park: 900 Years of Thrills and Spills, and the Dreamers and Schemers Who Built Them.* New York: Black Dog & Leventhal, 2019.
Smith, Dave. *Disney A to Z: The Official Encyclopedia.* Third edition. Glendale, CA: Disney Editions, 2006.
Smothers, Marcy Carriker. *Eat Like Walt: The Wonderful World of Disney Food.* Glendale, CA: Disney Editions, 2017.
Snow, Richard. *Coney Island: A Postcard Journey to the City of Fire.* New York: Brightwaters Press, 1984.

the Happiest Place on Earth. Theme Park Press, 2016.

——. *The Vault of Wall: Unofficial, Unauthorized, Uncensored Disney Stories Never Told.* Theme Park Press, 2010.

——. *The Vault of Walt: Volume 2. More Unofficial, Unauthorized, Uncensored Disney Stories Never Told.* Theme Park Press, 2013.

——. *The Vault of Walt: Volume 3. Even More Unofficial Disney Stories Never Told.* Theme Park Press, 2014.

——. *The Vault of Walt: Volume 4. Still More Unofficial Disney Stories Never Told.* Theme Park Press, 2015.

——. *The Vault of Walt: Volume 5. Additional Unofficial Disney Stories Never Told.* Theme Park Press, 2016.

——. *Walt's Words: Quotations of Walt Disney with Sources!* Theme Park Press, 2016.

Kruse, Kevin M. *One Nation Under God: How Corporate America Invented Christian America.* New York: Basic Books, 2015.

Kubersky, Seth et. al. *The Unofficial Guide: Disneyland 2018.* Birmingham, AL: Adventure KEEN, 2018.

Kunstler, James Howard. *The Geography of Nowhere: The Rise and Decline of America's Man-Made Landscape.* New York: Simon & Schuster, 1993.

Kurtti, Jeff. *Disneyland from Once Upon a Time to Happily Ever After.* Glendale, CA: Disney Editions, 2010.

——. *Disneyland Through the Decades: A Photographic Celebration.* Glendale, CA: Disney Editions, 2010.

——. *Walt Disney's Imagineering Legends and the Genesis of the Disney Theme Park.* Glendale, CA: Disney Editions, 2008.

Lantzer, Jason. *Dis-History: Uses of the Past at Walt Disney's Worlds.* Theme Park Press, 2017.

Lindquist, Jack. *In Service to the Mouse: My Unexpected Journey to Becoming Disneyland's First President.* Orange, CA: Chapman University Press, 2010.

Linkletter, Art. *I Didn't Do It Alone: The Autobiography of Art Linkletter as Told to George Bishop.* Ottawa, IL: Caroline House, 1980.

Longstreth, Richard. *The Buildings of Main Street: A Guide to American Commercial Architecture.* Lafayette, LA: The Preservation Press, 1987.

Madden, Scott M. *The Sorcerer's Brother: How Roy O. Disney Made Walt's Magic Possible.* Theme Park Press, 2017.

Maltin, Leonard. *The Disney Films.* New York: Popular Library, 1983.

Marcus, Greil: "Forty Years of Overstatement: Criticism and the Disney Theme Parks." In Marling, *Designing Disney Theme Parks.*

Marley, David John. *Skipper Stories: True Tales from Disneyland's Jungle Cruise.* Theme Park Press, 2016.

Marling, Karal Ann, ed. *Designing Disney's Theme Parks: The Architecture of Reassurance.* New York: Flammarion, 1997.

Martin, Steve. *Born Standing Up.* New York: Scribner, 2007.

McEvoy, J. P. "McEvoy in Disneyland." *Reader's Digest* (February 1955).

McLaughlin, Robert. *Images of Modern America: Freedomland 1960–1964.* Mount Pleasant, SC: Arcadia Publishing, 2015.

Menen, Aubrey. "Dazzled in Disneyland." *Holiday* (July 1963).

Miller, Diane Disney. *The Story of Walt Disney.* New York: Dell Publishing, 1957.（ダイアン・ディズニー・ミラー『私のパパ ウォルト・ディズニー』上杉隼人訳、講談社、2010 年）

Moore, Charles, Peter Becker, et al. *The City Observed: Los Angeles.* New York:

Gordon, Bruce, and David Mumford, eds. *A Brush with Disney: An Artist's Journey Told Through the Words and Works of Herbert Dickens Ryman.* Redlands, CA: Camphor Tree Publishers, 2000.
——. *Disneyland: The Nickel Tour.* Redlands, CA: Camphor Tree Publishers, 1995.
Green, Amy Boothe, and Howard E. Green. *Remembering Walt: Favorite Memories of Walt Disney.* Glendale, CA: Disney Editions, 1999.（エイミー・ブース・グリーン、ハワード・E・グリーン『ウォルト・ディズニーの思い出』阿部清美訳、竹書房、2013 年）
Gurr, Bob. *Design: Just For Fun.* APP-GurrDesign Publishing, 2012.
Haden-Guest, Anthony. *The Paradise Program: Travels Through Muzak, Hilton, Coca-Cola, Texaco, Walt Disney, and Other World Empires.* New York: Morrow, 1973.
Hahn, Don. *Yesterday's Tomorrow: Disney's Magical Mid-Century.* Glendale, CA: Disney Editions, 2017.
Halevy, Julian. "Disneyland and Las Vegas." *Nation* (June 7, 1958).
H. C. Evans & Co. *Park and Carnival Equipment*. Chicago: H. C. Evans, 1932.
——. *The Secret Blue Book*. Chicago: H. C. Evans, 1936.
Heimbuch, Jeff. *Main Street Windows: A Complete Guide to Disney's Whimsical Tributes*. Orchard Hill Press, 2014.
Hench, John. *Designing Disney: Imagineering and the Art of the Show*. Glendale, CA: Disney Editions, 2008.
——. *The Imagineering Field Guide to Disneyland: An Imagineer's-Eye Tour.* Glendale, CA: Disney Editions, 2008.
The Imagineers. *Walt Disney Imagineering: A Behind the Dreams Look at Making the Magic Real.* New York: Hyperion, 1996.
Jackson, Kathy Merlock, and Mark I. West, eds. *Disneyland and Culture: Essays on the Parks and Their Influence.* Jefferson, NC: McFarland, 2011.
Keller, George. *Here Keller—Train This.* New York: Random House 1961.
Kharlamov, M., and O. Vadeyvev, eds. *Face to Face with America: The Story of Nikita S. Khrushchev's Visit to the U.S.A.* Honolulu: University Press of the Pacific, 2003.
Kinney, Jack. *Walt Disney and Assorted Other Characters.* New York: Harmony Books, 1988.
Kipen, David, ed. *Dear Los Angeles: The City in Diaries and Letters 1542 to 2018.* New York: Modern Library, 2018.
Koenig David. *More Mouse Tales: A Closer Peek Backstage at Disneyland.* Irvine, CA: Bonaventure Press, 1999.
——. *Mouse Tales: A Behind-the-Ears Look at Disneyland.* Irvine, CA: Bonaventure Press, 1995.
——. *The People v. Disneyland: How Lawsuits & Lawyers Transformed the Magic.* Irvine, CA: Bonaventure Press, 2015.
Korkis, Jim. *Call Me Walt: Everything You Never Knew About Walt Disney.* Theme Park Press, 2017.
——. *How to Be a Disney Historian.* Theme Park Press, 2016.
——. *More Secret Stories of Disneyland: More Trivia Notes, Quotes & Anecdotes.* Theme Park Press, 2018.
——. *The Revised Vault of Walt.* Theme Park Press, 2012.
——. *Secret Stories of Disneyland: Trivia Notes, Quotes & Anecdotes.* Theme Park Press, 2017.
——. *Secret Stories of Extinct Disneyland: Memories of the Original Park.* Theme Park Press, 2019.
——. *The Unofficial Disneyland 1955 Companion: The Anecdotal Story of the Birth of*

—— and John K. Walton. *The Playful Crowd: Pleasure Places in the Twentieth Century.* New York: Columbia University Press, 2005.
Crump, Rolly. *It 's Kind of a Cute Story.* Baltimore, MD: Bamboo Forest Publishing, 2012.
Dallas, Alastair. *Inventing Disneyland: The Unauthorized Story of the Team That Made Walt Disney's Dream Come True.* Theme Park Press, 2018.
D' Arcy, Bob. *A Walk in the Park: Reflections from Disneyland's First Host.* Irvine, CA: Bonaventure Press, 2018.
DeGaetano, Steve. *The Disneyland Railroad: A Complete History in Words and Pictures.* Theme Park Press, 2015.
——. *The Ward Kimball: The Story of Disneyland Engine No. 5.* Theme Park Press, 2015.
Denney, Jim. *Walt's Disneyland.* Anaheim, CA: Writing in Overdrive Books, 2017.
De Roos, Robert. "The Magic Worlds of Walt Disney." *National Geographic*, August 1963.
Disneyland: Dreams, Traditions and Transitions. Disney' s Kingdom Editions.
Dunlop, Beth. *Building a Dream: The Art of Disney Architecture.* New York: Abrams, 1996.
Eliot, Marc. *Walt Disney: Hollywood's Dark Prince.* New York: Birch Lane Press, 1993.（マーク・エリオット『闇の王子ディズニー 上・下』古賀林幸訳、草思社、1994 年）*The "E" Ticket. Nos.* 1-24, 27-29, 33, 35, 39, 41, 43, 44 (1986-2006).
Finch, Christopher. *Walt Disney's America.* New York: Abbeville Press, 1978.
Findlay, John M. *Magic Lands: Western Cityscapes and American Culture After 1940.* Berkeley: University of California Press, 1992.
Flores, Russell D. *Seen, Un-Seen Disneyland: What You See at Disneyland, but Never Really See.* Garden Grove, CA: Synergy-Books, 2012.
Fox, Mike. *The Hidden Secrets & Stories of Disneyland.* Author, 2016.
Francaviglia, Richard V. "History After Disney: The Significance of 'Imagineered' Historical Places." *The Public Historian* (autumn 1995).
——. *Main Street Revisited: Time, Space, and Image Building in Small-Town America.* Iowa City: University of Iowa Press, 1996.
France, Van Arsdale. *Backstage Disneyland: A Personal History.* Author, 1989.
——. *Window On Main Street: 35 Years of Creating Happiness at Disneyland Park.* Nashua, NH: Laughter Publications, 1991.
Gabler, Neal. *Walt Disney: The Triumph of the American Imagination.* New York: Knopf, 2006.（ニール・ゲイブラー『創造の狂気 ウォルト・ディズニー』中谷和男訳、ダイヤモンド社、2007 年）
Gennawey, Sam. *The Disneyland Story: The Unofficial Guide to the Evolution of Walt Disney 's Dream.* Birmingham, AL: Keen Communications, 2013.
Ghez, Didier, ed. *Walt' s People: Talking Disney with the Artists Who Knew Him.* Volumes 6 (2008), 10 (2017), 22 (2019). Theme Park Press.
Gibson, Weldon B. *SRI: The Founding Years.* Los Altos, CA: Publishing Services Center, 1980.
——. *SRI: The Take-Off Days.* Los Altos, CA: Publishing Services Center, 1986.
Giroux, Henry A. *The Mouse That Roared: Disney and the End of Innocence.* Lanham, MD: Rowman & Littlefield, 1999.
Goldberg, Aaron H. *The Disney Story: Chronicling the Man, the Mouse & the Parks.* Quaker Scribe Publishing, 2016.
Goldenson, Leonard H. *Beating the Odds: The Untold Story Behind the Rise of ABC.* New York: Scribner, 1991.

参考文献

Adams, Judith A. *The American Amusement Park Industry: A History of Technology and Thrills.* (Woodbridge, CT: Twayne Publishers, 1991).

Alcorn, Steve. *Theme Park Design: Behind the Scenes with an Engineer.* Scotts Valley, CA: CreateSpace, 2010.

Amendola, Dana. *All Aboard: The Wonderful World of Disney Trains.* Glendale, CA: Disney Editions, 2015.

Anderson, Paul F. *Jack of All Trades: Conversations with Disney Legend Ken Anderson.* Theme Park Press, 2017.

——. *A Mickey Mouse Reader.* Jackson: University Press of Mississippi, 2014.

Apgar, Garry, ed. *Mickey Mouse: Emblem of the American Spirit.* San Francisco, CA: The Walt Disney Family Foundation Press, 2015.

Baham, Jeff. *The Unauthorized Story of Walt Disney's Haunted Mansion.* Theme Park Press, 2014.

Ballard, Donald W. *Disneyland Hotel: 1954–1959: The Little Motel in the Middle of the Orange Grove.* Author, 2011.

Barczewski, Stephanie. *Magic Kingdoms: A History of the Disney Theme Parks.* Theme Park Press, 2016.

Barrier, Michael. *The Animated Man: A Life of Walt Disney.* Berkeley: University of California Press, 2007.

Belknap, William, Jr. "Nature Carves Fantasies in Bryce Canyon." *National Geographic* (October 1958).

Boorstin, Daniel J. *The Image: A Guide to Pseudo-Events in America.* New York: Atheneum, 1987.

Bradbury, Ray. "The Machine-Tooled Happyland." *Holiday* (October 1965).

Bright, Randy. *Disneyland: Inside Story.* New York: Abrams, 1987.

Broggie, Michael. *Walt Disney's Railroad Story: The Small-Scale Fascination That Led to a Full-Scale Kingdom.* Virginia Beach, VA: Donning, 2006.

Brown, Gloria. *Images of America: Medina.* Mount Pleasant, SC: Arcadia Publishing, 2007.

Bryman, Alan. *Disney and His Worlds.* Abingdon-on-Thames, UK: Routledge, 1995.

Burnes, Brian, et. al. *Walt Disney's Missouri: The Roots of a Creative Genius.* Kansas City Star Books, 2002.

Canemaker, John. *Walt Disney's Nine Old Men & The Art of Animation.* Glendale, CA: Disney Editions, 2001.

Carosso, Vincent P. *The California Wine Industry 1830–1895: A Study of the Formative Years.* Berkeley: University of California Press, 1951.

Cary, Diana Serra. *The Hollywood Posse: The Story of a Gallant Band of Horsemen Who Made Movie History.* Boston, MA: Houghton Mifflin, 1975.

Chabon, Michael. *Moonglow.* New York: Harper, 2016.

Chicago Railroad Fair: *Official Guide Book and Program for the Pageant "Wheels a-Rolling."* 1948.

Chytry, Josef. "Disney's Design: Imagineering Main Street." *Boom: A Journal of California* (spring 2012).

Comras, Kelly. *Ruth Shellhorn.* Athens: University of Georgia Press, 2016.

Cotter, Bill. *The Wonderful World of Disney Television: A Complete History.* New York: Hyperion, 1997.

Cross, Gary. *Consumed Nostalgia: Memory in the Age of Fast Capitalism.* New York: Columbia University Press, 2015.

［著者］
リチャード・スノー（Richard Snow）
アメリカの歴史専門誌『アメリカン・ヘリテージ』の編集長を17年間務めたのち、歴史映画のコンサルタントに。ドキュメンタリー作家としての顔も持ち、2016年出版の“Iron Dawn: The Monitor, the Merrimack, and the Civil War Sea Battle That Changed History”は優れた海軍文学に贈られるサミュエル・モリソン・アワードを受賞している。

［訳者］
井上 舞（Mai Inoue）
英米文学翻訳者。訳書にルドニック『クルエラ』（小学館）、ジョンソン『世界のかわいい本の街』（エクスナレッジ）、ライジン『ロマンスの神様 202X』（TAC出版）、セーヴストロム『どうぶつおやこ図鑑』（化学同人）などがある。

ディズニーランド
世界最強《せかいさいきょう》のエンターテインメントが生《う》まれるまで

2021年12月10日発行 第1刷

著者　リチャード・スノー
訳者　井上 舞
翻訳協力　株式会社リベル
発行人　鈴木幸辰
発行所　株式会社ハーパーコリンズ・ジャパン
東京都千代田区大手町1-5-1
03-6269-2883（営業）
0570-008091（読者サービス係）

カバーデザイン　山之口正和（OKIKATA）
本文デザイン　山之口正和＋沢田幸平（OKIKATA）

印刷・製本　中央精版印刷株式会社

ISBN978-4-596-01932-5